Monique Klose · *„Ich wollte leben.“*

An den Docteur, mit dem ich noch einmal Kind sein durfte.

Ich habe in einem Reich gelebt, in dem er der Kaiser war.
Das Reich der Irrealität und der Sklaverei,
aus dem er mir herausgeholfen hat.

Justus-von-Liebig Verlag, Darmstadt 2012

Gesamtherstellung Ph. Reinheimer GmbH

klimaneutral
natureOffice.com | DE-293-019231
gedruckt

ISBN 978-3-87390-311-1

Monique Klose

„Ich wollte leben.“

Abenteuer einer Psychoanalyse

1983 – 1996

Vorwort

Einen Koffer in der Hand, am Ende aller Kräfte,
kam ich im Februar 1983 in die Psychiatrische Klinik
des Elisabethenstifts in Darmstadt.

In dieser Stadt lebte ich seit über 10 Jahren
mit meinem deutschen Mann Thomas.
Ein außergewöhnliches Abenteuer begann.

Hier mein gekürztes Tagebuch.

Dank an alle, die mir bei dieser Entwicklung geholfen haben.

Place Stanislas, Nancy

Marktplatz, Darmstadt

Januar 1983
Angstzustände, Gedanken, die ich nicht mehr lenken kann, weil sie so verwirrt sind, so laut… Sie kommen und gehen in meinem Kopf, die Vergangenheit, die Zukunft, Frankreich, Deutschland, alles vermischt sich und kämpft miteinander; ich bin so weit von der heutigen Welt entfernt; ich fühle mich von den anderen Menschen ständig beobachtet, sogar von großen Fenstern. Ich stelle mir vor, dass hinter den Gardinen Hunderte von Menschen stehen und mich angucken. Vom Himmel fühle ich mich verfolgt, denn da oben wohnen Gott, die Engel, der Teufel und alle Menschen, die schon gestorben sind; alle schauen auf mich. Ich könnte mich in einem Mauseloch verstecken, aber selbst dort würde mich Gott sehen. Ich weiß nicht mehr wohin! Ich schaffe es nur mit sehr viel Anstrengung, die Verantwortung, die ich an meinem Arbeitsplatz habe, zu erfüllen. Diese Tage im Altersheim kosten mich zuviel Kraft. Wenn ich die Straße entlang laufe, muss ich immer an denselben Häusern vorbeigehen, sonst bin ich verloren. Ich gerate in Panik, und meine Gedanken verwirren sich noch mehr, und ich weiß nicht mehr, wo ich bin. Mein ganzer Körper tut weh. Meine Muskeln verkrampfen sich so, dass ich kaum die Treppen hinaufsteigen kann. Ich habe solches Heimweh nach Frankreich, aber dort ist es dasselbe. Ich habe schon lange kein Zuhause mehr. Ich fühle mich überall fremd. Thomas versteht meinen Zustand nicht: Ich müsste glücklich sein, wo ich doch so vieles habe. Gegen die Eisenbahn, die bei uns am Ende der Straße vorbeifährt, muss ich mit allen meinen Kräften kämpfen, denn sie zieht mich an wie ein Magnet. Wenn ich sie sehe oder höre, fange ich an zu zittern, zu weinen; ich kann doch nicht auf diese Art sterben, zerquetscht durch die Lokomotive! Ich bin nur noch ein Wrack mit glanzlosen Augen, ein fremdes Objekt auf dieser Erde. In mir ist es so kalt geworden, dass ich Tag und Nacht friere. Ich muss es noch aushalten, denn erst für nächste Woche habe ich einen Termin in der Psychiatrischen Klinik bekommen. Vielleicht eine neue Hoffnung?

Montag, 17. Januar 1983
Der erste Termin war mit dem Stationsarzt der geschlossenen Abteilung. Ich klingelte. Eine Schwester machte mir auf und verriegelte die Tür hinter mir. Ich war aus lauter Angst und Aufregung zu früh gekommen und musste im Gang warten. In diesem Gang sah ich, wie die Patienten hin und her liefen, manche erzählten laut verwirrte Sachen, andere schrieen! Ich kannte die-

se Zustände ein wenig von der Pflegestation des Altersheimes her, aber hier waren es Leute in meinem Alter und noch jünger. Es griff mich so an, dass ich weggehen wollte, aber da kam der Arzt und rief mich. Nach einem kurzen Gespräch mit ihm, wollte ich keine Minute länger dableiben. Er schickte mich zu einem anderen Arzt der Klinik, zu einem Psychiater. Ich hatte den ersten Schreck hinter mir. Ich sollte zu einem Psychiater? Ich versuchte mir ein Bild von ihm zu machen: Ein älterer Herr im weißen Kittel, mit grauen Haaren und einer Brille. Aber die Überraschung war groß, als ich ihn sah. Ein junger Mann zirka 40 Jahre alt mit blonden Haaren stand in dunkelblauer Cordhose vor mir. Er trug keinen weißen Kittel, aber eine Brille hatte er auf. Es war der leitende Oberarzt der Klinik. Fast gelähmt vor Angst, unfähig ihm auch nur den Grund dieses Termins zu sagen, gab ich ihm einen Zettel, auf den ich ein paar Wörter geschrieben hatte: „Ich habe Angst!"... „Ich habe Heimweh!"... Er sagte zu mir, dass ich - wenn ich es wollte - für drei Monate stationär in eine Wohngruppe aufgenommen werden könnte. „Was macht man denn drei Monate lang?" fragte ich ihn. Er grinste und antwortete: „Töpfern, malen, mit anderen Patienten leben." Ich nahm meinen Zettel wieder mit und verabschiedete mich. Ich bekam noch einen Termin bei einer Psychologin. Heute weiß ich, dass ich in zwei Wochen in diese Klinik, die für mich gut mit dem Autobus zu erreichen ist, gehen werde. Trotz der Angst freue ich mich auf diese Hilfe, die man mir anbietet, denn ich kann nicht mehr. Es ist die Klinik oder die Eisenbahn! Und ich war schon bei so vielen Neurologen, die mir nur Tabletten verschreiben konnten.

Montag, 7. Februar 1983

Es ist schon acht Tage her, dass ich unsere Wohnung verlassen habe. Ich musste ganz allein in die Klinik hineingehen. Thomas ließ mich mit meinem Koffer auf dem Bürgersteig stehen und fuhr weg. Für ihn bin ich jetzt verrückt. Bin ich es wirklich? Ich lag schon am ersten Tag im Bett, denn ich kam mit 40 Grad Fieber an. Gegen Abend bekam ich solch starke Bauchschmerzen, dass ich auf die Klingel drückte, aber sie funktionierte nicht. Da ich zu dieser Zeit allein im Zimmer war, rief ich nach Hilfe, aber niemand hörte mich. Ich stieg vom Bett herunter, schleppte mich auf dem Boden bis zur Tür, wo ich dann Hilfe bekam. Die Schwestern brachten mich wieder ins Bett, ein Arzt kam zur Untersuchung, denn mein ganzer Körper tat mir weh. Ich bekam alle zwei Stunden Wadenwickel. Seit ich hier bin, weine ich Tag und Nacht; in mir ist alles dunkel und wund; ich habe solche Ängste und solch einen Kampf in meinem Kopf. Ich habe Angst vor den Ärzten, Angst, irre zu bleiben, Angst, allein zu sein; Angst vor schweren Krankheiten, Angst... Angst... Angst... Ich werde sicherlich bald sterben; ich fühle mich so allein, verloren in dieser deutschen Klinik. Die anderen Patienten, die mit mir angekommen sind, sehen so munter aus. Sie haben noch so viel Kraft. Sie gehen spazieren, schwimmen, Radfahren; ich liege nur auf dem Bett und weine. Hier bin ich aber vor der Eisenbahn geschützt. Heut ist das Fieber gefallen, und ich habe die Kraft gefunden, zu schreiben ich möchte es weiter machen; so etwas habe ich noch nie gemacht. Ich huste jetzt ständig!

Mittwoch, 9. Februar 1983

Ich weiß jetzt, wo ich liege: Auf der psychosomatischen Station der Klinik. Sie befindet sich im Parterre. Über uns sind andere Stationen und ganz oben ist die geschlossene. Es gibt hier eine Küche, einen Aufenthaltsraum, einen Wintergarten, ein Schwestern- und ein Arztzimmer. Da ich noch zu schwach bin, war ich noch unfähig, dem Programm zu folgen. Es gibt viermal in der Woche Gruppensitzung, die von dem Psychiater, bei dem ich schon war, geleitet wird, dann zweimal Zeichentherapie, einmal Töpfern und Gymnastik. Wir bekommen regelmäßig Visite vom Oberarzt und Chefarzt. Am Samstag und Sonntag dürfen wir nach Hause gehen und abends bis 22.30 Uhr ausbleiben, danach wird die Tür zugeschlossen. Also, ich bin 33 Jahre alt, liege auf der Station 33 Zimmer 13, wo wir zu dritt sind. Ich bin nicht abergläubisch, aber diese Zahl könnte mir Glück bringen. Thomas kam gestern, er wollte mich besuchen. Es ist ihm schwergefallen, auf die Station der Verrückten zu kommen, wo seine liebe Tante Martha auch in einem anderen Krankenhaus liegt.

Freitag, 11. Februar 1983

Gestern habe ich die Kraft gefunden, um in die Sitzung zu gehen, die sich in einem kleinen Raum befindet. Wir sind zehn, sitzen in einer Runde, und der Docteur sitzt genau vor der Tür, so dass keiner von uns hinausgehen kann. Jeder hat noch große Angst und traut sich nicht, die anderen anzugucken, und wartet, dass irgendeiner etwas erzählt. Ich habe den Anfang gemacht und von der Eisenbahn gesprochen, die mich wie ein Magnet angezogen hat. Die

Ein Baum mit Blumen – mit Verstand gemacht. 11. Februar 1983

paar Worte, die ich sagte, haben mich so viel Kraft gekostet, dass ich mich nach der Sitzung hinlegen musste. Ich will weg, aber wohin? Diese verwirrten Gedanken werden mich überall hin verfolgen. Es ist alles so anstrengend hier. Ich habe heute ein Bild gezeichnet, ein Baum und Blumen. Ich mag Bäume, große Bäume!

Montag, 14. Februar 1983

Das erste Wochenende zu Hause war sehr anstrengend. Ich wollte zu Tante Martha, sie ist so krank. Es fiel mir schwer, den Gesprächen zu folgen, und manche Wörter bleiben in meinem Hirn hängen. Ich wiederhole sie ständig wie eine zerkratzte Schallplatte es tut. Ich habe eine eigene Welt in meinem Kopf, eine Welt von verwirrten Gedanken und Bildern; ich bin wie eingemauert; ich kann was sich draußen abspielt nur mit großer Mühe aufnehmen. Frankreich und Deutschland spielen Krieg in meinem Hirn; es ist der Kampf der Sprache, das nennt man, völlig durcheinander zu sein. Vielleicht bin ich tatsächlich verrückt, und die Ärzte sehen es nicht. Sie haben gerade unser Zimmer verlassen, denn heute Morgen war Visite. Zu dritt sind sie gekommen. Sie sitzen vor uns und warten, dass einer etwas erzählt. Ich hatte wieder solche Ängste. Ich fand keine Worte, es war schrecklich. Ich habe sie nicht angucken können, denn ihre Augen sind wie Scheinwerfer auf mich gerichtet. Ich habe es so satt, dieses Leben, diese Gesellschaft und ihre Menschen, die mit Scheuklappen herumlaufen. Ich fühle mich fremd, so fremd! Ich dachte, es ist, weil ich Französin bin, dass ich dieses Gefühl in mir habe, aber zwei von unserer Gruppe fühlen dasselbe; dabei sind sie Deutsche und sogar in Darmstadt geboren. Woher kommt bloß dieses Gefühl?

Samstag, 19. Februar 1983

Unsere Tante Martha ist gestorben, und ich fand die Kräfte, Thomas zu ihrer Beerdigung zu begleiten. Der Tod hat mal wieder zugegriffen und mein Zustand ist schwer mit Worten zu beschreiben. Völlig machtlos kämpfe ich mit Bildern und Wörtern; ich habe Schüttelfrost und Angstzustände, die vom Magen bis zum Hals stechen. Jedes Geräusch tut mir weh; es ist, als ob ich jedes Mal einen elektrischen Stromstoß bekommen würde. Die letzten Nächte habe ich bei der Schwester verbracht, weil ich vor lauter Kummer, dass Thomas allein zu Hause ist, nicht schlafen konnte. Warum muss ich das alles ertragen? Und warum lässt uns die Familie allein? Wo sind sie alle? Ich bin enttäuscht über das Verhalten mancher Menschen. Heute Nachmittag waren wir im Wald. Wir sind wie zwei Roboter gelaufen. Sie war eine wunderbare Frau. Sie nahm Thomas zu sich als er noch klein war. O Gott!

Mittwoch, 23. Februar 1983

Langsam fange ich an, mich an die Menschen, die hier auf der Station leben, zu gewöhnen. Unsere Gruppe zählt 3 Männer und 6 Frauen: Hans - Guido - Mario - Renata - Brigitte - Maria - Britta - Elke und ich. Mario ist Italiener und Renata kommt aus Jugoslawien. Wir sind gestern Abend zusammen ins Kino gegangen. Ich habe in der Dunkelheit und unter den vielen Menschen solche Ängste bekommen, dass ich froh war, wieder in der Klinik zu sein. Ich habe auch den Gesprächen im Film kaum folgen können. Da draußen ist eine andere Welt, mit der ich nicht mehr zurecht komme; ich habe den Eindruck, dass es mir immer schlechter geht. Meine Stimmung ändert sich ständig. Oh Maman! Ich habe solche Ängste; Angst, dass ich den nächsten Tag nicht verkrafte, die nächste Nacht nicht überlebe. Maman, ich friere!

Samstag, 26. Februar 1983

Ich bin zu Hause. Thomas hilft mir bei der Hausarbeit. Wir trauern um Tante Martha. Es ist alles so anstrengend!

Montag, 28. Februar 1983

Es regnet; der Himmel ist genauso grau wie meine Seele. Maria liegt im Bett, denn sie hat Fieber bekommen; Brigitte ist wie jeden Nachmittag nach Hause gegangen. Sie flüchtet und kommt erst spät abends zurück. Die Beiden sind nett und teilen das Zimmer mit mir. Jetzt weiß ich, wo das Gefühl, fremd zu sein herkommt: Ich kenne mich nicht, ich bin mir fremd. Es hat nichts mit Französin in Deutschland zu tun; es ist innerlich. Frankreich und Deutschland führen Krieg in meinem Kopf. Frankreich ist meine Kindheit, die Vergangenheit, meine Mutter, Deutschland ist die Gegenwart und ich. Der Oberarzt hat heute morgen während der Visite einen wichtigen Satz gesagt: „Ohne Fundament kann man kein Haus bauen." Was meinte er? Jedes Wort, jeder Satz, den die Ärzte sagen, ist für mich genauso wichtig geworden wie das Verhalten der anderen Patienten. Ich muss viel nachdenken, beobachten, in den großen Sitzungen reden, etwas, das mir noch schwer fällt, viel Kraft kostet. Ich habe angefangen, von meiner Mutter zu reden und bekomme dabei solche Schuldgefühle! Die anderen wollen von ihren heutigen Problemen, von Sexualität sprechen. Nach den Sitzungen bin ich so erschöpft, dass ich bei der Stationsschwester durch kurze Gespräche neue Kräfte tanken gehe, es ist einzigartig, neu für mich. Und Gott sieht und hört alles, was ich sage! Er wird mich noch bestrafen. Elke ist nur am Essen zur Zeit; Guido muss oft weinen; Mario geht jeden Morgen joggen. Zwei Paare haben sich gebildet, Britta geht mit Guido und Renata mit Hans. Ich sehe es als Flucht vor sich selbst. Ich habe beschlossen, eine Beziehung mit mir anzufangen. Monique! Du bist eine Egoistin geworden! Aber du machst jetzt nur etwas für dich! Auch wenn die anderen dich nicht verstehen, die Ärzte verstehen dich! Sie vertreten meinen Vater, und ich vertraue ihnen. Die Klinik erinnert mich an meine Klosterschule in Frankreich: Die langen Gänge im gotischen Stil, Holzparkett... Das gesamte Krankenhaus wird von der evangelischen Kirche geleitet, und es ist das Mutterhaus der Diakonissen, die mich an unsere Nonnen erinnern. Seltsam!

Donnerstag, 3. März 1983

Ich bin so aggressiv geworden; ich könnte alles hinauswerfen; alles regt mich auf, das Verhalten der anderen, meine Mutter, die mich nicht akzeptiert hat, der Docteur, der in den Sitzungen immer wieder die selben Sätze sagt: „Was wollen Sie mit Ihrem Schweigen erreichen?“ „Was haben Sie sich dabei gedacht?“ „Was soll das bedeuten? Denken Sie darüber nach!“ Denken... Denken...ständig Nachdenken. Ich habe jetzt einen festen Platz in dem kleinen Raum. Ich sitze an der rechten Seite des Docteurs. So schützt er mich vor den anderen, und die anderen schützen mich vor ihm, denn ich habe noch viele Ängste. Ich habe über den Satz des Oberarztes viel nachgedacht und kann ihn so interpretieren: Wenn die Fundamente richtig zementiert sind, dann sind die Häuser stabil; so könnte es für einen Mensch sein; wenn seine Kindheit nicht gut verlaufen ist, kann er als Erwachsener auch nicht stabil sein. Also, ich muss an meinem Fundament arbeiten, denn da ist bestimmt vieles falsch gelaufen. Thomas war heute kurz da; er wollte mir sagen, dass er sich entschlossen hat, auch eine Therapie zu machen. Es ist mir alles zu viel heute!

Montag, 7. März 1983

Wie schwer es für mich ist, außerhalb der Klinik zurechtzukommen. Samstag bin ich ganz allein nach Hause gegangen. Es war, als ob ich unter einer Käseglocke laufen würde; alles schien so weit von mir entfernt zu sein; es war so laut und so fremd draußen. Im Autobus bin ich in Panik geraten, im Supermarkt auch. Ich habe auch keine Geduld an der Kasse gehabt. Und diese Wut in mir: Ich hätte am liebsten Thomas und die Möbel aus dem Fenster geworfen. Es sind Gefühle in mir, die ich aushalten muss, und die mir Angst machen. Gestern wollte ich Tiere sehen. Wir sind zu der Tierschau eines Zirkus, der zur Zeit in unserer Stadt gastiert, gegangen. Ein Bild brachte mich aus der Fassung: Eine Ziegenmutter und ihr Kleines schliefen zusammen. Es wurde mir so schlecht, dass ich ohne den Halt von Thomas zusammengebrochen wäre. Diese Wärme zwischen Mutter und Kind habe ich nie bekommen, nie spüren können. Meine Hasen gaben mir diese Wärme.

Ziegenmutter mit ihrem Kleinen. 7. März 1983

Mittwoch, 9. März 1983
Frankreich und Deutschland führen immer noch Krieg in meinem Kopf. Ich weiß nicht mehr, was richtig ist. Es sind zwei Welten, zwei verschiedene Arten zu denken. Ich muss mich zusammennehmen, damit ich diesen Kopf nicht gegen die Wand knalle. Diese Gedanken sind so verwirrt und manchmal unerträglich, es ist, als ob mir jemand regelmäßig mit einem Hammer auf den Schädel schlagen würde. Wenn ich auf meinem Bett sitze, blicke ich durch das Fenster auf die Medizinische Klinik, wo ganz oben hinten an einem großen Fenster Männer in grüner Kleidung stehen. Es sind Chirurgen, die Pause machen und wie Frösche aussehen. Dieses Bild macht mir Angst: Chirurgen, Krankheiten, Narkose, Operation, schrecklich! ... Und wenn ich einen Gehirntumor hätte?

Chirurgen vorm Fenster. 9. März 1983

Donnerstag, 10. März 1983
Heute ist Visite. Die Ärzte sind im Nachbarzimmer, gleich werden sie da sein. Ich habe Angst, dieselbe Angst, die ich als Kind hatte, wenn ich krank war, im Bett lag und meine Mutter heimlich den Arzt anrief. Es sind dieselben Gefühle; ich sehe auch noch die Bilder. Die Vergangenheit kommt hoch; ich darf sie nicht wegdrücken, sondern noch einmal erleben, verarbeiten; sie ist mein Fundament. Schritt für Schritt bewegt sich etwas in mir.

Freitag, 11. März 1983
Heute geht es mir sehr schlecht, mein Herz, meine Beine, meine Galle tun mir so weh; ich habe kaum die Kräfte, um es aufzuschreiben. Brigitte, die bei uns im Zimmer liegt und jeden Nachmittag nach Hause geht, ist gestern Abend nicht zurückgekommen. Ich habe die halbe Nacht auf sie gewartet. Sie wird doch nicht die Behandlung abbrechen! Ich weiß, dass es für sie schwer ist, hier zu sein, wo ihr Mann sie doch für seine Arbeit braucht. Er versteht auch nicht, warum sie in der Klapsmühle ist, wo sie doch nicht verrückt ist. Wo bleibt sie denn?

Samstag, 12. März 1983
Ich bin heute wie eine Betrunkene nach Hause gelaufen, unfähig in den Bus zu steigen. Es fiel mir schwer, gerade zu gehen, und die Menschen in der Stadt hatten keine Füße mehr, es war, als ob sie alle schwebten wie in einem Bild von Chagall. Der weite Weg hat mich viel Kraft gekostet, aber jetzt bin ich daheim, oder?

Sonntag, 13. März 1983
Gestern Abend waren meine Gedanken ganz klar. Ich habe Bilder aus meinem Leben gesehen. Es war, als ob sie rückwärts vor mir liefen. Ich habe Thomas bestimmte Ereignisse erzählt und träumte in der Nacht alles Mögliche, so dass ich heute morgen völlig durcheinander aufgewacht bin. Plötzlich verschwanden alle diese verwirrten Gedanken, und es kam ein Bild: Ich saß und sah ein kleines Mädchen vor mir, es war 7 oder 8 Jahre alt, es trug ein schönes Kleid und tanzte und wirbelte in meinen Gedanken... Aber das kleine Mädchen hatte keinen Kopf, kein Gesicht! Ich versuchte aufzustehen, aber ich konnte vor lauter Lähmungen nicht gehen; ich weinte vor Freude, denn ich wusste, wer dieses Kind war, es war ich! Das Kind war in dem selben Alter, als meine Mutter mich

Das kleine Mädchen. 13. März 1983

zum ersten Mal allein ließ, um ins Krankenhaus zu gehen. Ich sehe sie noch, wie sie damals in das Taxi stieg und zu mir sagte: „Wenn ich nicht mehr zurückkomme, dann musst du auf deinen Vater und deinen Bruder aufpassen!" Das war ein großer Schock für mich damals, denn die Angst, dass meine Mutter nicht mehr zurückkommt oder stirbt, habe ich heute noch in mir. Thomas half mir, zu laufen, und ich war so aufgeregt, dass ich nichts essen konnte. Ich wäre am liebsten auf die Straße gegangen, um den Leuten zu sagen, dass ich heute geboren bin. Ich hatte in meinem ganzen Körper Schmerzen und verstand nichts mehr; die Glocken der Kirche läuteten, ob es für mich war? Thomas hatte Tränen in den Augen und konnte kaum fassen, dass so etwas möglich ist. Brigitte war Donnerstagabend nicht zurückgekommen; sie ließ mich allein wie es damals meine Mutter tat. Ihr Verhalten hat in mir etwas ausgelöst. Ich weiß jetzt nicht, ob es 8 oder 20 Uhr ist; ich weiß nur, dass ich wieder in die Klinik muss. Ich kann es kaum erwarten, morgen mein Erlebnis dem Oberarzt zu erzählen. Ich bin jetzt so erschöpft, aber das kleine Mädchen nicht; es tanzt und wirbelt noch in meinem Kopf. Die Schmerzen haben nachgelassen, aber warum hat das Kind keinen Kopf?

Montag, 14. März 1983

Ich habe gerade dem Oberarzt erzählt, was mir gestern passiert ist. Er schaute mich mit großen Augen an und fragte mich, ob das Mädchen jetzt noch in meinen Gedanken wäre. Es ist noch da, es tanzt immer noch. Es hat kein Gesicht und keine Nationalität; es ist nicht Französin und nicht Deutsche! Der Arzt meinte, dass es ein Erfolg wäre. Jetzt habe ich das Gefühl, dass zwei Herzen in mir schlagen. Es ist seltsam und schwer mit Worten zu beschreiben. Ob die anderen auch so etwas erleben werden? Ich habe es ihnen in der Gruppensitzung erzählt, aber es kam keine Reaktion. Nur Hans fragte mich, was ich mit diesem Mädchen anfangen werde. Wenn ich es wüsste! Ich lasse sie mal tanzen! Brigitte ist zurück gekommen, und ich freue mich so!

Dienstag, 15. März 1983

Ich habe in der Sitzung erzählt, wie das kleine Mädchen - oder ich als Kind - fast 12 Jahre lang sein Bett nachts oft nass machte. Meine Mutter musste jede Nacht aufstehen, um nach mir zu gucken. Sie erzählte es auch jedem, was ich ihr für Arbeit machte. Ich bekam solche Schuldgefühle, ich war sozusagen „der

Schiffer der Familie". Als ich es der Gruppe erzählt hatte, fing ich an zu weinen, zu zittern. Die Gruppe blieb still; für manche ist weinen eine Schwäche, weil sie es nie durften. Es hat mich viel Kraft gekostet, so etwas zu sagen, auch vor den Männern, aber ich bin froh, dass ich es sagen konnte. Nach der Stunde hat mich Renata umarmt, sie wollte mich trösten. Ich muss diesen Kampf mit der Vergangenheit weiterführen, denn ich möchte wissen, was sich noch alles in mir verbirgt. Es fasziniert mich. Es ist wie ein Abenteuer, und ich möchte eines Tages schön leben können, anders als meine Mutter. Wenn mich jemand fragen würde, woher ich komme, dann würde ich antworten: „Ich habe keine Nationalität mehr! Ich bin ich!" Aber wo ist das kleine Mädchen, das heute morgen noch in meinem Kopf tanzte? Es ist weg! Einfach verschwunden! Schade! Mein Bruder hat vorhin aus Paris angerufen. Er wollte wissen, wie es mir geht. Ich konnte ihm das alles nicht erzählen. Er soll sich keine Sorgen machen.

Mittwoch, 16. März 1983

Gestern Nachmittag in der Malstunde haben wir einen Schlag gehört. Ich rannte ans Fenster und sah einen Mann auf dem Boden liegen. Er war aus dem Fenster eines höheren Stockwerks gesprungen. Sein Körper fiel zuerst auf ein Autodach, bevor er auf dem Grundstück landete. Er lebte noch und bekam sofort Hilfe. Es hat mich so getroffen, dass ich die ganze Nacht das Geräusch gehört habe. Warum wollte er sterben? Es ist alles so anstrengend, kaum habe ich eine Sache verarbeitet, kommt die nächste. Warum? Wieso? Weshalb? Er ist selbst für sein Leben verantwortlich. Ich bin wieder ganz durcheinander.

Donnerstag, 17. März 1983

Ich lerne so viel von den anderen, wie sie sich verhalten, was sie erlebt haben, ihre Denkweise, wie sie mich sehen, ich mag sie alle. Elke sagte mir neulich, dass sie Angst vor mir hätte, deshalb würde sie mir manchmal aus dem Weg gehen. Ich war überrascht, denn ich dachte, das es an mir liege. Na so was! Es gibt Menschen, die vor mir Angst haben! Heute Nacht bin ich auf die Toilette gegangen. Ein Bett stand im Gang, irgendeiner hat es aus seinem Zimmer gerollt. Wir verhalten uns noch wie Kinder, leben wie Geschwister auf der Station, wo wir uns frei bewegen können. Ich bin das kleine Mädchen, das noch wachsen muss. Gestern Abend sind wir alle in eine Kneipe gegangen, aber der Anblick anderer junger Leute, die draußen leben, tat mir weh!

Freitag, 18. März 1983
Thomas geht einmal in der Woche zu seiner Therapeutin. Er entdeckt seine Geschichte, arbeitet an seinem Fundament, und wir können darüber reden, uns gegenseitig helfen, nur abends ist er allein zu Hause. Heute Abend gibt es ein kleines Fest auf der Station, denn zwei Patienten, die Einzeltherapie gemacht haben, werden entlassen. Es gibt indische Gerichte, toll!

Sonntag, 20. März 1983
Wir kommen von Frankfurt, wo wir den Vater von Thomas besucht haben. Er wohnt in einem Altenheim. Es war ein sehr aufregender und beeindruckender Moment, denn Vater und Sohn haben sich seit 35 Jahren nicht mehr gesehen. Der Krieg und der Alkohol sollen diesen Mann zerstört haben. Er verließ Frau und Kinder als Thomas 4 Jahre alt war. Tante Martha, die als Kriegerwitwe und kinderlos allein lebte, nahm Thomas zu sich, die anderen 5 Geschwister blieben bei der Mutter. Thomas ist also als kleines Kind von seinem Vater verlassen worden. Er verließ auch das Nest der Familie. Wir haben einen alten und gebrochenen Mann gefunden, meinen Schwiegervater! Ein schwerer Schritt für Thomas, aber wichtig. Der Rückweg nach Darmstadt war für mich eine Qual, denn mein Herz tat mir so weh, und meine Gedanken sind jetzt noch so verwirrt und so laut in meinem Kopf. Schnell zurück in die Klinik!

Montag, 21. März 1983
Ich habe diese Nacht vor lauter Herzschmerzen kaum schlafen können; vielleicht war es gestern zu anstrengend gewesen, dieser alte, gebrochene Mann, die fremde Stadt, Thomas… Ich habe es gerade dem Oberarzt erzählt. Er sagte zu mir, dass ich darüber nachdenken soll, warum ich gerade jetzt diese Schmerzen bekommen hätte und wen die Ärzte hier vertreten würden. Denken! Immer wieder denken! Der Vater, die Ärzte, was haben sie mit meinen Herzschmerzen zu tun?

Mittwoch, 23. März 1983
Mir ist aufgefallen, dass Maria reagiert und auch so läuft wie mein Vater, und schon kam sein Bild in meine Gedanken. Mein Vater, dieser große, starke und intelligente Mann, aber er ist nicht so mächtig! Oh je, das ist eine Entdeckung, die mir sehr weh tut. Ich habe ihn als Kind immer bewundert.

Dieser Kummer in mir ist so groß, dass ich fast den ganzen Tag kraftlos auf meinem Bett lag. Die Herzschmerzen sind jetzt weg. Maria hat durch ihr Verhalten etwas in mir ausgelöst. Vom Unterbewussten zum Bewussten, ich weiß jetzt, wie das Gehirn arbeitet, Symptome, Körpersprache: Ich muss auf alles achten; vielleicht bin ich doch nicht verrückt! Ich kann mir helfen! Ich habe den Weg gefunden!

Freitag, 25. März 1983

Es regnet heute, und meine Stimmung passt sich an; ich habe den ganzen Tag geweint. Weinen erleichtert mich. Es muss heraus, auch wenn die anderen es nicht sehen können. Ich dachte, dass ich Krankheiten und Depression von meinen Eltern geerbt hätte! Es ist nicht so. Ich habe von Baby an ihr Verhalten angenommen, weil sie meines unterdrückt haben. Wer bin ich? Heute nur ein Wrack! Der Stationsarzt fährt für zwei Wochen in Urlaub. Ich ertrage es nicht, wenn einer mich allein lässt. Ich bin wie ein verlorenes Kind.

Montag, 28. März 1983

Wochenende zu Hause gewesen, und es ist mir schwergefallen, gestern Abend wieder hierher zu kommen. Ich habe zur Zeit viele Schmerzen, und ich muss ständig essen. Ich habe das Gefühl, dass mein Vater in mir stirbt. Das tut mir sehr weh. Mord oder Selbstmord - der Tod eines Menschen... Ich werde mich nicht umbringen, ich lasse jemand in mir sterben, damit ich eines Tages innerlich frei bin und leben kann. Ich will leben! Ich träume jede Nacht lauter verwirrte Sachen, so dass ich jeden Morgen mit Übelkeit aufwache.

Mittwoch, 30. März 1983

Jeder von uns macht schlimme Phasen durch. Mario ist aggressiv geworden. Er joggt jetzt noch mehr, um es los zu werden. Elke hatte ihre Koffer gepackt, sie wollte uns verlassen, aber nach einem langen Gespräch mit den Ärzten ist sie doch geblieben. Hans, der Psychologie studiert, erwartet immer noch, dass die Ärzte ihm den Weg zeigen, den er gehen muss. Britta liest viel; die Geschichten anderer Menschen sind interessanter als ihre eigene. Brigitte will umziehen, sie meint, wenn sie ein anderes Haus kauft in einer anderen Umgebung, dass sich ihre Probleme lösen würden. Renata ist in Hans verliebt. Guido hat in den Sitzungen noch kein Wort sagen können; er muss ständig zum Klo gehen, und der Docteur, der immer vor der Tür sitzt, lässt ihn ja heraus. Maria hat viele Ängste. Ich kämpfe mit meinen Gedanken und der Docteur wird immer wichtiger für mich.

Donnerstag, 31. März 1983

Ich hätte heute in der Sitzung schreien können, als der Docteur zu uns sagte, dass er im Mai für einen ganzen Monat nicht da wäre. Der Stationsarzt ist weg; der Oberarzt fährt Samstag für zwei Wochen in Urlaub. Sie lassen mich allein, und das tut so weh. Ich bin heute Nachmittag im Klo zusammengebrochen; eine ganze Weile lag ich auf dem Boden. Es ist zu viel für mich!

Freitag, 1. April 1983

13.00 Uhr. Heute ist Karfreitag. Thomas wird mich gleich abholen, ich möchte nach Mainz in die Kathedrale. Ich habe solche Schuldgefühle, weil ich meine Eltern an Ostern allein lassen muss. 18.00 Uhr. Ich bin vorhin in einer schlimmen Verfassung zurückgekommen. Ich habe mir zuviel zugemutet, das Gotteshaus, die Bischöfe, meine Kindheit in Frankreich, der Kreuzweg, Jesus, der für uns so gelitten hat. Nach einem Gespräch mit der Schwester und mit dem Oberarzt, der heute zum letzten Mal auf der Station war, ging es mir einigermaßen besser. Gespräche wirken wie Tabletten; sie geben mir neue Kräfte. Bin ich wirklich schuld an Jesus Tod?

Samstag, 2. April 1983

Ich warte auf Thomas. Ich freue mich, ja ich freue mich wie damals, als wir mit der Eisenbahn zum Großvater auf seinen Bauernhof gefahren sind. Aber werden wir zu Pépère fahren? Ich bin so durcheinander, die Gedanken, die Bilder, die Gefühle, die Vergangenheit, die Zukunft, Frankreich, Deutschland, alles kämpft in meinem Kopf, ich kann es nicht mehr steuern. Ich bin so weit von der Realität entfernt. Aber die Realität! Was ist das denn? Ich habe die Kraft gefunden, um meine Eltern in Nancy anzurufen, um ihnen zu sagen, dass es mir so weit gut geht.

Ostern - Sonntag 3. April 1983

Wir waren spazieren; meine Beine waren schwer wie Blei. Anschließend sind wir zu meiner Schwiegermutter gefahren; die Geschwister von Thomas waren alle da. Ich kann zur Zeit mit diesen Menschen nicht viel anfangen. Sie können meine Lage nicht sehen, und ich kann es ihnen nicht erklären. Wenn sie zusammen sind, sind sie so laut, dass ich keine Chance habe. Ich konnte auch ihren Gesprächen nicht folgen. Es war alles sehr anstrengend. Ich bin so froh, dass ich wieder in der Klinik bin, in meiner Welt. Wie lieb die Mama doch ist, sie empfing mich wie immer mit offenen Armen.

Montag, 4. April 1983
Eine Frau Doktor ist heute an Stelle des Oberarztes gekommen. Sie wird ihn doch nicht ersetzen wollen!

Mittwoch, 6. April 1983
Brigitte hat sich entschlossen, die Therapie abzubrechen. Sie versteht nicht, was sie hier soll. Sie zieht lieber um in ihr neues Haus. Es ist ihre eigene Entscheidung, und es trifft mich heute nicht. Ich kann sie verstehen, und ich hoffe, dass es so wird wie sie es sich vorstellt. Elke hat schon wieder ihre Koffer gepackt. Sie will auch nicht mehr bleiben. Hier ist alles zu anstrengend, aber die Ärzte bieten uns doch eine Chance! Ich habe mich so an die Klinik gewöhnt, dass es mir schon Angst macht, wenn wir sie in ein paar Wochen verlassen müssen. Ich komme draußen doch nicht zurecht, jetzt verwechsele ich Darmstadt, wo ich lebe, mit Nancy, wo ich gelebt habe; wie ist so etwas möglich? Elke ist doch bei uns geblieben!

Freitag, 8. April 1983
Heute morgen in der Sitzung trieb mich mein Unterbewusstes auf einen anderen Platz: Statt neben den Docteur zu gehen, ging ich zwischen Britta und Guido, die sich zur Zeit oft streiten. Als sie wieder angefangen haben, rückte ich auf einmal meinen Stuhl zurück; ich konnte es nicht mehr ertragen. Meine Eltern haben sich oft gestritten, und ich stand als Kind immer dazwischen. Der Docteur hat natürlich die passenden Worte gefunden, um mich noch mehr durcheinander zu machen. Er redet manchmal so einen Quatsch! Heute Nachmittag kam der Chefarzt zu spät zur Visite. Ich habe nicht auf ihn gewartet. Ich bin einfach zur Gymnastik gegangen; manche sind mir gefolgt, andere haben auf ihn gewartet. Was diese Ärzte sich erlauben; diese mächtigen Männer. Sie sind nicht pünktlich, sie lassen mich allein, machen mich

noch mehr durcheinander… Ich habe heute den Chefarzt sitzen gelassen, und ich habe nicht einmal ein schlechtes Gewissen. Monique! Monique!

Sonntag, 10. April 1983

Thomas und ich haben viel miteinander geredet, natürlich nur von der Vergangenheit, die meine Gegenwart ist. Ich habe heute meine Regel bekommen, und damit sind schlechte Erinnerungen wach geworden. Als ich 12 Jahre alt war, sagte mir meine Mutter, dass ich eines Tages Blut verlieren werde und dann jeden Monat wieder. Mehr konnte ich von ihr nicht erfahren und niemanden etwas fragen. Mit 14 Jahren war es so weit. Ich befand mich an diesem Tag in der Schule im Englischunterricht, wo wir eine Arbeit schrieben. Auf einmal fühlte ich, dass etwas Warmes aus mir herauslief. Ich sagte der Lehrerin Bescheid, und sie schickte mich nach Hause ohne mir etwas zu geben. Ich rannte durch die Straßen, denn ich hatte bemerkt, dass schon Blutflecken an meinem Kleid waren. Ich lief an den Mauern entlang, damit es niemand sieht. Ich stieg in den Autobus und stellte mich in eine Ecke. Die Fahrt, die 30 Minuten dauerte, kam mir wie eine Ewigkeit vor. Das Blut lief weiter, und ich hatte eine panische Angst, dass es an meinen Beinen herunterfließt. Ich stieg aus dem Bus und rannte bis zum Haus, wo meine Mutter mir eine Binde gab. Ich ging wieder zur Schule mit einem Entschuldigungsschein für meine Abwesenheit in dem Kurs. Nach dieser Geschichte kam das Blut fast zwei Jahre lang nicht mehr. Als es wiedergekommen ist, hatte ich fast jeden Monat dieselben Ängste. Ich traute mich an dem ersten Tag nicht lang zu sitzen und prüfte immer wieder, ob ich Flecke an meiner Kleidung hätte. Ich habe heute zum ersten Mal mit Thomas darüber reden können, und ich möchte es in der Gruppe erzählen. Es drückt so in mir; es will heraus, ob ich die Kräfte dazu haben werde, die richtigen Worte zu finden? Vor den Männern, dem Docteur? Ich muss bald in die Klinik zurückkehren. Ich wiederhole ständig die Worte, die ich morgen in der Sitzung sagen möchte. Die Angstzustände erwürgen mich fast. Es war wohl ein Schock damals für mich und bis jetzt ein Tabuthema!

Dienstag, 12. April 1983

Mit einer zittrigen Stimme und einer schrecklichen Angst erzählte ich gestern in der Gruppe und dem Docteur, was damals passiert war. Sie hörten alle zu, und als ich fertig war, fragte mich Mario, ob ich heute meine Tage hätte. Ich antwortete mit „nein" aus lauter Angst, dass sie mich für den Rest des Tages nicht mehr angucken. Es wurde mir übel, denn ich kam mit dieser Lüge nicht zurecht. Mir war zum Schreien, zum Zusammenbrechen, ich konnte kaum noch auf meinem Stuhl sitzen. Nach der Sitzung ging ich zu der Schwester, um neue Kräfte zu holen. Am Nachmittag in der Malstunde habe ich noch einmal versucht, darüber zu reden. Ich war dem Zusammenbruch nahe, sagte der Gruppe, dass ich gelogen hätte und doch meine Tage hätte! Sie reagierten alle gut, fanden es nicht schlimm. Sie sprachen und gingen mit mir um wie gewöhnlich. Ich dachte, dass ich an einem solchen Tag wie ein Monstrum wäre, das man wegstößt, deshalb konnte ich mit niemandem darüber reden. Es war so hart und so anstrengend, ich bin noch total erschöpft davon. Diese damalige Hilflosigkeit machte eine tiefe Wunde in meinem Gehirn, aber durch das Wiedererleben, durch die neuen Erfahrungen mit der Gruppe, ist die Wunde geheilt. Die Bilder sind auch weg. Ich freue mich, dass ich es hinter mir habe. Es war ein großer Riss in meinem Fundament, den ich gestern zubetoniert habe. Dank der Gruppe!

Schock! 11. April 1983

Freitag, 15. April 1983
Zur Zeit wache ich jeden Morgen mit Übelkeit und Schmerzen auf. Ich habe Angst, Angst, dass ich dann zu Hause nicht zurechtkomme, denn in zwei Wochen müssen wir die Station verlassen. Ständig ist diese Angst in mir, diese Schuldgefühle, dieser Schüttelfrost, denn seit mehr als zwei Jahre friere ich. Ich habe keine Wärme mehr in mir; seit 13 Jahren bin ich zwischen Frankreich und Deutschland hin und her gerissen. Ich habe kein zu Hause mehr; in mir ist alles wund, aber manchmal träume ich. Ich träume, dass ich tanze und wirbele, wie das kleine Mädchen es in meinem Kopf tat. Dass ich durch die Felder renne, dass ich leicht und frei bin wie der Wind! Ob ich je wieder die Kraft haben werde? Maman, ich friere!

Montag, 18. April 1983
Der Oberarzt ist zurückgekommen, was für eine Freude in mir! Er fragte mich vorhin, ob ich in deutsch oder in französisch träumen würde. Ich konnte ihm keine Antwort geben, da sich alles vermischt in meinem Kopf. Ich weiß nur, dass ich - seit ich in der Klinik bin - nur in deutsch schreiben kann. Guido und Britta streiten sich immer noch. Schlimm!

Freitag, 22. April 1983
Mein Bruder rief mich heute Morgen aus Paris an, um mir zu sagen, dass er für mehrere Wochen nach Marokko verreist. Er lässt mich auch allein! Die Angst quält mich; ich habe oft Atemnot zur Zeit. Meine Bronchien verkrampfen sich so, dass es mir schwer fällt, zu atmen. Nachts wird alles noch schlimmer, und ich wandere oft durch den Gang mit Hustenreiz. So etwas habe ich vorher noch nie gehabt. Ich komme mit Trennungen überhaupt nicht zurecht; und vorhin kam solch eine Wut in mir hoch, dass ich meine Schuhe mehrmals an die Wand geknallt habe.Wozu soll ich weiter kämpfen und für wen? Nur für mich allein? Lohnt es sich? Bin ich denn diesen Kampf wert? Meinem Bruder geht es gut. Er ist als Kind ganz anders behandelt worden als ich. Er war ein Engel, und ich ein Teufel. Ich war stolz auf meinen großen Bruder, und jetzt lässt er mich allein!

Sonntag, 24. April 1983
Ich bin zu Hause und wie gewöhnlich rief ich meine Eltern in Nancy an. Sie waren beide am Apparat, und mitten im Gespräch beleidigte meine Mutter meinen

Vater so, dass er ganz still wurde. Ich spürte an dieser Stelle einen elektrischen Stromstoß in mir. Ich konnte auch nichts mehr sagen. Ich verabschiedete mich und legte den Hörer auf. Alles war vergessen, aber nach ungefähr zwei Stunden gerate ich in Panik. Ich lief in der Wohnung hin und her mit solch verwirrten Gedanken. Sie waren so laut; es war als ob mir jemand mit einem Hammer auf den Kopf schlagen würde. Ich wusste nicht, was los war, und rief mit meiner letzten Kraft die Station 33 an. Ich beschrieb den Schwestern meinen Zustand, und wir überlegten den Grund für dieses Durcheinander. Ich erzählte ihnen von dem Telefongespräch und erinnerte mich an den Stoß in mir. Meine Mutter hatte meinen Vater gedemütigt, und in mir platzte die Wunde. Seit meiner Kindheit tut sie es, und ich durfte nichts sagen, ohne dass man mir mit Strafe drohte. Ich war immer dazwischen. Wie viele Wunden sind denn noch in mir? Hoffentlich werde ich genügend Kräfte haben, um es zu ertragen, wenn sie platzen, um es zu verarbeiten. Jetzt bin ich wieder in der Klinik; es geht weiter!

Montag, 25. April 1983

Je näher die Entlassung rückt, um so schlechter geht es mir. Ich war heute Nacht oft bei den Schwestern, um neue Kräfte zu holen. Gegen 2 Uhr traf ich Guido, der seine Sachen gepackt hatte und weggehen wollte. Es geht ihm zur Zeit auch nicht gut wegen Britta, aber die Therapie abzubrechen ist auch keine Lösung. Ich versuchte, mit ihm zu reden; wir saßen mitten in der Nacht beide in der Küche, und - wie ich es vorhin gesehen habe - hat es ihm geholfen, denn er ist geblieben. Wir sind alle innerlich so verletzt. Im Hof haben die Bäume Blätter bekommen. Es ist Frühling, und ich kann es sehen und fühlen heute. Ich kann die Farbe schwarz nicht ertragen. Es ist die Farbe des Todes, und ich will keinen mehr sehen.

Dienstag, 26. April 1983

Ich habe heute Nacht zum ersten Mal ganz klar träumen können. Ich hatte einen Autobus gemietet, ließ die Gruppe und den Docteur hineinsteigen, und wir sind nach Nancy zu meinen Eltern gefahren. Angekommen installierte ich den Docteur in den Garten, und während die Gruppe das Elternhaus auf den Kopf stellte, alles kaputt schlug, kochte ich ihm etwas Gutes. Meine Mutter war ganz außer sich und schimpfte. Plötzlich fing es an zu regnen; wir rannten alle hinaus und tanzten vor Freude im Garten, aber der Stuhl war leer. Der

Docteur war nicht mehr da... Manchmal spüre ich in mir so eine angenehme Wärme; es ist noch so ungewohnt, dass ich jedes mal denke, dass ich erhöhte Temperatur hätte. Ich durfte als Kind keine Freunde mit nach Hause bringen. Es störte meine Mutter. Sie fand immer einen Grund, um sie weg zu schicken. Sie selbst hatte keine Freunde; sie blieb den ganzen Tag zu Hause; und Thomas wollte mich auch ganz allein für sich.

Mittwoch, 27. April 1983

Meine Verfassung ist schwer mit Worten zu beschreiben: Ich kann nicht mehr schlafen und kaum noch essen; die Trennung rückt immer näher. Endlich ist es mir gelungen, eine Katze zu töpfern. Es ist auch meine ganze Freude heute, denn ich hatte schon dreimal probiert, und jedes mal war sie im Ofen geplatzt. Ich liebe Katzen; sie haben mir als Kind so viel gegeben; ihr Fell war so warm. Ich habe schlimme Kreislaufstörungen, dabei ist mein Blutdruck in Ordnung. Die Seele drückt. Wie schön meine Katze ist!

Freitag, 29. April 1983

Es ist unser letzter Tag. Auf der Station ist alles durcheinander: Die Betten stehen im Gang, sie werden desinfiziert und frisch bezogen für die nächste Gruppe, die am Montag kommen wird. Mein Koffer ist gepackt; ich warte auf Thomas, der mich gleich abholen wird. Ich habe so einen Kummer und so eine Freude in mir: Es ist, als ob ich Frankreich verlassen würde und nach Frankreich wieder gehen würde. Gestern Abend hatten wir ein Abschiedsfest organisiert. Jeder von uns hatte etwas vorbereitet: Maria hat Bilder gemacht. Es war ein gelungener Abend nur mit uns ohne die Ärzte. Der Docteur ist für vier Wochen abwesend. Wir werden uns einmal in der Woche in der Klinik treffen, und zwei Schwestern werden die Gruppe leiten. Oh! Thomas kommt. Ich muss gehen.

Freitag, 6. Mai 1983

Wo ist der Docteur? Er hat mich allein gelassen, und es geht mir schlecht. Er fehlt mir. Ich habe Angst, dass ihm etwas passiert, dass er nicht mehr zurück kommt. Ich lebe in gewohnten Bildern, in meiner Umgebung, die Wohnung, die Häuser unserer Straße, der Supermarkt, in den ich immer in derselben Richtung gehen muss. In einem anderen Geschäft halte ich es nicht aus; ich muss wieder heraus rennen. Ich kann nicht lesen, die Buchstaben sind zu anstrengend. Fernsehen und Radio kann ich nicht sehen und hören; es macht mich noch mehr durcheinander. Die französische Sprache tut mir weh zur Zeit; zu kochen fällt mir schwer. Ich habe gerade die Kraft, um es aufzuschreiben. Nach dem Mittagessen geht es mir noch schlechter: Es bricht alles in mir zusammen, und ich bleibe so kraftlos auf dem Boden liegen. Thomas ist auf der Arbeit, ich bin tagsüber allein. Ich habe meinen Halt verloren! Renata und Maria rufen mich jeden Tag an oder ich sie. Wir brauchen uns!

Dienstag, 10. Mai 1983

Die Wohnung zu verlassen, ist, wie eine dicke Mauer zu durchbrechen. Es kostet mich sehr viel Kraft. Ich habe heute versucht, Einkäufe zu machen. Ich war zuerst im Supermarkt, dann in der Metzgerei, aber es war zuviel; ich bin völlig durcheinander nach Hause zurückgekommen. Ich habe mich in eine Ecke hingesetzt und bin stundenlang auf dem Boden sitzen geblieben. Die Bilder und die Gedanken werden dann so stark und so laut, dass ich machtlos bin. Ich kann mich im Geschäft auch nicht gut konzentrieren. Ich bleibe vor den Sachen stehen und sehe sie nicht. Abends, wenn es dunkel wird, bekomme ich Angst, eine Angst, die ich schon als Kind hatte. Ich habe Angst, dass meine Eltern sterben und mich allein lassen. Ich höre noch oft die Worte meiner Mutter: „Eines Tages werden wir nicht mehr da sein, und du musst dann alleine zurechtkommen." Schreckliche Worte, die mir immer sehr weh taten. Maria wird bald kommen; sie holt mich immer mit dem Auto ab, denn heute ist Gruppensitzung, diesmal in einem anderen Raum. Wo ist der Docteur? Mir geht es so schlecht.

Freitag, 13. Mai 1983

Es ist mitten in der Nacht; ich kann vor lauter Angstzuständen und Kummer nicht schlafen. Gestern Abend, als ich im Bett lag, hatte ich das Gefühl, dass unter mir sich ein tiefer Abgrund befand. Ich traute mich nicht, mich zu bewegen, damit ich nicht hinein falle. Es war schrecklich! Als ich Kind war, hatten wir im Garten einen tiefen Brunnen, wo wir mit Hilfe einer langen Schnur und einem Eimer Wasser schöpften, um Gemüse und Blumen zu gießen. Damit ich die Gefahr erkennen sollte, hob man mich oft hinüber, um mir zu zeigen, wie gefährlich es ist und wäre, wenn man hinein fallen würde.

Diese Bilder sind wohl in meinem Gedächtnis geblieben. Als Kind ging ich auch gern zu meinem gelähmten Onkel, der bettlägerig war. Er besaß einen Fernsehapparat, und gemeinsam guckten wir das Programm. Ich sah alle möglichen Bilder, auch welche, die mir Angst machten. Wenn ich abends aufgeregt nach Hause kam, konnte meine Mutter nur mit mir schimpfen. Ich muss jetzt alle diese Bilder verarbeiten. Ich muss mein Fundament vollkommen restaurieren. Es hat zu viele Risse; es wird wohl noch Jahre dauern, bis das Haus fertig ist. Den Kampf ist es wert! Aber dieser Kummer in mir, er gehört wohl dazu. Weiterkämpfen, auch wenn es weh tut.

Montag, 16. Mai 1983

Schlechter Traum heute Nacht: Meine Mutter und ich warteten auf den Autobus, der uns nach Deutschland fahren sollte. Als er ankam, stieg ich hinein und er fuhr weg, aber meine Mutter war auf dem Bürgersteig stehen geblieben. Ich bin vor lauter Schmerzen und Übelkeit aufgewacht. Ich habe so wenig Kraft, breche oft zusammen und bleibe dann so auf dem Boden sitzen. Meine Beine wollen vor lauter Lähmungen nicht gehen; und ich muss am Mittwoch wieder arbeiten. Wie soll ich ins Altersheim gehen? Ich muss hin!

Donnerstag, 19. Mai 1983

Der Weg zum Altenheim war so hart; ich lief wie eine Betrunkene. Ich hatte mich schon gefreut, meine alten Leute und die Kollegen wieder zu sehen, aber Angst und schlechte Erinnerungen quälten mich so sehr, dass ich am Abend völlig verwirrt und überdreht nach Hause zurückkam. Ich musste heute Nacht zweimal die Schwestern der Station 33 anrufen, um neue Kräfte zu bekommen. Sie halfen mir, eine Entscheidung zu treffen, und ich habe mich entschieden, das Altenheim zu verlassen. Ich will und kann zur Zeit keine toten Menschen mehr sehen. Wenn ich an die vielen Menschen denke, die ich so gern hatte und die während meiner Dienstzeit gestorben sind, nein! Ich kann es nicht mehr, denn es fiel mir jedes Mal schwer, zu begreifen, dass sie nicht mehr atmen können, leblos dalagen, ohne Leben mehr. Sie waren für mich ein Halt geworden, diese älteren Leute, eine Ersatzfamilie, aber mit den Jahren und der Zunahme meiner Krankheit konnte ich es nicht mehr verkraften. Die Verantwortung war mir zu viel geworden. Ich versteckte mich oft im Bad, um zu weinen, weil ich die Kraft nicht mehr hatte. Der Weg zur Arbeit war zur Qual geworden, und doch konnte ich sie nicht verlassen! Diesen Halt verlieren! Erst heute habe ich es tun können. Ich habe von meinen alten Leuten viel gelernt. Ich wollte von ihnen wissen, was sie aus ihrem Leben gemacht haben, wie sie den Krieg überlebt haben. Ich hörte gerne zu, und ich bekam ein ganz anderes Bild von Deutschland, als man es mir in Frankreich erzählte. Dass das deutsche Volk auch gelitten hatte, konnte ich doch bis dahin nicht fühlen. Schade, dass die Zeit zu knapp war, um sich mehr mit den Menschen zu unterhalten. Der Tag ist so lang, wenn man alt und hilflos ist und keinen Besuch bekommt. Sie lebten tagein, tagaus und nahmen die Tabletten, die ihnen die Ärzte verschrieben. Aber nicht nur körperliche Pflege war wichtig, sondern auch die seelische Betreuung. Ich konnte meine älteren Leute so gut verstehen, wenn sie von Heimweh, Einsamkeit und Kummer sprachen. Viele fühlten sich von der Familie abgeschoben, andere waren froh, dass man sich um sie kümmerte. Manche starben kurz nach ihrer Ankunft. Diese älteren Menschen, die viel Lebenserfahrung hatten, wurden oft von der Familie wie Kinder behandelt, klar, dass manche sich auch so benommen haben: Sie waren keine Respektspersonen mehr, sondern zur Last geworden. Manche dieser Angehörigen konnten es kaum erwarten, dass die oder der Alte endlich tot ist, um in seinen Sachen herumzuwühlen. Sie nahmen alles mit, fragten sogar nach dem Gebiss, ob es Goldzähne hätte; diese Erbschleicher! Im Altenheim habe ich auch gesehen, wie jeder auf seine Art mit dem Tod kämpfte. Es war ein hoffnungsloser Kampf, denn der Tod gewann immer. Manche wollten sterben und konnten es nicht, andere mussten sterben und wollten doch noch nicht. Der Tod! Er verfolgt mich seit meiner Kindheit, meine Mutter wollte ja immer sterben. Jetzt will ich es nicht mehr sehen. Schluss mit dem Druck, den seelischen Belastungen, den Kreuzschmerzen, dem Sonntagsdienst, den Nachtwachen und dem Personalmangel. Ich kann und ich will nicht mehr funktionieren. Jetzt muss ich mich pflegen und meinen eigenen Weg finden, um eines Tages in Ruhe sterben zu können, Der Docteur und die Gruppe sind mein neuer Halt und meine Familie geworden. Ob Gott mich jetzt dafür bestrafen wird?

Montag, 23. Mai 1983

Das Altenheim zu verlassen hat mich sehr viel Kraft gekostet. Abends, wenn ich im Bett liege, kommen diese schrecklichen Angstzustände, die vom Magen bis zum Herz reichen. Ich habe Angst vor Gottes Strafe! Ist das die Folge einer christlichen Erziehung? Aufhören, andere Menschen zu pflegen, und an sich zu denken wie ein Egoist? Ich habe meine alten Leute verlassen. Ich muss mit dieser Entscheidung zurechtkommen trotz der Schuldgefühle, des schlechten Gewissens und der Schmerzen in mir. Bald wird der Docteur wieder kommen, aber vorher muss ich weggehen. Ich möchte nach Hause nach Nancy. Thomas wird mich hinfahren.

Montag, 6. Juni 1983
„Nancy", als ich das Schild sah, spürte ich einen Blitz in meinem Herzen. Es wurde mir ganz warm. Ich dachte, endlich bin ich zu Hause, leider war es aber nicht so, denn mein Zustand ist derselbe wie in Deutschland, die Ängste begleiten mich überall hin und überall fühle ich mich fremd. Ich wollte meinen Eltern ein wenig erklären warum ich zur Zeit krank bin, dass ich viele Sachen nicht verkraftet habe als Kind, aber sie wollten davon nichts hören, wie immer wollten sie ihre Ruhe haben: Ich habe ja keine körperliche Krankheit. Die Trennung gestern war schmerzhaft und die Grenze wie eine dicke Mauer für mich.

Mittwoch, 8. Juni 1983
Ich habe so eine Wut in mir; ich könnte meine Mutter erwürgen. Diese Frau erzählt ständig, dass ich böse bin, dass ich wie mein Vater wäre. Als Kind bekam ich manchmal Weinkrämpfe. Um mich zu beruhigen, schüttete sie mir eine Schüssel Wasser ins Gesicht. Wenn ich versuchte, mit ihr zu reden, etwas zu sagen, erpresste sie mich mit dem Tod oder mit Gott: „Lass mich in Ruhe für die paar Jahre, die ich noch zu leben habe," oder: „Gott wird dich bestrafen." Ich versteckte mich und weinte in einer Ecke weiter, und selbst dort sah mich Gott. In der Klosterschule war es nicht anders: Wenn ich etwas lauter war, musste ich das Zimmer verlassen. Ich musste immer beichten gehen und dem Priester erzählen, was ich alles angestellt hatte, und der bestrafte mich auch noch. Ich musste mich bei Gott entschuldigen. Disziplin musste ja sein! Ich könnte heute vor Wut alles zerschlagen, aber statt dessen räume ich die Schränke auf, sortiere die Wäsche und topfe die Pflanzen um. Ich stelle alles auf den Kopf. Thomas findet seine Sachen nicht mehr, aber er sagt nichts; er lässt mich.

Donnerstag, 9. Juni 1983

Hurra! Der Docteur ist zurück gekommen! Maria hat mich abgeholt, und mit großer Freude habe ich wieder meinen Platz an seiner Seite eingenommen; diesmal sitze ich links von ihm. Außer Brigitte waren alle anderen da. Ab nächster Woche werden wir uns jeden Dienstag für ein Jahr noch treffen.

Samstag, 18. Juni 1983

Ich weine schon den ganzen Tag. Ich habe solch einen Kummer in mir; es fühlt sich an wie ein Gewicht auf meinem Herzen, wie etwas, das es zerdrückt und zerquetscht. Ich mache mir Gedanken über Gott. Sitzt er wirklich als Herrscher im Himmel mit Maria, den Engeln und den Toten? Ist er so böse, dass er manchmal die Menschen bestraft? Aber damals haben die Astronauten und die Kosmonauten da oben niemanden getroffen, nur andere Planeten! Ich bin völlig durcheinander, und ich habe ein schlechtes Gewissen, weil ich solche Gedanken habe. Mein Körper tut mir so weh! Die katholische Erziehung, es ist Frankreich, meine Mutter, wenn ich mich davon trenne, werde ich dann eine Deutsche sein? Ich will doch Französin bleiben! Ich verstehe heute überhaupt nichts mehr! Es ist so ein Kampf in meinem Kopf; und was ist mit Lourdes?

Dienstag, 21. Juni 1983

Mario war heute nicht in der Gruppe, und ich habe ihn vermisst. Der Docteur sagte, dass er die Therapie abgebrochen hätte. Jetzt sind wir nur noch sieben, wie die kleinen Negerlein.

Freitag, 24. Juni 1983

Mein Bruder hat vorhin aus Paris angerufen, und nach dem Anruf bin ich in Panik geraten. Meine Gedanken haben sich noch mehr verwirrt. Ich konnte die Vergangenheit und die Zukunft nicht mehr im Griff behalten. Frankreich und Deutschland: Zwei Länder, die sich oft bekriegt haben. Der letzte Krieg war das Lieblingsthema meiner Eltern und das vieler Franzosen in Lothringen. Als Kind hatte ich Angst vor den bösen deutschen Soldaten. Jetzt lebe ich in Deutschland, wo mein Vater fünf Jahre lang in Gefangenschaft war. Der Krieg ist wohl auch eine Wunde in mir. Die Worte meines Bruders waren der Schlüssel, der das Tor zur Vergangenheit öffnete.

Dienstag, 28. Juni 1983
Ich habe in der Gruppe vom Krieg reden könne, denn ich träume fast jede Nacht von den deutschen Soldaten, von den vielen Bildern, die ich in Kriegsfilmen gesehen habe, von der Gestapo...Hitler...und den Konzentrationslagern...

Donnerstag, 30. Juni 1983
Ich war im Stadtzentrum, aber die Menschen schienen mir fremde Wesen zu sein, die um mich herumschwebten. Ich konnte mit ihnen nichts anfangen, ihren Gesprächen nicht folgen. Ich habe ein Auto mit einem französischen Kennzeichen gesehen und verspürte etwas wie einen Messerstich in meinem Herzen. Dann hat ein Mann geschrieen und laut geschimpft, und ich habe solche Angst bekommen, dass meine Beine sich so verkrampft haben, dass ich eine Weile nicht mehr gehen konnte. Er war so laut wie die deutschen Soldaten. Wenn Thomas laut wird, sage ich nichts, aber ich habe auch Angst. Es wird sich wohl alles ändern.

Dienstag, 12. Juli 1983
Maria wird mich wie jeden Dienstag gleich abholen. Das ist sehr schön von ihr! Sie fährt mich auch nach der Gruppenstunde wieder nach Hause. Sie kann nicht unter Menschen in einen Bus gehen, aber allein Autofahren das geht, da fühlt sie sich in Sicherheit. Ich will zum Nationalfeiertag nach Frankreich fahren, ich versuche es diesmal allein.

Samstag, 16. Juli 1983
Ich habe den 14. Juli in Frankreich verbracht. Die Reise war ein Abenteuer ohne Vergleich: Ich ließ Thomas allein, nahm meinen Koffer, die Angstzustände, die Bilder und die verwirrten Gedanken mit ohne zu wissen, ob ich gut ankommen würde oder ob ich unterwegs nicht doch zusammenbrechen würde. Erst als ich in Nancy auf dem Bahnsteig meinen Vater sah, wusste ich, dass ich es geschafft hatte. Kaum zu Hause angekommen, erzählte mir meine Mutter alle schlechten Nachrichten, die sie erfahren hatte, und dass ihr die Katze Sorgen machen würde, weil sie zur Zeit nicht fressen will. Ich habe die Soldaten bei der Parade ganz deutlich sehen können. Die Tage sowie die Reise waren anstrengend. Ich bin gestern Abend völlig durcheinander von Frankreich zurückgekommen.

Mittwoch, 27. Juli 1983
Ich habe geträumt, dass mein Vater zu mir sagte, dass ich ein Adoptivkind wäre und eine andere Mutter hätte. Er stellt mir eine fremde Frau vor. Ich habe sie abgelehnt.

Samstag, 6. August 1983
Gestern Abend sah ich im Fernsehen ein Bild, das mich traf. Ich habe gesehen, wie ein Mann sich mit einem Messer am Finger verletzte. Erinnerungen wurden in mir wach. Als ich Kind war, stand beim Großvater eine Kornmühle. Ich steckte einen meiner Finger hinein, und mein Bruder drehte auf der anderen Seite. Diesen Schmerz habe ich gestern wieder gespürt. Ich bin kraftlos auf dem Boden gelandet bis sie nachließen und mir besser wurde. Durch die Bilder im Apparat kam es vom Unterbewussten ins Bewusstsein; ich habe es noch einmal erlebt, und die Wunde in meinem Gehirn ist geheilt. So läuft es!

Dienstag, 9. August 1983
Die Angst quält mich. Wir wollen für zwei Wochen nach Österreich gehen, ein Land, das ich gut kenne. Es ist auch das Land, wo ich Thomas kennen gelernt habe. Zwei Wochen lang ohne den Docteur und die Gruppe, ohne diesen Halt. Ob ich es schaffe? Ich versuche die Koffer zu packen; in meiner Verfassung eine anstrengende Aufgabe.

Österreich - Sonntag, 14. August 1983
Wir sind seit drei Tagen hier, und ich bin verloren, eine Fremde in einem fremden Land. Ich kämpfe mit der Angst. Ich muss mich sehr zusammenreißen, damit die Menschen hier meine Verfassung nicht sehen. Es fällt mir schwer, ihren Gesprächen zu folgen und Antworten zu geben. Ich habe die Mauer der Grenze durchquert ohne zu wissen was dahinter stand: Vergangenheit oder Zukunft? Meine Gedanken spielen jedes Mal verrückt, und ich muss warten bis sie von selbst wieder in die Reihe kommen, meistens erst ein paar Kilometer nach dem Zoll. Wir sind in den Bergen, und es gibt Tunnel für die Straße, die zu passieren eine Qual für mich ist. In dieser Dunkelheit verkrampfen sich meine Muskeln und meine Kräfte lassen nach. Ich bin unfähig, irgendwo allein zu bleiben. Vielleicht sollten wir wieder nach Hause fahren. Ich schaffe es nicht mehr!

Österreich - Samstag, 27. August 1983

Wir sind doch geblieben, und mein Zustand hat sich verbessert. Die ersten drei Tage waren ja ganz schlimm. Die Luft tut gut, und Thomas braucht seine Erholung. Ich kann die Umwelt nicht aufnehmen.

Donnerstag, 1. September 1983

Der Urlaub ist vorbei, und ich habe den Docteur und die Gruppe wieder. Ich wollte heute in meinem Garten arbeiten, aber ich hatte die Kräfte nicht dafür. In mir kamen lauter Gewissensbisse auf. Ich versuchte trotzdem, das Unkraut zu beseitigen. Es wurde mir dabei so übel, dass ich aufhören musste. Kaum wieder in der Wohnung, war ich voller Schuldgefühle. Diese Gefühlswirbel, diese Kleinigkeiten, die mich soviel Kraft kosten, können sich die Menschen draußen, die im Leben stehen, nicht vorstellen. Ich räume weiter die Schränke auf, Wäsche, Geschirr, so viele Sachen, die nichts nützen, die alt sind.... Weg damit!

Donnerstag, 8. September 1983

Ich bin ganz unruhig. Ich wiederhole ständig dieselben Sätze in mir. Was habe ich am Dienstag gemacht? Was habe ich gemacht? Ich war in der Gruppe böse. Vor lauter Wut habe ich meine Schuhe an die Wand geknallt. Ich habe in mir gespürt, wie es hochgekommen ist. Mir ist schlecht geworden und übel, dann sah ich alles verschwommen. Es war Wut. Nach dieser Tat kam die Angst. Der Docteur hat nichts gesagt; er hat mich mit dieser Tat alleingelassen. Die anderen haben sich erschreckt und machten mir Vorwürfe. Ich habe meine Schuhe wiedergeholt und gesagt: „Ihr seid ja nur neidisch, weil ihr so etwas nicht machen könnt." Ich denke, dass ich gut reagiert habe, und es musste aus mir heraus. So etwas durfte ich als Kind nicht machen. Ich war schon böse genug, weil ich nachts ins Bett machte.Ich erinnere mich noch an einen Tag, als ich mit meiner Mutter beim Arzt war. In der Zeit, während sie mit der Sekretärin sprach, schaute ich neugierig hinter einen Vorhang, vor dem ich stand. Der Frau hat das nicht gefallen, und sie sagte das meiner Mutter, die sich dafür entschuldigte. Sie schämte sich so, dass sie auf dem ganzen Rückweg mit mir schimpfte, welches Drama! Ich war so böse als Kind; aber am Dienstag hat der Docteur nicht mit mir geschimpft, er hat mich auch nicht zum Beichten geschickt, wie die Nonnen es taten. Er hat ganz anders reagiert, und es war eine wichtige Erfahrung für mich. Mein Gehirn hat es registriert. Ich dachte schon, dass ich die Gruppe verlassen müsste nach solch einer Tat. Welche Ängste in mir! Gott hat mich nicht bestraft.

Dienstag, 13. September 1983

Heute genau vor 20 Jahren starb mein geliebter Onkel, der sieben Jahre an sein Bett gefesselt war. Er wurde als Soldat im Algerienkrieg durch sieben Kopfschüsse verletzt. Sein Körper war gelähmt. Er konnte nur den linken Arm bewegen und den Kopf drehen. Er wohnte mit seiner Familie ein paar Straßen weiter, und meine Freude war, wenn es keine Schule gab, neben seinem Bett zu sitzen und mit ihm fernzusehen. Manche Tage, wenn ich kam, war das Bett leer, denn er hatte manchmal epileptische Anfälle und musste ins Krankenhaus gebracht werden. Es war jedes Mal ein kleiner Schock für mich. Ich bekam solche Angst, dass er nicht mehr zurückkommen würde. Es war wie bei meiner Mutter, als sie in die Klinik musste. Ab Januar 1963 ging es ihm immer schlechter, geplagt von Dekubitus, verfaulte er innerlich, bis er nur noch Haut und Knochen war. Die regelmäßigen Morphiumspritzen halfen ihm, es zu ertragen. Der Geruch von verfaultem Fleisch verbreitete sich im ganzen Haus, aber er sollte daheim sterben. Im September 1963 war ich im Urlaub auf dem Bauernhof bei einem anderen Onkel. Eines Tages kam mein Vater mich abholen. Es war so weit, und ich sollte ihn noch einmal sehen. Gegen 20 Uhr war ich bei ihm, und als er meine Stimme hörte, drehte er mühsam seinen Kopf nach mir. Er schaute mich an und fiel wieder ins Delirium. Wir gingen wieder nach Hause. Am nächsten Tag wurde ich von meiner Mutter geweckt, die in meinem Schrank herumwühlte. Halb noch im Schlaf fragte ich sie, was sie da mache. „ich suche nach schwarzer Kleidung, denn du hast keinen Paten mehr. Er ist heute Nacht gestorben." Sie verließ das Zimmer und ließ mich mit dieser Nachricht allein. Welch ein Schock! Auch wenn ich es erwartet hatte, brach eine Welt zusammen. Nach diesem Verlust wurde ich krank. Ich konnte kaum noch essen und bekam jeden Abend große Angst. Die Ärzte schickten mich in ein Erholungsheim, ganz weit von zu Hause entfernt. Dort wurde ich vor lauter Heimweh noch kränker. Ich habe heute versucht, der Gruppe diese Geschichte zu erzählen. Jetzt bin ich krank vor Kummer. Ich habe Durchfall. Ich habe diesen Verlust wohl nicht verkraftet. Nach seinem Tod kaufte ich mir eine Puppe. Sie wurde der Anfang einer Sammlung von

„toten Menschen", die heute noch in einer Vitrine stehen. Es war das erste Mal, dass ich über diesen Onkel gesprochen habe. Er war ein Held, bekam viel Anerkennung und Medaillen vom französischen Staat und war - trotz seiner Lage - immer fröhlich. Ich war „seine Große", damals 14 Jahre alt.

Freitag, 16. September 1983
Ich habe heute nur Männer in meinem Kopf: Meinen Vater, meine Onkel, der eine war Soldat, der andere ist noch Priester, Thomas, meinen Mann, Gott, den Herrscher im Himmel, und den Docteur, der alle diese Männer vertritt, aber ganz anders ist und ganz anders reagiert. So viele Männer!

Mittwoch, 21. September 1983
Der Docteur konnte gestern nicht kommen, also gab es keine Sitzung. Ich habe den Koffer gepackt. Ich muss weg. Ich muss Deutschland verlassen, das Land der vielen Schilder, die überall stehen und zeigen, wo es lang geht. Ich ertrage sie zur Zeit nicht. Ich muss nach Hause!

Montag, 26. September 1983
Ich war drei Tage in Nancy. Aber als ich in meinem Elternhaus war, wollte ich wieder zurück in meine Wohnung. Es war ein kurzer Besuch, aber ein wichtiger. Ich bin auf der Flucht und auf der Suche nach einem Zuhause. Die Trennungen sind jedes Mal schmerzhaft. Und vor allem diese Grenze! Die Eisenbahn ist kein Magnet mehr, der mich anzieht. Ich zittere nur noch, wenn ich die Lokomotive sehe.

Samstag, 1. Oktober 1983
Ich komme vom Stadtzentrum. Es war unerträglich für mich. Dabei wollte ich doch unter Menschen gehen, denn heute sind die Geschäfte bis 18.00 Uhr geöffnet. Aber was ich gesehen habe, hat mir weh getan. Diese vielen Menschen, die zusammen Einkäufe machten. Mütter mit Töchtern, Familien mit Kindern... Schwer wie Blei und durcheinander bin ich wieder hierher gekommen. Thomas arbeitet und ich bin allein. Ich muss weiter kämpfen, vielleicht werde ich eines Tages auch so frei einkaufen gehen können.

Dienstag, 11. Oktober 1983

Das Biest! Ich habe vorhin mit Renata in der Gruppe geschimpft. Sie hatte mir am Telefon etwas über Maria erzählt, das - wie es sich herausstellte - gar nicht stimmte. Ich hatte solch eine Wut auf sie, denn sie hat es geleugnet. Sie lügt also auch noch! Maria war mäuschenstill. Der Docteur hat versucht, die Wut auf sich zu lenken. Es war vergebens, ich war zu böse. Danach habe ich mich schlecht gefühlt und verließ die Gruppe früher. Ich schlich mich am Docteur vorbei, denn er sitzt immer noch vor der Tür, dieser Blödmann! Welche Qual in mir! Ich habe das Gefühl, als hätte ich mit meiner Mutter geschimpft, und das durfte ich doch nie. Jetzt habe ich Angst vor Gottes Strafe, Angst, dass er mir meine Mutter nimmt.

Freitag, 14. Oktober 1983

Maman lebt noch! Vor lauter Angst, dass sie stirbt, weil ich am Dienstag so böse war, habe ich fast jeden Abend in Nancy angerufen, um die Stimme meiner Mutter zu hören. Ich habe ihr jeden Tag etwas anderes erzählt. War das schlimm! Sie haben mich angelogen: Gott nimmt den Kindern, die böse sind, gar nicht die Mutter. Sie haben mich als Kind damit erpresst. Diese neuen Erfahrungen waren wichtig für mein Gehirn. Es ist das Spiel der Analyse, ein harter Kampf! Ich habe von dieser Geschichte noch Herzschmerzen und Durchfall. Renata hat wie meine Mutter gehandelt, und in mir ist eine Wunde geplatzt. Ich bin müde, aber ich möchte zu meinem Bruder nach Paris fahren. Gott hat mich nicht bestraft! Ich darf so reagieren!

Paris - Mittwoch, 19. Oktober 1983

Trotz meiner Schuldgefühle und meines schlechten Gewissen, weil ich Thomas allein gelassen habe, bin ich hier gut angekommen. Da mein Bruder und seine Lebensgefährtin arbeiten, bin ich den ganzen Tag allein unterwegs. Von früh bis zum Abend laufe ich, laufe durch die Straßen von Paris, durch die Gänge der Metro. Die Angst, meine ständige Begleiterin quält mich. Ich habe das Gefühl, dass ich bald zusammenbrechen werde. Ich kämpfe mit meinen Gedanken und strenge mich an, damit es niemand sieht. Ich verwechsle Francs mit D-Mark. Ich weiß nicht, wie ich es schaffe, in dieser fremden Welt immer wieder den Weg nach Hause zu finden, zu meinem Bruder, der meine Lage verstehen kann und mich verwöhnt. Wir waren schon im Kino, im Theater, sogar in Versailles, aber leider kann ich die Umwelt nicht aufnehmen. Ich habe Bauchschmerzen, Kreislaufstörungen, und ich kann kaum schlafen, weil ich so überdreht bin. Es ist das zweite Mal, dass ich in Paris bin. Ich bin früher nie allein gereist. Ich bin so durcheinander, kann nur laufen und laufen.

Samstag, 22. Oktober 1983

Ich bin gestern von Paris mit vielen neuen Bildern in meinem Kopf zurückgekommen und mit einem Poster in meinem Koffer. Ich habe die "canotiers" von Renoir gekauft, das „Frühstück der Ruderer" wie der deutsche Titel heißt. Diese Menschen sehen so glücklich aus, plaudern miteinander und genießen das Leben vor lauter guten Sachen. Eines Tages möchte ich dazugehören. Ich möchte auch das Leben genießen wie es die Familie in Paris tut, wie es früher in Frankreich war, bevor ich es verließ. Ich wollte Thomas so viel erzählen, aber als ich ihn am Bahnhof sah, kann die Vergangenheit wieder in mir hoch. Es wurde mir so schlecht, dass ich kein Wort herausbrachte. Muss ich wieder in die Gruppe gehen? Wo bin ich denn?

Montag, 31. Oktober 1983

Meine Mutter rief mich gestern an, um mir zu sagen, dass mein Vater Herzschmerzen hat, und schon träumte ich heute Nacht, dass Papa kein Geld mehr hätte. Ich habe sein Herz mit einem Geldbeutel verwechselt.

Mittwoch, 9. November 1983

An manchen Tagen kann ich den Nachrichten im Fernsehen folgen. Heute sah ich die Beerdigung der 58 französischen Soldaten, die durch ein Attentat im Libanon ums Leben gekommen waren, und schon war ich bei dem Begräbnis meines gelähmten Onkels, der als Soldat auch eine feierliche Zeremonie bekam. Der Tod verfolgt mich seit meiner Kindheit; ich lebe mit ihm und habe doch Angst vor ihm. Ich begreife ihn nicht und frage mich, wohin alle Menschen nach ihrem Tod gehen. Man erzählte mir, dass sie in den Himmel kämen, entweder in das Paradies oder in die Hölle. Aber wie können sie in den Himmel kommen, wenn man sie doch in der Erde begräbt? Die alten Menschen, die während meiner Dienstzeit gestorben sind, habe ich zurechtgemacht und mit meinen Kollegen schön angezogen. Ich habe im

Altersheim zu viele Tote gesehen, die vom Beerdigungsinstitut abgeholt worden sind. Für die Toten bekamen wir Geld für unsere Kaffeekasse. Das war das Schlimmste für mich. Es war wie zu meiner Kinderzeit: Wenn mein Vater einen Hasen geschlachtet hatte, bekam er auch Geld vom Kürschner für die Felle der Tiere. Sind Menschen wie Hasen zu sehen? Tote Haut - tote Felle! Aus den Menschen, die nicht mehr leben, werden Skelette, also das Gehirn stirbt auch! Die Welt der Träume, der Phantasie! und ihre Seele! Befindet sie sich im Gehirn? So viele Fragen, so viele Bilder in mir. Ich bin ganz durcheinander. Ich weiß nicht mehr, wo die Verstorbenen hinkommen! Ich kann vor lauter Kummer nichts essen.

Sonntag, 13. November 1983
Der Tod quält mich noch immer. Ich begreife es nicht. Welcher Konflikt tobt in mir. Das Verstand-Gehirn kämpft mit dem Gefühl-Gehirn, das Bewusstsein mit dem Unterbewusstsein. Mein Kopf platzt bald. Wo gehen denn die Verstorbenen hin? Und wie sieht Gott aus? Als ich Kind war, tötete mein Vater meine Hasen; er schlitzte ihnen den Bauch auf . Der Schock war damals wohl zu groß, um das Handeln meines Vaters zu verstehen. Und er wiederholte es immer wieder: Ich bekam kleine Hasen, und wenn sie dick genug waren, nahm man sie mir weg, um sie zu schlachten. Sie waren dann die Fleischstücke, die ich gegessen habe. Abends weinte ich allein in meinem Bett vor Kummer, um fragte mich, wo meine Tiere sind. Meine Mutter sprach sehr oft vom Tod, wollte oft sterben, aber sie kam doch immer wieder aus dem Krankenhaus zurück. Ich habe das alles nicht begriffen. Vielleicht kann mir die Gruppe am Dienstag weiterhelfen!

Mittwoch, 16. November 1983
Die Gruppe konnte mir nicht weiterhelfen, denn ihre Eltern haben nicht anders gehandelt als meine. Ich kam gestern Abend noch mehr durcheinander nach Hause. Heute Nacht habe ich viel geträumt und beim Aufwachen kam die Lösung: Ich lag selbst in einem Sarg unter der Erde. Meine Augen waren geöffnet. Plötzlich guckte ich nach oben Richtung Decke und Himmel: Es war alles so klar geworden. Ich sah niemanden mehr, keinen Gott, keine Engel, keine toten Menschen mehr. Es war eine Befreiung, denn seit meiner Kindheit waren diese Bilder ganz fest in meinem Gehirn eingeprägt.

Ich bin wohl ein Produkt dieser strengen katholischen Erziehung; man wollte mich damit gehorsam machen. Jeden Abend entschuldigte ich mich bei Gott, wenn ich etwas gemacht habe, das ihm nicht gefallen hätte. Ich fürchtete mich vor seiner Strafe. Gott ist kein Wesen, das straft. Ich glaube es nicht mehr. Wozu? Er will sicherlich auch, dass ich lebe. Ich bin so glücklich und traurig zugleich. Ich schaue ständig nach oben, der Himmel ist endlos weit. Der Kampf in meinem Kopf hat aufgehört. Unterbewusstsein und Bewusstsein haben sich geeinigt, Verstand und Gefühle auch. Die Verstorbenen sind unter der Erde! Und da bleiben sie. Jedes Volk geht anders mit seinen Toten um.

Donnerstag, 24. November 1983

Ich bin eine Kranke geworden, wahrscheinlich hat es schon als ich ein Baby war angefangen. Bewusst wurde es mir erst nach meiner Hochzeit, nach der Trennung von Frankreich vor 12 Jahren. Eines Tages kam ich mit Herzschmerzen und Angstzuständen vom Einkaufen nach Hause. Ich konnte auf einmal meine Augen im Spiegel nicht mehr angucken, ohne dass sie mir Angst machten. Es war der Anfang meines Zusammenbruchs. Ich sprach kaum deutsch. Ich wurde untersucht, zum Neurologen geschickt, der mich von morgens bis abends mit Tabletten versorgte. Einmal lag ich zwei Wochen lang im Bett. Ich war so schwach geworden, dass ich nicht mehr sprechen konnte. Jedes Wort, jedes Geräusch tat mir weh. Ich verstand damals nicht, was mit mir los war. Ich kam wieder auf die Beine und löste mich mühselig von den Tabletten. Ein Jahr lang kämpfte ich mit dieser Abhängigkeit. Ich reduzierte allmählich die Dosis bis ich zum Schluss nur noch eine Prise nahm, denn inzwischen hatte ich durch eine Rundfunksendung die Psychologie entdeckt. Nun suchte ich jahrelang nach einem Arzt, der mir ohne Medikamente helfen konnte. Wenn man sich nicht in Worten ausdrücken kann, ist das eine schwere Sache. Ich entdeckte in Deutschland viel Neues und so vieles, das anders war als in Frankreich.

Samstag, 3. Dezember 1983

Heute Nacht träumte ich, dass ich auf der Straße ein kleines Mädchen und ihren Bruder traf. Der Bub hatte ein schönes Gesicht, aber das Mädchen war so hässlich. Sie hatte große, braune Augen, braune Haare und eine weiße, welke Haut, und es weinte, weil es kein zu Hause mehr hatte. Ich sah, wie meine Mutter an einem Fenster hinter der Gardine stand und die Szene beobachtete.

Diese Frau fand mich nicht schön und sagte es mir oft: „Du hast die unreine Haut deines Vaters". Ich träume zur Zeit wieder so intensiv, dass ich jeden Morgen mit Übelkeit aufwache.

Mittwoch, 14. Dezember 1983

Ich konnte mich gestern in der Gruppe nicht auf die Gespräche der anderen konzentrieren, denn ich war ganz wo anders in meinen Gedanken. Ich war im Süden Frankreichs und lag in einem wunderschönen Blumenfeld. Ich wollte den anderen nichts davon erzählen, aber mein Herz fing an so zu klopfen, dass ich es ihnen doch erzählen musste. Als ich fertig war, sagte der Docteur nichts, er schimpfte nicht mit mir, aber den anderen gefiel es nicht, dass ich ihnen nicht zugehört hatte. Wie der Docteur reagiert, ist für mich das Wichtigste. Mein Gehirn registriert es, lernt sein neues Verhalten kennen. Ich war so glücklich in meinem Blumenfeld; das ist ein neues Gefühl für mich. Elke hat ihren Arbeitsplatz, wo sie seit 15 Jahren arbeitet, gekündigt. Jeder von uns verändert sich, löst sich. Wenn es mir gut geht, scheint die Sonne in mir, auch wenn draußen der Himmel grau ist. Ein kleines Gefühl des Glücks heute!

Freitag, 23. Dezember 1983

Zu Weihnachten möchte ich zu Hause sein bei meinen Eltern, aber ich weiß nicht, was ich dieses Jahr feiern soll. Diese Feste waren oft eine traurige Zeit für mich. Ich bekam immer Geschenke, gute Sachen zum Essen. Dabei musste ich an die vielen Menschen denken, die an diesem Tag arm und allein sind. Schuldgefühle quälen mich, aber dieses Jahr werde ich nicht in die Kirche gehen, weil es mir nichts mehr bedeutet. All' diese kostümierten Männer, was soll dieses Theater, dieser Prunk! Ich verstehe es nicht mehr. Jesus war arm!

Mittwoch, 28. Dezember 1983

Es ist mir an Weihnachten besser ergangen, als ich dachte. Kein Schuldgefühl, kein schlechtes Gewissen, ich habe das gute Essen genossen und mich über die Geschenke gefreut. Wenn ich an das letzte Jahr denke, wo es mir so schlecht ging, wie ich mitten in der Nacht mit meiner Mutter auf der Straße war auf der Suche nach ihrer Katze, die nicht nach Hause gekommen war. Es wäre sinnlos gewesen, ihr zu widersprechen. Diese Frau hat nie gesehen, wenn es mir schlecht ging. Hauptsache, ich war sauber gekleidet, lieb zu Hause und höflich zu den Leuten. Aber in die Kirche bin ich nicht gegangen. Nirgendwo bin ich zu Hause!

Mittwoch, 14. Januar 1984

Gestern ist der Docteur mitten in der Sitzung eingeschlafen. Ob er das extra gemacht hat, um uns zu provozieren, oder ob er echt müde war, jedenfalls ist es ihm gelungen, mich aufzuregen. Ich habe ihn geweckt und mit ihm geschimpft. Natürlich waren wir dann schuld an seiner Müdigkeit. Dieser blöde Mann! Ich bin so abhängig von ihm geworden, ein Wort oder ein Satz und schon fange ich an zu denken, zu analysieren. Ich bin wie eine seiner Marionetten geworden, als ob nur er fähig wäre, mich weiter zu bewegen. Ich kämpfe in letzter Zeit mit einer nur für mich sichtbaren Schlange, die sich um mich herumwickelt. Ich habe schon immer Angst vor diesen Tieren gehabt, und jetzt sehe ich eines ständig an mir. Es ist schrecklich! Ich bin so erschöpft, dass ich oft kraftlos auf dem Boden lande. Ich muss weiter kämpfen. Schlange - Männer - Sex - oder?

Mittwoch, 18. Januar 1984

Zu den Männern meiner Kindheit gehören die französischen Soldaten. Wie schön fand ich sie in ihrer Uniform, wenn sie am Nationalfeiertag die Champs Elysées hinuntermarschierten. Ich kannte alle Regimenter und Offiziersschulen. Aber es war Vaters Welt und die meines Onkels. Als ich noch arbeitete und morgens gegen 6.00 Uhr von der Nachtwache nach Hause lief, traf ich oft die Panzerkolonne der amerikanischen Soldaten, die in unserer Nähe stationiert sind. Diese Männer sahen in ihren Kriegsanzügen so bedrohlich aus; ich fühlte mich nicht wohl, denn ich war um diese Zeit fast allein unterwegs. Sie hatten nichts mit meinen schönen Soldaten zu tun. Gestern habe ich es in der Gruppe sagen können, und als ich fertig erzählt hatte, wurde es mir übel; ich bekam fast Atemnot. Es sind Bilder, die in mir sterben, mein Vater, Frankreich, der Zerfall meines Imperiums nach und nach... Ich werde ein neues aufbauen müssen, mein eigenes.

Donnerstag, 2. Februar 1984

Es ging mir heute so gut. Thomas hatte frei und wir sind Schlitten gefahren. War das schön im Schnee! Solche Tage sind so selten, dass ich sie doppelt genieße. Könnte diese Schlange mich in Ruhe lassen!

Freitag, 3. Februar 1984
Ich weiß nicht mehr, wo ich bin: In Darmstadt oder in Nancy? Nachts träume ich, dass ich in Nancy bin und möchte nach Darmstadt. Aber es kommen keine Züge, und umgekehrt genauso. Ich bin so durcheinander! Geh weg, du Schlange!

Montag, 6. Februar 1984
Die Schlangen lassen mir keine Ruhe. Also bin ich gestern mit dem Bus zu unserem Zoo gefahren, um diese Tiere anzusehen. Welche Überraschung, als ich feststellte, dass die Python (vipère) mir überhaupt keine Angst machte. Im Gegenteil: Ich fand sie schön und beobachtete sie eine ganze Weile. Mein Weg hat sich gelohnt, denn heute Morgen - beim Aufwachen - war die Schlange, die sich seit Wochen um mich gewickelt hatte, zusammengerollt. Sie schlief ganz friedlich in meinen Gedanken und verschwand. Sie bin ich los! Was für ein tolles Gefühl!

Mittwoch, 8. Februar 1984
Ich war mal wieder böse. Gestern habe ich in der Sitzung gesagt, dass ich sie alle blöd finde. Oh Gott! Der Docteur hat nichts gesagt, aber der Gruppe hat es nicht gefallen. Renata hat erzählt, was sie geträumt hatte. Sie hatte eine Gruppe gebildet, in der der Docteur und ich abwesend waren. Sie meinte, dass wir beide unseren Gefühlen trauen würden, deshalb würden wir kein Mitglied sein. War das anstrengend! So anstrengend, dass ich früher gegangen bin. Ich musste die Gruppe verlassen. Ich schlich mich an der Seite des Docteurs vorbei, erreichte die Tür und ging weg. „Frau Klose, bleiben Sie hier!" rief er mir nach. „Nein!" Es war, als ob ich mich revanchiert hätte. Man sagte mir oft, dass ich blöd bin. Jetzt habe ich so viel Kummer in mir und weine dauernd. Als ich heute Morgen aufwachte, schlief Thomas noch; er sah wie tot aus. Welch' schreckliche Bilder und Gedanken.

Donnerstag, 9. Februar 1984
Übelkeit, Schmerzen, verkrampfte Muskeln, Durcheinander, so ist mein Zustand heute. Ich fühle in mir, dass etwas Starkes heraus will, aber was? Ich bin heute in die Klinik gefahren, um mit dem Docteur darüber zu reden. Er meint, dass es mit Renatas Traum zusammenhängt. Wenn Thomas nach Hause

kommt, werden meine Schmerzen noch schlimmer. Ich muss nachts in einem anderen Zimmer alleine schlafen. Ich und der Docteur, der Docteur und ich!

Samstag, 11. Februar 1984

Angstzustände, die mein Herz zerdrücken, Schmerzen, und mir ist so warm. Ich glaube, dass ich heute den Grund für diesen Zustand kenne. Ich bekomme ein neues Gefühl. Es muss so stark sein, dass ich ihm ausgeliefert bin. Es ist ein warmes Gefühl. Ich werde mich doch nicht in den Docteur verlieben? Aber es sieht so aus. Dieses Gefühl für ihn, na so etwas. Wo ich ihm letzte Woche doch gesagt habe, dass ich ihn blöd finde. Jetzt will ich ihm sagen, dass ich ihn liebe. Ob ich es Dienstag schaffe? Ich habe heute Nacht geträumt, dass ich ein Baby hätte und dass es ins Wasser gefallen wäre. Ich hielt mich fest und rettete es vor dem Ertrinken. Baby, Wasser, Docteur, was soll das werden?

Montag, 13. Februar 1984

Ich kann weder schlafen noch essen. Diese Angstzustände, diese Wärme in mir! Es ist, als ob ich ständig 40º Fieber habe; ich befinde mich wie im Rausch. Ich liege nur noch und habe so ein angenehmes Kribbeln im Unterbauch. Es ist ein schrecklicher und herrlicher Zustand zugleich. So etwas starkes. Es wirft mich um. Ich habe gerade den Docteur angerufen. Ich wollte ihm sagen dass ich morgen nicht in die Sitzung kommen werde, weil ich die Kraft dazu nicht habe, weil es zu schwer ist. Er meinte, dass ich es doch versuchen solle. Ich habe solche Angstzustände! Und mir ist so warm!

Mittwoch, 15. Februar 1984

Maria hat mich abgeholt. Ich setzte mich wie gewöhnlich neben den Docteur, der ja wusste, dass mit mir etwas los war. Er versperrte mir mit seinem Stuhl den Weg nach draußen. Nach einer Weile klopfte jemand und er absentierte sich für ein paar Minuten. Ich nutzte die Gelegenheit, um seinen Stuhl nach vorn zu rücken. Aber keine Chance, denn als der Docteur wieder ins Zimmer kam, stellte er diesen verdammten Stuhl wieder dorthin, wo er vorher war. Aber es blieb ein Zwischenraum. Ich schlich mich vorbei, um nach draußen zu fliehen. Es ging mir sehr schlecht. Mein Zustand ist schwer mit Worten zu beschreiben: Angstzustände, Rausch, Fieber... Ich ging zur Toilette und fiel zu Boden, wo ich eine ganze Weile blieb, bis ich die Kraft wiederfand, um meinen Platz in der Gruppe einzunehmen. Denn ich hatte ja etwas vor. Ich wollte den Docteur umarmen. Das war keine einfache Sache vor all‘ den anderen, vor Renata, die wie meine Mutter guckte. Kurz vor Schluss stellte sich der Docteur an die Seite. Die Gruppe ging hinaus, und ich machte einen Satz und sprang ihm an den Hals. Er war so überrascht, stieß mich zurück und ging weg. Er hat mich mit meiner Tat allein gelassen. Maria brachte ein Wrack nach Hause, wo ich noch einmal zusammenbrach ohne das Verhalten des Docteurs zu verstehen. Warum hat er mich nicht umarmt? Warum konnte er mir die Wärme nicht geben, die ich als Kind nicht bekommen habe? Von wem soll ich sie jetzt kriegen? Er ersetzt doch die Menschen meiner Kindheit. Ich bin ganz durcheinander, apathisch, traurig und manchmal wütend. Thomas versuchte mir zu erklären, dass er es nicht darf. Es war sinnlos, denn ich begreife es heute immer noch nicht.

Samstag, 18. Februar 1984
Mein starkes, warmes Gefühl ist weg. Keine Angstzustände mehr, kein Rausch. Ich habe wieder meinen Schüttelfrost und versuche zu verstehen, warum der Docteur so reagiert hat. Er ist der Therapeut und muss wissen, was er tut. Bis jetzt ist er immer neutral geblieben. Er spielt seine Rolle. Das Wichtigste war, dass in mir ein solches Gefühl aufkam, denn ich war sehr mutig am letzten Dienstag. Es wird gut gehen! Ich vertraue dem Docteur.

Dienstag, 21. Februar 1984
Ich bin heute das Thema der Gruppe gewesen, denn sie haben alle nicht verstehen können, warum der Docteur letzte Woche so reagiert hat. Dieser hat natürlich versucht, mich zu provozieren Er wollte Wut aus mir herausholen, aber es hat nicht funktioniert. Ich war innerlich ganz ruhig und froh darüber, dass die anderen sich Gedanken über mich gemacht haben.

Freitag, 24. Februar 1984
Die Muskeln meiner Arme tun mir so weh. Es sind wohl Trennungsschmerzen.

Samstag, 3. März 1984
Ich bin vorhin vor lauter Kummer zusammengebrochen. Es ist langer Samstag, und ich wollte unter Menschen gehen und dann sah ich nur lauter fröhliche

Menschen, die zusammen bummelten. Das habe ich nicht ertragen. Ich fühlte mich so fremd in der Menge. Wo ist meine Familie? Wo ist die Gruppe? Mein Frankreich? Ich bin so allein. Warum kann ich nicht sterben? Warum bleibt Thomas bei mir? Ich kann nicht an Trennung denken ohne sie mit dem Tod zu vergleichen.

Donnerstag, 8. März 1984
Als Kind fuhr ich ganz allein mit dem Bus zur Klosterschule. Morgens waren immer viele Menschen im Bus, und im Winter stiegen noch mehr ein. Ich war klein und in der Menge eingeklemmt. Damals gefiel mir das; heute habe ich Angst vor Menschen. Ich schaue oft nach meinen vielen Puppen, die hier überall stehen: Mitbringsel von meinen Reisen und Geschenke anderer Menschen. Lauter tote Wesen.

Freitag, 9. März 1984
Ich muss noch einmal weggehen, Deutschland verlassen, das Land, wo ich so krank wurde. Ich möchte nach Hause, aber wo ist mein Zuhause? Ich habe fast die ganze Nacht in einer Ecke geweint, weil ich diesen Kampf in meinem Kopf nicht mehr ertrage, diese Gedanken, diese Bilder. Es ist unerträglich. Morgen fahren wir zu den Eltern.

Dienstag, 13. März 1984
Als ich am Samstag das Schild „Nancy" sah, bekam ich in mir ein ganz warmes Gefühl und solche Schmerzen. Im Elternhaus wurde es mir noch wärmer. Es war so stark, dass ich in der Garage vor Freude getanzt habe: Ich war zu Hause! Wir sind gestern Abend zurückgekommen. Heute Nacht habe ich geträumt, dass ich in Nancy war und zur Klinik wollte. Ich lief und unterwegs traf ich einen Trauerzug. Ein kleines Mädchen war gestorben, und Menschen in schwarzer Kleidung folgten dem Sarg. In der Klinik angekommen, stellte ich fest, dass an ihrer Stelle ein Kaufhaus stand. Ich fragte den Angestellten nach dem Docteur. Niemand kannte ihn. Mit Gelenkschmerzen wachte ich auf und war ganz froh, dass es nur ein Traum gewesen war. Es ist seltsam, genau vor einem Jahr tanzte das kleine Mädchen in meinem Kopf. Wie das Gehirn arbeitet! Maria wird mich bald abholen.

Mittwoch, 14. März 1984
Das darf nicht wahr sein! Der Docteur lässt mich wieder allein. Er will im April für fünf Wochen in Urlaub gehen. Fünf Wochen! Wie soll ich ohne ihn zurechtkommen? Er scheint meine Lage nicht zu sehen.

Sonntag, 18. März 1984
Wir waren bei der deutschen Familie. Es war anstrengend für mich, denn ich konnte ihren Gesprächen nicht so gut folgen. Die Mama hat mir Haferflocken gekocht, damit ich wieder zu Kräften komme. Ich bin ja krank und habe eine Krankheit, über die man nicht redet. Aber ich schäme mich nicht; ich habe bloß viel Kummer in mir.

Donnerstag, 22. März 1984
Es ist Frühling. Die Sonne scheint draußen. Ich habe die Fenster geputzt, die Pflanzen umgetopft und war in der Bäckerei. Jetzt ist mir übel, aber ich freue mich, dass ich so vieles machen konnte.

Mittwoch, 28. März 1984
Der Docteur ist weg. Mir geht es miserabel. Gestern war die Gruppe sehr bedrückt: Fünf Wochen ohne ihn! Es ist doch mein ganzer Halt geworden. Wie soll ich es aushalten? Jede Stunde ist wichtig, wo doch die Therapie in der Klinik bald zu Ende geht. Ich kann meine Puppen nicht mehr angucken, alle diese toten Menschen!

Freitag, 30. März 1984
Ich habe die Puppen eingepackt. Diese Sammlung, die ich nach dem Tod meines gelähmten Onkels angefangen hatte, liegt jetzt in zwei großen Kartons. Es ist, als ob ich zwei Särge im Wohnzimmer hätte. Ich spüre in mir Trauer und Kummer, und die Vitrine ist so leer! Die Puppen sind tot!

Samstag, 31. März 1984
Die Nacht war so schlimm, dass ich heute Morgen alle Puppen aus ihrem Sarg geholt habe, und sie wieder in die Vitrine gestellt habe. Es tut mir zu weh, alle diese „Menschen" aus verschiedenen Ländern und Regionen, die aus verschiedenem Material gemacht sind, wegzuräumen. Ich kann sie nicht einpacken.

Montag, 2. April 1984

Der Docteur ist im Urlaub. Wir werden auch nach Österreich fahren in die gewohnte Umgebung. Ich versuche, Koffer zu packen, aber ich bin so durcheinander in meinem Kopf. Das Gehirn arbeitet, und ich weiß jetzt, wie. Das Gefühl-Gehirn ist zerstört, das Verstand-Gehirn versucht alles zu meistern, und das motorische Gehirn, das durch den Kampf der beiden anderen nicht richtig steuern kann, meldet sich mit Schmerzen. So ungefähr muss es in mir funktionieren. Ich mache eine Reise durch mein Unterbewusstsein, dort, wo alles begraben ist, was ich im Laufe meines Lebens nicht verarbeiten konnte. Es ist anstrengend und faszinierend. Vielleicht werde ich mich eines Tages in diesem Chaos finden. Ich muss die Kraft haben, um es auszuhalten, und irgendwann Ruhe in mir finden.

Österreich - Samstag, 7. April 1984

Ich bin durch die Mauer der Grenze gegangen mit Verkrampfungen und noch mehr verwirrten Gedanken bis ich irgendwann begreifen konnte, dass sich hinter dem Zoll nicht die Vergangenheit und die Zukunft befinden, sondern ein anderes Land, ja Österreich! Durch die Tunnel zu fahren, ist wie durch die Hölle zu gehen. In der Dunkelheit wird die Angst so groß, dass ich dem Zusammenbruch sehr nahe bin. Das Gehirn produziert böse Bilder, mit denen ich kämpfen muss, bis ich das Tageslicht erblicke. Und nachts muss ich die Bilder noch einmal verarbeiten: Bilder vom Abgrund, von Unfällen. Zur Zeit liegt noch Schnee. Ich versuche Langlaufski zu fahren. Eine schreckliche und herrliche Sache, denn ich habe noch nicht die Kraft dazu und warte meist im Auto auf Thomas, allein und verloren. Es kostet mich alles viel Kraft. Ich kämpfe mit der Angst, denn sie sitzt tief in mir, so wie mit dem Docteur, mit dem ich oft in meinem Kopf rede. Diese verlorene Kraft hole ich mir mit dem Essen wieder. Alle drei bis vier Stunden brauche ich etwas. Ich bin wie ein Baby und nehme dabei noch ab. Ich wachse!

Darmstadt, Samstag, 14. April 1984

Muss ich wieder ins Altenheim? Nein, nach Nancy - denn es ist Ostern - also von Österreich nach Deutschland und weiter nach Frankreich. In mir das perfekte Chaos. Eine Grenze habe ich hinter mir, eine neue steht vor mir. Ich muss durch!

Nancy, Sonntag, 22. April 1984
Trotz meines Zustandes war es ein schöner Tag. Mein Bruder und seine Freundin sind da. Wir haben den Onkel geholt, der im Altenheim für Priester wohnt. Heute soll Jesus auferstanden sein. Wie hat er das gemacht? Er ist doch am Freitag gestorben und in seine Gruft gelegt worden. Ich zweifle an der Geschichte, an den Märchen der Religion. Ich war nicht in der Kirche.
Mutter ist anstrengend!

Dienstag, 24. April 1984
Ich habe noch Trennungsschmerzen. Wir haben gestern die Familie verlassen. Auf der Rückfahrt lief ein Schäferhund völlig irre auf die Fahrbahn. Er sah so verloren aus, so ängstlich. Ein Bild, das mir weh getan hat. Meine Muskeln verkrampften sich. Ich fing an zu weinen. Ich erkannte mich in seiner Lage. Jahrelang bin ich so herumgelaufen auf der Suche nach einem Zuhause, das ich verloren hatte, nach einem Arzt, der mir helfen könnte. Menschen versuchten, das Tier einzufangen, aber er lief immer wieder davon. Ein verlorener Hund!

Donnerstag, 26. April 1984
Ein seltsamer Traum! Heute Nacht habe ich geträumt, dass der Docteur von einem Dach gefallen wäre, kopfüber, sein Gesicht war entstellt und nicht mehr zu erkennen. Sein Gesicht verblasst, aber er wird immer wichtiger für mich. Ich räume um, hänge neue Bilder auf. Und all‘ diese Puppen!

Sonntag, 29. April 1984
Ich habe es geschafft! Die Puppen sind erneut in den Kartons, die noch offen im Wohnzimmer stehen. Ich kann sie nicht zumachen, noch nicht. Die Zeit der Puppen scheint vorbei zu sein. Ich werde keine mehr kaufen und keine mehr stricken aus lauter bunten Wollknäueln wie früher. Ich werde die Vitrine verkaufen und an ihre Stelle das große Bild von Renoir aufhängen, das ich in Paris gekauft habe: „Les Canotiers”. Wie glücklich diese Menschen aussehen...

Dienstag, 8. Mai 1984
Der Docteur ist zurückgekommen, und heute Abend ist Gruppensitzung. Meine Beine tun mir schon so weh. Sie wollen nicht in die Klinik gehen, aber ich freue mich doch.

Mittwoch, 9. Mai 1984
Der Docteur ist wieder da! Welche Freude für die Gruppe gestern! Ich habe erneut meinen Platz neben ihm eingenommen. Die anderen waren auch alle da. Ich erzählte von meinen Puppen, dass ich als Kind eine hatte, mit der ich kaum spielte. Ich bevorzugte meine Tiere, die mir durch ihre Felle mehr Wärme gaben. Meine Mutter schimpfte oft mit mir, weil ich mit dieser steifen Puppe nicht spielen konnte, und wenn ich damit spielte, hatte sie Angst, dass ich sie kaputtmache. Wir hatten zu Hause auch eine große Puppe. Sie war aus Porzellan. Weil ihr Gesicht ein wenig zerbrochen war, warf sie mein Vater in die Mülltonne. Vor ein paar Jahren schenkte mir Thomas eine so ähnliche. Mein Herz ist damals vor Freude fast stehen geblieben. Sie ist die einzige, die ich nicht eingepackt habe. Ich habe vorhin die Kraft gefunden, Die Kartons zu zukleben. Die Puppen sind tot. Ich habe sie gerade in den Keller gebracht.

Freitag, 11. Mai 1984
3.00 Uhr nachts. Ich kann vor lauter Kummer und verwirrten Gedanken nicht schlafen. Ich habe es so satt mit meinem blöden Kopf. Ich friere. Ich bin abhängig, hilflos, unfähig, allein zu leben. Oh Maman! Es tut mir alles so weh. Was hast du mit mir gemacht? Ich habe keine Kraft mehr und einen solchen Schmerz in meiner Brust. Die Puppen sind im Keller. Oh Maman, ich friere!

Mittwoch, 16. Mai 1984
Manchmal kann ich sehen und aufnehmen, was sich draußen abspielt. Zum Beispiel schaue ich im Supermarkt gern zu, wie die Maschine die Würste in dünne Scheiben schneidet. Die Menschen dieses Landes essen gern so etwas. Es gibt auch so viele Sorten, dass ich bis heute keinen Durchblick habe und mir nicht alle Namen merken kann. Die Straßenbahnen faszinieren mich auch. Ich schaue hin, als ob ich von einem anderen Planeten kommen würde, oder wie ein Kind, das seine Umwelt entdeckt.

Mittwoch, 6. Juni 1984
Noch drei Sitzungen, dann ist die Gruppenarbeit zu Ende. Jeder von uns wird seinen Weg gehen müssen. Wie werde ich diese Trennung verkraften? Mein Herz ist schon aufgeregt. Ich habe geträumt, dass die Gruppe und ich mit einem Bus unterwegs waren. Wir wollten zur Klinik, aber an ihrer Stelle stand

ein anderes Gebäude. Die anderen sind wieder in den Bus gestiegen. Ich bin ganz allein in dem Haus geblieben und suchte das kleine Zimmer, in dem wir uns immer treffen. In den Gängen begegnete ich unterwegs einer toten Frau. Ich nahm sie auf meine Arme und lief weiter. Wir kamen an der Küche vorbei, wo Leute ein großes Fest für den Docteur vorbereiteten. Ich konnte das Zimmer nicht mehr finden und wachte mit Gelenkschmerzen auf. Ich trenne mich schon innerlich!

Freitag, 15. Juni 1984

Die Trennung rückt immer näher. Meine Schmerzen werden immer stärker, und meine Nächte sind ein reines Kino-Festival. Ich habe von meinem Bruder und mir geträumt. Wir saßen auf einem großen Stein; ein paar Meter weiter saßen Leute mit einem Hund. Ich ging zu dem Tier und streichelte es. Als ich wieder zu meinem Bruder wollte, lag er tot auf dem Boden. Er hatte sich das Genick gebrochen. Ich bückte mich und sah, dass es Guido und nicht mein Bruder war. Von dem Schock bin ich aufgewacht.

Freitag, 22. Juni 1984

Ich mag Fußball. Zur Zeit findet die Europameisterschaft statt. Ich schaue mir manches Match an.

Sonntag, 24. Juni 1984

Wir haben das Match gewonnen! Bravo Michel! Es war so aufregend: Frankreich – Portugal, 30 Sekunden vor dem Spielende schoss Michel Platini in der Verlängerung das dritte Tor! Ich habe mich so gefreut! Toll gemacht, Michel! Er stammt ja auch aus Nancy. Vielleicht werden wir Europameister!

Mittwoch, 27. Juni 1984

Et voilà! Es ist vorbei. Ich habe mich gestern Abend von der Gruppe und dem Docteur verabschiedet. Vor anderthalb Jahren kam ich in die Klinik mit dem Gefühl, dass ich nur noch wenig Zeit zum Leben habe. Ich wähnte mich damals zu krank, um zu überleben. Jetzt ist Hoffnung in mir, und ich bin auch noch da. Ich habe dem Docteur ein Abschiedsgeschenk gemacht. Ich habe ihm einen Sklavenring gegeben, den ich als Kind von einem Freund meines Vaters bekommen hatte. Dieser Ring wurde von einem schwarzen Mann getragen, der im letzten Jahrhundert angekettet war. So fühlte ich mich oft: Innerlich gefesselt, unfähig zu leben. Der Docteur hat mir geholfen, einen neuen Anfang zu machen, freier zu werden. Manche aus der Gruppe haben gesagt, dass die Therapie ihnen nicht viel gebracht hätte, nicht geholfen hätte. Vielleicht haben sie ihr Spiel nicht verstanden oder ihren Gefühlen nicht getraut. Sie haben ihre Kräfte nicht in den inneren Kampf investiert; sie haben erwartet, dass der Docteur ihnen den Weg zeigt statt ihn selbst zu entdecken. Vielleicht ging es ihnen nicht schlecht genug! Ich weiß, es ist alles so hart! Der Docteur muss sich auch von uns trennen, aber er lässt uns nicht ganz allein. Wir können noch zu einem Gespräch kommen, wenn wir nicht weiter wissen. Danke an die Gruppe! Vielen Dank, Herr Docteur! Ich habe solch einen Kummer in mir. Ich kann meine Tränen nicht zurückhalten. Auf Wiedersehen!

Freitag, 29. Juni 1984

Frankreich ist Europameister geworden. 2:0 gegen Spanien. Aber ich kann mich nicht darüber freuen, denn ich habe zu viel Kummer. Tausend Gedanken und Bilder lassen mich nicht mehr schlafen. Ich schaffe es nicht allein. Renata und Maria rufen mich jeden Tag an, oder ich sie.

Donnerstag, 5. Juli 1984

Ich komme aus Frankfurt. Ich musste zum Konsulat, denn ich brauchte einen neuen Pass. Was für ein Abenteuer! Es hat schon am Automaten angefangen, wo ich eine falsche Karte zog. Ich musste im Zug etwas nachzahlen. Im Hauptbahnhof von Frankfurt, der so ähnlich aussieht wie der gare de l‘est in Paris, angekommen, suchte ich meinen Bruder. Ich kannte den Weg und lief wie ein Roboter durch die Straßen, an der Universität vorbei, wo ich lauter fröhliche, junge Leute sah. Das tat mir innerlich so weh, dass ich plötzlich vor lauter Lähmungen nicht mehr laufen konnte. Nach einer Weile ging ich weiter. Im Konsulat angekommen, fand ich die französischen Worte nicht mehr. Ich bekam meinen Pass und lief wieder in Richtung Bahnhof wie unter einer Käseglocke. Ich konnte meine Umwelt nicht wahrnehmen, stieg aber in den richtigen Zug, der mich nach Darmstadt zurückbrachte. Dort angekommen, erkannte ich unsere Stadt nicht mehr. Jetzt weiß ich nicht, wo ich bin. Ich bin so durcheinander! Wo bin ich denn?

Sonntag, 8. Juli 1984
Ich möchte nach Hause! Aber wo ist das denn? Ich habe keine Nationalität mehr trotz meines Passes. Ich weiß nicht mehr, wer ich bin. Ich bin auf der Suche nach einer neuen Identität. Renata geht es nicht anders. Sie kam auch vor 14 Jahren nach Deutschland. Wir haben früh geheiratet und schlimme Jahre hinter uns. Ich will weg, aber es gibt keine Fluchtmöglichkeit.

Donnerstag, 12. Juli 1984
Ich versuche, Koffer zu packen. Wir wollen mit meinem Schwager und meiner Schwägerin nach Österreich fahren. Mein Bruder, der in Italien unterwegs ist, wird für ein paar Tage nachkommen. Ein Familientreffen! Ich freue mich schon.

Österreich - Samstag, 21. Juli 1984
Schmerzen, Schüttelfrost, Übelkeit. Es geht mir nicht gut; in mir ist alles wund. Aber ich lasse es mir nicht anmerken. Wir sind alle zusammen. Ich mache kleine Wanderungen mit, beobachte die Anderen und lerne dazu. Es ist alles sehr anstrengend: Die Tunnel, die Grenze. Ich muss ständig etwas essen, um neue Kräfte zu bekommen.

Stein am Rhein - Montag, 23. Juli 1984
Die Urlaubstage sind vorbei. Jeder von uns ist seiner Wege gegangen: Mein Bruder nach Paris, mein Schwager wieder nach Deutschland. Wir sind in der Schweiz, in einer kleinen Stadt, wo die Häuser noch aus dem Mittelalter stammen. Ich sehe ja alles wie im Nebel, aber hier habe ich die Bilder, die auf die Fassaden gemalt sind, ganz klar sehen können. Morgen werden wir in Richtung Bodensee und Schwarzwald weiterfahren. Wagen mit französischen Kennzeichen tun mir weh. Es ist jedes Mal wie ein Messerstich in meinem Herzen. Ich habe auch Trennungsschmerzen, und eine Grenze steht mir noch bevor. Aber die Malereien an den Häusern waren so schön, dass die Bilder noch jetzt in meinem Kopf sind. Es sind ganz neue Eindrücke!

Samstag, 4. August 1984
Ich bin erneut allein mit meinem Kummer und verwirrten Gedanken. Keine Gruppe mehr! Ich weine oft. Ich versuche, an schöne Sachen zu denken, die

ich vielleicht eines Tages sehen werde: Venedig, die ägyptischen Pyramiden... Heute Abend trifft sich die deutsche Familie. Ich werde nicht hingehen. Ich habe nicht die Kraft dazu.

Donnerstag, 9. August 1984
Kaum in Darmstadt angekommen, will ich wieder weg nach Hause zu meinen Eltern. Ich möchte mit meiner Mutter in die Stadt bummeln gehen. Morgen fahre ich mit der Eisenbahn nach Nancy.

Nancy - Montag, 13. August 1984
Es war kurz, aber immerhin: Ich war mit meiner Mutter in der Stadt. Punkt 13.00 Uhr sind wir mit dem Bus gefahren, und gegen 15.00 Uhr waren wir wieder zu Hause. Ich wollte gern mit ihr etwas trinken gehen, aber es war nichts zu machen, sie wollte wieder in ihre Welt, in ihr Haus. Sie ist in einem kleinen Dorf groß geworden, und die große Stadt hat ihr wohl immer Angst gemacht. Man konnte nie mit ihr bummeln gehen; es war immer nur Stress.

Nancy - Donnerstag, 16. August 1984
Die Eltern klagen und streiten sich; es ist wie immer. Ich habe die Familie besucht, Cousine und Cousin, zu denen ich seit mehreren Jahren keinen Kontakt mehr hatte, obwohl wir zusammen groß geworden sind. Ich habe mir ein Buch über Frankreich gekauft. Das Land meiner Kindheit gibt es nicht mehr; ich muss es neu entdecken. Ich kann nur die Bilder angucken; die Buchstaben sind zu ermüdend. Ich kann nur welche schreiben, aber keine aufnehmen. Morgen werde ich zurückfahren.

Samstag, 18. August 1984
Wieder gut angekommen. Ich bin alleine gefahren.
Es ist toll! Sie hat mir gut getan, meine kleine Reise nach Frankreich.

Mittwoch, 22. August 1984
Meine Gedanken machen einfach, was sie wollen; ich kann sie nicht lenken. Meine Beine wollen nicht gehen; sie sind wie gelähmt. Und das alles, weil ich mich für einen Kurs angemeldet habe, um meine deutsche Grammatik zu verbessern, da ich doch jetzt so vieles schreiben muss. Ob ich es schaffen

werde, zweimal in der Woche mit anderen Menschen zusammenzusitzen, die auch aus anderen Ländern kommen?

Freitag, 7. September 1984

Ich schaffe es kaum, in den Deutschkurs zu gehen. Ich kann mich nicht konzentrieren, den Gesprächen folgen. Es kostet mich zu viel Kraft. Ein Trost ist, dass zwei weitere Französinnen neben mir sitzen. Seit ich in Deutschland bin, habe ich keinen Kontakt zu Franzosen gehabt. Ich muss ´mal wieder weggehen, zu meinem Bruder nach Paris, nach Frankreich.

Paris - Donnerstag, 13. September 1984

Ich bin völlig durcheinander angekommen und laufe jeden Tag von morgens bis abends durch die Stadt. Heute war ich im Louvre. Was für ein Luxus! Ich wollte unbedingt die Mona Lisa sehen. Ihr Blick hat mich fasziniert. Ich habe das Gefühl gehabt, als guckte sie nur mich an; egal, wo ich mich im Raum bewegte, folgte sie mir mit den Augen. Sie hat mich so schön angelächelt, dass ich nach einer Weile zurückgelächelt habe. Diese Augen waren keine Scheinwerfer. Ich bekam Schüttelfrost und zittrige Beine. Ich war ganz aufgeregt, schaute mir andere Bilder an und sah sie ganz klar. Es ist das erste Mal, dass ich vor Malerei stehen geblieben bin. Gemälde, die von Künstlern gemacht worden sind. Ist das toll! Ich kann es fühlen; ich war auch ganz glücklich, vor solchen Werken zu stehen, dass ich noch gerade die Kräfte fand, in die Metro zu steigen, um nach Hause zu fahren. Ich war im Louvre! Ich habe die „Gioconda" gesehen! Und mir Postkarten von den Bildern gekauft.

Paris - Samstag, 15. September 1984

In den Kaufhäusern hier gibt es viele schöne Sachen, Luxusartikel. Ich möchte mir auch etwas kaufen, aber ich bin so durcheinander, dass ich mich für nichts entscheiden kann. Ich bin so aufgeregt, dass ich kaum schlafen kann. Hier gibt es ein neues Frankreich für mich. Morgen werde ich zurückfahren.

Montag, 17. September 1984

Thomas war gestern Abend am Bahnhof. Ich habe ihm so vieles erzählt, auch von der schönen Malerei, die ich im Louvre gesehen habe. Ich zeigte ihm die Postkarte und sagte ihm, dass in Frankfurt auch ein Museum wäre mit wertvollen Bildern, und dass wir dorthin fahren sollten. Ich war völlig überdreht vor Aufregung und Müdigkeit. Wir haben gelacht, denn statt eines Kleides oder eines Parfüms habe ich eine Salatschleuder mitgebracht. Ich hatte noch keine. Aber, wo ist der Docteur?

Freitag, 21. September 1984

Ich komme von der Klinik. Ich habe den Docteur nach einem Termin gefragt „Ich möchte gern bei Ihnen weitermachen!" sagte ich ihm. „Es geht nicht!" Er gab mir die Adresse einer Therapeutin, zu der ich gehen könnte. Ich habe wieder dieses starke, warme Gefühl in mir, weil ich den Docteur gesehen habe. Ich komme allein nicht weiter! Und zu einer Frau kann ich doch nicht gehen.

Donnerstag, 27. September 1984

Ich fühle mich allein gelassen. Warum kann ich nicht bei dem Docteur weitermachen? Mit Schmerzen und Kummer schleppe ich mich in den Kurs oder eher zu den Französinnen. Sind die Eltern tot?

Sonntag, 21. Oktober 1984

Viele Menschen sind ein Leben lang auf der Flucht vor sich selbst. Sie laufen immer wieder davor weg. Ein Mensch, der ein eigenes Ich besitzt, ist reich. Er kennt sich, kann mit sich umgehen, das Leben besser genießen. So etwas möchte ich erreichen, dann habe ich in mir ein Zuhause. Wie viele Jahre noch? Vielleicht werde ich vorher an Kummer sterben. Nächsten Dienstag habe ich einen Termin bei einer Therapeutin.

Dienstag, 23. Oktober 1984

Diese Ärztin hat einen kleinen Raum in ihrem Haus, in dem mehrere Stühle stehen. So können sich die Patienten ihren Platz selbst wählen. Ich habe ihr sagen können, dass ich in der Klinik war, und jetzt allein weiter machen möchte. Sie wird sich überlegen, ob sie mit mir arbeiten kann. Ich war im Kino, im „Traumschiff" von Fellini. Schöne Bilder habe ich gesehen, aber ich hatte Schwierigkeiten, den Gesprächen zu folgen. Es war toll! Diese Menschen waren auch auf der Flucht.

Freitag, 26. Oktober 1984
Es ist 4.00 Uhr nachts. Der Kummer lässt mich nicht schlafen. Wo ist meine Mutter? Wo ist der Docteur? Die Gruppe? Was mache ich hier in Deutschland So viele Fragen ohne Antworten. Ich habe die Kraft nicht mehr, um das alles zu ertragen. Wie lange noch?

Sonntag, 11. November 1984
Mein Schwager und meine Schwägerin sind gerade weggegangen. Ich hatte sie zum Mittagessen eingeladen. Der Druck in meinem Kopf und die Angst in mir waren so groß, dass ich total erschöpft bin. Es ist noch zu anstrengend, für Menschen zu kochen und Gespräche zu führen.

Dienstag, 13. November 1984
Ich lebe noch! Dabei war ich heute Morgen, als ich zu dieser Therapeutin gegangen bin, fest überzeugt, dass ich unterwegs tot umfalle. So schlecht und so schwer war der Weg zu ihr. Das letzte Mal bin ich doch ganz normal hingegangen und heute diese Verfassung. Ich habe kaum sprechen können. Es war schrecklich. Ich begreife nichts mehr und möchte wieder zu dem Docteur gehen. Ich kann nicht allein zu dieser Frau gehen!

Mittwoch, 14. November 1984
Die Ärztin hat angerufen, um mir mitzuteilen, dass sie doch keinen Platz für mich hätte. Meine gestrige Verfassung hat sie vielleicht erschreckt. Ich bin enttäuscht und erleichtert. Aber wie soll es weiter gehen?

Montag, 19. November 1984
Ich bin wieder zu dem Docteur gegangen, der mir eine neue Adresse von einer Ärztin gab. Als ich ihn gesehen habe, ist es mir ganz warm geworden, als ob ich plötzlich Fieber bekommen hätte. Ich war wie im Rausch. Es ist so verrückt, so hart und so schön: Ich habe mich in den Docteur verliebt! Aber nein! Denn er ist nicht in meinem Kopf. Es sind nicht die Gefühle, die eine Frau für einen Mann empfindet. Es ist etwas ganz anderes, etwas Stärkeres.

Donnerstag, 6. Dezember 1984

So viele Bilder, eines folgt dem anderen, dass ich jeden Morgen mit Übelkeit aufwache. Das Gehirn arbeitet! Der Kurs geht zu Ende. Ich habe von der deutschen Grammatik nicht viel behalten, aber die Französinnen werde ich weiter sehen können. Sie sind sehr nett, auch eine Frau aus Russland. Sie haben auch alles verlassen, um ihren deutschen Männern zu folgen. Oder sind sie auch geflüchtet? Thomas und ich haben uns entschieden, zu verreisen, dorthin, wo die Sonne noch scheint. Am Sonntag werden wir für zwei Wochen nach Madeira fliegen. Ich bin ganz außer mir vor Freude und vor Angst.

Sonntag, 9. Dezember 1984

Es ist 14.00 Uhr. Ich sitze im Flugzeug, Thomas neben mir. Wir befinden uns gerade über Paris, aber der Nebel ist so dicht, dass wir nichts von der Stadt sehen. Der Kapitän hat uns per Funk informiert, dass draußen minus 54º wäre in 10000 m Höhe. Es ist also wahr, wir fliegen! Es wird schön werden, wie früher.

Funchal - Montag, 10. Dezember 1984

Mir geht es nicht so gut. Ich bin erschöpft und durcheinander. Ich weiß nicht, wo ich bin. Alles ist hier fremd, das Land, die Sprache. Die Gedanken kommen und gehen. Mal befinde ich mich in Korsika, mal in Marrakesch, dann in Sri Lanka. Es sind doch Bilder von früheren Reisen, die jetzt auftauchen. Wo bin ich denn? Ich kann auch nicht allein bleiben. Wenn Thomas das Zimmer verlässt, werden die Angstzustände noch schlimmer. Ich muss es aushalten!

Funchal - Freitag, 14. Dezember 1984

Ich kann heute das Zimmer nicht verlassen. Ich brauche Ruhe, denn ich bin gestern Abend zusammengebrochen, Kreislaufstörungen, Muskelschmerzen. Dabei hatten wir einen schönen Spaziergang gemacht in einem Wald, wo Eukalyptus und Mimosen wachsen. War das ein Duft! Aber ich bin weit entfernt von zu Hause hier, weit von meiner gewohnten Umgebung. Am schlimmsten ist das Badezimmer. Die Decke ist viel zu hoch, und es kommt kein Tageslicht herein. Jedes Mal sehe ich Bilder von tiefen Abgründen, von Dunkelheit. Es ist schrecklich. Ich kämpfe mit den Bildern, aber manchmal sind sie stärker als ich, und ich muß aus diesem Raum hinausrennen. Es ist eine zusätzliche Qual. Ich sitze auf dem Balkon und sehe das Meer. Thomas ist ausgegangen.

Funchal - Montag, 17. Dezember 1984
Ich kann nicht alles wahrnehmen, denn meine Gedanken sind oft woanders, aber ich sehe die vielen Blumen, die hier wachsen. Die Weihnachtssterne sind richtig kleine Bäumchen von 2 bis 3 m Höhe, welch eine Pracht! Mit dem Linienbus können wir gut die Insel besichtigen.

Funchal - Donnerstag, 20. Dezember 1984
Ich sitze im Bus, der uns nach Funchal zurückbringen wird. Wir haben uns das Nonnengrottental angesehen. Eine wunderschöne Landschaft, aber die Straße führt an einem tiefen Abgrund vorbei. Ich sehe sie und kann fast nicht mehr schreiben, denn meine Muskeln schmerzen immer mehr; es zieht, brennt und verkrampft sich in meinen Beinen, Oberschenkeln, Kreuz. Meine Kräfte lassen nach. Thomas muss mich festhalten, damit ich nicht auf dem Boden lande... Ich habe mir zu viel zugemutet!

Funchal - Samstag, den 22. Dezember 1984
Funchal ist in Weihnachtsstimmung. Abends leuchten Tausende von kleinen, bunten Lichtern, die über die Straße und in den Jacarandabäumen aufgehängt sind. Der Hafen, die Markthalle, die Espada und diese schwarzen Fische aus der Tiefe, die ich so gern esse. Es gefällt mir hier langsam, aber wir müssen wieder zurück nach Deutschland. Wie die Menschen hier hart arbeiten müssen in ihrer Treppenkultur; wie arm manche sind. Ich habe dem Docteur eine Postkarte geschickt.

Funchal - Sonntag, 23. Dezember 1984
Unser Flugzeug wird gleich starten. In meinen Koffern habe ich zum ersten Mal keine Puppen; es ist vorbei. Ich habe keine gekauft, sondern bringe eine Orchidee, Wein und Azulielos mit. Eine neue Trennung, ich muss diese schöne Insel und ihre stolzen Menschen verlassen und - zum Glück - auch das schreckliche Badezimmer. Ich bin erneut ganz daneben. Frankreich und Deutschland kämpfen in meinem Kopf. Oh! Wir starten!

Nancy - Dienstag, 25. Dezember 1984
Koffer ausgepackt, Koffer wieder gepackt, nach Funchal, Frankfurt, Darmstadt, jetzt Nancy. Weihnachten ist ein fröhliches Fest für mich geworden.

Der Duft von Eukalyptus und den Mimosenbäumen ist noch in meiner Nase geblieben.

Montag, 14. Januar 1985
Es kann doch nicht so weiter gehen. Jeden Tag dieser erbärmliche Zustand. Es fällt mir zur Zeit schwer, die Wohnung zu verlassen. Die Haustür ist wie eine Grenze, eine Mauer, die ich durchbrechen muss und dahinter... die Vergangenheit oder eine ungewisse Zukunft? Ich habe vorhin diese neue Ärztin angerufen, die zu mir sagte, dass sie erst in einem Jahr einen Platz frei hätte. Was soll nur aus mir werden?

Montag, 21. Januar 1985
Ich habe die Kraft gefunden, den Docteur anzurufen. Ich war überrascht, als er zu mir sagte: „Vielen Dank für Ihre Karte, ich habe mich sehr darüber gefreut." Freitag 17.00 Uhr soll ich zu ihm kommen.

Freitag, 25. Januar 1985
Ich habe im Gang gewartet, bis der Docteur mich holte. Das kurze Gespräch mit ihm gab mir neue Kräfte. Es war wie eine Vitaminspritze. Und diese Wärme in mir! Er gab mir wieder neue Adressen, sogar welche in Frankfurt. Ich will doch nicht nach Frankfurt; ich will bei ihm weitermachen! Thomas kam mit einer guten Nachricht nach Hause. Er hat eine kleine private Kunstschule gefunden, wo man jeden Abend zum Zeichnen hingehen kann. In die Kunstschule! Ich platze vor Freude. Morgen werde ich mich anmelden. Das ist toll! Wo bin ich denn? In Frankreich oder in Deutschland?

Freitag, 1. Februar 1985
Ich habe mich in dieser Schule angemeldet und muss zwei bis drei Monate warten, bis ein Platz frei wird. Ich werde warten. Ich habe auch eine Therapeutin angerufen; ich soll am 20. kommen.

Mittwoch, 20. Februar 1985
Es hat geklappt. Diese Ärztin kann mich jeden Dienstag empfangen. Der Weg zu ihr war hart. Ich kann mich nur noch an eine Holztreppe und ihr graues Haar erinnern.

Montag, 25. Februar 1985

Ich habe so viel Kummer. Ich will wieder weggehen zu meinen Eltern. Ich muss dort emotional etwas abladen und Neues aufnehmen. Ich bin wie ein Vogel, der viele Jahre in einem Käfig gelebt hat, plötzlich öffnet sich die Tür: Er fliegt weg und kommt immer wieder in seinen Käfig zurück, weil er in der Freiheit nicht zurecht kommt.

Dienstag, 5. März 1985

Mein Koffer ist gepackt. Morgen werde ich nach Nancy fahren. Thomas gewöhnt sich langsam daran, dass ich öfter allein unterwegs bin.

Darmstadt - Dienstag, 12. März 1985

Ich bin froh, wieder zu Hause zu sein. Ich habe mein Nancy dieses Mal gar nicht erkannt. Ich fand die Häuser so grau und farblos; die Menschen hatten alle so dunkle Haare und trugen dunkle Kleider, so dass ich mich gefragt habe, ob ich nicht in Italien wäre. Ich habe so vieles verwechselt: An der Grenze wurde Frankreich zu Deutschland und Deutschland zu Frankreich, so dass ich mich heute freue, wieder in Darmstadt zu sein. Es ist alles so verwirrt in meinem Kopf, aber es läuft weiter. Im Elternhaus hat sich nichts geändert! Als ich vom Fenster aus meine Mutter mit ihrer Katze an der Leine mitten auf der Straße sah, musste ich weinen. Das Bild tat mir weh. Warum konnte ich meine Stadt nicht mehr erkennen?

Dienstag, 19. März 1985

Ich habe Angst vor dieser neuen Ärztin. Sie wirkt auf mich so autoritär. Es fällt mir sehr schwer, jeden Dienstag dahin zu gehen und eine ganze Stunde dort zu sitzen, wo ich kaum etwas sagen kann. Der Kummer drückt in mir.

Mittwoch, 20. März 1985

Elfriede ist gestorben! Ich habe die Anzeige heute morgen in der Zeitung gelesen. Ich kannte sie von früher; unsere Wege trennten sich. Ich kam in die Klinik. Wie ich auf der Beerdigung erfuhr, hatte sie Krebs bekommen. Was für eine trostlose Bestattung. Sie ließ sich verbrennen. Nicht zu fassen, dass ein Mensch in so eine kleine Urne passt! Sie war noch so jung! Ich hasse den Tod!

Samstag, 23. März 1985
Warum musste Elfriede sterben? Sie war eine tolle Frau, reiste gern, brachte mir einmal zwei Puppen aus Nepal mit. Ich denke an sie, wenn ich die Sonne, die ersten Blumen oder schöne Sachen sehe, dann genieße ich es doppelt: Einmal für mich, einmal für sie, die es nicht mehr sehen kann. Mit dem Tod ist alles zu Ende. Ich muss leben, weiter kämpfen.

Montag, 25. März 1985
Thomas hat uns ein Aquarium gekauft mit lauter bunten Fischen; ist das schön! Ich sitze gern davor und schaue wie die Tiere schwimmen, sich bewegen...

Mittwoch, 27. März 1985
Ich bin mit Übelkeit aufgewacht: Ein Traum erschreckte mich. Ich war in einer Klinik und wollte weggehen. Ich fand die Türe, öffnete sie und stand plötzlich vor einem tiefen Abgrund. Schrecklich!

Freitag, 29. März 1985
Ich bin den ganzen Tag unterwegs gewesen. Es ging mir gut. Mit einer Bekannten bin ich essen gegangen, dann zu einer der Französinnen, die Ende Mai ein Baby erwartet. Danach bin ich ins Kino gegangen. War das ein schöner Tag. Selbst in der Dunkelheit habe ich keine Angst gehabt, auch vor den Menschen nicht. Ich habe es heute genossen!

Samstag, 6. April 1985
Meine Verfassung ist schwer mit Worten zu beschreiben: Muskelschmerzen hindern mich, die Treppe hinunterzulaufen. Ich bin allein, denn Thomas arbeitet. Ich kann nichts tun und sitze stundenlang vor dem Aquarium und schaue die Fische an. Morgen ist Ostern. Ich wollte nicht zu den Eltern, meine Mutter und ihre Katze ertrage ich zur Zeit nicht. Ich kann vor Übelkeit und verwirrten Gedanken kaum noch schreiben.

Donnerstag, 11. April 1985
Ich komme von der Frau Doktor, die die Sitzungen auf Donnerstag verlegt hat. Es ist so schwer, dorthin zu gehen. Es ist, als müsste ich gegen einen starken Wind kämpfen, und dann noch die vielen Holztreppen... Sie stand heute oben

und half mir, die letzten Stufen zu erklimmen. Ich konnte sie nicht angucken und mit ihr reden. Kaum angekommen, wollte ich wieder weggehen. Ich bin total erschöpft!

Dienstag, 16. April 1985

Wir sind traurig, Thomas Vater ist gestorben.

Mittwoch, 17. April 1985

Diese Wärme in mir! Ich bin wie im Rausch und habe Angstzustände. Was ist denn jetzt los? Es ist schrecklich und herrlich zugleich!

Donnerstag, 18. April 1985

Ich weiß es jetzt: Ich möchte am liebsten in die Klinik rennen, um dem Docteur an den Hals zu springen wie damals in der Gruppe, aber ich darf das doch nicht. Er muss wissen, dass dieses starke, warme Gefühl in mir für ihn ist. Ich habe ihn gerade angerufen und einen Termin für Dienstag bekommen. Wie gut. Ich sitze stundenlang vor unseren Fischen...

Sonntag, 21. April 1985

Was für ein Traum! Ich war in einem Antiquitätenladen und wollte mir etwas kaufen, aber mein Vater und mein Bruder, die dabei waren, verhinderten es. Ich nahm einen Säbel, der da hing, und stach auf die beiden Männer ein. Furchtbar! Ich bin noch wie im Rausch. Noch zwei Tage...

Dienstag, 23. April 1985

Der Weg bis zur Klinik war sehr hart. Im Bus habe ich mich ganz festhalten müssen, damit ich unterwegs nicht zusammenbreche. Als ich den Docteur sah, musste ich mich mit all' meinen Kräften bremsen, damit ich ihm nicht um den Hals fiel. Ich gab ihm einen Zettel, auf den ich geschrieben hatte, dass das kleine Mädchen, das noch keinen Kopf hatte, ganz viele warme Gefühle für ihn empfindet und mit ihm wachsen möchte. Ich konnte ihm das doch nicht sagen. „Warum haben Sie mich damals mit diesem Gefühl allein gelassen? Warum haben Sie nicht gesehen, dass es mir so dreckig ging?" fragte ich ihn. „Die Umarmung hätte Ihnen sicherlich gut getan, aber nicht geholfen!" antwortete er mir. Ich denke, dass er recht hat; er muss ja neutral bleiben, und er hat die Macht. Oh! Mein Rauschzustand ist weg. Ich bin so müde. Der Docteur gab mir noch einen Termin für nächste Woche.

Dienstag, 30. April 1985

Im Zustand großer Angst bin ich heute morgen zur Klinik gegangen. Der Docteur meinte, dass es für mich wichtig sei, bei einer Frau weiter zu machen! Ich will doch nicht zu einer Ärztin. Ich will bei ihm weiter machen. Ich schaffe es kaum, donnerstags zu dieser Frau zu gehen. Der Docteur begreift es nicht.

Donnerstag, 9. Mai 1985

Ich habe erneut kein Wort herausgebracht, wenn die Frau Doktor ein wenig zu ernst schaut, dann möchte ich wegrennen, statt dessen bleibe ich ganz verkrampft auf dem Stuhl sitzen. Ich habe solche Ängste. Meine Mutter, die Nonnen in der Schule, die Frauen meiner Kindheit! Ich hatte ein besseres Verhältnis zu meinen Männern.

Freitag, 10. Mai 1985

Ich war in der Klinik und bin zu dem Docteur gegangen, der fünf Minuten für mich Zeit hatte. „Ich will nicht mehr zu dieser Frau Doktor gehen. Diese Frau ist wie ein Monstrum für mich, und sie bringt mich noch mehr durcheinander! Ich will bei Ihnen weiter machen!" sagte ich ihm. „Es geht nicht! Lassen Sie sich von der Ärztin durcheinanderbringen, es ist wichtig für die Neurose," antwortete er mir. Ich habe jetzt eine solche Wut in meinem Bauch. Die Neurose, die Neurose... Ich muss wieder zu dem Monstrum!

Montag, 13. Mai 1985

Die Kunstschule hat sich gemeldet, für mich ist ein Platz frei geworden. Hurra! Ein neuer Anfang in der Welt der Bilder! Ich bin völlig überdreht vor Freude. Ich muss mir noch Bleistifte und Blöcke kaufen.

Dienstag, 14. Mai 1985

Der Docteur hat mir einen Termin für heute morgen gegeben. „Es tut mir leid, dass ich es nicht so ganz schaffe zu der Frau Doktor zu gehen, und jetzt ihre Zeit in Anspruch nehme!" „Es muss Ihnen nicht leid tun. Lassen Sie sich Zeit, die Trennung zu verarbeiten. Sie haben mir einen Sklavenring geschenkt;

man kann niemanden festhalten, auch wenn man ihm einen solchen Ring schenkt!" antwortete er mir. Als ich wieder zur Bushaltestelle wollte, kam wieder diese warme Empfindung in mir hoch. Ich rannte in Richtung Klinik, aber kurz vor der Tür kehrte ich um. Es hätte keinen Sinn gehabt; ich darf diesen Mann nicht umarmen! Mein Verstand hat mich gebremst. Dieser Sklavenring war eine Befreiung und eine neue Abhängigkeit für mich. Seelisch bin ich an ihn gekettet, gefesselt.

Donnerstag, 16. Mai 1985
Ich habe in der Sitzung nur geweint. Glücklich, die weinen können, denn das Himmelreich gehört ihnen!

Freitag, 17. Mai 1985
Was für ein Luxus! Ich war in dieser Kunstschule; ich habe in einem großen Raum gesessen, wo überall Objekte standen, die man nachzeichnen kann. Der Lehrer ist nett; er hat mir gezeigt, wie man Striche macht. Ich habe heute lauter Linien gezeichnet. Andere, die schon länger da sind, malen Bilder mit richtigen Ölfarben. Es ist toll! Ich werde jeden Abend hingehen, auch wenn es noch anstrengend für mich ist, mit anderen Menschen zusammen zu sitzen, zu reden. Ich werde sicherlich noch vieles lernen.

Donnerstag, 30. Mai 1985
2.00 Uhr nachts. Der Kummer hat mich geweckt. Ich habe solch einen Druck auf dem Brustkorb und meine Beine sind ganz verkrampft. Ich habe das Gefühl, dass mein Inneres sterben will; es tut alles so weh! Ich muss doch weiterleben, um ein eigenes Ich zu bekommen. Es muss der größte Reichtum der Welt sein, in sich zu Hause zu sein. Ich denke an Buddha, diesen reichen Prinzen...oh! Mein Inneres ist so verletzt; ich muss es am Leben halten! Schreiben hilft mir!

Freitag, 31. Mai 1985
Michelle hat ihr Baby per Kaiserschnitt bekommen; es ist ein Bub. Ich war in der Klinik und habe sie besucht. Es ist nicht einfach für sie, denn sie versteht die deutsche Sprache noch nicht so gut. Der Kleine wird auch zwei Vaterländer haben.

Samstag, 1. Juni 1985
Ich habe die Koffer gepackt, denn morgen wollen wir nach Österreich fahren in eine Umgebung, an die wir gewöhnt sind. Thomas braucht seinen Urlaub.

Österreich - Montag, 3. Juni 1985
Ich habe die Mauer der Grenze durchbrochen. Ich fühle mich fremd hier, dabei kenne ich die Leute und die Landschaft. Ich habe Kreislaufstörungen und muss ständig etwas essen, um neue Kräfte zu bekommen. Ich schreibe Tag und Nacht lauter Worte, die mir helfen, es auszuhalten.

Österreich - Freitag, 7. Juni 1985
Thomas Bruder und seine Frau sind uns nachgereist. Seit sie da sind, geht es mir noch schlechter. Ich habe lauter gelben Schleim erbrochen; es ist Galle. Die ersten Gallenschmerzen bekam ich nach dem Tod meines Onkels. Ich durfte auf einmal nicht mehr alles essen, und bekam jeden Abend gekochten Schinken. Mit der Ankunft dieser Verwandten hat sich in mir etwas gelöst. Ich fühle mich so schwach, dass ich nur im Bett liege. Die Vergangenheit quält mich wieder. Oh, mein Bauch; ich habe Durchfall!

Österreich - Samstag, 8. Juni 1985
Thomas ist mit seinem Bruder wandern gegangen. Ich liege noch und sehe von meinem Bett aus durch das Fenster die hohen Berge; was für ein schönes Bild! Unsre Hauswirtin verwöhnt mich richtig. Ich habe dem Docteur einen langen Brief geschrieben, in dem ich ihm von meinem Leben erzähle.

Österreich - Dienstag, 11. Juni 1985
Ich kann wieder auf meinen Beinen stehen und gehe morgens hinunter, um zu frühstücken. Thomas hilft mir und schmiert meine Brötchen, weil ich das vor lauter Muskelschmerzen und Lähmungen nicht kann. Abends geht es mir besser, ich werde munterer.

Österreich - Donnerstag, 13. Juni 1985
Ich habe es geschafft, bis in die Mitte des Dorfes zu laufen. Die Angstzustände plagen mich noch. Es wird schon gut weiter gehen!

Österreich - Samstag, 15. Juni 1985
Ich bin wieder in Ordnung, noch ein bisschen schwach, aber ich mache kleine Wanderungen mit den anderen. Und ich sehe draußen alles so klar: Die Berge, die Bäume. Es sind auch so viele Tiere hier: Kühe, Pferde, sogar Rehe habe ich gesehen. Es ist, als ob ich in einer anderen Welt wäre. Ich genieße es. Scheinbar bin ich durch diese Beschwerden ein Stück gewachsen. Ich bin heute sogar mitgefahren nach Meran. Es war eine schöne Tour. Ich habe mir noch in Italien Ölfarben gekauft. Welch ein Luxus! Die Urlaubstage sind zu Ende; morgen werden wir zurückfahren.

Montag, 17. Juni 1985
Mensch, ich habe die Grenze gar nicht gespürt! Es war keine Mauer wie sonst. Na so etwas! Ich freue mich, wieder zu Hause zu sein. Ich werde wieder zeichnen gehen und meine neuen Freundinnen besuchen. Sophie, die hier Au pair-Mädchen ist, kommt sogar aus Nancy.

Mittwoch, 19. Juni 1985
Ich war im Krankenhaus, Michelle besuchen, denn sie war fast zwei Wochen lang auf der Intensivstation. Eine Infektion hätte ihr beinahe das Leben gekostet. Es fällt mir schwer, es zu verarbeiten. Sie sieht auch so blass und abgemagert aus. Der Kleine ist zum Glück putzmunter.

Donnerstag, 20. Juni 1985
Ich kann mit schlechten Nachrichten nicht umgehen. In Frankfurt gab es ein Attentat: Eine Bombe tötete 3 Personen und verletzte 42 weitere. Diese Bilder zwischen so vielen anderen, denen ich versuchte im Fernsehen zu folgen. Die Frau Doktor wartete oben am Ende der Treppe auf mich. Danach bin ich zur Schule gegangen, um noch Linien zu zeichnen. Ich habe schon ein eigenes Bild gemacht. Aus diesem totgeglaubten Baumstamm wächst eine Blume. Neues Leben erwacht in mir.

Aus dem totgeglaubten Stumpf wächst eine Blume. 20. Juni 1985

Freitag, 21. Juni 1985
Ich habe den Docteur angerufen, denn ich schaffe es nicht mehr. Er sagte mir, dass er nächste Woche nicht da wäre, und gab mir einen Termin für Anfang Juli. Jetzt, wo ich ihn brauche, fährt er weg. Ich habe vor lauter Wut meine Schuhe an die Wand geknallt. Er lässt mich wieder allein!

Mittwoch, 26. Juni 1985
Et voilà ! Ich bin krank: 39° Fieber und Bauchkrämpfe. Ich habe Angst, daß er nicht mehr zurückkommt. Diese Wunde in mir ist noch nicht geheilt. Ich bleibe zu Hause. Ich kann nicht zur Kunstschule und sitze vor dem Aquarium.

Dienstag, 2. Juli 1985
Michelle geht es besser, mir auch. Ich gehe zur Schule, wo ich jetzt bestimmte Objekte mit Licht und Schatten zeichnen muss. Mit der Perspektive habe ich Schwierigkeiten. Ich verstehe sie nicht. Meine Bilder schweben so wie die in meinem Kopf, kein Gefühl für Raum und Zeit.

Donnerstag, 4. Juli 1985
Die Frau Doktor geht für zwei Wochen in Urlaub. Gott sei Dank! Ich kann ja schon morgen zu dem Docteur gehen.

Freitag, 5. Juli 1985
Der Kummer drückt auf meinen Brustkorb. Ich komme von der Klinik. „Warum gehen Sie immer weg," sagte ich dem Docteur, „Sie wissen nicht, wie schwer und schmerzhaft Trennungen für mich sind!" Ich habe ihm so viele Worte sagen können, die ich jetzt ständig in meinem Gehirn wiederhole. Zum Glück kam dieses Mal nicht diese Wärme in mir hoch. Ich soll Dienstag wieder kommen!

Dienstag, 9. Juli 1985
Ich saß eine ganze Weile in der Halle der Klinik, bevor ich zu dem Docteur ging. „Auch wenn ich ein Hase wäre, würden Sie sich an mir festhalten!" sagte er zu mir. Der Docteur ist aber kein Hase, und in meiner Hilflosigkeit habe ich keine andere Wahl, als mich an ihn zu binden. Ich will aber eines Tages das Leben selbst meistern, so wie er es tut. Ihn zu sehen, gab mir neue Kräfte; ich tanke emotional bei ihm.

Mittwoch, 10. Juli 1985
Ich muss am Leben bleiben! Ich habe noch so vieles zu entdecken. Mein Bruder hat angerufen: Renoir ist in Paris, im Grande Palais. Ich muss hinfahren! Das muss ich sehen!

Montag, 15. Juli 1985
Seit ein paar Tagen habe ich keinen guten Platz mehr: Wenn ich mich an meinen Schreibtisch setzt, verkrampfen sich meine Muskeln; auf der Couch bekomme ich Kopfschmerzen; wenn Thomas nach Hause kommt, wird es mir ganz übel. So laufe ich in der Wohnung hin und her, wechsle ständig die Plätze. Auch vor dem Aquarium kann ich nicht bleiben. Ich kämpfe mit verwirrten Gedanken. Ich versuche trotz allem, jeden Tag in die Schule zu gehen.

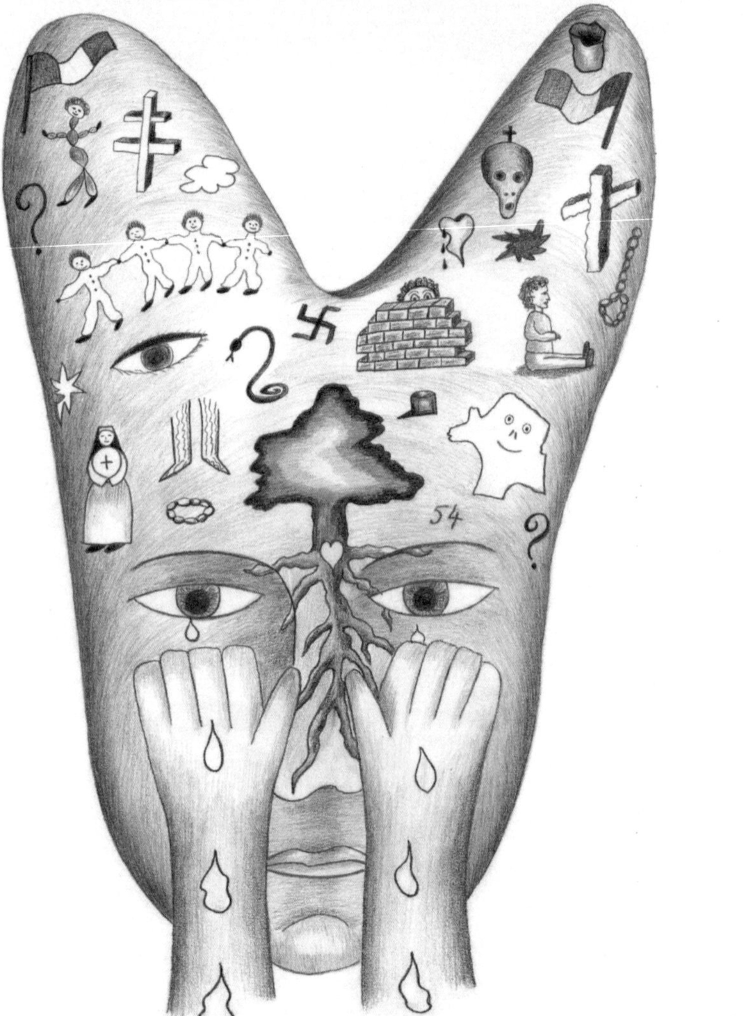

Völlig durcheinander. 17. Juli 1985

Freitag, 17. Juli 1985

Ich konnte mit der Frau Doktor gestern nicht reden. Ich habe ihr die Bilder gezeigt, die ich gemalt habe. Sie ist so anstrengend für mich und will mich von dem Docteur trennen. Die Krankheit in meinem Kopf habe ich zeichnen können. Verwirrte, Verweinte... Oh! Ein großer Baum ist da!

Dienstag, 23. Juli 1985

Diese Gefühle und das Gedankenchaos in mir sind unerträglich. Ich möchte wegrennen. Ich muss weg! Nach Paris!

Mittwoch, 31. Juli 1985

Ich versuche, meinen Koffer zu packen. Es ist nicht einfach für mich, aber ich will den Renoir sehen. Mein Bruder weiß Bescheid, denn ich weiß nie, in welcher Verfassung ich ankommen werde.

Eurocity - Freitag, 2. August 1985

Der Eurocity rollt, und ich weiß nicht, wohin ich fahre. Jedes Mal, wenn der Zug in einem Bahnhof hält, gerate ich in Panik. Meine Gedanken verwirren sich noch mehr. Erst wenn der Zug wieder rollt, beruhigt sich mein Inneres. Gut, dass ich viel zu essen dabei habe. Diesmal habe ich die Grenze nicht bemerkt, habe sie nicht gespürt wie es früher der Fall war. Wir sind jetzt in Frankreich. Mir ist ganz übel. Ich muss noch durchhalten bis Paris.

Paris - Samstag, 3. August 1985

Mein Bruder wartete auf mich am Ende des Gleises. Welche Freude in mir, als ich ihn sah, aber auch welche Bauchkrämpfe! Die Tiefgarage ist wie immer ein Horror. Ich bin in Paris und habe viel vor dieses Mal.

Paris - Montag, 5. August 1985

Renoir ist in Paris! Überall hängen Plakate von der Ausstellung, die ich morgen besichtigen werde mit Madame R., der Mutter meiner Schwägerin, die gerade von einer Reise aus Ägypten zurück gekommen ist. Mit dem Schiff den Nil hinunterfahren...Ein Traum! Ich versuche ja, den Gesprächen zu folgen, gebe mir Mühe und lerne dabei viel Neues.

Paris - Dienstag, 6. August 1985
Wie habe ich denn den Weg nach Hause gefunden? So etwas Schönes! Ich habe eine ganze Weile vor den „Canotiers“ gestanden und konnte meine Tränen nicht aufhalten. Wie glücklich diese Ruderer aussehen! Und wie groß das Bild ist! Madame R. erklärte mir die Bilder, die Farbzusammenstellungen. Sie hat mir auch den Katalog gekauft, damit ich eine Erinnerung habe an die Bildersammlung. Es war großartig! Grandiose! So viel Renoir an einem Ort!

Paris - Freitag, 9. August 1985
Ich bin jeden Tag unterwegs. Meist in den Museen, um Bilder anzusehen; Kaufhäuser interessieren mich nicht zur Zeit. Und so war ich heute im Musée de l'orangerie, wo ich Renoir wieder getroffen habe und auch Monet. Eine ganze Stunde bin ich vor der „Nymphea“ sitzen geblieben. So etwas Schönes hat er gemalt! Ich kannte ja die Namen unserer Maler, aber ich habe noch nie vor ihren Werken gestanden. Jetzt kann ich es aufnehmen und fühlen. Es überwältigt mich. Ich bin so überdreht, dass ich kaum schlafen kann. Morgen werde ich noch einmal ins Grande Palais gehen, und mein Bruder will mich begleiten. Es ist purer Luxus für mich hier! Die Verrücktheit und ich, wir führen ein schönes Leben!

Paris - Samstag, 10. August 1985
Ich habe noch einmal mehrere Stunden vor dem Palais gewartet; so viele wollten Renoir sehen. Seine Bilder faszinieren mich. Liegt es an der Malerei oder an dem, was er darstellt? Es ging mir nicht so gut. Ich musste mich öfter hinsetzen und etwas essen. Es ist viel zu schön für mich. Diese glücklichen Menschen! Es laugt mich aus. Und wir gehen heute noch aus: Fein essen!

Paris - Montag, 12. August 1985
Die Eltern der Freundin meines Bruders waren gestern Abend gekommen, um sich zu verabschieden. Es sind nette und feine Menschen. Ich habe diese Trennung nicht verkraftet, meine Wunde ist erneut geplatzt. Ich bekam Schmerzen, bin aufs Klo gegangen, wo ich zusammenbrach. Ich lag kraftlos am Boden. Morgen werde auch ich zurückfahren.

Eurocity - Dienstag, den 13. August 1985
Ich habe Trennungsschmerzen und weiß wieder nicht, wohin ich fahre. Meine Beine sind ganz verkrampft.

Donnerstag, 15. August 1985
Wo bin ich denn? In Frankreich? In Deutschland? Ich bin durcheinander. Thomas ist mir fremd zur Zeit, und wo ist der Docteur? Trennung, neuer Anfang...

Sonntag, 18. August 1985
1.00 Uhr nachts. Ich kann nicht schlafen. Ich muss schreiben, aber meine Muskeln sind so verkrampft, dass es mir schwer fällt. Mir ist übel. Der Kummer drückt auf meinen Brustkorb. 15.00 Uhr. Die Schmerzen in meinem Körper sind schlimmer geworden. Mein Herz klopft bis zum Hals. Ich habe Durchfall und ein so seltsames Gefühl, als ob ich flöge und gleichzeitig, als ob ich zusammenbräche. Ich bin machtlos. In meinem Unterbewusstsein läuft etwas ab; das Gehirn arbeitet. Ich muss warten, bis es sein Programm ändert. Thomas ist allein spazieren gegangen. Er sieht meine Lage. Ich will ihn nicht noch mehr belasten. Ich werde es schon schaffen. Ich will doch leben! Oh! maman, ich friere so!

Montag, 19. August 1985
Meine Beine wollen nicht gehen Sie sind oft verkrampft, wie gelähmt. Ich erinnere mich: Als kleines Kind hatte mich meine Mutter an der Leine. Wie mit einem Hund ging sie mit mir spazieren, damit ich nicht weglaufe oder im Geschäft die Sachen anfasse. Ich durfte nie allein gehen, nichts allein machen. Daher heute diese Schmerzen!

Freitag, 23. August 1985
Ich habe der Frau Doktor etwas von meiner Reise erzählen können. Die Therapie ist so hart; es tut so weh.

Donnerstag, 29. August 1985
Ich gehe jeden Tag zur Schule, also ins Stadtzentrum. Wenn ich jemanden treffe, den ich kenne, dann freue ich mich. Früher hätte ich mich versteckt, damit mich keiner sieht.

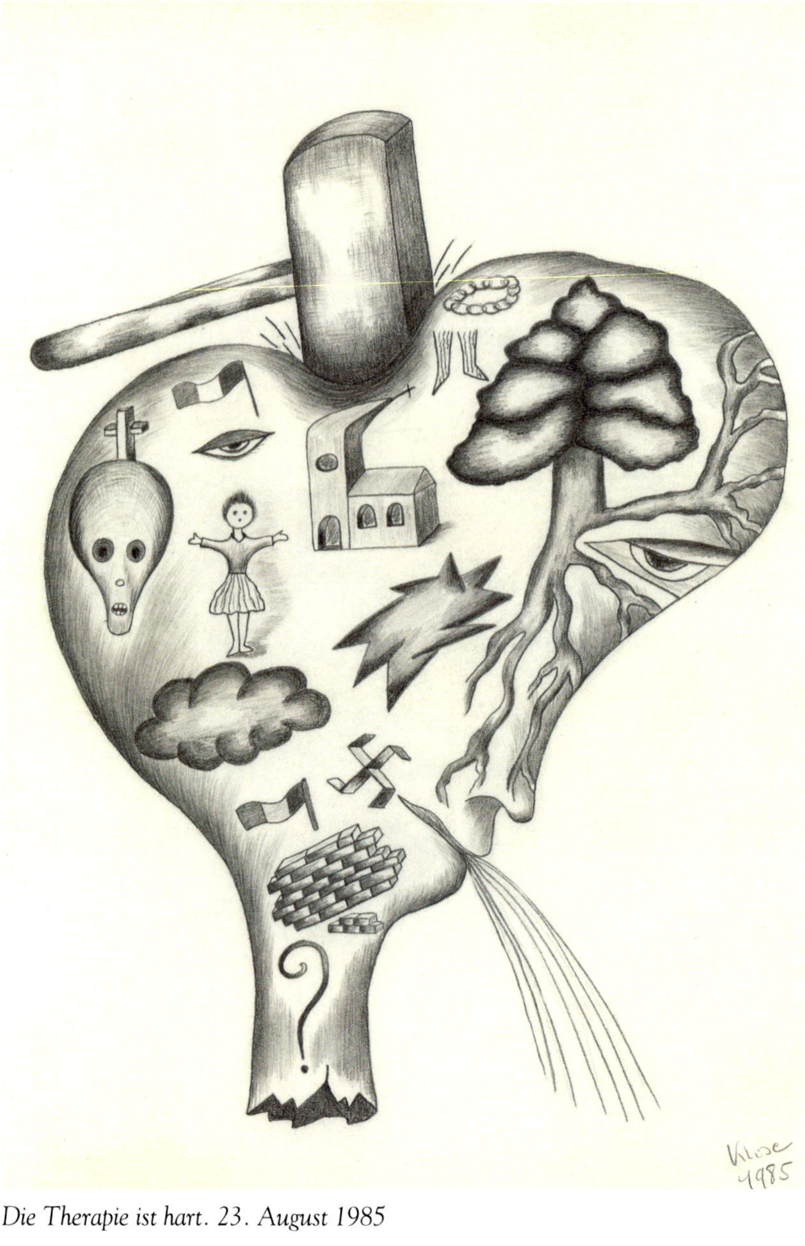

Die Therapie ist hart. 23. August 1985

Freitag, 6. September 1985

Als Kind gaben mir die Felle meiner Tiere die notwendige Wärme. Thomas ist ein Mensch, und seine Haut ist auch warm. Ich frage mich heute, wie die Nonnen meiner Schule ein Leben lang ohne Sexualität gelebt haben. Dieses tolle Gefühl, das ich intensiver spüren kann, weil ich innerlich freier werde. Ich darf es genießen. Es ist normal; Sex gehört zum Leben. Dass die Kirche es ihren Leuten verbietet, ist irre. Gott ist sicher nicht damit einverstanden; er hat doch die Menschen so geschaffen mit ihren Trieben.

Samstag, 7. September 1985

Ich kann die Wohnung nicht verlassen. Ich kämpfe mit Bildern, wiederhole ständig dieselben Sätze. Ich bin allein heute und sitze die ganze Zeit vor dem Aquarium. Ich habe keine Kraft mehr!

Montag, 9. September 1985

Ich bin mit dem Autobus zur Klinik gefahren. Ich wollte zu dem Docteur. Ich habe in dem Gang auf ihn gewartet. „Hätten Sie zwei Minuten Zeit für mich?" fragte ich ihn. „Die habe ich. Kommen Sie mit." Zwei Minuten haben mir tatsächlich gereicht, um neue Kräfte zu tanken. Er hat mir einen Termin für Donnerstag gegeben. Oh je! Es ist der Tag der Frau Doktor!

Dienstag, 10. September 1985

Ich habe so eine Wut in mir! Ich stelle die Wohnung auf den Kopf, putze, räume... Ich möchte neue Möbel, einen Bauernschrank aus meiner Heimat. Welche Veränderungen in mir; ich habe die Puppen eingepackt; jetzt verkaufe ich die Möbel... Sobald ich mich ins Bett lege, kommen die Angstzustände und diese Knieschmerzen. Das kleine Mädchen wird noch einen Kopf bekommen, seinen eigenen.

Donnerstag, 12. September 1985

Was für ein anstrengender Tag! Morgens war ich in der Klinik und nachmittags bei der Ärztin. Ich bin so erschöpft! Ich habe nicht mehr die Kräfte gehabt, um in die Schule zu gehen. Jetzt wiederhole ich ständig die Worte, die der Docteur zu mir gesagt hat. Die von der Frau Doktor habe ich schon vergessen; ich habe ihr auch nicht gesagt, dass ich bei dem Docteur war!

Das kleine Mädchen tanzt in meinem Kopf. 10. September 1985

Freitag, 13. September 1985

Ich versuche, den Koffer zu packen, denn wir fahren morgen für drei Tage nach Nancy. Ich bin ganz durcheinander und kann meine Gedanken nicht lenken. Eine Reise, eine neue Trennung.

Nancy - Montag, 16. September 1985

Ich ertrage es nicht mehr, wenn meine Mutter meinen Vater beleidigt. Ich habe ihr auch gesagt, dass sie damit aufhören soll. Sie hat angefangen, zu weinen. „Ja, du schützt immer ihn. Lass mich für die Jahre in Ruhe, die ich noch zu leben habe!" Es ist mit ihr kein Gespräch möglich. Doch ich bin froh, dass ich es ihr sagen konnte; aber das schlechte Gewissen und die Schuldgefühle quälen mich. Ich habe auch Angst, dass sie den Leuten erzählt, wie böse ich doch bin. Ich lerne, mache Fortschritte, und Thomas hält zu mir. Wir haben uns einen schönen Bauernschrank gekauft mit passenden Tisch und Stühlen aus Lothringer Holz. Wir können die Möbel bald abholen. Ich freue mich so darüber!

Montag, 23. September 1985
Gestern Abend gab es ein kleines Fest in der Kunstschule. Ich habe all' meine Kräfte zusammengenommen und bin bis 23.00 Uhr dort geblieben. Ich kenne jetzt die Menschen, und es war ganz nett. Ich konnte mit ihnen reden. Als ich nach Hause kam, wartete Thomas auf mich. Er war wütend und fing an, mit mir zu schimpfen. Ich bekam Angst und ging zum Schlafen in ein anderes Zimmer. Heute morgen tat ihm alles so leid. Er muss noch lernen, dass ich abends allein ausgehen darf. Seine Wunde ist geplatzt.

Mittwoch, 25. September 1985
Die neuen Möbel sind da! Wir sind heute morgen ganz früh mit einem kleinen Lastwagen losgefahren, haben bei meinen Eltern gegessen. Diese haben sich wieder unmöglich benommen. Nun steht der Lothringer Schrank bei uns, und es sieht toll aus. Es war ein langer Tag; ich habe ihn gepackt!

Freitag, 27. September 1985
Der Docteur ist für drei Wochen abwesend. Ich habe Schmerzen im ganzen Körper. Aushalten! Weiter kämpfen! Die Eingangstür zu unserer Wohnung ist wie eine Grenze: Drinnen ist Deutschland, draußen Frankreich, oder umgekehrt. Es ist seltsam, was das Gehirn sich baut.

Sonntag, 6. Oktober 1985
Ich bin mit Übelkeit und Angst aufgewacht. Nach dem Mittagessen haben sich meine Beine so verkrampft, dass ich nicht aufstehen konnte. Ich war wie gelähmt und so durcheinander bis plötzlich ein Bild in diesen verrückten Gedanken erschien: Ich sah den Docteur! Die Verkrampfungen lösten sich, und ich bin dann mit Thomas spazieren gegangen. Habe ich jetzt Visionen?

Montag, 14. Oktober 1985
Ich muss etwas unternehmen, denn die Stadt will die Station 33 verändern. Dieser Modellversuch soll abgebrochen werden. Keine Wohngruppe mehr? Das geht nicht! Zurück zu den Medikamenten? Nein!

Darmstadt, den 15. Oktober 1985
Herr Oberbürgermeister, als Bürgerin dieser Stadt erlaube ich mir, Ihnen zu schreiben. In der Samstagsausgabe des Darmstädter Echos vom 12. Oktober 1985 las ich einen Bericht, der mich betrifft. Die Einrichtungen der Psychiatrie-Modelle sollen nicht weiter finanziert werden. Ich wollte kurz berichten: Ich kam im Februar 1983 wegen Gefühlsstörungen am Ende aller Kräfte in die Wohngruppe des Elisabethenstiftes. Die Behandlung und das gesamte Team, das diese Gruppe betreute, ermöglichte mir, am Leben zu bleiben. Ich konnte mit anderen Patienten wohnen und einen Halt finden, und etwas, das sehr wichtig war: Jedes Wochenende in meine gewohnte Umgebung zurückkehren. Ich bin davon überzeugt, dass viele Patienten, die wie ich diese einmalige Chance genutzt haben, dasselbe berichten können. Menschen, die durch diese Hilfe am Leben geblieben sind. Ich bitte die Verwaltung, sich diese Sache gut zu überlegen, denn es geht um kranke Menschen in Ihrer Stadt; ob sie an Krebs oder Gefühlsstörungen leiden, haben sie das Recht auf eine angepasste Hilfe, die sie in dieser Modell-Wohngruppe gut finden können. Ich hoffe, dass Sie meinen Brief zur Kenntnis nehmen werden und bedanke mich im Voraus dafür. Hochachtungsvoll!
Klose, Monique

Donnerstag, 17. Oktober 1985
Zwei tote Frauen habe ich heute Nacht im Traum gesehen. Die eine war ins Wasser gefallen, die andere war von irgend jemand erschossen worden. Maria verlässt unsere Stadt und zieht in eine andere. Trennung = Tod.

Freitag, 25. Oktober 1985
Die Station ist gerettet. Der Oberbürgermeister hat es mir geschrieben, und es war ein Artikel darüber in der Zeitung. Das Land Hessen wird das Modell weiter finanzieren. Der Docteur wird sich sicherlich darüber freuen. Es ist toll!

Donnerstag, 31. Oktober 1985
Ich schaffe es nicht mehr. Bei der Frau Doktor habe ich nur geweint. Ich gehe nicht zur Schule. Zur Zeit sperre ich mich ein und sitze vor dem Aquarium. Nachts kommen die Schmerzen. Wo ist der Docteur? Ich brauche ihn!

Freitag, 1. November 1985
Die drei Wochen sind vorbei. Ich habe versucht, in der Klinik anzurufen. Der Docteur war am Apparat. Mittwoch soll ich kommen. Er wird sicherlich mit mir schimpfen, weil ich nicht allein zurechtkomme. Wie hilflos und kraftlos ich doch ohne ihn bin! Mittwoch ist noch weit; aushalten!

Dienstag, 5. November 1985
Thomas geht noch einmal in der Woche zu seiner Frau Doktor. Heute gab er mir einen Zettel, auf den er geschrieben hatte: „Mein Vater ist in mir gestorben; er lag mir wie ein Stein auf meiner Seele. Dieser Blöde, der die Familie damals allein ließ, ist tot!" Jeder von uns arbeitet an seinen Wurzeln.

Mittwoch, 6. November 1985
Der Weg zur Klinik war schwer. Ich habe mich im Autobus ganz festhalten müssen. Schwer war es auch, in das Zimmer des Docteurs zu gehen. Ich habe ihm ein paar Bilder gezeigt. Mit ihm ein paar Worte zu tauschen, hat ausgereicht, um neue Kräfte zu tanken. Jetzt wiederhole ich ständig das kurze Gespräch.

Samstag, 16. November 1985
Ich bin zur Zeit überdreht: Wenn ich rhythmische Musik höre, fange ich an zu tanzen und wie das kleine Mädchen damals in meinem Kopf durch die Wohnung zu wirbeln. Mein Herz fühle ich nicht mehr, es klopft und klopft wie wahnsinnig. Ich spüre Leben in mir, versuche die steifen und verkrampften Beine zu bewegen, und ich pfeife wie eine Dampflok.

Montag, 18. November 1985
Durcheinander, eingemauert, alles tut in mir weh. Ich möchte nach Hause... Ich möchte sterben... Irgend etwas quält mich! - Ich habe ein Bild angefangen.

Dienstag, 19. November 1985
Der Tod! Da liegt er, das Biest. Er hat mir so viele liebe Menschen genommen, und er ist derjenige, der mich am Leben gehalten hat, weil ich doch Angst vor ihm hatte. Er verlässt mich oder ich ihm. Es tut weh! Ich habe mich für das Leben entschieden!

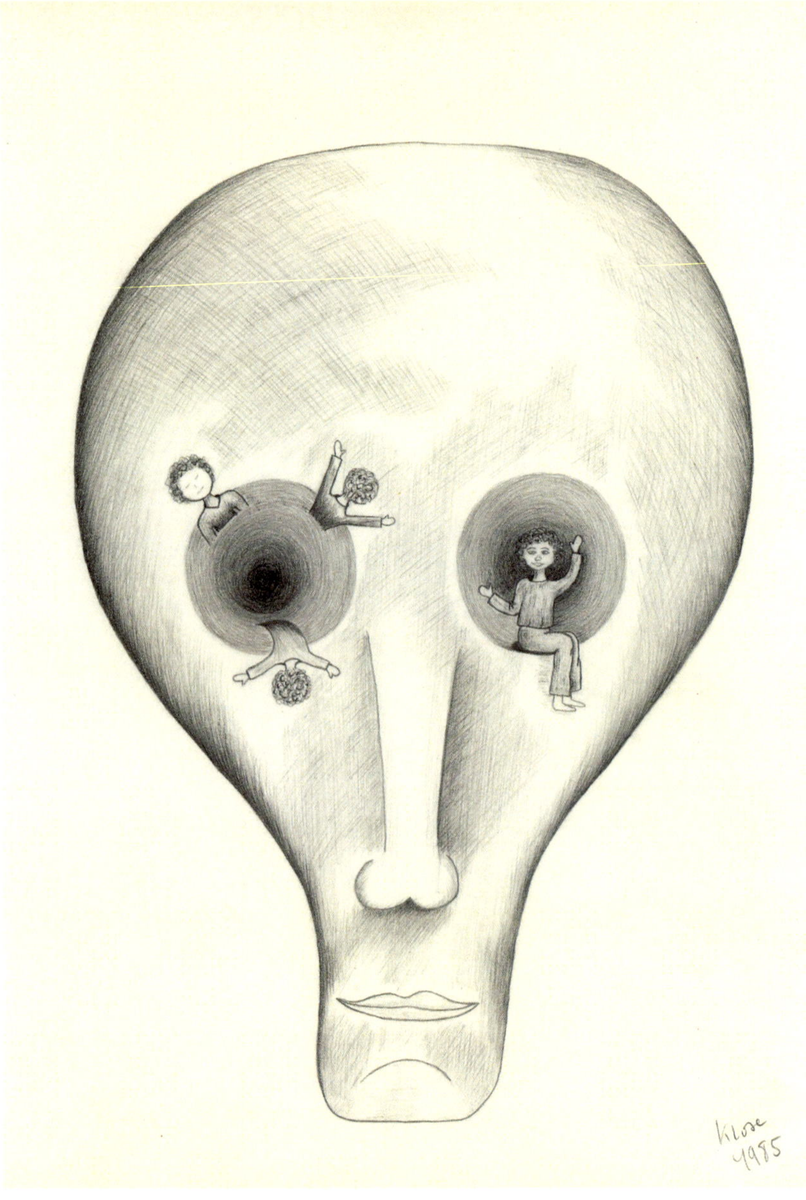

Ich habe den Tod besiegt!? 19. November 1985

Dienstag, 26. November 1985
Thomas und ich sind mit dem Autobus ins Zentrum gefahren; es ging mir so weit gut bis eine Beamtin, die ich kenne, einstieg. Ich bin immer kleiner und kraftloser auf meinem Sitz geworden; ich hatte Angst, dass sie mich erwischt, weil ich mit einem Mann in die Stadt wollte. Die Vergangenheit holte mich in dem Bus ein, denn die Nonnen hatten uns verboten, mit Jungen unterwegs zu sein. Nachdem die Frau ausgestiegen war, ging es mir besser.

Montag, 2. Dezember 1985
Ich habe dieses starke und warme Gefühl wieder in mir. Seit ein paar Tagen halte ich es aus, aber heute musste ich zu dem Docteur rennen. Als ich ihn sah, wurde alles noch viel schlimmer. Ich war einem Zusammenbruch nah. „Ich habe ein so warmes Gefühl in mir, und es ist, als ob ich ein Kind bekommen würde," sagte ich ihm. „Das Kind, das lassen Sie mir!" antwortete er. Es ist durch diese kurze Begegnung etwas in mir passiert, denn als ich die Klinik verließ, war alles wieder in Ordnung. Ein paar Minuten haben gereicht; und jetzt habe ich ein seltsames Bild angefangen zu zeichnen.

Ich verlasse den Tod. 4. Dezember 1985

Mittwoch, 4. Dezember 1985
Was für ein seltsames Bild! Aber es hat etwas in mir befreit.

Freitag, 6. Dezember 1985
Ich möchte heute am liebsten wieder in die Klinik gehen, den Docteur umarmen wie ein Kind seinen Vater. Ich darf es nicht!

Dienstag, 10. Dezember 1985
Ich schaffe es nicht mehr! Ich habe zu viele Schmerzen; in mir ist alles wund; meine Nerven brennen im ganzen Körper. Ich habe diese Nacht in einer Ecke verbracht mit Brechreiz und Schüttelfrost; der Kummer quält mich, die Schuldgefühle. Ich kann kaum auf meinen Beinen stehen, meine Knie tun so weh. Trennungsschmerz!

Mittwoch, 11. Dezember 1985
Mit letzter Kraft habe ich mich zur Klinik geschleppt. Zum Glück hatte der Docteur Zeit für mich, denn ich hatte mich nicht angemeldet. Ich habe ihm

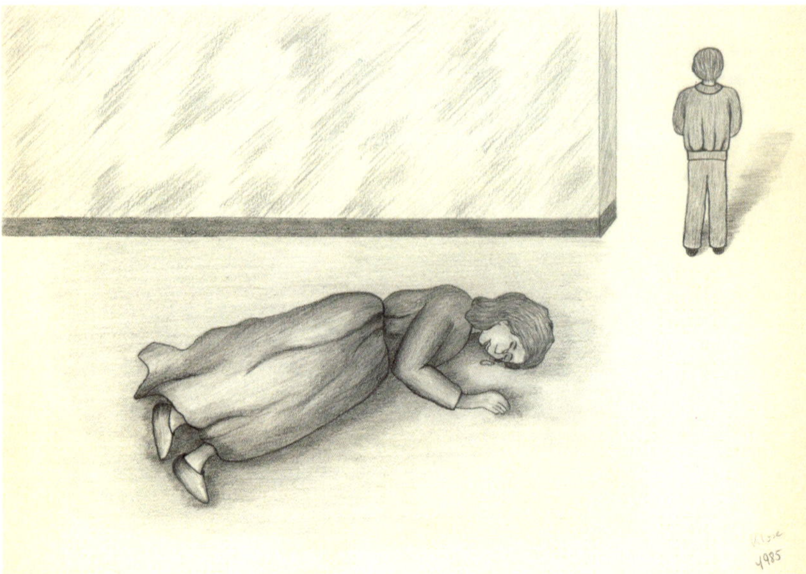

Der Docteuer läßt mich allein! 10. Dezember 1985

nichts sagen können; nur ein paar Bilder, die ich gemalt hatte, habe ich ihm gezeigt. Es war kurz; doch danach bin ich stundenlang in der Eingangshalle sitzen geblieben, bis ich die Kraft fand, wieder zu gehen. Auch wenn es so schmerzhaft ist, ich muss durch. Es gibt keine andere Lösung. Gut, dass ich bei dem Docteur immer wieder auftanken kann.

Samstag, 14. Dezember 1985
Ich sehe jetzt alles schon viel klarer: Ich kann im Supermarkt die Preise vergleichen, beobachte oft andere Menschen, rede mit manchen, kann an einigen Tagen ein paar Sätze in der Zeitung lesen, den Nachrichten im Fernsehen folgen. Bilder werden für mich immer wichtiger: Ich kaufe welche, ich male welche, ich kämpfe mit denen, die ich im Kopf habe, die ich in der Dunkelheit sehe.

Freitag, 20. Dezember 1985
Na so etwas! Ich habe heute Nacht eine Geschichte geschrieben. Dieser kleine Knopf, er könnte von Andersen sein, aber nein! Er ist von mir! Ich habe doch erst in der Klinik angefangen zu schreiben, und jetzt dieses Märchen. Thomas hat sich darüber gefreut. Die Geschichte von Mogi, dem Knopf.

Hallo, erlauben Sie, dass ich mich vorstelle! Mein Name ist Mogi, und ich bin ein kleiner Knopf, ganz in blauer Farbe mit vier Löchern in der Mitte. Ich befinde mich im Regal eines Geschäftes zwischen anderen Knöpfen. Ich langweile mich, denn noch niemand hat an mir Gefallen gefunden. Ich sehe, wie die Leute - meistens Frauen - mich in ihre Hände nehmen, mich in alle Richtungen drehen, gucken, ob ich die richtige Größe oder die richtige Farbe habe. Manche haben so kalte Hände, dass ich vor Schreck weg springe; sie gehen so gefühllos mit mir um. Abends um 18.30 Uhr, wenn sie die Tür unseres Kaufhauses schließen, bin ich ganz müde. Ich lege mich bequem hin und träume: Dass ich auf einer schicken Bluse oder einem Seidenkleid angenäht bin. Am liebsten möchte ich auf einem langen Abendkleid sein! Aber dafür bin ich nicht fein genug oder? Nachts werde ich oft geweckt, weil die Metallknöpfe sich umdrehen und dabei so einen Krach machen. Oh! Es ist 8.30 Uhr. Die Verkäuferin ist schon da. Sie legt uns so hin, dass jeder auf seinem Platz ist. Ab 9.00 Uhr geht es los. Mal sehen, vielleicht werde ich heute verkauft. Da kommt jemand, eine alte Frau. Sie hat einen Hund dabei, der frieren muss, weil er einen Mantel trägt. Ach du Schreck! Ein blauer Mantel mit Knöpfen und in der Mitte fehlt einer. Ich werde doch nicht auf einen Hundemantel genäht werden? Tatsächlich! Ich gefalle der alten Frau, und sie kauft mich. Was für eine Blamage. Alle Knöpfe im Regal lachen über mich. „Du wolltest doch auf ein Abendkleid, und jetzt gehst du auf einen Hundemantel!“ Ich schäme mich und bin doch traurig, meine Freunde zu verlassen. Auf dem Weg zu meinem neuen Haus kann ich mein Schicksal nicht fassen. So! Wir sind angekommen. Die alte Frau sucht eine Nadel mit passendem Garn und ich werde gleich auf diesen stinkigen Stoff voller Hundehaare angenäht. Au! Sie tut mir weh. Sie sieht nicht mehr gut und hat schon zweimal neben meine Löcher gestochen. So! Jetzt sitze ich fest. Der Hund schwänzelt vor Freude. Stellen Sie sich mein Leben jetzt vor! Ich muss bei jedem schlechten Wetter mit nach draußen spazieren und Gassi gehen. Egal ob es regnet oder schneit. Der Hund friert nicht mehr! Aber ich, der an die Wärme des Geschäftes gewöhnt war. Das ist hart. Der Mantel liegt meistens auf dem Boden und wird von dem Hund oft hin und her geschleppt. An manchen Tagen wird es mir ganz schwindlig davon. Aber was soll 's, ich bin ja nur ein Knopf! Als ich noch im Regal des Kaufhauses lag, träumte ich von einem Abendkleid. Statt dessen: Hundemantel! Ich muss mich damit abfinden und das Beste daraus machen. Eigentlich ist der Kleine ganz nett und so lustig. Er freut sich so, denn durch mich bläst der kalte Wind nicht mehr über seinen Rücken. Und wenn es Nacht wird, hindert mich nichts daran, weiter zu träumen. Eines Tages, als wir im Park spazieren gingen, springt der Hund beim Spielen so hoch, dass der Mantel an einem hängenden Ast zerreißt. Ich werde in die Luft geschleudert und falle an den Rand des Weges. Die alte Frau sucht mich, ohne mich zu finden. Zum Glück bin ich beim Fallen nicht zerbrochen!

Jetzt liege ich seit Tagen da im Staub ganz allein und bin sehr traurig. Ich friere und habe Angst in der Dunkelheit. Es gehen viele Leute an mir vorbei, ohne meine verzweifelte Lage zu sehen. Au! Schon wieder einer, der auf mich tritt. Ich werde doch nicht so enden! Zerbrochen durch einen dieser großen Füße. Wie weit ist das Seidenkleid von mir entfernt! Oh! Da nähert sich ein Mann, bückt sich, guckt mich an, hebt mich hoch und steckt mich in seine Tasche. Die Wärme seiner Hände macht mich munter, und ich schöpfe wieder Hoffnung. Als wir zu Hause angekommen sind, wäscht er mich, weil ich vor lauter Dreck keine Farbe mehr habe. Er zeigt mich seiner Frau, die gerade einen Knopf für ihre Bluse sucht. Ich habe die richtige Farbe und die richtige Größe. Ich kann es nicht fassen! Ich bin jetzt auf einer hübschen Bluse angenäht und gehe nur an Feiertagen und Sonntagen aus, dort hin, wo die Menschen so fröhlich sind. Schade, meine Freunde im Kaufhaus werden das nicht erfahren können. Welch ein Glück, dass der Mann mich gefunden hat. Ich freue mich so, dass mein Traum sich doch erfüllt hat. Und wer weiß, vielleicht werde ich eines Tages auch auf einem Abendkleid sitzen. Aber auf einem Hundemantel niemals mehr!

Samstag, 21. Dezember 1985
Die Koffer zu packen strengt mich sehr an. Ich versuche, die Kleider hinein zu tun. Ich schaffe es kaum. Wir wollen doch nach Nancy über Weihnachten. Eine neue Trennung in mir. Ich freue mich auf die Familie, die Eltern, meinen Bruder und den alten Onkel...

Freitag, 27. Dezember 1985
Die Trennung von Frankreich und der Familie war schwer. Nun weiß ich wieder nicht, wo ich bin; irgendwo auf dieser Welt. Ich bin zerrissen zwischen zwei Ländern und zwei Therapeuten. So wie als Kind zwischen den Eltern. Ich habe in Nancy die Geschichte vom kleinen Knopf ins Französische übersetzt und meinen Verwandten vorgelesen. Es hat ihnen gut gefallen.

Samstag, 28. Dezember 1985
Ein Paket aus Paris! Ich habe seit Jahren kein Paket bekommen. Was für eine Freude! Ein Weihnachtsgeschenk von Madame R. Es ist eine Brieftasche aus blauem Leder. Blau wie die Farbe des kleinen Knopfes.

Mittwoch, 1. Januar 1986
Silvester haben wir mit der deutschen Familie bis 2.00 Uhr in der Nacht verbracht. Anfangs war es schwer, denn mich quälten schlechte Erinnerungen.

Donnerstag, 2. Januar 1986
Auf dem Weg zu der Frau Doktor schimpfte ein Mann mit mir, weil ich über eine Fußgängerampel bei Rot gegangen bin. Ich hatte mich ja vergewissert, dass kein Auto kam, aber so etwas darf man in Deutschland nicht machen. Ich

bin in Tränen bei der Ärztin angekommen. Meine Geschichte hat ihr auch gefallen. „Der Knopf ist klein, aber wichtig," sagte sie zu mir.

Montag, 6. Januar 1986

Der Knopf, dieser tote Gegenstand, könnte ein Bild für meine Seele sein. Aber ja natürlich das bin ich, und es zeigt mein Leben bis jetzt. Es ist nicht zu fassen! Ich habe mein Leben in einem Märchen verarbeitet.

Sonntag, 12. Januar 1986

Ich habe es geschafft! Gestern Abend habe ich für acht Personen gekocht, für Thomas' Geschwister, die ich eingeladen hatte. Ich hatte das Gefühl, als seien sie von einem anderen Planeten gekommen. Ich habe ihren realistischen Gesprächen nicht folgen können. Es ist eine andere Welt, die ich noch nicht aufnehmen kann. Ich schaute oft auf das Bild von Renoir, auf „Die Ruderer". Künstler haben vor ihrem Auftritt oft Lampenfieber, das dann vergeht, wenn sie auf der Bühne stehen. So geht es mir auch vor jeder neuen Situation. Ich muss auch durch, dann geht es mir besser.

Donnerstag, 16. Januar 1986

Den Knopf habe ich in deutscher Sprache produziert. Ich wiederhole oft die Worte dieser Geschichte in meinem Kopf. Ich bin wie eine verkratzte Schallplatte, die hängen geblieben ist. Ich kaue meine Sätze.

Sonntag, 19. Januar 1986

Die Menschen der Gesellschaft. Der mit dem Blumenstrauß ist wohl der Glücklichste.

Freitag, 24. Januar 1986

Die Frau Doktor hat mir oft gesagt, dass andere Patienten zwei- bis dreimal in der Woche zu ihr kommen würden. Als ich sie fragte, ob das auch für mich eine bessere Lösung wäre, antwortete sie mir: „Was soll ich mich mit Ihnen zweibis dreimal in der Woche hinsetzen. Sie reden nur von der Vergangenheit oder sagen nichts. Die anderen Patienten gehen arbeiten!" Das war ein Volltreffer! Ich brach in Tränen aus, verließ diese Frau wie unter einem Schock. Ich lief und lief durch die Straßen, immer geradeaus wie ein Roboter, bis ich den rich-

Unsere Gesellschaft. 19. Januar 1986

tigen Weg nach Hause fand. Zum Glück war es gestern Abend schon dunkel, so konnte niemand mein Gesicht sehen. Ich wäre bis nach Paris gelaufen. Ich konnte nicht zur Schule gehen.

Montag, 27. Januar 1986

Die Ärztin hat mich beleidigt wie viele andere Menschen es früher getan haben, daher dieses Bild heute. Oh, die Luftballons haben Gesichter! Ich kann die Menschen zur Zeit nicht wahrnehmen; ich fühle mich wie unter einer Käseglocke.

Donnerstag, 30. Januar 1986

Ich war heute Morgen kurz bei dem Docteur. Bei der Frau Doktor habe ich davon nichts erwähnt. Ich bin mit solchen Ängsten zu ihr gegangen, wie gut, dass ich vorher Kraft getankt hatte. Eine Französin hat sich in der Kunstschule angemeldet. Es ist Caroline aus Troyes.

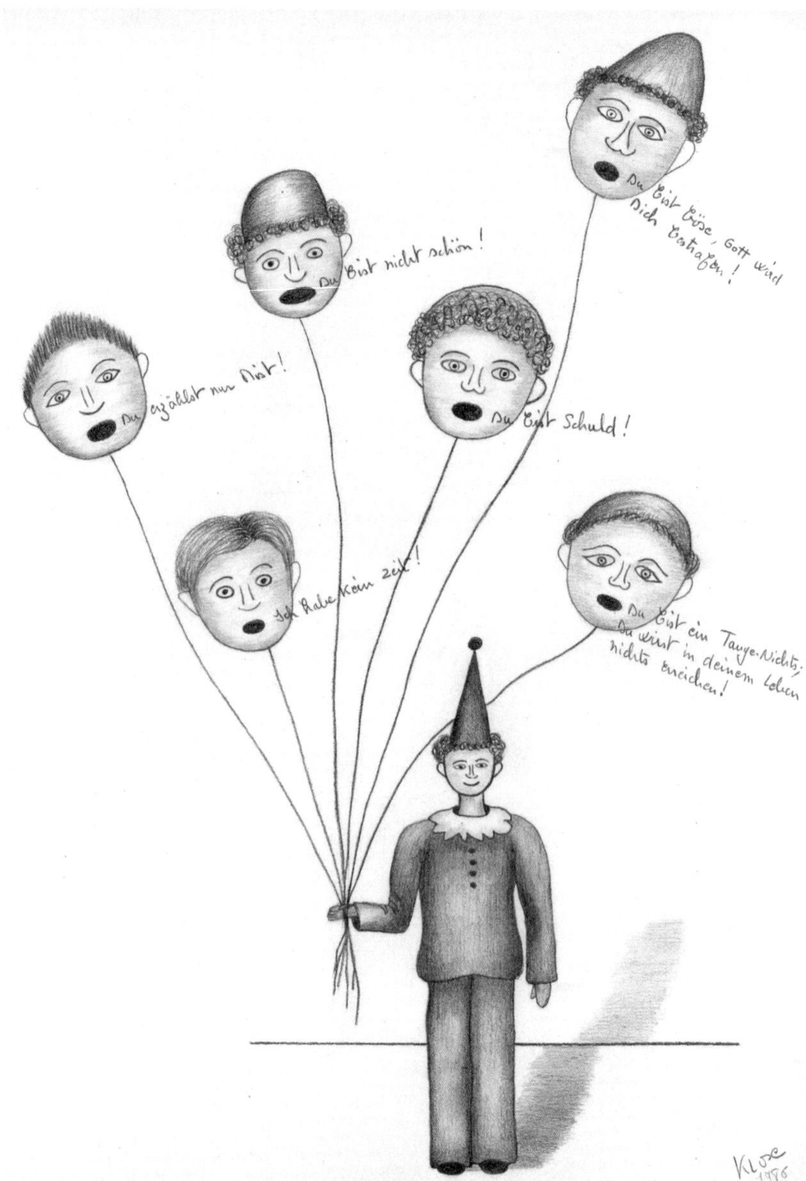

Die Vorwürfe der Leute. 27. Januar 1986

Mittwoch, 5. Februar 1986
Was für ein schöner Tag! Ich habe Maria in ihrer neuen Stadt besucht. Ich bin mit der Eisenbahn gefahren, musste in Frankfurt umsteigen. Dort verwechselte ich den Bahnhof mit dem von Paris; eine Weile suchte ich meinen Bruder. Welch' ein Abenteuer! Aber ich finde immer den richtigen Weg. Maria kommt allein zurecht, im Gegensatz zu Renata und mir. Wir haben tiefe Verletzungen und eine andere Sensibilität. Die anderen Mitglieder der Gruppe sehe ich nicht mehr.

Sonntag, 9. Februar 1986
Gestern Abend gab es ein kleines Fest in der Schule. Ich hatte einen großen Topf Mousse au chocolat gemacht. Es war schön, und ich kam vor Mitternacht nach Hause. Ich fing an zu zittern, als ich das Gesicht von Thomas sah: Ganz blass mit traurigen Augen. Aber er sagte nichts und wurde nicht aggressiv. Wir werden es schaffen, unsere Wunden zu heilen!

Mittwoch, 19. Februar 1986
Ich kann zur Zeit kaum etwas essen. Sobald ich damit anfange, verkrampfen sich meine Beine dermaßen, dass ich mich nicht mehr bewegen kann. Ich denke an meine Mutter, die mich oft allein ließ, und die ich verlassen habe!

Freitag, 21. Februar 1986
Ich bin in der Klinik gewesen, denn ich hatte zu viel Bauchschmerzen. Mir war wieder so warm. Auch ohne Termin konnte ich kurz zu dem Docteur. Ich erzählte ihm von diesen Schmerzen und von meinen neuen Freundinnen, die aus verschiedenen Ländern kommen. „Ihre Puppen sind lebendig geworden," sagte er zu mir. Warum darf ich diesen Mann nicht umarmen? Das Kind in mir möchte es! Und warum darf ich nicht bei ihm weitermachen statt zu dieser Frau zu gehen?

Freitag, 28. Februar 1986
In Schweden ist ein guter Mensch erschossen worden, Olaf Palme. Warum?

Dienstag, 4. März 1986
Ich habe keine Kraft mehr. Mir ist übel. Ich habe das Gefühl, dass mein Inneres sterben möchte, weil es zu sehr verletzt ist. Der Kummer in mir wird größer. Sonntag wollen wir nach Nancy fahren. Vielleicht werde ich zu Hause sterben können und für immer meine Ruhe finden. Ich bin müde!

Donnerstag, 6. März 1986
Ich habe der Frau Doktor von diesem Kummer in mir erzählen können,
und sie sagte mir Sätze, die ich wiederholen musste:
Ich will leben und nicht vor Kummer sterben!
Ich will allein zurechtkommen!
Ich will und darf das Leben genießen!
Ich will nicht vor Kummer sterben!
Nein, ich will doch nicht an Kummer sterben!
Ich muss diese Sätze immer wiederholen und aufschreiben!

Samstag, 8. März 1986
Es ist mitten in der Nacht. Ich kann vor lauter Freude nicht schlafen. Der Kummer in mir ist weg. Die Sätze haben geholfen. Ich habe alles im Griff. An den Wänden der Schule hängen Bilder von Schülern, und auch eines von mir, das der Lehrer schön fand. Toll! Ich muss jetzt wieder schlafen gehen, denn morgen früh fahren wir.

Nancy - Montag, 10. März 1986
Im Elternhaus nichts Neues. Warum sollte sich auch etwas ändern? Wir waren im Supermarkt und kamen eine Viertelstunde zu spät, also um 12.15 Uhr statt um 12.00 Uhr. Meine Mutter, die schon mit meinem Vater zu essen angefangen hatte, sagte zu uns mit einem bösen Blick: „Macht ihr euch über uns lustig?" Zu Hause herrschen die Gesetze der Zeit. Morgen werden wir wieder wegfahren.

Mittwoch, 12. März 1986
Ich habe geträumt, dass das Wasser aus unserem Aquarium ausgelaufen wäre und alle Fische tot auf dem Boden lagen. Ich hob sie auf, holte frisches Wasser, und die Tiere fingen wieder an zu leben. Ich kann auch meine Seele retten.

Donnerstag, 13. März 1986
Von Nancy nach Darmstadt, weiter nach Österreich. Samstag fahren wir in den Winterurlaub. Koffer packen, Koffer auspacken: Ich bin ganz durcheinander. Heute Nachmittag hat mir die Frau Doktor gesagt, dass die Krankenkasse noch 30 Stunden bezahlen würde, und dass es besser wäre, jetzt nur alle zwei Wochen zu kommen. Sie hätte fast nur Privatpatienten, und diese dürfen öfter kommen. Sind Privatpatienten bessere Menschen, dass sie mehr Vorteile hier haben?

Österreich - Samstag, 15. März 1986
Wir sind gut angekommen in unserer gewohnten Umgebung bei unserer österreichischen Familie im selben Zimmer wie immer. Auf den Bergen liegt ganz viel Schnee. Morgen wollen wir in die Schweiz fahren, die nicht weit von hier entfernt ist. Die Grenze macht mir nichts mehr aus. Toll!

Schweiz - Sonntag, 16. März 1986
Was für eine schöne Gegend! Die Berge, die Engadin-Dörfer mit ihren stolzen Häusern: Ich kann so vieles klar sehen, aufnehmen. Wie würden die Dörfer wohl aussehen ohne ihre Kirche? Wir mussten durch einen Tunnel fahren. Es war für mich wieder eine Qual in dieser Dunkelheit, denn die Bilder sind schrecklich. Ich habe an den Docteur geschrieben!

Bad Scuol, den 16. März 1986
Lieber Docteur, viele Grüße aus der Schweiz. Ich mag die Dörfer und Häuser des Engadins. Wie im Lauf des Tages die Gedanken, Gefühle und Schmerzen kommen und gehen. Es fasziniert mich, wie das Gehirn arbeitet. Häuser sind wie Menschen: wenn ihr Fundament nicht stabil ist, fallen sie bei dem ersten starken Wind um oder sie bleiben immer mit Rissen in den Mauern. Wenn ihr Fundament richtig zementiert ist, können sie Stürme überleben. Und was ich alles sehe und entdecke; immer etwas Neues, das ich Ihnen erzählen möchte, aber das darf ich nicht mehr! Ich tue es in meinem Kopf und wiederhole es immer wieder.
Mit freundlichen Grüssen
Klose Monique

Österreich - Dienstag, 18. März 1986
Was für ein Traum! Ich sah, wie meine Mutter ihrer Katze nachrannte, und wie sie plötzlich über einen Stein stolperte, stürzte und tot am Boden lag. Welch' ein Alptraum! Immer wieder dieser Tod!

Österreich - Sonntag, 23. März 1986
Ich bin mit einer Wut in mir aufgewacht! Sie gilt diesmal dem Docteur. Warum geht er ständig weg? Und überhaupt: Mich zu dieser Frau Doktor zu überweisen, wo ich doch noch nicht so weit bin! So ein blöder Mann! Was fällt ihm denn ein? Ich ersticke schon am Morgen vor Zorn. Ich schreibe meine Erbitterung auf das Papier. Ich habe schon Blätter damit gefüllt, und ich merke in mir, wie sie sich abbaut. Schreiben ist meine Medizin geworden! So wie das Zeichnen auch eine Therapie ist!

Österreich - Montag, 24. März 1986
Wir gehen jeden Tag in ein Restaurant oder ins Café, denn ich brauche alle drei Stunden etwas zu essen und jedes Mal, wenn ich zur Toilette gehen muss, ist es ein Alptraum, wenn diese sich im Keller befindet, wenn es zu dunkel ist oder die Decke zu hoch. Dann kommen die schrecklichen Bilder, mit denen ich kämpfen muss. Ich sehe einen tiefen Abgrund und habe Angst, hinein zu fallen. Manchmal sind diese Bilder stärker als ich. Ich muss hinausrennen ans Tageslicht, damit sie verschwinden. Thomas hat viel Geduld mit mir. Wenn ich nachts vor lauter Angst nicht schlafen kann, dann nimmt er mich in seine Arme, streichelt mich, und manchmal ist er wie ein Wildpferd, das ich zähmen muss. Oft fährt er Langlaufski und ich schaue zu, denn mit meinen schwachen Beinen halte ich es auf den Brettern nicht lange aus.

Österreich - Dienstag, 25. März 1986
Wir sind zu einem anderen Dorf gefahren, das noch höher liegt als das unsrige. Dort gibt es eine U - Bahn damit die Autos der Ski-Urlauber nicht durch das Dorfzentrum fahren. Ich hatte seit dem Aufstehen Angstzustände und Kreislaufstörungen. Ich war durcheinander in meinem Kopf. Ich lief durch dieses Dorf wie ein Roboter in der Hoffnung, dass ein Herzschlag mich erlöse; wir gingen dann auch in diese Bahn und das Geräusch brachte meine Gedanken nach Paris. Es war wie in der Metro.

Auf einmal lösten sich alle meine Beschwerden; ich war für eine lange Zeit ganz normal, genoss die Landschaft und den Apfelstrudel. Als wir vorhin zu unserer Pension zurückkehrten, kam die Verrücktheit mit all' ihren Symptomen wieder. Aushalten! Weiterkämpfen!

Österreich - Sonntag, 30. März 1986

Es ist Ostern, und ich habe Schuldgefühle, weil die Eltern an diesem Tag allein sind. Trotzdem war es ein schöner Tag für mich mit viel Sonne, blauem Himmel, und ich konnte alles so klar sehen: Die Berge, die Menschen, die Tiere. Ich bin auf Entdeckungsreise, beobachte, was sich um mich herum abspielt. In Österreich gibt es viele Barockkirchen, was für ein Prunk für eine unsichtbare Macht! Aber wenn ich ein solche Gebäude betrete, habe ich das Gefühl, in einem Museum zu sein. Ich finde Gott und seine Familie nicht mehr darin. Das ist neu und seltsam!

Mutterwärme. 4. April 1986

Mittwoch, 2. April 1986
Ich weiß nicht, wo ich bin. Wir haben Österreich verlassen und jetzt? Es war eine Trennung, ein neuer Anfang. Aber wo? In Nancy? In Paris? Ich muss wieder zur Kunstschule, also bin ich in Darmstadt! Und wo ist der Docteur?

Freitag, 4. April 1986
Ich weine schon seit heute morgen. Ist meine Mutter gestorben?

Montag, 7. April 1986
Ich habe den Docteur angerufen und für Mittwoch einen Termin bekommen.

Mittwoch, 9. April 1986
Die Klinik, die Diakonissen, der gotische Gang: eine vertraute Umgebung. „Warum fangen Sie mit Menschen etwas an, wenn Sie sie dann irgendwann zu einem anderen Therapeuten schicken? Eine Therapie ist keine Kur, die plötzlich zu Ende ist!" Ich war so wütend auf ihn. Jetzt habe ich Schuldgefühle, aber wozu? Ich habe es doch gedacht und gesagt. Ich soll am nächsten Donnerstag wieder kommen. Ach, es ist schon morgen!

Donnerstag, 10. April 1986
Tag der Therapeuten: Morgens der Docteur, nachmittags die Frau Doktor. Ich habe keine Kraft mehr gehabt, um in die Kunstschule zu gehen. Ich pendle zwischen beiden und mache zwei Therapien auf einmal.

Dienstag, 15. April 1986
Simone de Beauvoir ist gestorben. Sie war eine emanzipierte Frau. Man sagt: Selbstbewusst, ein Vorbild? Ich versuche jeden Tag in die Schule zu gehen, auch, wenn es mir nicht gut geht. Manchmal bin ich kaum angekommen, dann muss ich wieder gehen, weil es mir zu schlecht geht.„Du gehst schon! Aber du bist doch erst gekommen!" sagen sie zu mir. „Ja, ich habe keine Lust," antworte ich und gehe auf dem schnellsten Weg nach Hause. Ich lüge, um meine Lage zu verbergen, denn darüber zu reden wäre zu anstrengend. Die meisten Menschen würden es auch nicht verstehen; eine Krankheit, über die man nicht spricht!

Donnerstag, 17. April 1986
Tag der Therapeuten. „Ich fühle mich wie ein Camembert unter einer Käseglocke!" sagte ich heute morgen zu dem Docteur. „Der Käse reift unter der Glocke," antwortete er mir. Es stimmt, ich wachse innerlich. Nach der Stunde bei der Frau Doktor konnte ich zur Schule gehen, wo eine Reise nach Stuttgart geplant ist. Ich habe mich angemeldet. Ich gehe mit zur Ausstellung.

Freitag, 18. April 1986
Unterdrückt, erpresst, hilflos gemacht: Eine negative Welt, die mir heute wie eine innere Gefangenschaft erscheint, von der ich mich befreien muss. Ich bin auch kein Hund mehr, der in der Männerwelt herumschnuppert. As Kind lief ich hinter meinem Vater her, hinter meinem Bruder, hinter den Onkeln. Gott war auch ein männliches Wesen. Aber mein Mann hat mir einen neuen Koffer geschenkt, wau! Aus dunkelrotem Leder!

Samstag, 19. April 1986
Ich bin ja so glücklich heute! Ich habe die deutsche Malerei entdeckt, die Künstlervereinigung „Blauer Reiter"; diese wurden Expressionisten genannt, weil sie ihre eigene Interpretation der Dinge malten, die sie sahen. Ich gehe jetzt in Ausstellungen! Welch' ein Luxus für mich! Und es scheint, dass die Bilder mir Freude und Kraft gegeben haben. Ich war den ganzen Tag auf den Beinen und bin noch im Bus recht munter im Vergleich zu meinen Mitschülern. Welch' ein schöner Tag! Caroline ist mitgefahren.

Montag, 21. April 1986
Die Namen der deutschen Maler sind in meinem Kopf geblieben: August Macke, Franz Marc, Otto Dix , Karl Schmidt-Rottluff....Ich habe angefangen, meinen Koffer zu packen, denn Mittwoch fahre ich nach Paris zu anderen Bildern. Ich muss Deutschland verlassen, ich muss weg, auch wenn es mir nicht gut geht. Wenn ich unterwegs zusammenbreche, wird mich schon jemand aufheben... Was soll's!

Metz - Mittwoch, 23. April 1986
Wir sind im Bahnhof von Metz, wo wir 20 Minuten Aufenthalt haben. Neben uns auf dem anderen Gleis steht der „Blaue Zug". Es ist die Bahn,

die die Pilger nach Lourdes bringt. Lourdes: Die Muttergottes, die Rosen, die Nonnen, meine Mutter... Es schmerzt so in mir, denn diese Vergangenheit bedeutet mir heute nichts mehr. 19.00 Uhr. Ich bin gut angekommen. Welche Erleichterung, als ich meinen Bruder am Gleisende sah. Oh! Du hast einen neuen Koffer! Schön!

Paris - Donnerstag, 24. April 1986

Meine Güte! Ich muss mich auch hier so bremsen, denn manchmal, wenn ich in der Metro fahre, überkommt mich solch' ein warmes Gefühl. Ich könnte manchen Leuten um den Hals fallen. Es ist so, wie damals bei dem Docteur. Diese Gefühle habe ich als Kind wohl nicht gehabt. Aber ich kann sie doch nicht nachholen! Was würden die Leute sagen, wie reagieren! Also!

Freitag, 25. April 1986

Ich stehe auf dem Place de la Concorde, ganz nahe am Obelisk: Vor mir die Champs Elysées und hinter mir der Garten der Tuilerien, herrlich! Ich bin ganz allein mitten in Paris und welch' ein Verkehrschaos es hier gibt! Zu Hause. Ich bin von morgens bis abends unterwegs in den Museen und in den Kaufhäusern, wo ich schöne Sachen sehe, tolle Kleider anprobiere, verschiedene Hüte aufsetze, an Parfüms schnuppere. Ich sehe jetzt Farben, blaue, lila, grüne... Ich laufe und laufe den ganzen Tag und komme erschöpft und verdreht nach Hause. Wir müssen noch zu den Schwiegereltern meines Bruders; wir sind zum Essen eingeladen. Gestern Abend waren wir im Theater. Wir haben ein Stück von Dostojewski gesehen, aber außer den Farben der Kostüme, der Dekoration habe ich nichts aufnehmen können. Arme Idiotin! Jeden Tag unterwegs, jeden Abend woanders. Was für ein Luxus!

Paris - Samstag, 26. April 1986

Ich war heute mit meinem Bruder unterwegs. Er wollte mir ein Bild zeigen, das zur Zeit hier ausgestellt wird. Was für ein schönes Bild! „Die Ansicht der Stadt Delft" von Vermeer. Dieses Licht... diese mittelalterliche Stadt...Und wie groß das Gemälde ist! Wunderschön! Meine Schwägerin hat Geburtstag und gibt heute Abend ein kleines Fest. Sie hat Freunde eingeladen, lauter Menschen, die studiert haben. Ich bin mal gespannt.

Paris - Sonntag, 27. April 1986

Das Fest ist vorbei. Wir haben gerade die letzten Gläser gespült. Der Anfang gestern Abend war schwer. Als 20 Menschen in die Wohnung kamen, wäre ich am liebsten in ein Mauseloch gekrochen. Ich flüchtete ins Schlafzimmer, dann eine Weile ins Klo. Ich wusste nicht wohin. Diese Franzosen waren mir so fremd, aber nach zwei Gläsern Champagner gewöhnte ich mich an sie. Ich hörte zu und schaute zu, wie sie miteinander redeten und tanzten. Ich dachte wieder an die glücklichen Menschen von Renoir. Manche fragten mich, was ich so in Deutschland mache. „Ich arbeite in einem Altersheim." Sie müssen ja nicht erfahren, dass ich zur Zeit eine Reise in mein Unterbewusstes mache, dass ich auf der Suche nach der Realität bin. Je später der Abend desto lockerer wurde ich und tanzte auch mit einem gutaussehenden Mann bis 3.00 Uhr nachts. Ich bin jetzt so übermüdet!

Paris - Montag, 28. April 1986

Früher kaufte ich Wollknäuel, um Puppen zu stricken. Heute kaufe ich Bilder. Ich habe 20 Postkarten gekauft, Drucke von Gauguin, Botticelli, Picasso... Seltsam: Darauf sind fast nur Frauen abgebildet, dabei habe ich doch nur Männer in meinem Kopf! Vorhin habe ich eine schöne Ausstellung besichtigt, die mich ein Stück weitergebracht hat: „Rasa - die neun Gesichter der indischen Kunst". Es war so gestaltet, dass in jedem Raum ein anderes Gefühl vertreten war: „Hasya" - das Komische, das Lachen, „Adbhuta" - das Schöne, das Wunderbare, „Shringara" - die Erotik, der Sex... Es war eine Reise in das menschliche Wesen, als ob ich in einem großen Bauch gewesen wäre.

Paris, den 28. April 1986

Lieber Docteur,

ein kleiner Gruß aus der indischen Ausstellung, die für mich die schönste war. In jedem Raum ist ein anderes Gefühl vertreten. Ich mag die Philosophie und die indischen Götter. Bei manchen Bildern sind es die wunderschönen Farbzusammenstellungen, die mir gefallen, und bei anderen ist es das Motiv. Was für eine Freude für mich, vor solchen Bildern zu stehen. Ich kann mir jetzt diesen inneren Luxus leisten, alles in Ruhe zu bewundern und zu fühlen bis ins kleinste Detail. Ich weiß, dass es kein Traum mehr ist, und dass ich aus diesem schwarzen Ghetto heraus bin. Ich habe doch viel Glück gehabt! Als

ich vor drei Jahren in die Klinik kam, war ich innerlich fast tot, ganz wund und völlig durcheinander, und konnte über meine Verfassung nicht reden. Ich habe alle meine restlichen Kräfte eingesetzt, um aus diesem seelischen Sumpf herauszukommen. Heute bin ich fähig, in fröhlicher und lustiger Gesellschaft zu leben und mich schon viel freier zu bewegen. Es ist mir bewusst geworden, dass ich eine Frau bin und kein kleiner Hund mehr, der in der Männerwelt herumschnuppert. Ohne Sie hätte ich nie so vieles erreicht. Es wäre für mich unmöglich gewesen, allein daraus zu kommen. Ich danke Ihnen dafür! Wir haben in Nancy eine große Universität und eine der größten Kunstschulen Frankreichs „Les beaux arts". Ich wäre so gern dorthin gegangen, aber für meine Eltern wäre es keine vernünftige Zukunft gewesen. Ich bin so glücklich, jeden Abend in die Bachstraße zeichnen zu gehen; aber mein schlechtes Gewissen quält mich noch. Die Reise nach Stuttgart war ein Erlebnis. Ich habe die deutsche Malerei entdeckt. Ich muss mit diesem Kummergewicht, das immer wieder hochkommt, schwer kämpfen, damit es mir nicht eines Tages das Herz zerdrückt! Es gibt hier so viele schöne Sachen zu sehen. Ich mag Paris am liebsten bei Nacht und so viel interessante Menschen!
Mit freundlichen Grüßen
Klose Monique

Paris - Dienstag, 29. April 1986
Et voilà! Mein Aufenthalt geht zu Ende. Mein Bruder wird gleich kommen, um mich zum Bahnhof zu fahren. Ich habe Trennungsschmerzen.

Donnerstag, 1. Mai 1986
Ich weiß noch nicht, wo ich bin. Hier steht alles in deutsch geschrieben; ich muss in DM bezahlen... Aber ich habe doch Deutschland verlassen! Ich möchte am liebsten in die Klinik rennen zu dem Docteur, ihm die Bilder zeigen, die ich gekauft habe. Aber heute ist Donnerstag, und ich muss zur Frau Doktor. Ich bin ganz durcheinander. Habe solche Bauchkrämpfe.

Sonntag, 4. Mai 1986
Wir waren im Städel, im kleinen Louvre von Frankfurt, wo Malereien von Macke, Breughel und sogar von Renoir hängen. Bilder sind jetzt meine Welt geworden, und ich kann die Farben fühlen wie noch nie zuvor.

Montag, 5. Mai 1986
Ist der Docteur gestorben? Ich spüre in mir, dass jemand stirbt. Ich habe lauter Stechen im Magen. Es ist wie der Tod des Stiers in der Arena. Ich spüre die Lanze des Picadeurs in mir. Ich habe Schmerzen.

Montag, 12. Mai 1986
Mein Bauch tut mir so weh, dass ich bei einem Internisten war. Ich muss untersucht werden: Darmspiegelung, Sonographie... Ich werde doch nicht körperlich krank werden! Ich möchte nach Hause. Ich muss wieder weggehen.

Mittwoch, 14. Mai 1986
Ich bin gesund. Körperlich natürlich. Die Untersuchungen haben nichts Schlechtes ergeben. Ich wachse wohl innerlich. Ich kann fahren.

Freitag, 16. Mai 1986
10.00 Uhr - Ich sitze in der Bahn. Bilder kommen und gehen in meinem Kopf, trotzdem kann ich die Landschaft, diese Schöpfung, bewundern. Der Frühling ist da! Wir nähern uns meiner Heimatstadt, und es scheint mir hier alles so neu zu sein, als ob ich seit 16 Jahren nicht mehr da gewesen wäre. Ständig neue Eindrücke.

Nancy - Sonntag, 18. Mai1986
Wau! Ich bin zu Hause. Auf jeden Fall habe ich ein unbeschreiblich tolles Gefühl in mir. Ich genieße es, springe vor Freude hin und her, ist das toll! Wird es immer so bleiben wie jetzt? Das habe ich schon einmal gehabt. Bin ich denn hier wirklich zu Hause?

Nancy - Dienstag, 20. Mai 1986
Maman! Was hast du aus deinem Leben gemacht? Du wolltest doch so vieles vollbringen, ausgehen, reisen, Musik lernen, sogar Vater verlassen! Und? Du bist immer nur zu Hause geblieben. Ich weiß, dass du oft krank warst, dass du anderen die Schuld gabst. Ich versuche, mit dir zu reden, dir manche Sachen zu erklären, aber du verstehst es nicht. Oh Maman! Deine Erziehung hat dir alles verboten. Ich kann dich heute verstehen.

Mittwoch, 21. Mai 1986
16.00 Uhr - Ich bin vorhin in schlechter Verfassung angekommen. Niemand wartete auf mich am Bahnhof. Ab Mannheim sind die Angstzustände gekommen, die Schmerzen in den Knien. Als ich aus dem Zug stieg, konnte ich vor Atemnot kaum gehen. Ich habe das nächste Taxi genommen, und jetzt sitze ich in unserer Küche und zittere am ganzen Körper. Wo bin ich denn? Wo ist Thomas? 17.00 Uhr - Ich bin wie im Rausch. Ich habe Angst, sehe alles so weit von mir entfernt. 18.00 Uhr - Ich habe es geschafft zu der Nachbarin zu gehen, Bescheid gesagt, dass ich zurück bin; und jetzt geht es mir noch schlechter. Irgend etwas will aus mir heraus, aber was?

Donnerstag, 22. Mai 1986
Thomas fand mich gestern Abend völlig kraftlos und verweint auf dem Boden. Als ich ihn sah, spürte ich in mir solch' eine Wärme. Ich wollte nur in seinen Armen sein. Am liebsten wäre ich in seinen Bauch gekrabbelt, wo es am wärmsten ist. Bauch? Ich habe angefangen, einen zu zeichnen; und meiner tut immer noch weh. 19.00 Uhr - Es war so schwer, zur Frau Doktor zu gehen. „Um mich brauchen Sie sich nicht mehr zu kümmern. Ich bin zu krank! Es ist hoffnungslos!" sagte ich zu ihr. Ich habe auch nicht die Kräfte gehabt, um in die Schule zu gehen. Ich hatte zu viele Schmerzen.

Freitag, 23. Mai 1986
Es war zu schwer gestern. Ich habe den Docteur nach einem Termin gefragt; Montag soll ich kommen. Ich kann das Bild nicht fertig machen, alle diese Gesichter! Sie machen mir noch Angst.

Montag, 26. Mai 1986
Ich habe alle Postkarten, die ich in Paris gekauft hatte, und die Kataloge von der Renoir- und der indischen Ausstellung dem Docteur gegeben. „Können Sie meine Bilder für ein paar Tage behalten?" fragte ich ihn. Der Docteur war einverstanden. Ich verlasse ihn wieder; in mir wurde es plötzlich so leer, dass ich zu ihm zurückging. „Meine Bilder!" „Wollen Sie sie wieder haben?" „Nein!" Jetzt - wieder zu Hause - zeichne ich weiter. Die Gesichter werden realer.

Dienstag, 27. Mai 1986

Das Bild ist fertig; ich habe es geschafft! Nun habe ich ein zweites angefangen, das ich dem Docteur schenken möchte.

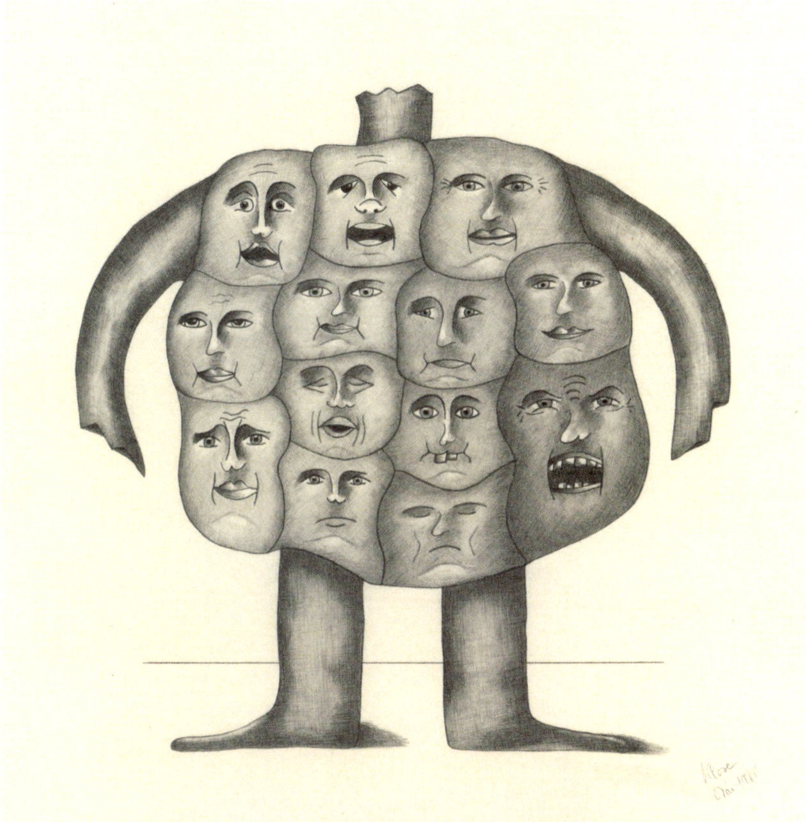

So viele verschiedene Menschen. 27. Mai 1986

Freitag, 30. Mai 1986

Ich zeichne jeden Tag unter großen Anstrengungen; das Bild muss bis Dienstag fertig sein. Auf dem Weg zur Kunstschule sind mir die Gesichter der Leute aufgefallen, ihre Nasen, ihre Münder und ihre Augen, die keine auf mich gerichteten Scheinwerfer mehr sind. Ich konnte nicht lange bleiben; mir war zu übel. Und immer diese Schmerzen in mir! Ich wachse!

Sonntag, 1. Juni 1986
Wir waren heute zu einer Feier bei der deutschen Familie eingeladen. Diese Feier begann mit einer Messe. Ich hatte mich in die letzte Reihe gesetzt und beobachtete, was passierte. Als der Priester von der Kanzel aus sagte: „Wir sind auf der Erde, um zu leiden, um zu büßen...", ergriff ich die Flucht und verließ die Kirche. Immer dieselbe Leier der Religion, ich kann es nicht mehr hören. Gott hat den Menschen sicherlich nicht dazu erschaffen, dass er sein Leben lang leidet... Und ich habe genug gebüßt!

Dienstag, 3. Juni 1986
Mit meinem eingerahmten Bild unter dem Arm kam ich zu dem Docteur. „Ich muss Ihnen dieses Bild schenken!" „Ein Wesen ohne Kopf und ohne Hände und die vielen Gesichter... Das muss man verdauen!" sagte er zu mir. Ich nahm alle meine Postkarten und Kataloge wieder mit und ging erleichtert und zufrieden nach Hause. Oh! Meine Bauchschmerzen sind weg! Und mir ist ganz warm! Menschen sind warme Wesen!

Samstag, 7. Juni 1986
Der Koffer ist gepackt; wir müssen nach Nancy. Mein Onkel lädt die Familie ein. Anlass ist seine 50jährige Priesterschaft. Feiern in der deutschen und in der französischen Familie: Jeder auf seine Art. Ich bin dabei!

Nancy - Sonntag, 8. Juni 1986
Es war ein schöner Tag! Die gesamte Familie war anwesend: Tanten, Cousins und Cousinen... 35 Personen am Tisch - und wie ich das gute Essen genossen habe! Stundenlang... Die Gespräche waren anstrengend, es in der Kirche auszuhalten auch. Aber ich habe es geschafft! Was für eine Persönlichkeit ist dieser Onkel; ich habe ihn sehr gern.

Dienstag, 10. Juni 1986
In Lothringen sind meine Wurzeln, dort, wo ich groß geworden bin, wo die Familie seit vielen Jahren wohnt. Ich habe mich gefreut, sie alle wieder zu sehen. Der Onkel? Einer der mächtigen Männer meiner Kindheit. Jetzt, da ich wieder in Darmstadt bin, habe ich ein neues Bild angefangen.

Samstag, 14. Juni 1986

Was für ein mächtiger Baum! Ich weiß auch, wen er vertritt: Die Onkel, Vater, Gott und den Docteur heute. Der Efeu bin ich - noch fest an diese Männer gebunden.

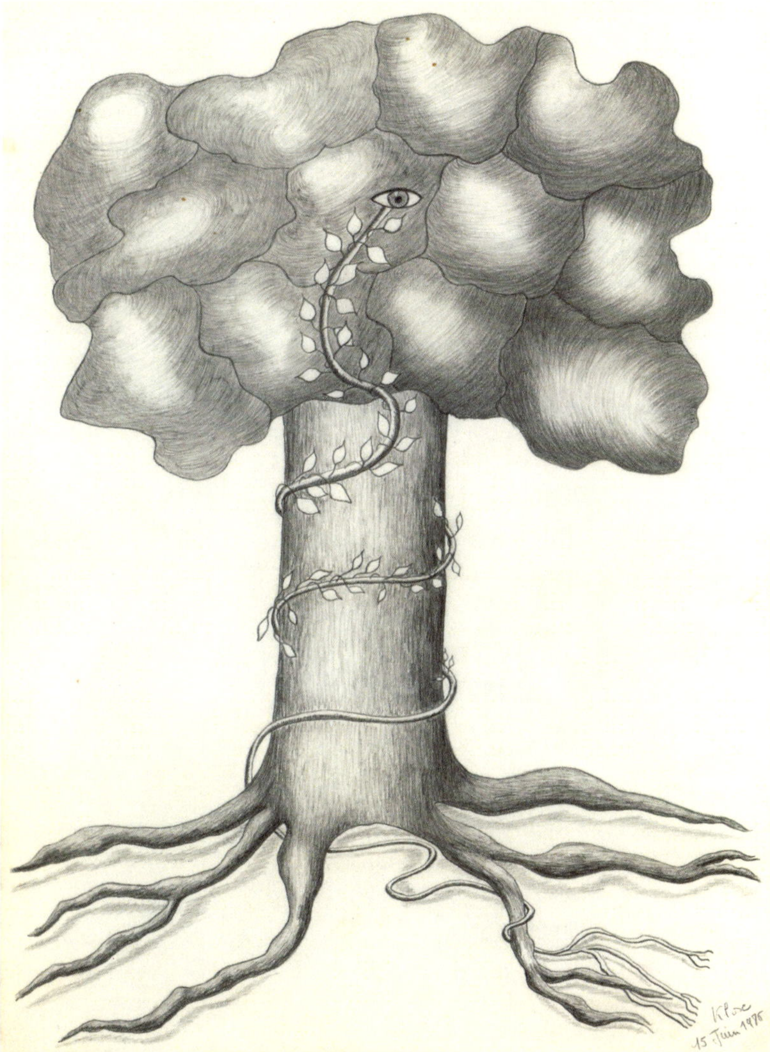

Meine Männer und ich. 14. Juni 1986

Montag, 16. Juni 1986
Ich muss mich ständig mit meinen Gedanken, Bildern und Schmerzen auseinandersetzen. Eine harte Arbeit! Ein erzwungener Kampf, der sich jedoch lohnt. Ich entdecke so vieles. Menschen tragen eine Maske; man kann nicht sehen, was sich dahinter abspielt. Ein Stück Realität?

Freitag, 20. Juni 1986
Der Lehrer an der Kunstschule hat eine Reise nach Italien geplant. Ich habe mich angemeldet, denn Caroline fährt auch mit, so sind wir die zwei Französinnen.

Donnerstag, 26. Juni 1986
Ich versuche, meinen Koffer zu packen, aber ich schaffe es nicht. Ich bin zu sehr durcheinander. Ich habe Trennungsschmerzen. Die Angstzustände drücken auf mein Herz. Aber ich möchte mitfahren morgen Abend! Ich muss weg! Ich will weg!

Malcesine - Montag, 30. Juni 1986
Wir sind die ganze Nacht durch gefahren. Ich war vor lauter Freude total überdreht und habe nicht schlafen können. Jetzt sind wir in einer Pension untergebracht, die sich am Ufer des Gardasees befindet. Ich teile ein Zimmer mit Caroline. Sie ist ein Halt für mich geworden. Ich bleibe in ihrer Nähe, wenn wir unterwegs sind. Ich hatte schon in Darmstadt angefangen, dem Docteur einen Brief zu schreiben. Jetzt tanzen die Wörter in meinem Kopf.

Gardasee, Malcesine - 30. Juni 1986
Lieber Docteur,
ich bin wieder unterwegs, diesmal mit der Kunstschule für eine Woche in dieser wunderschönen Umwelt. Ich teile ein Zimmer mit einer französischen Freundin, und ich komme ganz gut zurecht. Aber ich muss Ihnen schreiben! Therapie auf Distanz! Von Sexualität habe ich in den Sitzungen nie sprechen können. Dieses Thema war im Elternhaus und in der Klosterschule tabu. Die Nonnen sprachen von Liebe zwischen den Menschen, aber das, was ein Mann und eine Frau zusammen machen, war keine gute Sache. Schon Bilder von nackten Menschen empörten sie! Ich habe viele Bücher darüber gelesen, um Informationen zu be-

kommen, aber ich konnte es nie so richtig bewusst erleben wie jetzt. Meine Erziehung verbot es mir. Dieses unbeschreibliche Gefühl des Glücks, das ich auch brauche. Wenn ich an die Nonnen meiner Schule denke: Ein Leben lang ohne Mann, das ist ja irre! Mit Gott kann man nicht schlafen! Noch ein Traum und ein Luxus, den ich mir heute leisten kann. Die katholische Erziehung hat mir viel geschadet. Sie war zu streng. Das hat nichts mit Religion zu tun. Es war reine Erpressung. Die Schwestern und meine Mutter lehrten mich, dass ich auf der Erde bin, um andere Menschen zu lieben, um zu büßen, um zu leiden, und dass das Glück erst nach dem Tode kommt. Ich habe immer Angst vor Gott gehabt, vor seiner Strafe, und dass ich nach dem Tod in die Hölle gehen müsse ohne zu wissen, dass ich sie bereits auf unserer Erde erlebte. Ich fühlte mich von dem Himmel bedroht und beobachtet. So ein Quatsch! Aber die Bilder waren so fest in meinen Kopf eingeprägt, dass nur die Verrücktheit und die Analyse dies ändern konnte. Ich dachte, dass ich ohne den Halt der Kirche nicht leben könne, bis ich selbst merkte, wie zerstörerisch sie für mich war. Sie haben diesen Halt ersetzt und mir dadurch ermöglicht, selbst zu entdecken, dass diese Wärme in mir und in anderen Menschen zu finden ist und nicht in einem irrealen Wesen. Durch die Entdeckung meiner Persönlichkeit entdeckte ich die der anderen Menschen in dieser realen Welt. Ich lerne durch viele Beobachtungen damit umzugehen und dazu zu gehören.Ich weiß genau, wann ich wie meine Mutter reagiere, und versuche, es zu ändern und zu lenken, um nur das Beste von ihr zu behalten. Ich muss so viele Mauern durchbrechen, aber dieser Kampf lohnt sich. Das Paradies auf der Erde... Ich glaube, dass es das gibt: Zufrieden und ohne Angst zu leben.Viele von den Bildern und Träumen, die ich in meinem Kopf habe, verwandeln sich in neue Gefühle und werden Realität. Eine tolle Sache! Es fällt mir manchen Donnerstag so schwer, zu der Frau Doktor zu gehen. Ich würde lieber zu Ihnen kommen. Ich fühle mich wie ein Kind, das zu einer fremden Mutter gehen muss. Schritt für Schritt löse ich mich von Ihnen und dieser schrecklichen Vergangenheit. Ich lerne, selbst zu handeln. Dieses Mal danke ich mir selbst, denn nach so vielen Jahren des Leidens und der Enttäuschungen habe ich doch noch so viel Vertrauen zu Ihnen und der Analyse. Therapie mache ich mit Ihnen in der deutschen Sprache, auch wenn es nicht immer richtig ist und mit Fehlern.

Mit freundlichen Grüßen
Klose Monique

Malcesine - Donnerstag, 3. Juli 1986
Wir gehen jeden Morgen zeichnen. Malcesine bietet so viele Motive. Ich habe mir eine geschlossene Tür ausgesucht, an der ich seit Tagen arbeite; es fällt mir so schwer, mich zu konzentrieren. Ich sehe wie manche meiner Mitschüler jeden Tag ein anderes Bild mit Aquarellfarben malen. Ich lasse mir Zeit! Denn die Umwelt ist für mich wichtiger: Die Menschen, die hier leben, die vielen Bäume, die ich so gern mag, die Zypressen und die Olivenbäume. Die Oleander sind eine Pracht von Blumen. Es sind viele neue Eindrücke. Ich muss auch mit meinen Gedanken, mit der Angst und dem Kummer kämpfen. Ich habe alles im Griff! Die anderen merken nichts davon.

Malcesine - Freitag, 4. Juli 1986
Unser Aufenthalt geht zu Ende. Heute Nacht fahren wir zurück. Es war schön! Ich habe viel Neues gesehen, und mein Tor ist fertig! Wir waren gestern Abend aus. Ich habe Caroline geholfen, ins Bett zu gehen, denn sie hatte ein wenig zuviel Rotwein getrunken. Es war lustig!

Montag, 7. Juli 1986
Wo bin ich denn? Ich war in Italien und jetzt? Trennung, neuer Anfang! Ich bin so durcheinander!

Sonntag, 13. Juli 1986
Ach, du Schreck! Ich bin mit einem schrecklichen Bild aufgewacht. Ich habe ein zerbrochenes Kreuz gesehen. Es lag auf mir. Meine Muskeln sind so verkrampft, als hätte man mich in einen Schraubstock eingeklemmt wie eine Eisenstange, wenn man sie schleifen will. Meine Welt zerbricht: Die Welt der Kirche; Gott, dieses mächtige Wesen im Himmel, das alles sieht und straft.
11.00 Uhr Ich habe Vater angerufen. Ich wollte seine Stimme hören. Er kam gerade vom Gottesdienst; aber er fing an, mit mir zu schimpfen, weil ich nicht zum Nationalfeiertag kommen will. Gott, Vater, der Docteur, alle diese Bäume haben noch zu viel Macht über mich; ich muss mich innerlich trennen. Es tut alles so weh! Und ich habe noch Angst vor Strafe, deshalb kann ich dieses Bild nicht zeichnen.

Ein verschlossenes Tor. 4. Juli 1986

Montag, 14. Juli 1986
Mein Körper schmerzt; es brennt in mir vom Kopf bis zu den Füßen. Vater wird dieses Jahr allein zur Militärparade gehen müssen. Die Armee, der letzte Krieg, der Veteranenverein, dort ist er Präsident... Es ist seine Welt, nicht mehr die meine! Ich habe Michelle zum Essen eingeladen. Wir haben „unseren" Tag gut verbracht. Was steckt hinter diesem Tor? Eine neue Welt? Ich?

Mittwoch, 16. Juli 1986
Ich denke an die Karmeliterinnen. Ich höre sie singen. Welch' schöne Stimmen sie hatten! Ich habe sie nie gesehen. Sie standen hinter einem dicken Vorhang. Die Nonnen lehrten uns, dass sie wichtige Menschen wären, denn sie würden den ganzen Tag beten wegen der Sünden der Menschheit und für unsere Seelen. Ein Leben lang eingesperrt hinter Klostermauern ohne Kontakt zur Außenwelt! Auch eine Flucht? Oder eine Strafe?

Freitag, 18. Juli 1986
Ich habe das zerbrochene Kreuz ganz schnell auf ein Papier skizziert, und ich ertrage es nicht, es tut so weh! Ich muss zum Docteur! 14.00 Uhr Ich habe den Docteur angerufen. - „Ich habe heute keine Zeit. Ich fahre für zwei Wochen in Urlaub," sagte er zu mir. Es war unmöglich, ich musste zu ihm. Ich rief ein Taxi an und ließ mich zur Klinik fahren. Es war kurz vor 15.00 Uhr. Eine Patientin kam aus seinem Zimmer, und ich rannte hinein. „Ich brauche drei Minuten, Herr Docteur!" „Für Sie habe ich zehn Minuten," antwortete er. Ich zeigte ihm meine Skizze. „So ein Bild zu malen, ist Gotteslästerung," sagte er. Ich nahm mein Papier wieder mit. „Schönen Urlaub! Und vielen Dank!" rief ich noch. Es geht mir so schlecht, aber der Docteur hat nicht mit mir geschimpft! Trotzdem! Ich kann das Bild nicht zeichnen; es ist unmöglich. Es war wichtig, dass ich es ihm gezeigt habe. Drei Minuten haben gereicht!

Samstag, 20. Juli 1986
3.00 Uhr nachts. Ich ersticke vor Wut. Wie konnte ich das alles mit mir machen lassen und es so viele Jahre aushalten! Diese Abhängigkeit! Ich will frei sein!

Was steckt hinter diesem Tor? 14. Juli 1986

Abhängigkeit. 20. Juli 1986

Dienstag, 22. Juli 1986

Ich will weg! Ich muss weg! Deutschland verlassen, die Vergangenheit verlassen. Am Samstag werde ich nach Nancy fahren.

Donnerstag, 24. Juli 1986

Italienisches Fest in der Kunstschule. Ich wurde mit Freude erwartet, ich und meine große Schüssel mit Mousse au chocolat. Jeder hatte seine Bilder mitgebracht. Ich brachte meine Tore. Es war ein schöner Abend. Ich kam gegen 23.00 Uhr nach Hause, wo ich Thomas ganz blass und böse vorfand. „Du hast nur Blödsinn im Kopf!" Ich antwortete nicht, ging in mein Zimmer und schlief mit Bildern ein. Er muss noch an sich arbeiten!

Nancy - Freitag, 25. Juli 1986

Vater hat mich vom Bahnhof abgeholt; und mein Bruder ist später auch angekommen. Wir sind zu viert; es ist wie früher!

Dienstag, 29. Juli 1986
Ich musste am Wochenende zu meinen Eltern fahren. In der Bahn durchlebte ich alle Phasen: Trennung - Schmerzen - Kummer - warme Gefühle - Angstzustände. Ich führte wiederholt Gespräche mit dem Docteur - wie üblich. Am Samstag ist etwas in mir passiert, für das ich erst heute morgen den Grund fand. Ich suchte zwei Tage lang eine Silberkette für meine Nichte, die nächste Woche achtzehn Jahre alt wird. Ich konnte in Deutschland nichts Richtiges finden und schaute Samstagnachmittag in Nancy. Ich ging in mehrere Schmuckgeschäfte und fand in zwei verschiedenen Schaufenstern zwei hübsche Ketten, die mir gut gefielen. Die eine war einfach aber fein, die andere war mit kleinen Saphiren verziert. Ich lief hin und her und konnte mich nicht entscheiden, welche von beiden ich kaufen sollte. Der Preis war natürlich unterschiedlich, aber das spielte an diesem Tag keine Rolle. Ich ging in ein Geschäft und ließ mir die eine Kette zeigen, kaufte sie, ließ sie hübsch einpacken und bin gegangen. Ich ging in das andere Geschäft und musste dasselbe machen! Kaum hatte ich das letztere verlassen, kam es in mir hoch - das schlechte Gewissen, die Schuldgefühle! „Warum musste ich jetzt zwei Ketten kaufen, und wozu? Eine hätte gereicht! Und welche soll ich dem Mädchen schenken? So etwas immer wieder!" Es ging in meinem Kopf hin und her, und es machte mich völlig durcheinander, dann drehte sich alles, ich konnte dem, was um mich herum passierte nicht mehr folgen oder es begreifen. Die beiden Ketten tanzten in meinem Kopf. Ich hatte noch etwas zu erledigen, aber es ging nicht mehr. Ich bin mit dem nächsten Bus nach Hause gefahren und hoffte, dass ich es bis dorthin schaffe und nicht unterwegs zusammenbreche. Ich kämpfte im Autobus mit Angstzuständen und Schmerzen und konnte an nichts mehr denken. Ich bin dennoch gut angekommen, und es ging dann auch wieder einigermaßen. Ich zeigte meiner Familie, was ich für meine Nichte gekauft hatte, aber ich zeigte nur die Kette mit den blauen Stein. Beim Abendessen fing alles wieder an. Ich bekam einen Bärenhunger, wollte und musste essen, aber es ging nicht richtig, weil meine Muskeln sich so verkrampften, dass ich wie gelähmt war. Zuerst die Arme, dann die Beine - ich gab mir Mühe, damit die Eltern es nicht sehen, aber es war zu schlimm. Es tat mir dann alles weh; meine Nerven waren wie entzündet, und ich blieb längere Zeit auf meinem Stuhl sitzen, unfähig aufzustehen. Mutter fragte mich, ob ich ein Medikament hätte für diesen Zustand, und sagte, dass sie auch viel ertragen müsse. Vater übersah das alles, und mein Bruder, der weiß, dass ich so schwere

Phasen durchmache, konnte mir auch nicht helfen. Ich wartete, bis es besser wurde, und bin dann schlafen gegangen. Sonntagmorgen ging es wieder, aber abends kamen die brennenden Schmerzen erneut. Ich wusste nicht, was los war! Ich fuhr gestern zurück und verließ Nancy mit Trennungsschmerzen, ohne zu wissen, wie ich in Darmstadt ankommen werde. Ich sprach in der Bahn mit einer Polin, die von Paris nach Warschau reiste, und sie erzählte mir von ihrer damaligen Flucht. Sie verließ ihr Land aus politischen Gründen, und ich verließ das meine aus seelischen Gründen. Die Flucht in die Freiheit! Aber ihre ist gelungener als meine. Mein Mann holte mich ab, und ich wusste wieder nicht, wo ich war. Heute morgen im Garten beim Pflücken der schwarzen Johannisbeeren kam mir ein Bild von meinen Eltern und von meinen Therapeuten, dem Docteur und der Frau Doktor: Es war wie die beiden Ketten. Sie tanzten in meinem Kopf. Ich habe durch den Kauf dieser beiden Ketten die Gesellschaft gewechselt! Und dieser Schritt ist nichts anderes als ein Schritt in eine reale und freie Welt! Diese neue Entdeckung fasziniert mich und gibt mir neue Kraft, um weiter zu kämpfen. Ob ich jetzt mein Fundament richtig zementiert habe? Kann ich jetzt anfangen, ein Haus zu bauen? In der Schule bin ich dabei, eines zu zeichnen. Es ist zwar ein bisschen schepp, aber es steht! Die Perspektive bereitet mir noch Schwierigkeiten. Vielleicht kann ich jetzt das zerbrochene Kreuz zeichnen! Denn es passt nicht in meine neue Welt! Ich habe mich entschlossen, meiner Nichte, die jetzt nach dem Gesetz ein freier Mensch wird, die Kette mit den Saphiren zu schenken und die zweite für jemand anderes zu behalten. Meine Edelsteine sind meine Gefühle und meine Phantasie. Jeder von uns hat einen Schatz in sich begraben, aber viele werden ihn nie entdecken: Sie unterdrücken ihn ein Leben lang. Ich trenne mich von der Kirche, von der Armee und ich bleibe doch Französin! Meine Reise war kurz, aber wichtig. Trennungsschmerz! Maria hat ein Baby bekommen. Es ist ein Junge. Ich freue mich für sie. Es ist toll! Sie kommt ja jetzt allein zurecht.

Samstag, 2. August 1986

Ich versuche erneut, den Koffer zu packen. Wir wollen nach Österreich fahren, dieses Mal in eine andere Gegend. Ich werde es schon schaffen! Ich komme von der Post, wo ich die Kette mit den Edelsteinen für meine Nichte abgeschickt habe. Mit 18 Jahren wird man für sich selbst verantwortlich, nach dem Gesetz ein freier Mensch!

Malcesine. 2. August 1986

Italien - Mittwoch, 6. August 1986
Wir haben eine große Tour gemacht: Von Darmstadt bis zum Gardasee, weiter in das Brentagebiet nach Molveno und jetzt in die Sellagruppe, die wir von früher kennen. Ich habe alles gut überstanden, vieles gesehen und aufgenommen. Morgen fahren wir weiter nach Österreich.

Österreich - Freitag, 8. August 1986
Eine neue Umwelt in Bergeshöhe und ich fühle mich nicht fremd hier. Ich bin nach so einer Tour nicht mehr durcheinander als sonst. Ein Bach fließt in der Nähe, er bereitet mir viel Freude, sein klares Wasser, sein Gesang... Ich habe in seinem Bett schon schöne Steine gefunden; ich wühle gern darin, aber wohin fließt er denn?

Österreich - Sonntag, 10. August 1986
Österreich - das Land, wo ich zum ersten Mal die hohen Berge sah, wo ich Thomas getroffen habe, damals 1968. Ich war mit zwei Freundinnen im Urlaub in der Jugendherberge. Abends gingen wir immer in dieselbe Diskothek; und jeden Abend waren Thomas und sein Freund auch da. Ich hatte eine Beziehung hinter mir und wollte mich amüsieren, aber Thomas schaute öfter zu mir und lud mich zum Tanzen ein. Wir konnten uns nur mit Hilfe eines Wörterbuches verständigen, denn ich sprach kein Deutsch. Er gefiel mir. Ich wollte ihn und seine Nation kennen lernen. Nach den Ferien ging jeder zurück in sein Land. Drei Monate später besuchte er mich in Nancy. Ich fuhr ganz allein mit der Bahn nach Frankfurt. Seine Mutter, Tante Martha und seine drei Schwestern empfingen mich mit offenen Armen. Es herrschte eine so warme Atmosphäre in diesem Haus, wo ich doch fremd war. Und die Stadt Frankfurt mit dem Flughafen, dem Palmengarten, Goethe... Es war damals mein „Amerika". Außer zwei Reisen zu den Loireschlössern und in dieses Land hatte ich nichts anderes gesehen. Ich verließ Land und Eltern, um mit ihm zu leben. Ich ahnte nicht, dass ich aus einer Welt geflüchtet war. Diese bösen Deutschen, die es gar nicht mehr waren! Vater, der im Krieg unter ihnen gelitten hatte, empfing Thomas mit viel Toleranz, wie einen Sohn aus einer anderen Welt. Es ist viel passiert seit dieser Zeit... Und wir sind noch zusammen, hier in Österreich.

Österreich - Donnerstag, 14. August 1986

Wir machen kleine Wanderungen. Ich muss noch öfter etwas essen, um neue Kräfte zu tanken. Ich kämpfe weiter mit den Bildern, die in den Toiletten hochkommen. Der kleine Bach macht mich für kurze Momente glücklich. Am Gardasee waren zu viele Menschen, zu viel warme Wesen. Daher dieses Bild.

Menschen sind warm. 14. August 1986

Mittwoch, 20. August 1986

Wir sind wieder zu Hause, zu Hause? Ich weiß doch nicht, wo ich jetzt bin. Ich habe Angstzustände. Ich musste den Docteur anrufen. Er hat mir einen Termin für Freitag gegeben.

Freitag, 22. August 1986

Ich komme von der Klinik, und ich habe solch' einen Kummer in mir, wie ein großes Gewicht auf meinem Brustkorb, das mein Herz zerdrücken möchte!

Sonntag, 24. August 1986

Wie meine Augen jetzt glänzen! Ich habe vorhin mein Gesicht in einem Spiegel gesehen und festgestellt, daß Leben aus meinen Augen strahlt. Sie waren doch so stumpf, tot! Wir haben den Nachmittag in Frankfurt verbracht. Als wir uns dem Museum näherten, spürte ich, wie es mir immer schlechter, ja übel wurde. Ich ging hinein und rannte fast zu Renoir's Bild, das das Gesicht einer Frau mit Hut darstellt. Ich schaute es mir an, und alle meine Beschwerden gingen weg. Seltsam, oder? Wie ich auf Bilder reagiere. Es hat in meinem Gehirn etwas gelöst. Weiter kämpfen!

Donnerstag, 28. August 1986

Ich muss ja noch zu der Frau Doktor gehen, und nach der Sitzung gehe ich in die Schule. Unterwegs kaufe ich mir jedes Mal ein Stück Kuchen. Eine Art Belohnung.

Montag, 1. September 1986

Alles tut mir weh: Die Beine, die Arme. Meine Nerven brennen als seien sie wund. Ich habe Postkarten über Gauguin's Malerei gekauft.

Freitag, 5. September 1986

Ich habe die Bilder von Gauguin eingerahmt und sie über meinen Schreibtisch gehängt neben die von Renoir. Die Menschen von Renoir, die Farben von Gauguin; mein Gehirn arbeitet! Unterwegs zur Schule wurde mir so schlecht, so blutleer im Kopf, dass ich eine Haltestelle früher ausgestiegen bin. Ich habe mir etwas zum Essen gekauft, um Kraft zu haben, mit dem nächsten Bus wieder nach Hause zu fahren.

Montag, 8. September 1986

Als ich auf den Bus wartete, beobachtete ich, wie ein kleiner Spatz immer hoch und runter flog; er pickte den Samen aus einem verblühten Gras, das an der Seite des Bürgersteiges wuchs. Wenn ein Fußgänger kam, versteckte er sich, kam dann aber sofort wieder. Der Lärm, der Straßenverkehr, der Gestank der Auspuffgase, - das alles störte ihn nicht. Er flog immer wieder hoch zu seinem Gras und hinunter, um zu essen. Wie frei er sich bewegte! Ich beneidete ihn, denn ich fühle mich immer noch wie in einem Käfig. Der Anblick dieser

Alles tut so weh! 1. September 1986

kleinen Kreatur machte mich glücklich, aber der Bus kam, und ich habe ihn verlassen müssen. Wie lustig er war! Und so frech!

Mittwoch, 10. September 1986
Terroranschlag in Paris! Es gibt Tote und Verletzte; ich bange um die Familie dort.

Freitag, 12. September 1986
Auf dem großen Platz im Zentrum der Stadt wirbelt es vor Menschen, die kommen und gehen. Heute schien es mir, als ob lauter große warme Bettflaschen unterwegs waren. Es war drollig! Menschen sind warme Wesen! Meine Eltern waren nicht zärtlich miteinander; niemand umarmte sich zu Hause.

Sonntag, 14. September 1986
Ich habe heute Geburtstag und höre ständig die Worte, die meine Mutter mir sagte, und die ich dem Docteur geschickt habe. Ich kann nicht feiern, so ein Tag ist traurig. Aber ich habe ein großes Blech mit Pflaumenkuchen gebacken und zu meiner Schwiegermutter mitgenommen. Wie freuten sich Thomas' Schwestern, die dort waren! Die Mama umarmte mich, küsste mich und tröstete mich mit guten Worten. Diese Frau ist so lieb und so zufrieden mit dem, was sie hat. Eine wahre Mutter! So verständnisvoll!

Darmstadt - Sonntag, den 14. September 1986
Lieber Docteur,
ich habe heute Geburtstag und muss Ihnen die Worte schicken, die meine Mutter zu mir sagte: - „An dem Tag, an dem Du geboren bist, hätte ich Dich am liebsten zum Teufel geschickt!"
Mit freundlichen Grüßen
Klose Monique

Donnerstag, 18. September 1986
Ich bin immer noch stumm bei der Frau Doktor. Die Wörter kommen nicht. Ich habe auch noch Angst vor ihr. Es wäre einfacher, wenn ich nur einen Therapeuten hätte; wenn ich zu dem Docteur könnte statt zu ihr. Zwei Länder, zwei Therapeuten...

Freitag, 19. September 1986
Mit lauter Übelkeit bin ich aufgewacht. Das Gehirn arbeitet auf Hochtouren. Ich muss wieder weggehen. Morgen werden wir nach Nancy fahren, wo ich ein paar Tage bleiben werde.

Nancy - Montag, 22. September 1986
Maman ist mit ihrer übertriebenen Fürsorge ermüdend; wie sie mit der Katze umgeht... Ich komme aus der Stadt, wo vor jedem Kaufhaus ein Polizist steht. Die Terrorwelle ist noch nicht vorbei. Vater erzählte mir noch von seiner Zeit in der Gefangenschaft, von dem Hunger, der Kälte und dem Typhus... Eine schlimme Zeit war das für ihn, von der er immer wieder erzählt. Morgen werde ich zurückfahren.

Mittwoch, 24. September 1986
Alarm in der Eisenbahn! Als wir in Forbach ankamen, wurden die Passagiere gebeten, den Zug zu verlassen und abseits des Gleises zu warten, denn in einem Abteil sollte eine Bombe versteckt sein. Es war wie im Film, aber zum Glück nur falscher Alarm. Warum will man unschuldige Menschen töten? Ich muss noch unsere Welt und ihre Menschen verdauen. Sie akzeptieren wie sie ist. Bin ich jetzt in Darmstadt?

Donnerstag, 25. September 1986
Warum führen Menschen Kriege? Als Kind bin ich während der Schulferien immer gern zu einem Onkel gegangen, der ein Bauernhaus besaß. Es war ein Paradies für mich, unter den vielen Tieren zu sein. Ich kehrte fast jeden Tag den Stall, damit die Kühe, wenn sie abends von der Weide kamen, ein frisches Bett vorfanden. Nach der Ernte ging ich auf die Felder, Reste vom Krieg zu sammeln, die noch in Lothringen verstreut waren. Bomben, Splitter, Patronen... Die brachte ich zum Eisenhändler, um ein paar Franc dafür zu bekommen. Es war mein erster Kontakt zu Deutschland. Zwei Bombenköpfe aus Bronze habe ich behalten. Sie stehen jetzt auf einem Regal zur Erinnerung. Der Krieg ist vorbei. Die bösen Deutschen sind tot! Ich muss nachher zum Docteur. Ich kann ihm das alles nicht erzählen, also habe ich es aufgeschrieben.

Donnerstag, den 25. September 1986
Ich war für ein paar Tage in Frankreich, wo zur Zeit die Angst vor Terroranschlägen herrscht. Nach den Attentaten in Paris, wo so viele unschuldige Menschen starben, sind die Sicherheitsmaßnahmen verschärft worden. Selbst in Nancy kann man nicht in ein Kaufhaus hinein, ohne dass ein Beamter die Handtasche durchsucht und durchwühlt. Und als ich gestern mit der Bahn "Paris - Frankfurt" zurückfuhr, wurden an der Grenze alle Reisenden gebeten, den Zug zu verlassen, Ruhe zu bewahren und am Ende des Gleises zu warten. Zuerst habe ich es nicht begriffen, dann wurde mir klar, das es ernst ist! Zehn Minuten später durften wir wieder einsteigen. Auf dem Gleis dachte ich an die Menschen, die unter Kriegszuständen gelebt haben und noch leben. Es war nur eine Kleinigkeit, aber schon kamen mir Bilder in den Sinn von einem Kriegsfilm, den ich gesehen hatte. Der Krieg! Der Krieg, den ich nicht erlebt habe, aber mit dem ich immer wieder konfrontiert wurde, ist in mir aufgewacht. Er war das Lieblingsthema meiner Eltern und das von vielen Franzosen dieser Generation, besonders in Lothringen. Vater las und liest noch viele Bücher darüber; er selbst verbrachte vier Jahre in Gefangenschaft: In Polen, Deutschland und Österreich. Er zeigte mir gestern noch Berichte, die er über sein Leben im Lager geschrieben hat. Es traf mich, dass mein Vater etwas so Schlimmes erleben musste, und wie stark er war! Die Zeit, die er in Österreich verbrachte (10 Monate im Jahr 1942) war für ihn angenehm. Er arbeitete auf dem Bauernhof eines Schlossherrn. Er bekam genug zu essen und verstand sich gut mit dem Bauern, der den Hof betreute. Eines Tages entdeckten Vater und ein Freund, dass auf einem Acker, wo Kühe weideten, mehr als die Hälfte des Feldes mit Brennnesseln bewachsen war. Sie näherten sich und fanden ein Schild am Boden, total zerstört. Sie fragten den Bauern, was es bedeuten soll, und er antwortete, dass in diesem Feld mehr als 200 französische Soldaten aus der Armee Kaiser Napoleons begraben wären. Wahrscheinlich waren sie in Wagram oder Austerlitz, die in der Nähe liegen, gefallen. Vater ging zum Schloßherrn und fragte, ob man die Tiere woanders hinbringen und das Feld wieder einzäunen könne. Der Herr war einverstanden und Papa zufrieden. Vor 16 Jahren - 1970 - wollten mein Mann und ich unseren Urlaub in Österreich verbringen. Vater fragte uns, ob wir nicht Richtung Attersee fahren und nach dem Bauern suchen könnten, der ihn und seinen Freund (der inzwischen verstorben ist) mehr als seinesgleichen behandelte wie als

Gefangene. Wir fuhren Richtung Attersee, fragten in dem Dorf nach dem guten Mann und fanden ihn. Er konnte sich an meinen Vater gut erinnern und freute sich, dass er noch am Leben war. Er zeigte uns den Acker, der sauber eingezäunt war, bepflanzt mit Tannenbäumen und ein Schild, auf dem man lesen konnte "Französisches Grab". Voller Freude brachte ich meinem Vater diese Nachricht, der den Bauern und seine Familie nach Nancy einlud. Sie fielen sich auf einer Raststätte, die als Treffpunkt vereinbart worden war, in die Arme und sprachen nur von dieser Zeit. Zwei Jahre später fuhren wir wieder - diesmal mit meinen Eltern - Richtung Attersee, und Vater konnte sein „Französisches Grab" wiedersehen. Er schrieb diese Geschichte auf und schickte sie an die Lokalzeitung, die von dem „President du Souvenier Napoleonien" gelesen wurde, und der sie an eine höhere Stelle in Paris sandte. Der Bericht wurde in einer französischen Geschichtszeitschrift gedruckt, und er bekam Anerkennung und Dankbarkeit von dem General der inneren Armee, der ihn weiter an Prince Napoleon übergab. Heute Nachmittag erzählte ich dies der Frau Doktor, und als ich sie verlassen hatte, kam in mir Schüttelfrost und eine große Freude hoch, und ich musste diese Sätze immer wiederholen: „Die Soldaten sind tot; der Krieg ist vorbei." „Warum gibt es Kriege, warum Soldaten?" „Warum werden Kinder mit dem Hass, der Religion, den Ideen und Lebens-vorstellungen ihrer Eltern großgezogen? Warum können sie nicht ihre eigenen Wege durch Selbsterfahrung finden?“ „Warum sind in vielen Ländern Diktatoren an der Regierung?" Diese machthungrigen Menschen! „Warum hungern noch heute welche nach Essen oder menschlicher Wärme?" „Warum gibt es Terroristen, die kein anderes Mittel finden, als Bomben zu werfen, um Aufmerksamkeit auf sich zu lenken?" „Warum werden Menschen gefoltert?" „Warum gibt es so viele Atomwaffen?" Diese Welt ist wie ein Heubündel in der heißen Sonne: Jederzeit anzündbar. Ich werde meine Erfahrungen über meine Erziehung aufschreiben; sie anderen Menschen vermitteln, aber ich weiß, dass die, die ich damit treffen will, mein Buch nicht lesen werden, und wenn sie es lesen, werden sie es nicht verstehen. - Also! Diese Welt werde ich nie verändern können. Es gab schon immer Kriege, und es wird immer welche geben, egal welcher Art. Nur ich habe mich geändert und kann besser mit ihr umgehen. Ich leide nicht mehr so an ihr und akzeptiere sie. Ich bin unterdrückt worden und hatte keine andere Möglichkeit, als mich unterdrücken zu lassen. Eine seelische Sklavin, die nur die Verrücktheit befreien kann.

Dienstag, 30. September 1986
Ich habe keinen guten Platz mehr; ich muss dem Docteur meine Bombe zeigen; ich habe ihn gerade angerufen: Am Donnerstag soll ich kommen.

Donnerstag, 2. Oktober 1986
Thomas hat sich heute morgen über mich lustig gemacht: „Willst Du nicht mit der Schubkarre zur Klinik gehen? Ich werde ein Schild an Deine Tasche kleben: „Achtung, Bombentransport". Der Weg zur Klinik war hart, denn ich machte mir Gedanken darüber, wie der Docteur reagieren würde. Er ist ja Deutscher. Ich zeigte ihm meine Sprengköpfe und gab ihm den Brief zu lesen. „Es ist Wahnsinn! Aber sie besitzen ein Stück Zeitgeschichte!" sagte er zu mir. Ich habe vorhin ein Bild angefangen, Papa! Der Krieg ist vorbei!

Freitag, 3. Oktober 1986
Ich habe es geschafft! Ich war den ganzen Tag auf den Beinen auf der Buchmesse, die zur Zeit in Frankfurt stattfindet. Es war einmalig, in die Welt der Bücher zu schnuppern. Es war riesig. Ich kann zwar nicht lesen, aber ich muss schreiben. Ich habe Schriftsteller und Verleger gesehen. Es war toll! Ein schöner und lehrreicher Tag!

Samstag, 4. Oktober 1986
Samstags bin ich immer allein. Thomas muss arbeiten. Ich habe mein Bild fertiggestellt: Meine Bombenköpfe. Es ist eine Versöhnungsgeste meiner Seele. Der Krieg ist aus!

Montag, 6. Oktober 1986
Ich komme vom Docteur, bei dem ich kurz war, um neue Kräfte zu tanken. Ich bin wie ein Vogel, der vor 16 Jahren aus seinem Nest gefallen ist. Er versuchte, zu fliegen, aber seine Flügel waren gebrochen. Jetzt werden sie zusammengeflickt.

Samstag, 11. Oktober 1986
Ich kann wieder französisches Radio hören, den Gesprächen folgen, den Nachrichten... Etwas, das ich seit vier Jahren nicht mehr konnte. Heute hörte ich, dass Frankreich seine Soldaten, die im Indochinakrieg gekämpft haben

Der Krieg ist vorbei. 4. Oktober 1986

und gefallen sind, zurück ins Mutterland holen will. Unsere Soldaten sind nicht nur Helden; sie haben Menschen getötet und bestimmt auch welche misshandelt, wie es im Krieg üblich ist. Meine Bilder zerbrechen!

Mittwoch, 15. Oktober 1986
Ein seltsamer Traum heute Nacht: Ich war Psychoanalytikerin geworden, und der Docteur war mein Patient. Er erzählte mir, dass er manchmal mit seinem Beruf nicht mehr zurecht kommt, dass ihm alles zu viel wird: Die Gespräche mit den Patienten, die Besprechungen, die Verantwortung, die Gefühle, die er verdrängen oder im Griff haben muss. Die Rollen waren vertauscht worden. Wieso das? Oh! Es war interessant!

Samstag, 18. Oktober 1986
„Hannah und ihre Schwestern", dieser Film hat mir viel Freude gemacht. Ich habe auch allen Gesprächen folgen können. All diese Menschen und ihre Gefühle... Das war lehrreich für mich, und ich mag Woody Allen. Zur Zeit beschäftigen mich Hosen. Ich habe mir zwei neue gekauft. Was steckt dahinter?

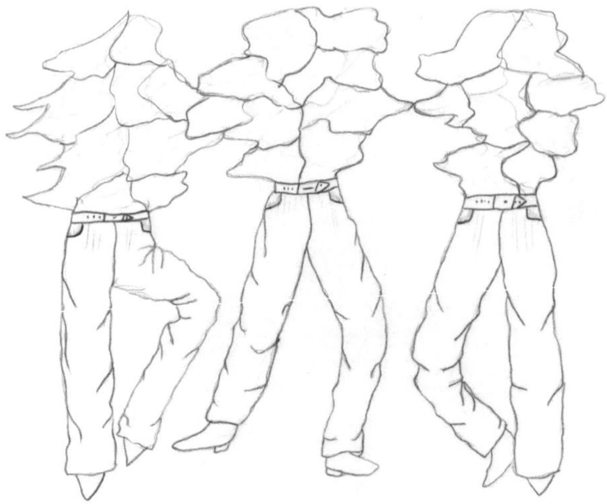

Bäume im Garten. 19. Oktober 1986

Sonntag, 19. Oktober 1986

Nach vier Wochen Sonnenschein muss es ausgerechnet heute am Sonntag regnen. Aber ich freue mich, denn die Natur braucht es. Vor vier Jahren pflanzte ich drei Edeltannen in meinen Garten. Während der letzten Dürre habe ich sie öfter gießen müssen, und jetzt habe ich das Gefühl, sie tanzen vor Freude. 12.00 Uhr: Ich komme aus dem Garten, wo ich einen Salat geholt habe. Als ich dort ankam, wurde es mir übel und meine Arme taten mir weh. Ich schaute nach meinen Tannen und sah sie tatsächlich tanzen! Sie trugen sogar Hosen und Schuhe. Ich konnte es nicht fassen, rannte ins Haus und machte diese Skizze.

Montag, 20. Oktober 1986

Meine Bäume hatten Hosen, an wie Männer sie tragen, aber meine Bäume sind auch Männer, oder sie müssen es noch werden.

Die Bäume tanzen. 20. Oktober 1986

Donnerstag, 23. Oktober 1986
Ich habe der Frau Doktor meine Bilder gezeigt und legte sie auf meine Sachen. Da schauen mich diese Männerbäume an, und auf einmal wurde aus den dreien nur noch ein Baum. Nach der Sitzung rannte ich zur Schule, um dieses Bild zu zeichnen.

Freitag, 24. Oktober 1986
Es war so lustig! Wie ich heute die Menschen in unserer Stadt sah: Ihre Köpfe waren lauter Blumen. Es liefen Margueriten, Sonnenblumen und andere Blüten hin und her auf dem Luisenplatz. Ich bin stehen geblieben und musste leise lachen, bis die Bilder von ganz allein verschwanden und die Menschen wieder normal aussahen. Mein Gehirn produziert Bilder, verarbeitet sie. Gut, dass ich seine Sprache verstehe!

Der Baum hat Beine bekommen. 23. Oktober 1986

Donnerstag, 30. Oktober 1986

Ein Camembert, den ich in einem Supermarktregal sah, hat für Verwirrung in meinem Kopf gesorgt. Auf seinem Deckel stand „hergestellt in Lothringen". Wie ich also. Ich habe den Käse gekauft, denn er war schön reif; ich muss es noch werden.

Samstag, 1. November 1986

Es ist die Zeit der Verstorbenen. Wie fern sie mir heute alle sind, alle unter der Erde. Das Leben nimmt immer mehr Platz in mir. Ich werde es überleben, vielleicht noch öfter zusammenbrechen, aber ich werde es schaffen, eines Tages ohne diese Angst, diese Schmerzen, ohne die Bilder, die verwirrten Gedanken und Gefühls-schwankungen zu leben. Maman! Ich werde leben! Frei sein, weißt Du? Ich kann kaum mehr beten, denn ich trenne mich von der Kirche, die mir ihre Religion so eingeprägt hat. Ich werde später selbst entscheiden, was für mich gut ist. Jetzt ist alles anders geworden. Das gebrochene Kreuz kann ich noch nicht zeichnen! Eines Tages vielleicht!

Dienstag, 4. November 1986

Ich esse zur Zeit wie Gargantua, putze und räume. Ich habe solch' eine Wut in mir, und ich vermisse den Docteur. Ich muss 'mal wieder zu ihm. Ich weiß nicht, wer ich bin. Ich habe weder eine Nationalität noch eine Identität. Ich bin ein Knopf, der wie der Camembert aus Frankreich kam, aber aus welchem Frankreich?

Donnerstag, 6. November 1986

Ich habe der Frau Doktor nichts erzählen können. Ich habe nicht die Kraft dazu gehabt. Sie versuchte mich zu provozieren, aber ich habe nicht reagiert. Ich hatte zu starke Gelenkschmerzen und wollte nur weggehen.
Für diesen Samstag hat der Lehrer eine Reise nach Köln geplant in das neueröffnete Museum. Ich werde mitfahren, egal in welcher Verfassung ich mich befinde. Ich muss Bilder sehen, und Caroline fährt ja mit.

Samstag, 8. November 1986

Was für ein langer und schöner Tag! Ich bin um 5.30 Uhr aufgestanden, um mit nach Köln zu fahren. Das Ludwig- Museum befindet sich in der Nähe des Domes. Was für ein Monstrum ist diese Kirche! Welche Bauwerke die Menschen früher für Gott errichteten! Heute bauen sie für die Kunst. Das Museum ist ein modernes Gebäude aus Stein, Holz und Glas. Ich habe viele berühmte Bilder gesehen von Munch, Picasso, van Gogh... Die Farben haben mir immer wieder neue Kräfte gegeben. Der Dom und das Kunstgebäude: Meine frühere Welt und meine neue Welt. Alle beide sind ein Museum! Auf der Rückfahrt waren die anderen Mitschüler so müde, dass manche eingeschlafen sind. Ich war so glücklich und wollte die schöne Landschaft entlang des Rheines nicht verpassen, die vielen Burgen, die Loreley, die Schiffe... War das eine schöne Fahrt!

Montag, 10. November 1986

Ich bin durcheinander. Ich weiß nicht so recht, wo ich bin: In Nancy, in Darmstadt? Ich habe Schüttelfrost, Gelenkschmerzen und Angstzustände. Trotzdem bin ich zur Schule gegangen. Als ich am Luisenplatz ausgestiegen bin, fielen mir die Männer auf; ich sah sie doppelt. Hinter jedem Mann, der da lief, stand ein Baum: Hinter einem Schmalen sah ich eine Zypresse, hinter einem Korpulenten eine Eiche... So ging es bis zur Schule weiter, wo ich eine Skizze von dem Erlebten machte. Ich bin nicht lange geblieben; es ging mir zu schlecht. Als ich erneut unterwegs zur Bushaltestelle war, sah ich wieder lauter „Männer-Bäume". Der Luisenplatz war ein Wald geworden. Und jetzt, da ich zu Hause bin, geht es mir noch schlechter; ich bin dem Zusammenbruch nahe. Ich muss zum Docteur!

Mittwoch, 12. November 1986

Ich komme mir vor wie ein Huhn, das ein Ei legen will und kein Nest findet. Bin ich Französin ? - Wie der Camembert also! Hergestellt in Lothringen! Ich muss mal wieder nach Frankreich. Samstag werde ich nach Paris fahren, aber zuerst muss ich zum Docteur. Ich habe einen Termin bekommen für morgen früh. Mal sehen, was passiert!

Donnerstag, 13. November 1986

Als ich heute morgen den Docteur sah, bekam ich einen elektrischen Kurzschluss in mir: Alle meine Verkrampfungen lösten sich. Ich habe sein Gesicht nicht klar sehen können, es war verschwommen, aber seine Beine

Die Bäume verwandeln sich in Männer. 10. November 1986

sah ich ganz deutlich. Er scheint eine Vorliebe für karierte Strümpfe zu haben; sie waren mir schon während der Gruppensitzungen aufgefallen. Ich zeigte ihm ein paar Bilder und ging mit Trennungsschmerzen nach Hause. Am Nachmittag habe ich der Frau Doktor nichts davon erzählt. Ich habe ihr von meiner Reise nach Köln berichtet. Ich mache zwei verschiedene Therapien auf einmal. Jetzt habe ich ganz viel neue Energie und kann nach Paris fahren. Hurra! Ich habe ein Bild angefangen.

Freitag, 14. November 1986

Ich dachte, dass es schön wäre, wenn meine Mutter für einen Tag nach Paris kommen könnte. Mit der Eisenbahn ist es einfach und direkt von Nancy aus. Ich habe sie vorhin angerufen und ihr diesen Vorschlag gemacht.„Im Herbst verreist man nicht!" sagte sie zu mir. „Und seinen Mann lässt man nicht allein!" Ich hätte es mir doch denken können, dass sie so etwas sagt. Sie findet

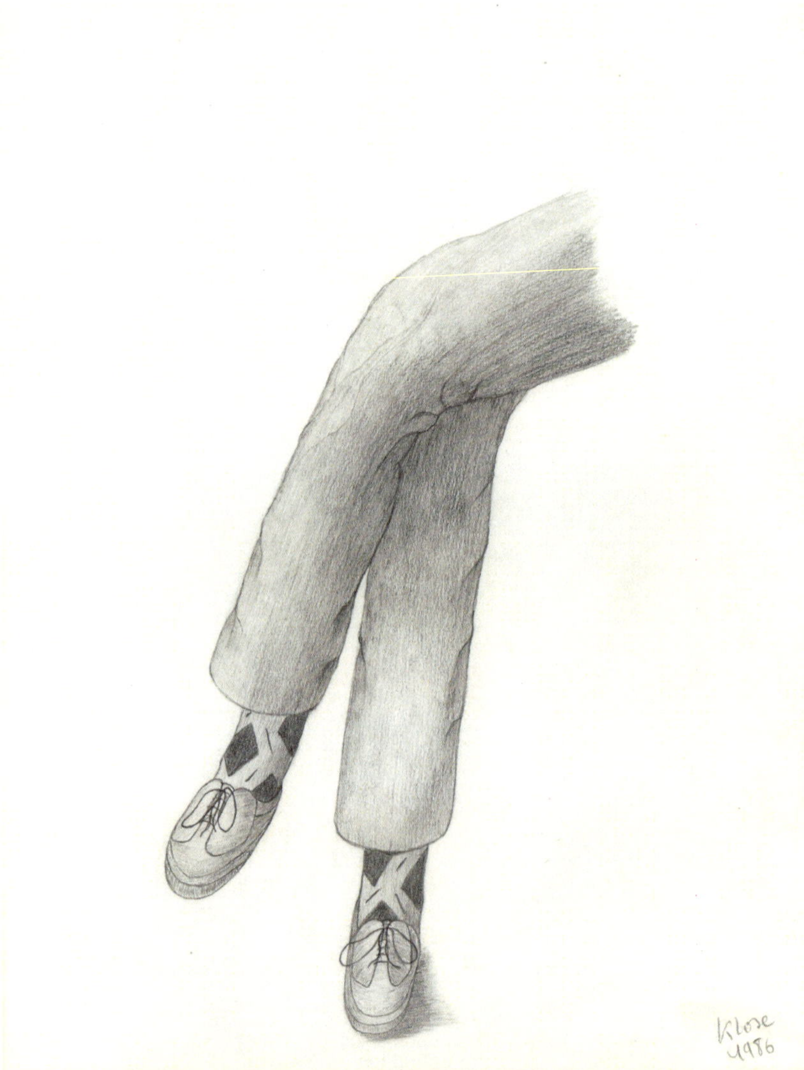

Die Beine des Doctuers. 13. November 1986

immer einen Grund, um nicht das Haus zu verlassen: Im Winter ist es zu kalt, im Sommer ist es zu heiß... Nach diesem Telefonat musste ich mich übergeben. Ich habe meine Mutter ausgekotzt!

Paris - Sonntag, 16. November 1986

Die unterirdische Garage der Residenz, in der mein Bruder wohnt, ist immer wieder die Hölle für mich. Jedes Mal muss ich mit schrecklichen Bildern kämpfen; wenn wir hinunterfahren, habe ich das Gefühl, dass ich in unseren Gartenbrunnen falle. Ich habe dieses Mal ein Buch über die Malerei von August Macke mitgebracht. Seine Farben geben mir neue Kräfte. Die Menschen, die er gemalt hat, haben verschwommene Gesichter.

Dienstag, 18. November 1986

Ich laufe und laufe den ganzen Tag durch die Straßen von Paris. Ich kann zur Zeit die Menschen nicht klar sehen; es ist, als ob sie im Nebel wären. Ihre Gesichter sind unklar. Sie gleichen jenen in den Bildern von Macke. In der Metro muss ich mich bremsen, denn ich könnte alle diese Wesen umarmen. Ich habe so warme Gefühle in mir und das Bedürfnis, den Menschen um den Hals zu fallen. Das geht aber nicht! Das Kind in mir möchte es. Ich bin in Frankreich und komme besser mit der Sprache und den Francs zurecht.

Paris - Mittwoch, 19. November 1986

Ich war mit meinem Bruder im Grand Palais. Er wollte die Ausstellung über Bouchets Malerei sehen. Das Barock ist nicht mein Stil, dafür waren für mich die Menschen interessant, die sich diese Werke anschauten. Ich habe sie auch ganz klar sehen können: Wie mancher ein strahlendes Gesicht bei der Betrachtung eines Bildes bekam, sich freute und mit anderen darüber redete... Wie Künstler anderen Menschen Freude bereiten können! Die glücklichen Menschen von Renoir: Ich habe sie heute im Palais getroffen; sie waren so lebendig! Aber als wir wieder draußen waren, sah ich die Leute wieder wie im Nebel.

Paris, den 19. November 1986

Lieber Docteur,
einen Gruß aus Paris, wo ich auf 100 lebe. Ich gehe mit der Familie ins Kino, ins Theater, feine Sachen essen und schöne Dinge ansehen. Die Welt ist für mich

wie die Malerei von August Macke: Ganz bunte Menschen mit Gesichtern, die noch verschwommen sind. Ich sehe sie jetzt noch wie im Nebel, aber sie sind real, so wie ich real werde und die Verrücktheit verlasse. Ich habe so viele Jahre angebunden in einem dunklen Käfig gelebt, dass ich jetzt nicht mehr zu bremsen bin: Ich will alles sehen, alles beobachten, alles fühlen. Ich habe noch so viel zu lernen. Ich kann die Dinge, die ich sehe, gut in meinem Kopf behalten und an manchen Tagen Geschichten lesen. Meine Flügel sind zwar noch steif, aber es geht schon. Danke, dass Sie mir geholfen haben, die Kette zu zerreißen und die Gitterstangen dieses Käfigs aufzubrechen. Heute freue ich mich darüber, dass ich dieses irreale Spiel gut verstanden habe und die Kraft hatte, es zu ertragen, und dass ich bis jetzt in diesem Labyrinth verloren, immer die richtige Kurve fand, um den Weg zum Ausgang zu erreichen. Ich weiß, dass das vielen Menschen nicht gelingt. Auch wenn es sehr schmerzhaft ist: Ich weiß, dass ich mich von Ihnen trennen muss und von dieser Erziehung, die mich zerstört und mir doch geholfen hat.
Mit freundlichen Grüßen
Klose Monique

Paris - Donnerstag, 20. November 1986

Im Père Lachaise, wo viele berühmte Leute begraben sind, bin ich spazieren gegangen. Ich habe eine Rose auf Molière's Grab gelegt; ich mag ihn. Wie originell manche Gräber sind! Als ich die Ruhestätte verließ, ist mir kurz das Gesicht des Docteurs erschienen. Danach bin ich in eine Buchhandlung gegangen und habe ein Buch über die Malerei von Modigliani gekauft. Die Köpfe, die er malt, gefallen mir. Ich bin so überdreht und übermüdet, dass ich Angst habe, zusammenzubrechen. Ich habe noch keine Nacht durchgeschlafen. Ich muss so vieles verarbeiten.

Samstag, 22. November 1986

Der Eurocity rollt in Richtung Deutschland. In meinem Koffer habe ich viele neue Bilder und in meinem Kopf auch. Welches Glück für mich, dass mein Bruder mitten in Paris wohnt. Wie er und seine Familie das Leben genießen können; auch, dass sie die Mittel dazu haben. Es ist ein anderes Frankreich als das meiner Kindheit in der Provinz.

Montag, 24. November 1986
Ich weiß wieder nicht mehr, wo ich bin. Der Wechsel hat mich durcheinandergebracht. Jetzt wo ich die Grenze nicht mehr spüre... Wo sind die vielen Menschen? Ich muss mich umstellen. Maria hat sich gemeldet.

Samstag, 29. November 1986
Die Gesichter der Leute, deren Weg ich auf der Straße kreuze, beschäftigen mich. Ich bekomme Bauchschmerzen, wenn sie mich angucken. Ich sehe sie jetzt klarer. Die Gesichter von Macke und die Köpfe von Modigliani: Ich bin in Paris ein Stück weiter gekommen.

Donnerstag, 4. Dezember 1986
Künstler: Das sind doch diese Menschen, die auf Wolken leben, weit von der Realität entfernt, die keine anständigen Sachen machen. So hat man es mir erklärt. Aber seit ich in der Welt herumschnuppere, werde ich realistischer. Ich konnte heute der Frau Doktor nichts erzählen. Sie hat reden müssen. Danach kaufte ich mir ein Stück Kuchen und ging zur Schule, Gegenstände nachzeichnen.

Freitag, 5. Dezember 1986
3.00 Uhr nachts. Der Kummer hat mich geweckt. Ich sitze in der Küche und schreibe meine Sätze. Ich werde es überleben! Überleben um zu leben! Ich will nicht auf diese Art sterben; den Gefallen werde ich ihnen nicht tun, den Seelenräubern!

Samstag, 6. Dezember 1986
Schreiben hält mich am Leben. Oh, heute ist ja Nikolaustag!

Samstag, 13. Dezember 1986
Ich hatte mich vorhin hingelegt, um zu ruhen. Kaum hatte ich die Augen zugemacht, als die Bilder kamen. Ich lag auf einem Bahngleis und sah, wie eine Lokomotive mit erhöhter Geschwindigkeit auf mich zu rollte. Ich öffnete die Augen vor Schreck und war ganz froh, dass ich nur auf unserer Couch lag. Schrecklich! Es wäre schrecklich gewesen, wenn ich so etwas gemacht hätte. Die Maschine hätte mich zermalmt. Welchen Kummer hätten Thomas und die Familie gehabt! Ein Glück, dass ich noch rechtzeitig zur Klinik kam.

Sonntag, 14. Dezember 1986
Jeden Sonntag ruft Maman an und erzählt mir alle schlechten Nachrichten. Nach den Anrufen fühle ich solch' eine Wut in mir, dass ich sie erwürgen könnte, diese Frau.

Montag, 15. Dezember 1986
In Paris ist das Musée d'Orsay eröffnet worden, ein restaurierter Bahnhof nur für Kunst, toll! Ich bin schon jetzt neugierig. Ich will alles sehen!

Dienstag, 16. Dezember 1986
Bevor ich zur Schule ging, habe ich mein Gesicht im Spiegel betrachtet. Ich habe mich nicht lange ansehen können; es war zu anstrengend. Mein Gesicht war wie im Nebel, ganz verschwommen.

Mittwoch, 17. Dezember 1986
2.00 Uhr nachts. Ich schaue mein neues Bild an: Dieser mächtige Zauberer ist der Docteur; wie klein ich doch dagegen bin! Ich konnte uns keine Gesichter zeichnen. Der Zauberer hat den Baum und seinen Efeu in Menschen verwandelt. Mir ist so übel. Mein Herz tut mir weh!

Maman, lundi, 15 dec. 86
stell' Dir mal das vor: Ich kann jetzt leben und alles machen, was für Dich Luxus und verboten war. Deinen ganzen Hass hast Du auf mir abgeladen. Du hast versucht, mich zu zerstören, und Du hättest es beinahe geschafft. Aber ich war stärker, und weil ich in mir so viel Lebenskraft hatte, habe ich es überlebt. Ich weiß, auch für Dich war es ein Kampf; Du hast Dich nie davon befreien können. Aber davon weißt Du nichts und willst es auch nicht wissen. Ich war Deine Sklavin, aber jetzt ist es vorbei. Ich gehe meinen Weg, und er ist ganz anders als Deiner und der, den Du mir aufgezwungen hast. Für eines möchte ich Dir danken: Dass Du mir gezeigt hast, wie schön die Natur ist, die Feldblumen und die Steine, die Du so gern hattest, und für diese Wärme, die Du Deinen „armen Menschen" und Deinen „armen Tieren" gezeigt hast! Adieu Maman!

Maman, ich habe es überlebt! Ich habe es überlebt!
Ich lebe, aber nicht so wie Du!

Der Docteur und ich. 17. Dezember 1986

ICH BIN FROH; DASS DU DAS GESCHAFFT HAST

Thomas

Donnerstag, 18. Dezember 1986
Ich habe der Frau Doktor meine neuen Bilder gezeigt; sie haben ihr nicht gefallen, denn sie sagt zu mir: „Können Sie es mir nicht erzählen?" Ich kann mit ihr nicht reden. Die Worte kommen nicht; sie müssen in meinem Gehirn blockiert sein. Bilder sind wichtiger. Das versteht sie wohl nicht. Ich bin so erschöpft. Ich muss zu dem Docteur gehen, neue Kräfte tanken.

Freitag, 19. Dezember 1986
Ich komme von der Klinik. Zum Glück hatte der Docteur ein wenig Zeit für mich. Dieser mächtige Zauberer! Mir ist jetzt so warm! Ich habe neue Energie.

Montag, 22. Dezember 1986
Es ist Weihnachtszeit, Familientreffen in Nancy. Ich habe für jeden ein Geschenk eingepackt.

Nancy - Mittwoch, 24. Dezember 1986
Heute morgen beim Frühstück waren die ersten Worte meiner Mutter: „Guten Tag! Die Katze ist krank!" Dass ich es bin, sieht sie nicht. Man darf ihr nicht widersprechen. Sie wacht über alles, und wenn ich sie kritisiere, habe ich meinen Vater und meinen Bruder gegen mich: „Lass uns in Ruhe für die paar Jahre, die wir noch zu leben haben!" Es ist sinnlos. Ich begreife immer mehr, warum ich stumm geworden bin; warum ich nichts sagen konnte. Noch ist es wichtig, dass ich hierher komme, um mir Klarheit zu verschaffen.

Nancy - Donnerstag, 25. Dezember 1986
Es ist Weihnachten, und die Familie ist zusammen. Wir haben auch den Onkel geholt. Ich habe mir heute einen schönen Tag gemacht: Das gute Essen genossen, das Maman vorbereitet hatte, und Champagner getrunken. Ich habe sie gehen lassen. Es ist die beste Strategie für mich. Thomas war lustig. Er versteht sich gut mit meinen Männern. Es war doch ein schöner Tag!

Nancy - Samstag, 27. Dezember 1986
Oh, Maman! Ich friere so. Ich habe das Gefühl, dass Du in mir stirbst. Es ist ein unerträglicher Schmerz. Der Kummer drückt auf mein Herz, aber ich muss Dich sterben lassen, damit ich leben kann. Maman, ich muss mich von Dir und Deiner Welt lösen. Vielleicht wolltest Du mir als kleinem Kind Deine Wärme geben, und es kann sein, dass ich sie damals nicht wollte. Maman, es tut alles so weh! Man kann ja nicht mit Dir reden!

Dienstag, 6. Januar 1987
Wenn ich rhythmische Musik höre, dann fange ich an zu tanzen. Als Kind sah ich oft an der Seite meines gelähmten Onkels den Film, in dem Fred Astaire tanzte, und ich war ganz begeistert. Tanzen war damals noch ein Luxus, den meine Eltern mir nicht gegönnt haben. An Silvester habe ich auch getanzt bis 3.00 Uhr nachts. Das Neue Jahr fängt ja gut an; das Abenteuer geht weiter!

Sonntag, 11. Januar 1987
Ich habe vom Militär geträumt: Eine Kolonne von Lastwagen, in denen Soldaten saßen, fuhr auf einer Straße an einem tiefen Abgrund entlang. Auf einmal stürzten alle Fahrzeuge in die Tiefe. Von dem Schock bin ich mit lauter Verkrampfungen und Kopfschmerzen aufgewacht.

Montag, 12. Januar 1987
Es ist zur Zeit draußen sehr kalt - minus 15 Grad am Tage -, doch das hindert mich daran, zur Schule zu gehen. Toulouse-Lautrec ist in Tübingen, und eine Reise ist geplant. Ich freue mich schon darauf. Ich fahre mit und Caroline auch.

Freitag, 16. Januar 1987
Wau! Ich habe jetzt Buntstifte! Thomas ist gestern Abend mit einem Kasten nach Hause gekommen. Ein wunderbares Geschenk! Es war wie Weihnachten und 14. Juli zusammen. Jetzt kann ich meinen Zauberer bunt malen. 24 Stifte, blau, grün, rot...

Sonntag, 18. Januar 1987
Was für tolle Bilder ich heute gesehen habe! Dieser Toulouse-Lautrec! Die Frauen, die er gemalt hat... Ich wollte mir den Katalog kaufen. Dreimal nä-

herte ich mich der Kasse, und dreimal brachte ich das Buch zurück. Ich habe es nicht kaufen können. Jedes Mal bekam ich solche Bauchschmerzen. Es war ein schöner Tag, und die nächste Ausstellung ist auch schon geplant: August Macke in Bonn!

Montag, den 19. Januar 1987
Ich habe die Menschen, die auf dem Luisenplatz in alle Richtungen liefen, ganz klar sehen können. Sie waren so bunt angezogen, dass ich stehen geblieben bin, um sie anzuschauen. Später in der Schule habe ich ein Gesicht zeichnen wollen, einen Mund, eine Nase, Augen... Das hat mir solche Angst gemacht, dass ich wieder nach Hause gefahren bin.

Dienstag, den 20. Januar 1987
Draußen ist es immer noch sehr kalt. Es liegt Schnee, und der Himmel ist ganz grau. Viele Menschen müssen zur Zeit arbeiten, und ich? Ich zeichne lauter bunte Zauberer, mal in blau, mal in gelb und diesmal mit Gesichtern. Ich habe es geschafft! Ich bin mit meinen Buntstiften so glücklich! Maman! Papa! Ich mache lauter sinnlose Sachen!

Montag, 26. Januar 1987
Kann ein Kind böse sein? Wenn es aggressiv reagiert, dann stimmt etwas nicht mit ihm und seiner Umwelt. „Du bist böse!" Das höre ich so oft. In welcher Sprache sprechen Erwachsene zu Kindern. Beschuldigung ohne Erklärung, Unterdrückung statt Förderung, Drohung, Erpressung... wie reden sie denn?

Dienstag, 27. Januar 1987
Ich vermisse den Docteur. Ich habe so ein seltsames Gefühl in mir, als ob er mich bald verlassen würde. Ich bin ganz durcheinander und habe Bauchkrämpfe. Mogi hat auch ein Gesicht bekommen.

Donnerstag, 29. Januar 1987
Angstzustände quälen mich. Der Docteur ist nicht in der Klinik; er ist für zwei Wochen außer Haus. Ich kann ohne ihn nicht leben; er ist mein ganzer Halt, und ich brauche neue Kräfte.

Der Docteur und ich. 20. Januar 1987

Der Knopf. 27. Januar 1987

Sonntag, 1. Februar 1987

Der Tag fing mit einer gründlichen Gesichtsreinigung an; vier bis fünfmal seifte ich meine Fassade. Ich musste Schmutz und Vergangenheit wegwischen, - unnormal für einen Sonntagmorgen. Meine Haut ist gar nicht so schlecht, wie meine Mutter immer sagte. August Macke beschäftigt mich. Seine Heimat war Deutschland; er wurde nach Frankreich in den Krieg geschickt, wo er den Tod fand, wo er auch begraben ist. Er wurde 37 Jahre alt. Meine Heimat war Frankreich; ich fliehe nach Deutschland, wo ich das Leben fand; ich bin 37 Jahre alt. Vergleichen, weiterkommen. Wo ist der Docteur?

Donnerstag, 5. Februar 1987

Ich wache jeden Morgen mit Schmerzen auf. Schmerzen ertragen heißt büßen für seine Sünden. Ich schaffe es kaum, zur Schule zu gehen. Heute werde ich nicht zur Frau Doktor gehen. Ich warte auf den Docteur. Ich muss tanken! Ich habe keine Energie mehr.

Sonntag, 8. Februar 1987

Thomas wollte nach Frankfurt. Im Städel-Museum sind französische Zeichnungen zu sehen. Es war die Hölle für mich unter den vielen Menschen: Bauchschmerzen, Muskelschmerzen, Angstzustände: Ich blieb in einer Ecke sitzen, denn ich konnte nicht mehr gerade gehen. Morgen kommt der Docteur wieder.

Dienstag, 10. Februar 1987

Ich bin zur Klinik gerannt. Als ich den Docteur sah, fühlte ich etwas wie einen elektrischen Stromstoß in mir und bekam dadurch neue Kräfte. Sein Gesicht habe ich nicht klar sehen können, nur seine Strümpfe. Ich habe ihm ein Buch gezeigt, das mich jahrelang durch meine Kindheit begleitet hat: „Die Fabeln von Lafontaine". Wie soll ich denn später leben? Wie eine Grille oder wie die Ameise?

Donnerstag, 12. Februar 1987

Ich bin so durcheinander. Die Frau Doktor sagte zu mir: „Ich langweile mich mit Ihnen. Sie haben nur noch vier Sitzungen und arbeiten nicht an sich." Diese Worte haben mich so getroffen, dass ich in Tränen ausgebrochen bin. Ich wollte weggehen, blieb aber wie gelähmt auf meinem Stuhl sitzen, unfähig, mich zu wehren oder etwas zu sagen. „Wenn Sie glauben, dass ich Mitleid mit Ihnen habe..." fügte sie noch hinzu. Ich konnte nicht zur Schule gehen, sondern lief wie ein Roboter nach Haus, verkrampft, verwirrt. Ich wäre bis nach Paris gelaufen. Das Biest! Sie hat mich wie eine Wespe gestochen. Die Kräfte, die ich beim Docteur bekommen hatte, hat sie mir wieder genommen.

Sonntag, 15. Februar 1987

3.00 Uhr nachts. Ich kann vor lauter Schmerzen in mir nicht mehr liegen. Meine Nerven sind wie entzündet; es brennt, und meine Beine sind total verkrampft. Ich schreibe immer wieder dieselben Worte. Ich will doch leben!

Montag, 16. Februar 1987

Vor 150 Jahren starb Georg Büchner. Dieser Liberale musste sein Land verlassen und ins Exil gehen, wo er doch hier lebte. Ich habe seine Theaterstücke,

Ich. 15. Februar 1987

die im Fernsehen gezeigt wurden, verfolgen können. „Dantons Tod" war großartig, auch „Leonce und Leon". Revolutionäre waren früher interessante Menschen für mich. Heute kann ich sie noch besser verstehen.

Dienstag, 17. Februar 1987

Ich habe versucht, menschliche Hände und Füße zu zeichnen. Als ich fertig war, bekam ich solche Angst und mir wurde so übel, dass ich die Zeichnungen zerrissen habe und nach Hause ging. Ich bin noch nicht so weit!

Donnerstag, 19. Februar 1987

Ich bin voller Furcht zur Frau Doktor gegangen. Ich gab ihr ein Papier, auf das ich diese Worte geschrieben hatte: „Ich möchte nicht mehr kommen. Ich werde schon allein zurechtkommen. Ich dachte, dass Sie mir helfen können, die Autorität der Frauen in meiner Kindheit abzubauen, aber es ist mir zu anstrengend geworden. Ich schaffe es nicht mehr!" Ich weiß jetzt nicht mehr, was sie dazu gesagt hat. Oh, der kleine Knopf ist wieder da!

2. Kapitel
Hallo! Erinnern Sie sich noch an mich? - Mogi, der blaue Knopf. Heute geht es mir gar nicht gut. Die Frau hat sich entschlossen, ihre Bluse zu waschen, und jetzt befinde ich mich in der Waschmaschine. Eine schreckliche Sache. Es ist so dunkel in dieser Trommel, so laut und so nass. Dieses Hin-und-Her-Geschaukel, mal links, mal rechts, macht mich wieder ganz schwindlig. Dass ich noch nicht erstickt oder ertrunken bin! In diesem vielen Wasser und diesem vielen Schaum... Aber ich bin nicht allein hier drin. Durch den Druck treffe ich manchmal andere Knöpfe, und wir stoßen zusammen, was mir noch zusätzlich Schmerzen bereitet. Oh, eben kam ein Zahnstocher an mir vorbei. Wo kommt der denn her? Er ist wohl vergessen worden und aus der Tasche eines Herrenhemdes gefallen. Er hat es auch nicht leicht in dieser Schaukelkiste. Er bleibt überall stecken und sieht so verloren aus. Das Schlimmste ist das Schleudern. Es dreht sich alles so schnell, dass ich mich ganz fest halten muss. Ich werde von der anderen Wäsche ganz platt gedrückt und komme heraus wie ein Betrunkener. Ich brauche eine ganze Weile, bis ich wieder etwas erkennen und klar denken kann. Erst wenn die Bluse zum Trocknen aufgehängt wird, kann ich meine Gedanken wieder fassen und mich richtig erholen. Ich weiß nicht, was aus dem Zahnstocher geworden ist, denn ich habe ihn nicht mehr gesehen. Ich denke, dass er beim Schleudern durch die Löcher der Trommel geflogen ist und jetzt ganz allein in dem Bottich der Waschmaschine liegt. Und ich hatte mich so gefreut, auf einer hübschen Bluse angenäht zu sein. Ich fühlte mich wohler, als auf diesem Hundemantel. Aber es ist noch nicht das Ideale für mich. Diese Prozedur in der Waschmaschine gefällt mit überhaupt nicht! Ich möchte mich am liebsten von diesem Stoff lösen, mein Garn zerreißen und mir ganz allein mein Abendkleid suchen. Aber wie soll ich das machen? Ich kenne mich in der Welt der Menschen nicht aus.

Samstag, 21. Februar 1987
Wenn ich doch sterben sollte, dann möchte ich, dass die Menschen in bunter Kleidung zu meiner Beerdigung kommen. Ich will nicht mehr zu dieser Ärztin!

Montag, 23. Februar 1987
„Thomas, ich bin zu krank. Suche Dir eine andere Frau, die gesünder ist. Ich werde schon klar kommen." „Ich will keine andere Frau! Ich dachte, dass ich

Mitleid mit Dir hätte, weil Du so krank bist und so vieles durchmachst, aber nein: Ich liebe Dich und Du machst mir auf Deine Art viel Freude! Ich brauche Dich!"

Mittwoch, 25. Februar 1987
Ich habe unsere Wohnung auf den Kopf gestellt, die Pflanzen umgetopft. Ich habe die Spuren der Vergangenheit weggewischt. Jetzt geht es mir schlecht. Herzschmerzen. Es fällt mir schwer, zu atmen. Ich möchte trotzdem zur Schule gehen. Thomas hat mich vorhin von der Schule abgeholt. Ich war unfähig, allein zu gehen. 4.00 Uhr nachts. Der Kummer hat mich geweckt. Er drückt wie ein Felsbrocken auf meinen Brustkorb. Ich sitze in der Küche und schreibe lauter Wörter und Sätze. Ich will doch leben! Venedig sehen, bevor ich sterbe.

Donnerstag, 26. Februar 1987
Ich bin aufgewacht und habe den Kummer überlebt. Ich habe gerade den Docteur angerufen: Morgen soll ich kommen.

Freitag, 27. Februar 1987
Ich habe es gerade geschafft, zur Klinik zu gehen. Ich verwechselte den Bus mit der Metro und dachte, dass ich nach Paris fahre, seltsam! Der Docteur kam, und ich spürte diesen Stromstoß in mir, als ob das Gehirn auf einmal alles in meinem Körper umstellen würde. Ich zeigte ihm bestimmte Bilder und die neue Geschichte vom Knopf.„Das Leben ist kein dolce vita", sagte er zu mir. „Es ist ein Kampf. Der Zauberer müsste den kleinen Knopf in einen Menschen verwandeln, wie es in manchen Märchen der Fall ist, wo der Frosch zum Prinz wird. Es soll aus Ihnen keine Prinzessin werden, sondern ein Mensch, der sein Leben selbst gestalten kann. Sie werden mit den Wunden und dem Schaden ihrer Kindheit leben müssen. Manche werden nie richtig heilen, aber es ist Ihr Leben und Sie haben schon so vieles erreicht. Die Trennung ist schmerzhaft, aber..." Ich erinnere mich nicht mehr an das Ende. Nach diesem Gespräch bin ich eine ganze Weile in der Halle sitzen geblieben.

Sonntag, 1. März 1987
Was für ein schöner Tag! Mainz war schon in Karnevalstimmung, denn morgen ist Rosenmontag. Musikkapellen spielten, und die Menschen tanzten und

sangen. Die Leute waren verkleidet und trugen bunte Kostüme. Die Farben und die Musik gaben mir immer wieder neue Kräfte. Ich ließ mich von der tollen Stimmung anstecken und fing an zu tanzen unter der strahlenden Sonne. War das ein schöner Tag!

Donnerstag, 5. März 1987

Ich musste zu der Ärztin. Ich habe sie nicht angucken können. Ich habe nur auf ihre Füße geschaut: Da waren keine karierten Strümpfe. „Sie sollten sich eine andere Therapeutin suchen und an sich arbeiten", sagte sie zu mir. Ich habe nichts gesagt, um meine Kräfte zu schonen. Diese blöde Frau: Ich arbeite Tag und Nacht an mir, stecke zwischen zwei Therapeuten und zwei Ländern. Ich arbeite nicht, ich kämpfe!

Mittwoch, 11. März 1987

Mein Koffer ist gepackt. Um 15.00 Uhr fahre ich Richtung Nancy. Ich habe schon Worte zusammengestellt, die ich von dort aus dem Docteur schicken will. Ich muss mal wegfahren.

Nancy - Donnerstag, 12. März 1987

Als meine Mutter zu mir sagte: „Guck 'mal unsere Katze, sie ist so scheu, sie versteckt sich oft und hat viel Angst; sie ist als kleines Tier misshandelt worden", da konnte ich nicht stumm bleiben und antwortete: „Siehst du, Maman, es geht ihr wie mir. Es ist wirklich schade, dass ich in diesem Hause keine Katze war. Mein Leben wäre sicher anders verlaufen!" Oh, es war gewagt. Vater mischte sich ein: „Warum bist du gegen uns? Wer hetzt dich gegen uns auf? Wie lang wirst du uns noch belästigen? Lass uns doch für die paar Jahre, die wir noch zu leben haben, in Ruhe! Was machst du denn? Nichts, gar nichts! Du hast kein Ziel im Leben!" In mir tobte die Revolution; ich habe mich getraut, etwas zu sagen. Es ist wirklich sinnlos und traurig. Die Eltern sind blind oder? Du sollst Vater und Mutter ehren!

Nancy - den 13. März 1987

Lieber Docteur,

einen Gruß aus Nancy, der französischen Jugendstilstadt, wo Gallé, Majorelle und Daum zu Hause waren. Ich gehe so gern in das Musée l'École de Nancy,

wo sehr schöne Sachen aus dieser Zeit stehen. Nancy und Darmstadt haben in dieser Hinsicht Gemeinsamkeiten. Ich muss Ihnen Sätze schicken. Sätze, die man zu mir sagte, die mich geprägt haben, und die ich geglaubt habe: „Du bist böse." „Du bist schuld." „Du bist dumm." „Du erzählst nur Mist." „Du wirst in deinem Leben nichts erreichen." Aber heute stelle ich fest, dass das alles nicht stimmt. Ich habe in meinem Leben schon vieles erreicht, viel erlebt, viel gesehen. Ich bin auch nicht verrückt. Ich musste es selbst entdecken und es mir selbst beweisen, dass ich nicht so geworden bin, wie sie es behauptet haben, dass ich nicht die bin, die sie voraussagten. Was für ein Erfolg!
Mit freundlichen Grüßen
Klose Monique

Nancy - Samstag, 14. März 1987

Ich habe mit Vater die Familie besucht. Die Tante mit Cousin und Cousine, den Onkel im Heim. Nancy - Darmstadt - Paris, ich fühle gleiches in mir: Wenn man selbstbewusst ist, ist man überall zu Hause, oder? Mit den Eltern zu reden, ist sinnlos. Ich muss es in meinem Kopf verarbeiten. Ich bin so müde!

Montag, 16. März 1987

Ich bin froh, wieder in Darmstadt zu sein. Ja, ich bin zurück! Warum setzen Menschen Kinder in die Welt, wenn sie sie nicht akzeptieren können? Es sind doch keine Hunde, die man dressieren muss! Es ist wohl das Schicksal vieler, Eltern zu haben, die auch Opfer ihrer Kindheit sind! Meine Mutter sagte mir oft: „Die Frauen sind die Putzfrauen der Männer!" Welch' ein Vorbild! Eine andere Generation!

Donnerstag, 19. März 1987

Ich habe vorhin meinen gelähmten Onkel gesehen. Er lag im Bett und ich saß daneben. „Wo warst du denn?" fragte er mich. „Du warst so viele Jahre fort gewesen!" Der Onkel ist schon seit 24 Jahren tot! Habe ich geträumt? Es ist aber draußen hell! Wie ist das möglich? Nach so vielen Jahren fange ich an zu trauern. Es tut mir weh; ich weine. Den damaligen Schock habe ich nie verarbeiten können.

Samstag, 21. März 1987
Ich habe mich auf den Fußboden des Badezimmers gesetzt und um mich geschaut. Das Waschbecken war unerreichbar hoch! Die Kloschüssel auch. Sie waren auf einmal so riesig; und erst die Decke...ganz da oben...wie in dem Hotel auf Madeira. Ich verließ das Badezimmer, um in die Küche zu gehen. Ich setzte mich erneut auf den Boden, und sah alles aus der Sicht eines Zwerges. Diese Stühle! Unmöglich, allein darauf zu steigen. Meine Augenhöhe erreicht gerade die Höhe der Sitze. Ich blieb eine Weile dort sitzen. Thomas kam herein: Was für ein Koloss stand vor mir! Mir wurde übel, und ich musste mich übergeben. Ich hatte heute die Größe eines Kindes. Ich hole alles nach!
Ich möchte noch in die Kunstschule gehen, denn es gibt dort ein kleines Fest.

Sonntag, 22. März 1987
Ich wurde gestern Abend sehnsüchtig erwartet. Ich stellte meine Schüssel mit Mousse au chocolat auf den Partytisch und ging etwas abseits. Ich sah wie meine Mitschüler mit Tellern und Löffel bewaffnet in Richtung Topf rannten. In wenigen Minuten war alles leer. Es war schön. Dieser Anblick machte mich glücklich. Caroline war nicht dabei. Zur Zeit ist sie in Paris. Der Lehrer plant eine Reise nach Venedig. Toll!

Dienstag, 24. März 1987
Ich war mit Frederik im Kino. Er ist ein ehemaliger Arbeitskollege, mit dem ich mich gut verstehe. Wir haben uns „Macht des Geldes" angeschaut. Als ich Paul Newman auf der Leinwand sah, verkrampften sich meine Muskeln und mein Herz fing an, weh zu tun. Ich konnte meine Gedanken nicht mehr im Griff halten. Auf einmal wusste ich nicht mehr, wer in dem Film spielte. War es mein Vater? Thomas? Der Docteur? Ich konnte dem Dialog nicht folgen. Nachher wollte Frederik noch mit mir reden und ins Cafe´ gehen, aber ich verließ ihn schnell und rannte zur Schule, wo ich ein neues Bild anfing. Geld! Vater liebt das Geld, legt es lieber an als damit zu leben. Eine kleine Ausgabe kann ihn krank machen. Maman kauft und telefoniert heimlich, aber wenn es um eine Spende geht, da ist er großzügig, so wie bei seinen Kindern. Geld als Ersatz für Zärtlichkeit?

Donnerstag, 26. März 1987
Dieser mächtige Baum hat seine Macht und seinen Glanz verloren; er ist zu einem Schilfgras geworden. Mein Vater, den ich als Kind so idealisiert habe. Ich war heute noch einmal in dem Film. Es passierte nichts mehr in mir, ich habe den Dialogen und der Handlung folgen können.

Freitag, den 27. März 1987
Ich habe einen Spiegel vor meinen Zeichenblock gestellt und angefangen, mein Gesicht zu zeichnen. „Thomas, schau mal, ich habe mein Gesicht gezeichnet. Es macht mir keine Angst mehr. Und wie schön es ist, findest du nicht? Wie meine Augen glänzen! Ich bin so glücklich; ich muss es dem Docteur zeigen!" 15.00 Uhr Ich habe den Docteur angerufen; ich soll Montag kommen. Zu wem soll ich gehen? Zu Paul Newman? Zu dem Baum? Ich bin wieder ganz durcheinander.

Montag, 30. März 1987
„Guten Tag! Wir haben 20 Minuten Zeit. Reicht das?" fragte mich der Docteur. „Ich habe kein Zeitgefühl, ich weiß nicht, wie lang das ist!" Ich versuchte, ihm ins Gesicht zu sehen. Ich sah seine Augen ganz klar. Sie waren blau wie die von Paul Newman und die von Thomas. Ich weiß nicht, ob der Docteur meine Bilder versteht; wichtig ist, dass ich sie bei ihm lassen kann. Mir ist klar geworden, dass nur Männer mich weiter bringen können, die anders sind als die Männer meiner Kindheit: Maler, Schauspieler, Schriftsteller, der Arzt. Männer meiner Kindheit - diese guten Apostel...

Mittwoch, 1. April 1987
Ich kann die Augen der Menschen ganz klar sehen: Sie erscheinen mir wie zwei Glaskugeln aus verschiedenen Farben. Es sind keine Scheinwerfer mehr, die tief in mich hineinschauen können. Auch Gott und die Toten haben keine Blicke mehr auf mich gerichtet. Ist das toll! Ich fühle mich so befreit, dass ich vor lauter Freude tanzte. Die Krankheit fing damals damit an, dass ich ein Jahr, nachdem ich Frankreich verlassen hatte, meine Augen auf einmal nicht mehr im Spiegel anschauen konnte.

Meine Männer verlieren ihre Macht. 26. März 1987

Vater ist nicht mehr so mächtig. Er ist zu Schilfgras geworden. 27. März 1987

Donnerstag, 2. April 1987

Heute war die letzte Sitzung bei der Frau Doktor. Sie sagte mir, dass ich für sie zu anstrengend war, weil ich nicht reden würde, wie andere Patienten. Ihre Privatpatienten! Ich habe ihr mein Bild gezeigt, aber sie konnte sich nicht darüber freuen. Ich verabschiedete mich, blieb aber noch eine Weile auf der Treppe sitzen, bis ich die Kraft fand, wegzugehen. Ich habe noch einmal das Schild gelesen, das neben der Haustür hängt: „Ärztin für Gemütsleiden!" Es ist zu Ende! Ich komme mir heute wie eine Marionette vor, hilflos.

Dienstag, 7. April 1987

Der Frühling ist da; Blumen und Blätter sind aufgewacht. Man müsste ein großes Fest für diese Natur veranstalten. Ich habe gerade den Docteur angerufen: Am Freitag soll ich kommen.

Freitag, 10. April 1987

„Was haben Sie mit der Frau Doktor gemacht? Sie hat hier angerufen," empfing mich der Docteur. „Ich war für sie zu anstrengend, weil ich in den Sitzungen nicht reden konnte. Kann ich jetzt bei Ihnen weitermachen? Jetzt habe ich ein Gesicht. Sie müssen mir helfen, damit ich noch Arme und Beine bekomme, um eines Tages allein gehen zu können, ohne Sie." „Vielleicht wachsen sie von allein," antwortete er. „Versuchen Sie es allein, und wenn Sie nicht zurecht kommen, bin ich noch da für Sie! Therapie machen könnte zur Gewohnheit werden." Ich bin noch ganz verwirrt nach Hause gekommen. Ich habe solch eine Wut, solch einen Kummer in mir. Ich kann in diesem Zustand nicht alleine weitermachen; er scheint es jedoch nicht zu sehen.

Montag, 13. April 1987

Ich habe die halbe Nacht in einer Ecke auf dem Fußboden verbracht. Wir waren gestern in einem Zoo. Dort sah ich ein Prachtstück von einem Löwen, der in seinem Käfig hin- und herlief und brüllte... Ich fing an zu weinen. Den König der Tiere so zu sehen, tat mir weh. Er ist ein Sklave des Menschen geworden; er hat seine Freiheit und seine Krone verloren. Aber er hat mich einen Schritt weiter gebracht, denn heute morgen habe ich den Docteur angerufen. Ich wollte einen Termin haben. Er sagte mir, er hätte keine Zeit, weil er morgen in Urlaub fahren würde. Das Blut stieg mir in den Kopf. Ich rief ein Taxi und ließ mich zur Klinik fahren. Ich weiß, dass er 10 Minuten vor der vollen Stunde allein ist. Ein Patient kam heraus, und die Sekretärin ging hinein, um ihm zu sagen, dass ich da bin. Es war eine aufregende Situation für mich. Der Docteur kam und sagte: „Ich habe fünf Minuten Zeit!" „Drei reichen mir," antwortete ich. Ich zeigte ihm erneut meine Skizze mit dem zerbrochenen Kreuz. „Es ist Blasphemie von Ihnen, solch ein Bild zu zeichnen!" „Ja, ich sollte es nicht zeichnen!" Ich nahm mein Papier wieder mit und ging. Der Docteur reagierte gut; er schimpfte nicht, und trotzdem kann ich ein solches Bild nicht zeichnen. Gott würde mich bestrafen, oder?

Donnerstag, 16. April 1987

Ich habe es geschafft! Das Kreuz ist zerbrochen und dem Docteur auf den Fuß gefallen. Wollte ich ihm weh tun? War das eine schwere Geburt! Die Welt der Religion, die man mir beibrachte, fällt zusammen, diese Welt der Irrealität und Sklaverei. Was wird jetzt passieren? Werde ich vom Teufel besessen werden?

Die Welt zerfällt auf den Füßen des Docteurs. 16. April 1987

Freitag, 17. April 1987
Ich lebe noch, und die Welt ist auch nicht untergegangen dafür, dass ich am Karfreitag solch ein Bild machte. Mein schlechtes Gewissen und Schmerzen am ganzen Körper quälen mich. Die Welt der Kirche, in der es nur Gebote und Verbote gibt! Wie viele Menschen hat diese undemokratische, reformbedürftige Institution auf dem Gewissen. Mir geht es so schlecht. Ich möchte doch für die Feiertage nach Frankreich fahren.

Montag, 20. April 1987
Wir haben Ostern mit der Familie verbracht. Mir ging es nicht gut. Die Glocken läuten zu hören, war schwer zu ertragen. Vorhin sind wir zurückgekommen, und ich weiß nicht so recht, wo ich bin.

Mittwoch, 22. April 1987
2.00 Uhr nachts. Der Kummer hat mich geweckt. Es fällt mir schwer, zu atmen, denn dieses Gewicht drückt auf meinen Brustkorb. Mein Inneres will sterben, ich spüre es. Wenn ich den Notarzt anrufe, wird er mir helfen können? Ob er ein Mittel gegen solchen Kummer hat? Bis jetzt habe ich immer ganz allein mit ihm gekämpft. Die Trennung von der Kirche ist zu hart für mich; mir ist so übel; ich schreibe die Sätze: Ich will doch leben! Ich muss leben! Am Samstag will ich mit der Schule zur Macke-Ausstellung gehen...

Donnerstag, 23. April 1987
Ich habe es einmal wieder gepackt. Ich habe die halbe Nacht Sätze geschrieben. Jetzt bin ich total erschöpft, aber ich lebe! Ich muss dem Docteur das Bild zeigen.

Freitag, 24. April 1987
Ich bin wir ausgelaugt. Der Docteur ist zurück. Ich soll heute noch zu ihm kommen. 16.00 Uhr. Ich komme von der Klinik. Diesen Mann zu sehen und diese Worte zu hören, taten mir so gut: „Das Bild ist keine Blasphemie, sondern ein Muss, eine Befreiung!". Also, auf nach Bonn zu Macke!

Sonntag, 26. April 1987
Wie kann man einen solchen Künstler in den Krieg schicken! Die leuchtenden Farben seiner Malerei gaben mir immer wieder neue Kräfte. Ich habe den Katalog gekauft. Es war ein schöner Tag! Ich habe die Eisenbahnfahrt entlang des Rheines genossen.

Montag, 27. April 1987
Am Samstag gab es in Bonn eine Demonstration für das Volk in Afghanistan, das seit Jahren gegen die Weltmacht Russland kämpft. Woher nehmen sich manche Menschen das Recht, andere der Freiheit zu berauben und das mit welcher Gewalt! Und ich? Was kann ich dagegen tun? Nichts, wie ich feststellen musste. Ich muss mich um meine eigene Freiheit kümmern als Bürgerin eines freien Staates, der innerlich noch eingemauert ist. Ich habe mich für die Reise nach Venedig angemeldet. Ein Traum wird wahr!

Donnerstag, 30. April 1987
Ich habe vor Freude gejauchzt bis zur Erschöpfung. Ich habe ein Bild angefangen, das ich dem Docteur bringen möchte. Ich habe ihn vorhin angerufen und einen Termin für Dienstag bekommen.

Sonntag, 3. Mai 1987
Eine Geburtstagsfeier in der deutschen Familie versetzte mich zurück in die Zeit, als ich noch Fremde war. Es war ermüdend, denn ich konnte den Gesprächen nicht so richtig folgen.

Montag, 4. Mai 1987
Da liegt es, dieses quälende Gewicht! Ich freue mich, dass es aus mir heraus ist.

Dienstag, 5. Mai 1987
Ganz blass und mit Tränen in den Augen gab ich dem Docteur meinen Kummer. Eines Tages möchte ich zu ihm kommen, um ihm zu sagen, dass es mir gut geht. Ob ich das erreichen werde? Es ist gut, dass ich noch zu ihm kommen darf, wenn ich ihn brauche.

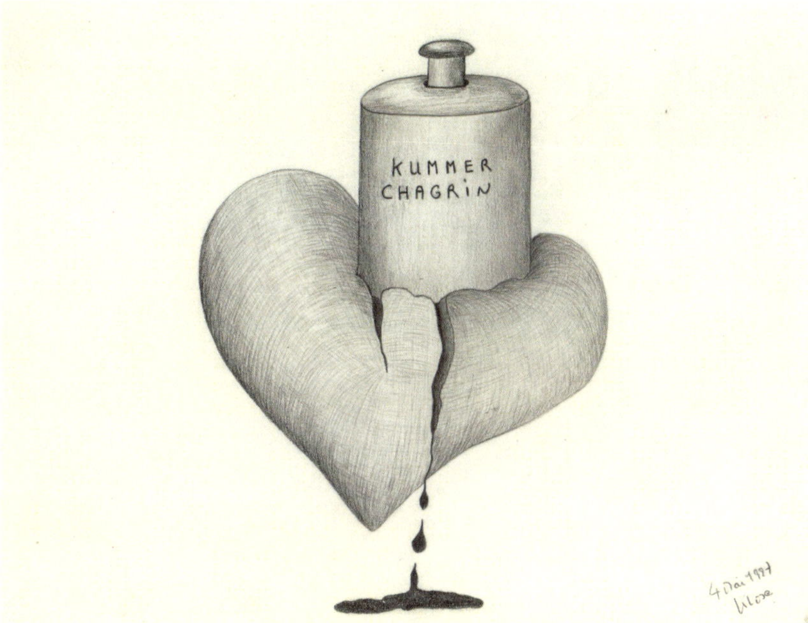

Der Kummer ist groß. 4. Mai 1987

Freitag, 8. Mai 1987
Welche wunderschönen Farben! Die Farben des August Macke sind jetzt in meine Gehirnzellen gedrungen.

Montag, 11. Mai 1987
In Frankreich läuft der Prozess um Klaus Barbi. Was für eine Bestie, der Frauen und Kinder zu Tode gequält und daran noch Freude gehabt hat. Die Nazis, der Krieg, mein Großvater, alles kam in mir wieder hoch. Heute ist Monsieur Mitterand in Berlin, um die 750 Jahre der Stadt zu feiern. Die Vergangenheit und die Gegenwart sind nicht nur in meinem Kopf lebendig, außerhalb auch.

Bunte Gehirnzelle. 8. Mai 1987

Der Baum meiner Gefühle. 19. Mai 1987

Donnerstag, 14. Mai 1987
Ich habe geträumt, dass der Docteur karierte Strümpfe mit Stöckelschuhen trug; er war eine Frau geworden. Und Renata hatte einen Bart im Gesicht; sie war ein Mann. Es war so lustig! Ich habe Mann und Frau verwandelt, verwechselt, warum?

Montag, 18. Mai 1987
Ich habe Renata besucht, oh! Sie trug keinen Bart! Ihr Kampf ist auch noch nicht beendet, aber wir kommen mühsam, voran.

Dienstag, 19. Mai 1987
Solch' einen Baum habe ich schon einmal gezeichnet. Damals auf der Station war es mein erstes Bild. Damals malte ich ihn mit meinem Verstand, heute mit meinem Gefühl. Ich möchte ein Baum sein, ein großer!

Mittwoch, 20. Mai 1987
Der Monat Mai ist Marienmonat, der Muttergottes geweiht. Zuhause baute Maman einen kleinen Altar und stellte immer frische Blumen vor die Madonna, meistens Rosen. Man musste in dieser Zeit mehr beten, und in der Klosterschule war es nicht anders.

Freitag, 22. Mai 1987
Ich musste zu dem Docteur gehen, um neue Kräfte zu tanken. „Sie hängen sehr an mir!" sagte er. „Sie sind mein ganzer Halt, mein Rettungsring," antwortete ich.

Samstag, 23. Mai 1987
Der Papst ist zur Zeit in Deutschland, um Menschen, die schon lange verstorben sind, selig zu sprechen. Ist das realistisch? Und dann die Geschichte von Maria, die vom Heiligen Geist geschwängert wurde! Irreale Geschichte der Religion!

Sonntag, 24. Mai 1987
Ich muss unbedingt einen Baum sehen, einen echten da draußen. 18.00 Uhr. Thomas hat mich in einen Park unserer Stadt gefahren, wo eine mächtige

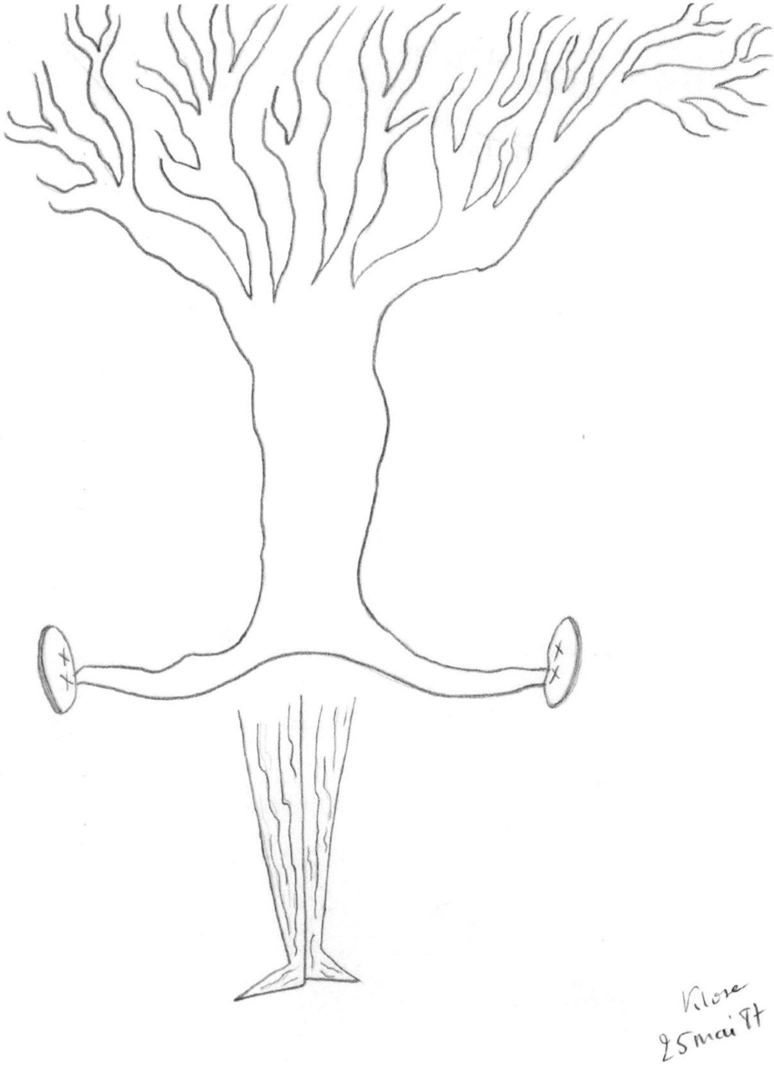

Ein Baum aus Wurzeln und Beinen. 25. Mai 1987

Rotbuche, ca. 30 m hoch, steht. Ein Prachtstück! Je mehr ich mich ihr näherte, umso schlechter ging es mir. Ich bekam Bauchkrämpfe und Brechreiz. Ich stellte mich ganz nah an ihren Stamm und schaute nach oben. Ich sah lauter Wurzeln statt Äste, als stünde der Baum anders herum. Ich entfernte mich von ihm und konnte nun die Beine der Leute ganz klar sehen. Vorhin habe ich dieses Bild gezeichnet. 3.00 Uhr nachts. Ich kann vor lauter brennendem Schmerz in mir nicht mehr liegen bleiben. Meine Beine tun mir so weh! Ich habe das Gefühl, dass sie wachsen.

Dienstag, 26. Mai 1987

Meine Beine tun mir noch weh; ich kann kaum essen, aber ich wachse! Ich muss mich von meiner Scheinwelt trennen; ich verliere meine Wurzeln. Meine Koffer habe ich so weit fertig gepackt; morgen fahre ich nach Venedig. Venedig! Träume ich?

Der Baum hat seine Wurzeln verloren. 26. Mai 1987

Venedig - Donnerstag, 28. Mai 1987

Wir sind die ganze Nacht gefahren. Ich habe nicht schlafen können. Irgendwann sind wir im Bahnhof von Milano umgestiegen. Jetzt bin ich völlig überdreht. Wir sind in einer kleinen Pension untergebracht und haben zu dritt ein Zimmer. Caroline schläft neben mir. Ich habe noch nicht viel von der Stadt gesehen, außer grauen Häusern und grauem Wasser. Soll das Venedig sein?

Venedig - Freitag, 29. Mai 1987

Heute habe ich ein ganz anderes Bild von der Stadt bekommen. Die feine Architektur der Palazzi, die kleinen Gassen, die vielen Brücken... Ist das schön hier! Wir waren den ganzen Tag unterwegs und in der Akademie gewesen. Welche bezaubernde Namen die Maler hier haben: Bellini, Tintoretto, Carpaccio, Trenterino... Und was für Bilder! Wir haben auch viele Kirchen besichtigt, darunter die San Marco-Basilika - welch' ein Glanz! Ich bin tatsächlich in Venedig! Ich träume also nicht. Das Fenster in unserem Zimmer ist offen, und ich höre ein merkwürdiges Geräusch. Es sind die Schuhe der Passanten auf dem Pflaster der Gasse. Es hört sich an wie das Getrappel von Pferdehufen, so schallt es.

Venedig - Samstag, 30. Mai 1987

Mein Inneres lässt mir keine Ruhe; es schmerzt, zittert, meldet sich ständig und reagiert auf alles. Ich muss auf diese Gehirnsprache hören, muss sie entziffern, um weiter zu kommen. Ich bin trotzdem glücklich, hier zu sein, um mit meinen Mitschülern noch mehr lernen zu können. Wir waren in dem berühmten Café Florian, wo schon Goethe und andere Prominente gesessen haben. Es war mir zuviel. Ich bin um die Ecke gegangen und habe weinen müssen. Venedig! Ein Traum ist wahr geworden!

Venedig, Samstag, den 30. Mai 1987

Lieber Docteur,

Einen Gruß aus Venedig, einer faszinierenden Stadt, die mich sehr beeindruckt hat. Man fühlt sich hier wie in einer anderen Welt, aber diese Welt ist real! Eine Oase in Europa, eine Stadt für Menschen. Ich sehe viele schöne Dinge, fühle mich nicht fremd und komme mit den Leuten der Kunstschule

ganz gut zurecht. Ich bin glücklich und freue mich, dass ich mich für mich und das Leben entschieden habe. Die Sklaverei geht zu Ende!
Freundliche Grüße!
Klose Monique

Venedig - Sonntag, 31. Mai 1987
Ich bin allein im Zimmer; Caroline und die andere sind zum Zeichnen gegangen. Ich erhole mich ein wenig, denn ich habe die letzten Nächte nicht schlafen können. Ich bin zu überdreht; ich sehe zu viel schöne Dinge. Zum Glück ist im Badezimmer die Decke nicht sehr hoch und auch in den Toiletten ist es sehr hell, so muss ich nicht mehr mit den schrecklichen Bildern kämpfen. Ich habe so schöne Masken von der Commedia dell'arte gesehen. Ich konnte mir nur ein Poster davon kaufen. Viele Menschen tragen eine Maske, um ihr wahres Ich zu verstecken.

Venedig - Montag, 1. Juni 1987
Seit ein paar Tagen ankert im Hafen ein riesiges Kriegschiff; es stört mich, denn es passt nicht in diese Stadt. Der Grund ist wohl das Treffen von Herrn Gorbatschow und Herrn Reagan, die auf der Insel Giorgio miteinander reden. Es gibt auch eine andere Welt als die der Künstler: Die Welt der Politiker, der Militärs... Morgen werden wir diese Oase verlassen. Jeder von uns wird wieder seiner Wege gehen, schade! Ich werde sicherlich eines Tages wieder hierher kommen. Vielleicht mit Thomas. Ich habe kein einziges Mal zeichnen können.

Mittwoch, 3. Juni 1987
Wieder in Darmstadt! Als ich aus dem Zug stieg, geriet ich in Panik: Die Menschen fielen mir auf, die Frauen und Männer. Ich konnte sie ganz klar sehen und auch Thomas, der auf mich wartete. Wo bin ich denn?

Samstag, 6. Juni 1987
Als ich gestern Abend in meinem Bett lag, kamen Bilder: Ich habe das Innere meines Körpers gesehen, meine Lunge, das Herz, den Magen, die Därme... Ich bin mit diesen Organen eingeschlafen und träumte noch so vieles, bis ich mit Übelkeit aufwachte. Ich werde zum Menschen!

Donnerstag, 11. Juni 1987

Botticelli: Die Frauen, die er gemalt hat, sind so fein, so graziös. Ich habe mir ein Buch über seine Malerei gekauft. Ich habe den Docteur angerufen, denn ich muss ´mal wieder tanken gehen. Er gab mir einen Termin für Montag.

Montag, 15. Juni 1987

Zu Hause sehe ich manchmal das Gesicht des Docteurs vor mir. Heute in der Klinik schien es verschwommen. Es war auch zu anstrengend, es anzusehen.

Mittwoch, 17. Juni 1987

Ein deutscher Feiertag, Erinnerung an den Aufstand der Arbeiter an der Berliner Mauer. Ich hatte die Familie eingeladen. Jetzt um 23.00 Uhr wo alles wieder still ist, quält mich der Kummer. Eine Frau kann doch frei leben und selbst entscheiden, was für sie gut ist! Gott hat doch nichts dagegen! Die Religion aber! Und wenn die Liebe die eigene Freiheit erstickt, dann ist es keine, sondern Besitz! Es ist traurig, wie manche Frauen auf unserer Welt unterdrückt werden.

Donnerstag, 18. Juni 1987

Ich habe geträumt, dass ich mit meiner deutschen Schwägerin unterwegs in Frankreich war. Plötzlich stolperte sie und brach sich das Genick und war tot! Oh! Der Knopf meldet sich wieder. Schnell ein Blatt Papier!

3. Kapitel

Hallo! Hier ist Mogi! Ich bin dabei, wieder einen Gedanken zu fassen. Die Bluse kommt gerade aus der Waschmaschine heraus, und wir beide werden zum Trocknen aufgehängt. Genau die richtige Zeit, um nachzudenken. Das Leben eines Knopfes ist doch nicht so einfach. Diese Prozedur in der Schaukelkiste hat mein Garn so zerfasert, dass ich nur noch an zwei Löchern fest hänge. Oh! Das ist ganz gut so! Ich will mich sowieso von diesem Stoff, auf dem ich keine Zukunft habe, trennen. Aber wie kann ich es nur anstellen, um den Rest des Garnes zu zerreißen? Warum bin ich als Knopf und nicht als Mensch geboren? Seit vielen Jahren beobachte ich sie, schaue, wie sie leben, wie sie miteinander reden. Sie haben Beine und Arme, welche ihnen die Möglichkeit geben, sich frei zu bewegen. Und ich? Ich sitze fest angebunden! Und warum träume ich davon, dass ich auf einem Abendkleid angenäht bin? Das heißt doch, wieder an einen Stoff gebunden zu sein. Klar, ich säße auf einem hübschen Stoff. Ich würde in feiner Gesellschaft verkehren. Ich würde ins Theater, in die Oper und auf Parties gehen. Aber ob die Gesellschaft des Abendkleides so fein und interessant für mich wäre? Allzu oft tragen Frauen solche Kleider nicht! Also ich würde die meiste Zeit in einem dunklen Schrank verbringen. Soll das mein Glück sein? Oh! Es fällt mir ein, auf manchen dieser Abendkleider gibt es gar keine Knöpfe; und wenn es welche gibt, dann befinden sie sich meistens auf dem Rücken oder auf den Manschetten. Also aus dieser Sicht würde ich von den Vorstellungen doch nichts sehen. Und heutzutage ist es auch nicht einfach, einen Platz auf solchen Kleidern zu bekommen. Da werden nur die feinsten ausgesucht. Selbst die Perlmuttknöpfe liegen Monatelang unverkauft in den Regalen. Sie langweilen sich. Trotzdem, ein Kaufhausregal ist mir lieber als eine Waschmaschine. Und warum liegen die Perlmuttknöpfe so lange unverkauft? Weil die Menschen Reißverschlüsse bevorzugen! Diese langen Dinger mit lauter kleinen Zähnen aus Metall oder Kunststoff. Nur ein „Zack" und das Kleid ist zu. Praktisch sind sie schon, das muss ich zugeben, aber sie ersetzen doch nicht einen kleinen, verführerischen Knopf. Ja, ja der Fortschritt! Die Menschen haben die Computer und wir die Reißverschlüsse. Heute bin ich mir nicht mehr sicher, ob mir diese Lebensart gefällt. Nein, ich glaube nicht, dass ich glücklich wäre, wieder angebunden zu sein. Es ist für mich besser, die Welt der Knöpfe zu verlassen! Ich werde meinen Traum ab sofort ändern! Ab jetzt träume ich, dass ich ein Mensch bin, dass ich Arme und Beine habe wie sie, dass ich mich auch so frei bewegen kann. Und dass ich machen kann, was ich will, und dass ich das lasse, was ich nicht will. Vielleicht habe ich als Mensch mehr Chancen, glücklich zu werden! Aber wie wird man zu einem Mensch, wenn man ein Knopf ist? Zuerst muss ich zu Ende trocknen! Aber das war das letzte Mal. Denn in diese Schaukelkiste werde ich niemals mehr gehen. Vorher verlasse ich die Bluse. Ich will ein Mensch werden! Und Menschen gehen nicht in eine Waschmaschine, um sich zu waschen.

Freitag, 19. Juni 1987

Es regnet seit mehreren Tagen; es ist zur Zeit auch so kalt, dass die Heizung an ist. Meine Beine sind verkrampft, trotzdem bin ich in der Stadt gewesen. Ich habe einen blauen Knopf gesucht und mir den schönsten und größten gekauft.

Sonntag, 21. Juni 1987
3.00 Uhr Nachts. Der Gedanke an die Menschen lässt mich nicht schlafen. Ich entdecke, wie manche blind durch's Leben gehen; diese sogenannten Realisten haben alles im Griff. Heuchler! Warum sperrt man Menschen ein? Ich fühle mich so eingemauert!

Montag, 22. Juni 1987
Ich habe ein Taxi gerufen und mich zur Klinik fahren lassen; meine Beine wollten nicht gehen. Ich gab dem Docteur die letzten Abenteuer des Knopfes zu lesen. Plötzlich spürte ich in meinem ganzen Körper einen brennenden Schmerz. Etwas ist innerlich passiert; neues Leben kommt herein... Neue Freiheit!

Mittwoch, 24. Juni 1987
Die brennenden Schmerzen lassen nach. Ich habe zwar die Kraft gehabt, den Haushalt zu erledigen, aber zur Schule zu gehen schaffe ich nicht. Ich sitze lieber vor dem Aquarium. Ich bin müde; Telefongespräche strengen mich sehr an. Nach ein paar Minuten wird es mir übel. Warum sperrt man Menschen ein? Wie können es manche im Namen der Religion anderen vorschreiben, wie sie zu leben haben?

Montag, 29. Juni 1987
Die Stimmung wechselt: Ich habe so ein tolles Gefühl in mir, als ob ich wieder nach Hause zurückgekehrt wäre. Meine Beine sind so leicht, dass ich tanzen kann. Toll! In mir hat sich etwas verändert. Ich möchte nicht mehr zur Kunstschule gehen.

Mittwoch, 1. Juli 1987
Ich habe mich von der Schule zur Enttäuschung meiner Mitschüler abgemeldet. Ich will etwas Neues anfangen, und meine Bilder kann ich zu Hause allein malen. Caroline werde ich weiter treffen.

Samstag, 4. Juli 1987
Ah! Da sind sie ja wieder diese Menschen, die mich beleidigt und erniedrigt haben! Sie sind heute stumm; ihre Sätze lassen mich gleichgültig. Sie reden und reden, und es stört mich nicht mehr.

Ich höre die Vorwürfe der Menschen nicht mehr. 4. Juli 1987

Sonntag, 5. Juli 1987

Was für Träume! Das Elternhaus in Nancy war zusammengebrochen, und der Kunstlehrer hat einen Autounfall gehabt und war tot. Die Frauen! Die frustrierten Frauen meiner Kindheit, meine Mutter und die Nonnen. Ich habe meine Großmütter nie gekannt, sie sind vor meiner Geburt gestorben, aber ich hatte zwei liebe Tanten, die gut zu mir waren. Eine lebt noch. Die Frauen aus den Illustrierten, die ihre Körper zeigen wie Marktfrauen ihre Ware: Schauen Sie, meine Herren, welche Busen, welche Hintern! Die Schauspielerin, Königin, Bäuerin, Prostituierte... Alle verschieden und doch gleichwertig in meinem Kopf heute. Oh! Ich habe meine Heldin vergessen, die mutige Johanna, die Jungfrau von Lothringen; sie wollte Frankreich retten...

Freitag, 10. Juli 1987

Eine erneute Trennung steht mir bevor; morgen werden wir nach Nancy fahren. Ich möchte dieses Jahr den 14. Juli feiern. In meinem Kopf herrscht so ein Chaos, dass ich es kaum schaffe, den Koffer zu packen. Seit ein paar Tagen versuche ich, einen Brief zu schreiben. Ich suche die Worte, ändere die Grammatik. Das Gehirn arbeitet auf Hochtouren.

Nancy - Sonntag, 12. Juli 1987

Nancy, als ich das Schild sah, kam ein so warmes Gefühl in mir hoch, als ob ich seit 20 Jahren nicht mehr da gewesen wäre. Ich werde es schon aushalten zwischen der Katze und Nachbars Hund, zwischen der Kritik und den guten Ratschlägen meiner Mutter. Thomas ist vorhin nach Deutschland zurückgefahren; er muss ja arbeiten. Bin ich im Elternhaus oder in der Wohnung in Darmstadt?

Nancy - Dienstag, 14. Juli 1987

Vater und ich waren gestern in der ersten Reihe auf dem Stanislas-Platz, um die Parade zu sehen, und heute morgen haben wir den Vorbeimarsch in Paris auf dem Bildschirm verfolgt. Wie glücklich und stolz sah mein Vater aus, denn es ist seine Welt. Nach dem Mittagessen fand ich die Kraft, den Brief an den Docteur zu schreiben; jetzt sitzen die Worte richtig. Bin ich jetzt geheilt? Es klingt so. Heute Abend ist großes Feuerwerk auf dem Platz. Ich werde mit meinen Cousins hingehen.

Nancy - Dienstag, den 14. Juli 1987

Lieber Docteur,

einen Gruß aus Nancy, wo ich die Revolution feiere. Der Kampf eines Volkes für seine Freiheit. Ist Frankreich das Land der Freiheit, der Gleichheit und der Brüderlichkeit? Oder gibt es nur humane Menschen, die - weil sie innerlich frei sind - andere wie ihresgleichen behandeln können? Diesen Kampf, der das Leben vieler Franzosen kostete, habe ich in mir geführt. Kampf mit Bildern, falschen Ideen, falscher Lebensvorstellung und gestörten Gefühlen. Innere Ketten, die ich in mir brechen musste. Menschen, die ich in mir töten musste, um zu überleben. Diese innere Freiheit und die Freiheit die die Revolution den Menschen in unserem Land brachte, ist schon viel! Aber wie weit kann die Freiheit eines Menschen in unserer Gesellschaft noch gehen? Liberté, Fraternité, Egalité! Niemals habe ich diese drei Worte so fühlen können wie heute. Hurra! Es lebe Danton! Robespiere! Und Mogi, der Knopf! Ich habe die Revolution gewonnen! Dafür möchte ich mich bedanken: Danke, dass Sie mich nicht allein gelassen haben. Danke für Ihre Geduld, für die Zeit, die Sie mir geschenkt haben. Danke, dass Sie bis jetzt dieses Spiel mitgespielt haben, auch wenn es Ihre Arbeit ist. Nicht alle Ärzte sind so menschlich wie Sie. Und wenn ich heute fähig bin, zu leben, verdanke ich auch das nicht nur meinen Kräften, sondern auch Ihnen. Sie waren die Mutter meiner Seele, der Kaiser meines irreellen Reiches, ein Zauberer mit karierten Strümpfen. Heute verlasse ich diese irreale Welt, was mir Freude, Schmerz und Kummer bereitet. Es ist, als ob ich nach einer langen Reise wieder zurück zu Hause wäre. Diese Reise dauerte sechzehn Jahre. Sie war so anstrengend, dass ich davon noch sehr müde bin. Sie fing an, als ich meine Mutter verließ. Jetzt habe ich ein Zuhause in mir gefunden. Unterwegs habe ich Stein für Stein gebaut. Das Haus ist noch nicht fertig, aber ich fühle mich darin schon wohl. Ich habe die Fundamente alle wieder richtig befestigt und gekittet. Wie schön unsere Soldaten waren! Schade, dass sie nicht aus Blei sind!

Freundliche Grüße

Klose Monique

Eurocity - Donnerstag, 16. Juli 1987

Angstzustände, Trennungsschmerzen. Der Zug rollt in Richtung Darmstadt. Ich habe mal wieder unsere Soldaten gesehen, auch die Legionäre, in Frankreich die beliebtesten. Ist eine Welt ohne Militär möglich?

Sonntag - 19. Juli 1987

Wau! Ich bin ja eine Frau! Jedenfalls sehe ich so aus, wie ich nach einem Bad feststellen konnte. Mein Körper! Ich bin ja für Männer ein Sexualobjekt! Frauen und Männer könnten gut miteinander leben, wenn es die Macht des einen über die andere nicht gäbe. Maman! Ich kann jetzt allein gehen; du brauchst mich nicht mehr an der Leine zu führen. Maman! Ich bin eine Frau! Die Realität!

Dienstag, 21. Juli 1987

Mir geht es so schlecht, dass ich den Docteur um einen Termin bitten musste. Freitag soll ich kommen. „Herzlichen Dank für Ihren Brief!" sagte er zu mir. „Ich habe mich sehr darüber gefreut." „Hat er Ihnen gefallen?" fragte ich ihn. „Das ist ein Brief, über den man sich freuen muss, und noch an einem so wichtigen Datum geschrieben!" Freitag ist noch weit. Ich habe das Gefühl, dass mein Kopf platzt. Nach einem Anruf von Michelle ist es noch schlimmer geworden.

Freitag, 24. Juli 1987

Ich fuhr mit dem Bus zur Klinik, zeigte dem Docteur die Bilder von den französischen Soldaten und ging wieder weg. Jetzt habe ich Brechreiz; mir ist so übel. Ich möchte alle diese mächtigen Männer meiner Kindheit nicht mehr sehen. 4.00 Uhr nachts. Ein schrecklicher Traum hat mich geweckt. Der Docteur ist gestorben! Ich sitze in der Küche mit Herzschmerzen und versuche, meine verwirrten Gedanken zu ordnen. Nein, der Docteur ist nicht tot. Ich habe ihn doch gestern gesehen. Es kann nicht sein. Der Kummer erwürgt mich fast! Nein, mein Zauberer lebt noch. Ich denke, daß er und die Männer, die er vertritt in mir gestorben sind. Ich löse mich innerlich von ihnen.

Montag, 27. Juli 1987

Maman ist eine Frau, Papa ein Mann, dann haben sie auch ein Sexualleben gehabt. Ach, du Schreck! Ich habe es noch nie so gesehen. Bin ich ein Kind der Liebe oder der Pflicht?

Donnerstag, 6. August 1987

Atombombe auf Hiroshima. Manche Menschen benutzen ihre Intelligenz, um so etwas zu bauen, das andere vernichtet, tötet. Warum?

Montag, 10. August 1987
Die Angstzustände sind kaum zu ertragen. Donnerstag kann ich zum Docteur. Dass es mir wieder so schlecht geht, ist kein Rückfall, sondern ein Schritt nach vorn. Irgend etwas will verarbeitet werden. Aushalten!

Donnerstag, 13. August 1987
Ich habe es geschafft, mit dem Bus zur Klinik zu fahren. Ich habe in mir die Angst gehabt, jeden Moment zusammenzubrechen. Ich wollte dem Docteur doch einen von meinen selbstgestrickten Clowns schenken. Es war wichtig für mich. Oh! Jemand meldet sich in mir!

4. Kapitel
Ich brauche mich nicht vorzustellen, Sie kennen mich jetzt, oder? Für den Fall, dass Sie es vergessen haben: Ich bin es, Mogi, der blaue Knopf. Ein Zirkus hat sich für ein paar Tage in unserer Stadt einquartiert, und heute hat sich die Frau entschlossen, ihre feine Bluse anzuziehen und mit den Kindern hinzugehen. Zum Glück hat sie nicht bemerkt, dass ich nur noch an zwei Fäden hänge, sonst hätte sie mich wieder festgenäht. Wir gehen zum Zirkus. Das ist doch dieser Ort, wo es Akrobaten, Tiere, Clowns und Zauberer gibt. Moment ´mal! Zauberer? Das sind doch diese Leute, die fähig sind, Dinge und Lebewesen zu verwandeln. Das ist der richtige Mann für mich. Ich muss ihn unbedingt sehen! Aber wie?
So, wir sitzen alle unter dem Zirkuszelt. Viele Menschen sind da, darunter viele Kinder. Alle freuen sich, die Akrobaten und Feuerschlucker zu sehen. Sie lachen mit den Clowns, sie sind begeistert von den Vorführungen der Elefanten und Löwen. Wie ich es sehe, haben die Tiere es nicht besser als die Knöpfe. Sie wären bestimmt lieber in ihrem Dschungel, statt hier den Affen für die Menschen zu machen. Weil ich auf der Bluse nur noch an zwei Fäden fest hänge, sehe ich alles so schräg, und die Frau kann vor lauter Freude nicht ruhig sitzen bleiben, was sehr unbequem für mich ist.
Au, was ist denn jetzt passiert? Auf einmal klatscht die Frau vor lauter Begeisterung so stürmisch, dass der Rest meines Garnes zerreißt, was mir sehr weh tut. Ich falle auf den Boden, rolle und rolle die ganze Treppe hinunter, und mein Sturz endet in der Zirkusmanege. Es ist das zweite Mal, dass ich so herunterfalle ohne mir etwas gebrochen zu haben. Ich bin noch so benommen,

dass es mir schwer fällt, zu glauben, wo ich bin. Das ist unmöglich! Ich muss wohl träumen: Ich liege direkt vor dem Zauberer. Nein, ich träume nicht! Er steht vor mir, groß und mächtig. Er trägt ein langes Kleid und hat karierte Strümpfe an. Ich habe noch nie einen so drolligen Zauberer gesehen! Das ist die Chance meines Lebens! Ich muss versuchen, seine Aufmerksamkeit auf mich zu lenken, was in diesem Zirkus nicht einfach ist, wo die Leute so laut sind. Ich nutze einen stillen Augenblick und rufe so laut ich kann:

„Hallo, Herr Zauberer, hallo, können Sie mich sehen?"
Der Zauberer guckt nach allen Seiten, woher die Stimme wohl kommt.
„Hallo, hier bin ich! Ich bin der kleine Knopf, der am Boden liegt."
„Ach du bist das. Und was willst du von mir," fragt der Zauberer.
„Bitte, Herr Zauberer, verwandeln Sie mich doch in einen Menschen.
Ich möchte so gern Arme und Beine haben wie Sie!"
„Du willst ein Mensch werden?" fragt der Magier.
„Weißt Du denn nicht, wie schwer es ist, ein Mensch auf dieser Welt zu sein?"
„Aber ein Knopf zu sein, ist noch schwerer," antwortet Mogi.
„Er ist so hilflos und immer angebunden auf einen Stoff festgenäht. Ich möchte so gern frei sein, laufen, springen, tanzen, mein Leben selbst gestalten können. Und das kann man nur, wenn man ein Mensch ist!"
„Und möchtest Du eine Frau oder Ein Mann werden?" fragt der Zauberer.
„Ich will eine Frau werden, denn ich glaube, dass ich mich als Frau unter den Menschen sehr wohl fühlen werde; und ich würde mir Kleider mit vielen Knöpfen kaufen," sagt Mogi.
„Aber Knöpfe fühlen sich auf einem Stoff angenäht wohl," meint der Magier.
„Und warum Du nicht?"
„Ich habe unter der Macht der Menschen so viel gelitten, dass ich selbst einer werden will, um mich wehren zu können," antwortet Mogi. „Ich habe nicht es vergessen, wie sie mit mir umgegangen sind, als ich noch im Kaufhausregal lag, und auch nicht, als ich auf einem Hundemantel angenäht war. Und wenn an die Waschmaschine denke! Nein, ich will die Welt der Knöpfe für immer verlassen!"
„Du musst sehr unglücklich gewesen sein," meint der Magier. „Ich werde mir Mühe geben, Deinen Traum zu verwirklichen."

Der Zauberer bückt sich, nimmt den kleinen, ängstlichen und aufgeregten Knopf in seine Hände, legt ihn auf seinen Tisch, spannt ein schwarzer Tuch darüber und sagt: „Meine Damen und Herren, ich bitte um Ihre Aufmerksamkeit. Sie werden jetzt eine meiner größten Nummern sehen. Ich werde versuchen, einen Knopf in einen Menschen zu verwandeln." Er nimmt seinen Zauberstab, berührt das schwarze Tuch damit und sagt: „Abrakadabra, jetzt bekommst Du Beine und Füße! Simsalabim, jetzt bekommst Du Arme und Hände! Und jetzt, kleiner Knopf, bist Du ein Mensch geworden!"
Er zieht das schwarze Tuch weg, und Mogi liegt da mit Armen und Beinen. Mogi guckt sie an, fängt an, sie zu bewegen, springt vom Tisch herunter und beginnt zu rennen, zu springen und zu tanzen in der Manege und schreit außer sich vor Freude: „Ich bin ein Mensch geworden. Ich bin ein Mensch geworden. Hurra! Danke, Herr Zauberer. Das ist der schönste Tag in meinem Leben. Ich fühle mich so frei, und ich bin so glücklich!" Alle Zuschauer klatschen vor Verwunderung und vor Vergnügen. Sie sind alle glücklich. „Nur mit meinem Bauch stimmt etwas nicht," stellt Mogi fest. „Hallo, Herr Zauberer, Sie haben etwas vergessen. Der Knopf ist noch in meinem Bauch geblieben." „Er gehört zu Deiner Vergangenheit," antwortet der Zauberer. „Und die kann ich Dir nicht wegzaubern. Jetzt wirst Du damit leben müssen. Und denke Dir einen anderen Traum aus. Denn selbst als Mensch kann man ohne Träume nicht leben." Wie recht er hat! Aber was er eben sagt, macht Mogi traurig. Er war einmal ein kleiner, unglücklicher Knopf gewesen, der aber nie die Hoffnung aufgegeben hatte, dass sich sein Traum eines Tages verwirklicht. „Ich werde mein Bestes tun, um damit zu leben," sagt er zu dem Zauberer. „Die Frau wird für ihre Bluse einen neuen Knopf kaufen müssen, denn ich gehöre jetzt in die Welt der Menschen, und ich habe in dieser neuen Welt noch so viel zu entdecken und zu lernen, dass ich mich gleich auf den Weg machen werde. Auf Wiedersehn, Herr Zauberer, und vielen Dank. Habe ich ein Glück gehabt, finden Sie nicht? Und wenn Sie zufällig einen kleinen Knopf auf der Straße liegen sehen, lassen Sie ihn bitte nicht liegen. Heben Sie ihn auf. Er wird Ihnen sehr dankbar sein."

Montag, 17. August 1987

Ich tanze vor Freude, denn ich habe ein Bild gemalt, das mich glücklich macht. Die Vergangenheit fließt davon!

Ich habe es überlebt! 17. August 1987

Freitag, 21. August 1987

Französische Touristen sind in der Stadt eingetroffen. Es war eine Herzensfreude, die Sprache zu hören. Es war einmal ein blauer Knopf...

Der Knopf kann ohne den Docteur nicht leben. 21. August 1987

Samstag, 22. August 1987
Man hat mich zu einer Vernissage eingeladen. Ich bin gestern ganz allein dahingegangen. Nach zwei Stunden packten mich die Angst und der Kummer so sehr, dass ich wieder nach Hause fuhr.

Montag, 24. August 1987
Sensibilität hat in dieser Gesellschaft wenig Platz, nur Leistung wird gefragt. Ein Mann beschäftigt mich zur Zeit, für den kein Berg zu hoch ist: Reinhold Messmer.

Mittwoch, 26. August 1987
Maman hat gerade angerufen. Sie muss ins Krankenhaus, sich einer neuen Operation unterziehen. Ich werde nach Nancy fahren, aber vorher möchte ich noch am nächsten Montag zum Docteur gehen.

Montag, 31. August 1987
Während der Docteur die neuen Abenteuer vom Knopf las, konnte ich seine Kleidung ganz klar sehen. Er trug heute eine dunkelblaue Hose, ein gestreiftes Hemd, eine hellblaue Jacke, schwarze Schuhe und die karierten Strümpfe! Nur sein Gesicht war noch verschwommen, wie im Nebel. „Meine Mutter muss ins Krankenhaus," sagte ich ihm dann. Nach diesem Satz fing mein Herz an zu rasen, meine Muskeln verkrampften sich. Diese Worte zu äußern lösten so viele Schmerzen bei mir aus. Solche Worte waren verboten. Als Kind durfte ich niemand erzählen, dass meine Mutter krank ist, dass sie Tuberkulose hatte und ins Krankenhaus musste. Der Kummer und die Angst, sie zu verlieren, behalte ich für mich. Ich lerne, zu reden und Dinge auszusprechen.

Dienstag, 1. September 1987
Mein Bauch tut mir weh. Es ist wohl der Knopf, der quer liegt, und den ich verdauen muss. Ich versuche, meinen Koffer zu packen, denn Donnerstag muss ich nach Nancy

Intercity „Goethe" - Donnerstag, 3. September 1987
Der Zug rollt in Richtung Frankreich, und ich habe das Gefühl, dass ich im Bus sitze und zum Stadtzentrum fahre. Die Entfernung wird kleiner, und die Landschaft läuft wie ein Film am Fenster vorbei.

Nancy - Samstag, 5. September 1987
Maman ist operiert worden. Es war ein kleiner Eingriff, und in ein paar Tagen wird sie wieder nach Hause kommen. Ich führe den Haushalt, koche und putze, versorge den Vater und die Katze.

Nancy - Montag, 7. September 1987
Maman geht es so weit gut. Wir besuchen sie jeden Tag. Ich gehe einfach so in die Klinik, ohne Ängste, und ich freue mich über meine neue Lebenseinstellung. Maman wird wieder gesund und kommt bald nach Hause. Der damalige Schock ist überwunden. Das Schlimmste war, dem Docteur zu sagen, dass sie krank ist.

Nancy - Dienstag, 8. September 1987
Zu Hause herrscht Harmonie. Vater und ich verstehen uns gut. Wir haben heute Mirabellenmarmelade in dem großen Kupfertopf gekocht. Schon seit meiner Kindheit gibt es diese Konfitüre. Ich habe wohl schon einen Zentner dieser lothringischen Früchte entkernt. Es ist Vaters Heiligtum, denn nach jeder Mahlzeit ist es sein Nachtisch. Morgen kommt Mutter wieder aus dem Krankenhaus, und ich werde nach Deutschland zurückkehren. Wir wollen in Urlaub fahren.

Donnerstag, 10. September 1987
Kaum habe ich den einen Koffer ausgepackt, muss ich den anderen wieder füllen. Wir fahren am Samstag nach Österreich. Von Frankreich nach Deutschland, von Deutschland nach Austria...

Österreich - Samstag, 12. September 1987
Ich bin so durcheinander. Ich kann meine Gedanken nicht mehr lenken; sie machen einfach, was sie wollen. Ich weiß auch nicht, wo ich bin. Aber ich fühle mich nicht als Fremde hier.

Österreich - Montag, 14. September 1987
Ich weiß noch nicht, wo ich bin. Mein Gehirn arbeitet auf Hochtouren. Ich bin wie eingemauert und kämpfe mit der Vergangenheit, mit diesen verwirrten Gedanken. Es wird sich schon lösen. Aushalten! Arbeiten lassen! Wir

haben den Tag mit Thomas' Bruder und seiner Frau verbracht, die in einem Nachbartal wohnen. Ich lasse mir ja nichts anmerken.

Österreich - Dienstag, 15. September 1987
Ich weiß, wo ich bin! In Österreich! In einem schönen, urigen Tal nahe der italienischen Grenze. Ich kann heute alles so klar sehen: Die Berge, die Blumen auf dem Balkon. Wir sind 1200 m hoch, toll! Wir sind seit vier Tagen da, und ich habe das Gefühl, dass wir eben erst angekommen sind. Ich habe Schmerzen in meinem Körper, aber meine Gedanken sind rein. In unserem Dorf ist sogar ein Kloster, in dem noch Mönche leben. Ich wusste es, das es sich in meinem Kopf lösen würde.

Österreich - Mittwoch, 16. September 1987
In der Nähe ist ein Natursee, wo Thomas gern schwimmen geht. Ich bleibe am Ufer und schaue den Menschen zu. Mit ihnen zu reden ist zu ermüdend für mich. Die schrecklichen Bilder kommen immer noch, wenn in den Lokalen die Toiletten zu dunkel sind. Ich muss meine Kräfte mobilisieren und einteilen.

Österreich - Donnerstag, 17. September 1987
Die Klosterkirche wirkt wie ein Museum auf mich, aber wenn die Glocken läuten, tut es mir weh. Heute Nacht habe ich geträumt, dass anstatt des Kreuzwegs Bilder von August Macke hängen würden.

Italien - Sonntag, 20. September 1987
Was für eine grandiose Bergwelt sind diese Dolomiten! Die türkise Farbe des Wassers des Misurinasees... Wir sind in Cortina d'Ampezzo, und ich habe mir handbemalte Teller gekauft, die als Motiv Feldblumen haben. Sie werden gut in meinen Bauernschrank passen. Was für ein schöner Tag!

Cortina d'Ampezzo - Sonntag, 20. September 1987
Lieber Docteur,
viele Grüße aus einer grandiosen Bergwelt. Ich komme gut zurecht, nur der Knopf liegt quer in meinem Bauch und tut mir weh.
Klose Monique

Österreich - Montag, 21. September 1987
Der Gockel geht mir nicht aus dem Sinn! Wir haben ein Dorf besichtigt, in dem es schöne, ältere Häuser gibt. Unterwegs durch die malerischen Straßen fiel mir ein Hahn auf, der mit seinen Hennen in einem Misthaufen nach Würmern pulte. Dieses geflügelte Tier sah so unmöglich aus! Es war so dreckig, so zerrupft, es hatte auch keinen Schwanz mehr, nur noch ein paar Federn am Hintern. Ein zerfallenes Denkmal! Wenn etwas in meinem Kopf haften bleibt, dann weiß ich, dass es ein Schlüssel zu meinem Unbewussten ist. Aber welcher? Thomas hat den Hahn fotografiert. Wen soll das Tier vertreten?

Österreich - Dienstag, den 22. September 1987
Ich habe herausgefunden, was hinter diesem Clochard von einem Gockel steht. Es ist das Frankreich meiner Kindheit, mein Vater. Sie haben ihren Glanz verloren, die zerfallenen Denkmäler! Ich bin wie ausgelaugt von dem vielen Denken. Morgen werden wir zurückfahren.

Sonntag, den 27. September 1987
Kaum zu Hause musste ich dieses Bild malen. Die Koffer habe ich auch ausgepackt, nur einen nicht, denn in Paris wird bald das Baby ankommen. Ein Baby! Ich werde zum ersten Mal Tante. Na so etwas! Und ich habe immer noch diesen zerrupften Hahn in meinem Kopf.

Montag, 28. September 1987
Deutsche und französische Soldaten machen zur Zeit gemeinsame Manöver. Endlich sind sie Freunde geworden. Das freut mich! Das müsste Großvater sehen! Wird es eines Tages eine Welt geben, in der die Menschen in Frieden zusammenleben können?

Dienstag, den 29. September 1987
Mir geht es schlecht, ich schaffe es nicht mehr. Meine Beine und mein Unterbauch sind so verkrampft, dass ich kaum gehen kann. Noch zwei Tage, bis ich zu dem Docteur gehen darf. Ich habe ihn vorhin angerufen. Aushalten!

Das Frankreich meiner Kindheit hat seinen Glanz verloren. 27. September 1987

Donnerstag, den 1. Oktober 1987

Welches Abenteuer! Ich bin mit dem Bus zur Klinik gefahren, kam in einer schlimmen Verfassung an, ganz durcheinander und erschöpft... Als ich den Docteur sah, spürte ich in mir etwas wie einen elektrischen Schlag vom Kopf bis zu den Füßen, wie ein Kurzschluss, der in mir alles wieder in die Reihe brachte und mir neue Kräfte gab. Ich habe den Arzt ganz klar sehen können, sogar sein Gesicht! Mein Hahn hat ihm gut gefallen. Nachdem ich den Docteur verlassen hatte, ging ich ins Stadtzentrum und kaufte mir neue Schuhe. 2.00 Uhr nachts. Ich kann nicht schlafen; ich sitze in der Küche, denke an die vielen Menschen, die zur Zeit auch wach sind, weil sie arbeiten müssen, oder weil sie wie ich Schmerzen haben. Manche amüsieren sich um diese Zeit noch in Diskotheken und auf Partys, sie tanzen und lieben sich. Oh! Gerade ist ein neuer Mensch geboren worden und ein anderer ist gestorben. Irgendwo auf unserer Welt kämpfen Soldaten und halten Wache. Gauner sind unterwegs, sie rauben und morden. In Bogata schlafen die Straßenkinder in ihren Pappkartons. Eh! Vater schnarcht! Ich höre ihn. In manchen Ländern ist es schon hell, aber die Dunkelheit in der Nacht macht mir keine Angst mehr. Ich fühle mich nicht allein, nicht mehr verloren wie als Kind. Nein! Es ist vorbei. Ich kann wieder ruhig schlafen gehen, denn die Schmerzen haben nachgelassen.

Dienstag, 6. Oktober 1987

Ich habe solch brennende Schmerzen in mir, dass ich den Docteur um einen Termin bat: Um 17.00 Uhr soll ich kommen. Als ich seine Stimme am Apparat hörte, wurde alles noch schlimmer. Ich glaube den Grund zu kennen: Heute Nacht habe ich von meinem gelähmten Onkel geträumt. Seitdem habe ich diese Schmerzen. 18.30 Uhr. Ich war nur ein paar Minuten bei dem Docteur; ich wollte ihn nur sehen. Ich weiß, dass ich mich von ihm trennen muss, dass ich meinen Onkel begraben muss. Es tut so weh! Aber es muss sein! Es gab eine Grenze, eine dicke Mauer in mir, die ich mit all meinen Kräften durchbrochen habe. Die Mauer der Verrücktheit! Zwischen der Welt des Knopfes und der Welt der Menschen gab es auch eine dicke Mauer, die ich Stein für Stein abgebaut habe. Es liegen noch ein paar Steine da, aber heute bin ich so müde, dass ich sie nicht mehr wegtragen kann. Diese Brocken sind so schwer geworden, dass ich die Kraft nicht mehr habe, um sie hoch zu heben. Ich weiß auch nicht, was sich dahinter verbirgt; es macht mir Angst! Ich werde sie noch liegen lassen, bis ich neue Kräfte gefunden habe.

Freitag, 9. Oktober 1987
Ich komme von Frankfurt, wo zur Zeit Buchmesse ist. Ich habe es geschafft, allein hinzugehen. Schade, dass ich nichts mehr außer ein paar Artikeln in der Zeitung lesen kann. Es geht nicht. Und heute habe ich so interessante Bücher gesehen... Worte zu schreiben ist für mich wichtiger, als welche aufzunehmen.

Samstag, 10. Oktober 1987
2.00 Uhr nachts. Ich habe etwas entdeckt, und der Kummer drückt auf mein Herz. Mein Zauberer ist ein Mann! Ach, du Schreck! Es ist wie als Kind, als man zu mir sagte, dass es keinen Nikolaus gibt. Wenn der Docteur ein Mann ist, dann hat er auch einen Phallus! Na so was!

Freitag, 16. Oktober 1987
Die Frauen und Männer, die in der Stadt Einkäufe machen, sehe ich zur Zeit nackt, ja! Sie haben nichts an. Ich sehe Menschen! Caroline möchte einen Stammtisch gründen, wo jeder hinkommen kann, um französisch zu sprechen. Ich mache mit. Wir werden uns einmal in der Woche in einer Kneipe treffen. Unser Baby lässt auf sich warten!

Dienstag, 20. Oktober 1987
Mein Zauberer stirbt in mir oder er verwandelt sich in einen Mann. Und es tut mir weh!

Mittwoch, 21.Oktober 1987
Es geht mir nicht gut; ich muss ständig etwas essen. Ich war gestern Abend zu dem französischen Stammtisch gegangen. Es war sehr anstrengend für mich, unter Menschen zu sitzen und zu reden. Es ist eine neue Welt. Ich bin auch ganz allein spätabends in der Dunkelheit nach Hause gelaufen. Ich fand Thomas ganz blass. Ich versuchte ihm zu erzählen, dass ich Menschen getroffen hatte, die ein ganz anderes Leben führen als ich, dass sie arbeiten und Sport treiben... Aber er konnte mich nur bedrohen und beschuldigen. Er muss lernen, dass ich nicht sein Besitz bin, und es ist für mich wichtig, jetzt zu diesen Leuten zu gehen. Mein Weg geht weiter!

Der Zauberer verwandelt sich. 20. Oktober 1987

Mein Zauberer stirbt. 20. Oktober 1987

Samstag, 24. Oktober 1987
12.00 Uhr. Mein Bruder hat gerade angerufen: Das Baby ist da! Ich habe einen Neffen! Ich freue mich so darüber, dass ich nach Paris laufen könnte, um es zu sehen!

Lieber Florian, Samstag, 24. Oktober 1987
Dein Vater hat mich angerufen, um mir zu sagen, dass Du heute Nacht auf die Welt gekommen bist. Deine Haare sind schwarz, und Du wiegst drei Kilo. So viel weiß ich schon von Dir. Wie niedlich Du sein musst! Ich kann es kaum erwarten, nach Paris zu fahren, um Dich zu sehen. Ich kenne Dich nicht, aber ich liebe Dich schon. Ich hoffe, dass Du den Schock der Entbindung gut überstanden hast, und dass Deine Maman sich wohlfühlt. Du warst ja so im Warmen und nun diese Kälte! Wenn Du heranwächst, wirst Du sehen, wie wundervoll unser Planet ist, wie das Leben schön sein kann, wenn man es von der richtigen Seite aus betrachtet. Klar, dass es Tage geben wird, wo Du Dich nicht gut fühlst, an denen Du Dir Fragen stellen wirst: Warum gibt es so viel Ungerechtigkeit, soviel Hass, so viele unglückliche Menschen, die durch Macht und Mangel an Liebe zerstört worden sind? Es wird auch Enttäuschungen geben. Du wirst Träume haben, die Du nicht verwirklichen kannst. Manche Tage werden Dir dunkel vorkommen, andere so schön, dass sie Dir zu kurz erscheinen werden. Du wirst sie voll und ganz erleben. Weißt Du: Glück existiert! Schaue die Vögel, die Feldblumen, die Verrücktheit des Windes, die Sterne am Himmel an! Und ich? Ich werde immer für Dich da sein! Wie glücklich Deine Eltern darüber sein müssen, dass sie Dich haben! Ich höre jetzt auf. Ich umarme Dich und wünsche Dir ein langes, glückliches Leben, Gesundheit, genügend Geld, um dieses Leben zu genießen und viele gute Freunde. Und lass bloß nichts aus Dir machen! Folge Deinem Weg!
Auf bald!
Deine Tante Monique

Dienstag, 27. Oktober 1987
Der Docteur ist für eine Woche nicht erreichbar. Heute Abend werde ich zum Stammtisch gehen. Ich will leben! Ich werde leben!

Das Mädchen tanzt mit Geschichte. 24. Oktober 1987

Mittwoch, 28. Oktober 1987

Ich bin leise nach Hause gekommen. Es war nach 23.00 Uhr. Thomas saß vor dem Fernsehen und hat diesmal nichts gesagt. Ich bin - auch ohne Worte - schlafen gegangen

Freitag, 30. Oktober 1987

2.00 Uhr nachts. Der Kummer hat mich geweckt. Ich schreibe und fülle Blätter mit lauter Wörtern. Die Wut ist so groß. Der Vergangenheit hat sich im Lauf der Therapie immer vorgedrängt. Es war ihr egal, wo ich mich befand, mit wem ich zusammen war. Ich habe sie hochkommen lassen, um sie noch einmal zu verarbeiten. Wie lange noch? Montag ist der Docteur wieder da; noch zwei Tage!

Montag, 2. November 1987
Ich werde nächstes Jahr Darmstadt verlassen, um nach Hamburg zu gehen! Es ist ein Schock! Es ist, als ob mir jemand mit einem Hammer auf den Schädel geschlagen hätte. Ich wiederhole ständig seine Worte. Ich kann sie nicht verarbeiten. Der Docteur will unsere Stadt verlassen. Er hat sicherlich ein besseres Stellenangebot bekommen. Aber Hamburg! Es ist so weit! Was wird aus mir, aus der Station 33?

Dienstag, 3. November 1987
Ein Brief aus Paris ist angekommen. Er ist von meinem Bruder; er schreibt für Florian:
Meine Eltern schlafen noch, und ich nutze diesen Moment, um Dir ein paar Worte zu schreiben. Es hat mir verdammt viel Freude gemacht, meinen ersten Brief zu bekommen. Die Freunde meiner Eltern sind alle gekommen, um mich zu sehen, aber niemand hat mir geschrieben. Wahrscheinlich glauben sie, dass ich nicht lesen kann. Ich denke, dass meine Eltern mit mir zufrieden sind, denn sie bleiben ganz lang über meiner Wiege und erzählen mir etwas. Ich möchte Dich auch kennen lernen, denn Du schriebst so hübsche Sachen. Ich habe leider nicht alles verstehen können. Was ist das: Hass? Ungerechtigkeit? Sag, erklärst Du es mir? Ich habe schon Blumen gesehen, denn Maman hat welche bekommen. Ich werde Papa fragen, dass er mir die Verrücktheit des Windes zeigt, und wie die Vögel aussehen. Ich möchte gern, dass Du meine Patin wirst. Sag, willst Du meine Patin sein? Oh, Maman ist aufgewacht, also verlasse ich Dich, denn ich muss wieder in meine Wiege gehen, damit sie sich keine Sorgen macht.
Einen dicken Kuss! Florian

Mittwoch, 4. November 1987
Verstand und Gefühle kämpfen miteinander: Der Docteur geht weg! Für Donnerstag habe ich einen Termin bekommen. Ich kann nicht zu den Franzosen gehen; ich schaffe es nicht.

Donnerstag, 5. November 1987
„Sie werden mich vergessen da oben im Norden!" sagte ich zum Docteur. „Werde ich das?" antwortete er. „Sie können mit Trennungen besser umge-

hen als ich; und Sie sind es gewohnt, dass Patienten kommen und gehen!" „Trennung tut immer weh! Auch mir! Wo ist Ihre Heimat? In Nancy? In Paris? Hier?" fragte er mich. Ich zuckte mit den Schultern und sagte: „Ich bin heimatlos." „Ich möchte Sie gern umarmen bevor ich gehe, das darf ich aber nicht," sagte ich. „Ich glaube nicht, dass es Ihnen hilft. Ich gebe Ihnen einen neuen Termin für Montag. Soll ich Sie in die Halle begleiten?" fragte er noch. „Nein!" Meine Beine wollten nicht mehr gehen; ich blieb eine ganze Weile an die Mauer gelehnt stehen und fing an zu weinen, bis ich ein Prickeln in meinen Füssen spürte und die Kraft fand, die Klinik zu verlassen. Welch´ein Kummer in mir!

Samstag, 7. November 1987

Oh, Vincent, wenn Du wüsstest! Sie haben eines Deiner Werke nach Amerika verkauft für mehrere Millionen Dollar. Stell´ Dir das ´mal vor! Zu Deinen Lebzeiten wollten die Leute Deine Bilder nicht, und heute... deine Farben helfen mir; sie geben mir neue Kräfte, denn ich bin auch sehr traurig.

Mein größter Feind. 9. November 1987

Montag, 9. November 1987
Ich war heute wie abwesend bei dem Docteur. Nach einem kurzen Gespräch ging ich wieder nach Hause. Der Kummer drückt in mir.

Mittwoch, 11. November 1987
Ich bin mit Übelkeit und Verkrampfungen aufgewacht. Ich habe geträumt, dass in Nancy die Eltern und das Haus nicht mehr da wären. Schrecklich!

Sonntag, 15. November 1987
Caroline hatte ein kleines Fest organisiert. Viele Leute waren da und jeder sollte etwas zum Essen mitbringen. Da musste ich natürlich auch Mousse au chocolat machen. Ich kam mir manchmal wie eine Außerirdische unter diesen Menschen vor, die arbeiten gehen und ein anderes Leben führen, aber es war gut. Ich habe neue Menschen kennen gelernt, die auch aus anderen Ländern kommen.

Mittwoch, 18. November 1987
Gestern Abend, als ich zum französischen Stammtisch wollte, ist eine Panzerkolonne der Amerikaner, die hier stationiert sind, an mir vorbeigerollt. Beim Anblick dieser Fahrzeuge und der vermummten Soldaten fing ich an zu zittern. Es ist doch Wahnsinn, dass Menschen so etwas bauen, um andere zu zerstören! Es hat mich aufgeregt! Thomas hat nichts gesagt, als ich nach Hause kam; er wird sich daran gewöhnen.

Donnerstag, 19. November 1987
Ich habe es gerade noch geschafft, nach Hause zu kommen, ehe ich erbrechen musste. Ich war beim Friseur, aber es war zu anstrengend für mich. Meinen Kopf im Spiegel zu sehen! Es war zuviel.

Samstag, 21. November 1987
Ich habe neue Bilder gemalt: Wie groß ich jetzt geworden bin und vom Docteur. Dieser mächtige Baum, der Zauberer, wird zu einem Menschen mit Schwächen und Stärken. Ich habe diesem Wesen so viel Macht gegeben, dabei habe ich die meiste Arbeit geleistet. Ich habe erneut erbrochen. Maman! Ich friere!

Der Docteur und ich. 21. November 1987

Der Docteur ist allein. 21. November 1987

Ich habe meinen Zauberer verloren. 21. November 1987

Dienstag, 24. November 1987
Ich bin im Stadtzentrum gewesen. Ich wollte Menschen sehen und lief durch die Geschäfte, die überfüllt sind mit Gegenständen, Kleidung und ... Brauchen die Leute das alles? Wenn sie kaufen können, tröstet und beruhigt es das Volk. Heute Abend ist ja Stammtisch! Es ist eine neue Gruppe für mich. Zur Zeit sind wir zu fünft.

Freitag, 27. November 1987
Ich versuche, meinen Koffer zu packen, Kleidung und Gegenstände hinein zu tun. Es ist schwierig, denn eine neue Trennung steht mir bevor. Montag werde ich nach Paris fahren, um diesen kleinen Menschen zu sehen. Ich habe ihm einen so kuscheligen Teddybär gekauft. Ich weiß auch schon, zu welchen Bildern ich gehen muss, um weiter zu kommen.

Sonntag, 29. November 1987
Ich bin wie eingemauert und alle Minuten kommt ein anderes Gefühl in mir hoch: Freude, Kummer, Angst; auch ist mir kalt. Ich werde von Paris aus dem Docteur einen Brief schreiben. Die Worte stoßen sich schon in meinem Kopf; es ist wieder ein perfektes Chaos. Ich habe meine Bilder eingepackt, um sie der Familie zu zeigen. Morgen Abend wird mein Bruder am Ende des Gleises auf mich warten.

Paris - Dienstag, 1. Dezember 1987
Unser Baby ist so niedlich; es hat große, braune Augen. Es ist wie ein Wunder, dieses kleine Wesen. Ich habe den Tag zu Hause verbracht, um bei ihm zu sein, aber morgen muss ich zu meinen Bildern gehen. Die Fahrt in die Tiefgarage ist immer noch die Hölle für mich! Dieses dunkle Loch...

Paris - Mittwoch, 2. Dezember 1987
Mein Weg führte mich in das Museé de L'Orangerie zu Monets Nymphéas. Ich setzte mich davor und schaute diese Bilder an. Mein Herz fing an zu rasen, meine Beine waren wie gelähmt; mein Gehirn arbeitete auf Hochtouren. Ich blieb eine Weile davor sitzen, bis ich die Kraft fand, zu gehen. Das Wasser und die Blumen waren eine Tür zu meiner Welt! Was für Werke! Danach lief ich in die Richtung des „Grand Palais", wo sich eine Ausstellung von Fragonard

Pablo Picasso, Frau mit Tauben, 1930. Centre Pompidou Paris.

befand. Ich sah lauter fröhliche Menschen aus dem 18. Jahrhundert. Ich stieg in die Metro und fuhr zum Museé d'Art Moderne, wo auch Werke deutscher Maler hängen. Aber... Ich blieb vor einem Picasso stehen. Ich sah auf dem Bild eine Frau, die - weil sie die Tauben so sehr liebte – sich verwandelte. Ihr Körper nahm eine andere Form an: Ihr Bauch und ihr Busen sahen aus wie große Eier und ihre Arme glichen zwei Flügeln. Die Liebe zu diesen Tieren hatte sie verändert. Ich sah Ähnlichkeit mit mir, denn weil ich dem Docteur alle meine Gefühle gab, wurde ich wandlungsfähig und bekam auch neue Flügel. Die Nymphéas, also Blumen und Wasser, dahinter verbirgt sich Weiblichkeit. Ich muss doch dem Docteur schreiben! Die Menschen rücken mir immer näher, ihre Gesichter, ihre Persönlichkeit...

Paris - Mittwoch, 2. Dezember 1987

Lieber Docteur,

ein Gruß aus Paris, wo ich meine Bilder der Familie gezeigt habe. Sie fanden sie sehr schön, sehr poetisch, sehr klar und interessant. Sie freuten sich darüber, dass ich Sie rechtzeitig getroffen habe. Ich freue mich auch, denn so habe ich diese Geschichte überlebt, diesen Gefühlskrieg gewonnen, bis jetzt. Es freut mich, dass ich mit all' meinen Kräften dieses Kummergewicht bekämpft habe. Mein Inneres wollte sterben, aber ich habe es immer wieder zum Leben erweckt. Ich habe viele Nächte damit zugebracht, Sätze zu schreiben, damit dies Gewicht mein Herz nicht zerdrückt. Ich kämpfte schon damals so mit der Eisenbahn, die mich wie ein Magnet zog. Es war sehr hart; ich wollte doch nicht sterben, so nicht! Mit dem warmen Gefühl muss ich auch kämpfen und mich stark bremsen, damit ich Ihnen und manchen anderen Männern nicht an den Hals springe. Welche Macht Gefühle haben können! Ich war natürlich auf Sie wütend, weil Sie mich nach der Gruppe zu anderen Psychotherapeuten geschickt haben, aber ich bin immer zu Ihnen zurückgekommen bis Sie es verstanden haben, dass es nur bei Ihnen läuft. Ich bin darüber sehr froh! Diese Sklavin, dieses Nichts, dieses Wrack, dieser hilflose Knopf, das war einmal ich? Und heute diese bunte Frau mit den vielen Fähigkeiten, die sogar ein Buch schreiben will, das bin ich auch? Es fällt mir an manchen Tagen noch schwer, diese Verwandlung zu begreifen. War das Zauberei? Was habe ich für ein Abenteuer erlebt! Nun scheint es, dass es zu Ende geht. Ich war sehr krank. Heute kann ich leben so gut es möglich ist. Dafür werde ich Ihnen mein Leben lang dankbar sein. Nur in mir ist es jetzt so leer: Ich habe meinen Baum, meinen Zauberer und meinen Knopf verloren. Ich werde bald wieder ganz normal sein! Ich kann mich auch für Sie freuen, dass Sie diese Chance in Hamburg bekommen haben und Ihrem Weg folgen. Es wird noch eine Weile dauern, bis Sie sich in Ihre neue Umgebung eingelebt haben. Ich wün-

sche mir, dass Sie und Ihre Familie sich bald wie zu Hause fühlen. Hamburg ist eine schöne Stadt. Ich habe sie einmal gesehen; das Meer ist ganz in der Nähe. Auch wenn es hart für mich ist und Schmerzen macht und Kraft kostet: Ich folge auch meinem Weg. Mal sehen, wohin er mich führt. Ich verliere Sie als meinen inneren Halt, was mir noch wehtut, aber ich behalte Sie als Mensch, und Hamburg ist nicht am Ende der Welt. Sie haben die Macht, die ich Ihnen gegeben habe, verloren. Unser Baby ist so niedlich. Die Familie meint, dass es meine großen, schönen und ausdrucksvollen Augen bekommt. Es sind auch die Augen meines Vaters, die meine Mutter nicht schön fand. Paris ist in Weihnachtsstimmung, überfüllt an schönen Sachen, aber auch an Sicherheitsbeamten. Ich habe das Gefühl, dass ich viele Fehler gemacht habe. Bitte schauen Sie sie nicht an.
Freundliche Grüße
Klose, Monique

Paris - Donnerstag, 3. Dezember 1987
Ich sehe und lerne so viel Neues hier. Ich beobachte die Menschen wie sie leben und miteinander umgehen. Morgen kommt Vater zu Besuch. Er will seinen ersten Enkel sehen. Ich werde mit ihm nach Nancy zurückfahren, denn ich möchte das Nikolausfest sehen und muss leider Klein-Florian verlassen.

Nancy - Sonntag, 6. Dezember 1987
Sankt Nikolaus ist der Schutzpatron von Lothringen. Ich kann mich gut daran erinnern, dass ich als Kind die Schuhe in den Gang stellte, und wie groß die Freude war, wenn sich am nächsten Tag kleine Geschenke darin befanden. Gestern Abend gab es einen Festzug durch die Straßen der Stadt. Wie schön der Nikolaus war! Wie damals als Bischof gekleidet und der Père Fouatar war auch dabei. Ich hatte immer Angst vor diesem bösen Wesen. Zwischen den märchenhaften Wagen spielten Militärkapellen – Soldaten in ihren schönen Uniformen. Die Kinder waren begeistert. Ob sie sich vorstellen können, dass diese Soldaten auch auf Menschen schiessen können? Das konnte ich nicht! Also, es gibt keinen Nikolaus! Auch keinen Zauberer, der unsere Welt verändern kann. Die Menschen müssen selbst an sich arbeiten, aus den Schubladen ihrer Denkweise herausgehen. Nach der Parade gab es ein großes Feuerwerk. Oh! Der Nikolaus hat mir übrigens etwas gebracht: Eine neue CD.

Nancy - Dienstag, 8. Dezember 1987
Es gibt gute Nachrichten: Russland und Amerika wollen ihre Nuklearwaffen zerstören. Das ist eine tolle Sache! Feinde können auch Freunde werden! Ich packe erneut den Koffer. Morgen fahre ich wieder weg.

Eurocity - Mittwoch, 9. Dezember 1987
Ich sitze im Zug Richtung Deutschland. Mein Aufenthalt in Frankreich war lehrreich. In meinem Koffer habe ich viele neue Bilder und in meinem Kopf auch. Die Menschen werden tatsächlich realer, sie sind nicht mehr größer, besser oder schöner als ich. Oh, Maman!

Maman!
Heute kann ich verstehen und nachfühlen, dass Du mit mir nicht anders umgehen konntest. Deine Kindheit war hart; man hat Dich nicht respektiert. Du musstest auf dem Bauernhof von Großvater wie ein Mann arbeiten, bei jedem Wetter auf die Felder gehen und auch im Waschhaus stundenlang Wäsche im eiskalten Wasser waschen. Seit Deiner Hochzeit wohnst Du in der Stadt, aber diese Stadt hat Dir immer Angst gemacht. Du hättest so gern Gesang gelernt; das Meer wolltest Du auch sehen; Du träumtest von so vielem, aber Dein Leben als Sklavin hat dies alles nicht erlaubt. Du hast Dir selbst alles verboten und gabst anderen Menschen die Schuld dafür. Es ist jetzt zu spät, um etwas zu ändern. Du hast Dir Deine eigene Welt gebaut mit Deinen Tieren, Blumen, Handarbeiten und Deinen Ängsten und mit einem Gott, der Dir nichts verzeiht. Du hörst so gern Musik, sammelst Bilder und Photos und trägst so gern Kleider, die schöne Farben haben. Trotz dieses fast nur von Krankheit gezeichneten Lebens hast Du noch so viel Lebenskraft. Nun, Maman, das Leben als Frau, dass Du mir gezeigt hast, wollte ich für mich nicht haben. Ich weiß, dass Du nicht anders gekonnt hast, es nicht bewusst so gemacht hast, und dass das Leben mit Vater nicht immer einfach war. Verzeih mir Maman, wenn ich Dich manchmal für dumm und blöd gehalten habe. Ich wollte nicht so wie Du leben. Die „Verrücktheit" gab mir die Chance, es zu ändern. Deshalb kann ich Dich heute so sehen. Ich habe nicht gewusst, dass in mir so viele gute Anlagen_stecken, die von Dir kommen. Du hast in mir Macht und Autorität verloren, aber an Wert gewonnen. Ich habe Dich lieb, Maman!

Ich werde immer für Dich da sein, wenn Du mich einmal brauchst. Ich kann Dich nicht allein lassen.
Monique

Donnerstag, 10. Dezember 1987
Thomas stand gestern Abend auf dem Bahnsteig; große Wiedersehensfreude, ich war ja 10 Tage lang weggewesen, aber es war gut: Wir müssen uns neu entdecken. Heute holt mich der Kummer erneut ein, ich habe Schmerzen im ganzen Körper. Ich habe den Docteur angerufen und für Montag einen Termin bekommen.

Montag, 14. Dezember 1987
Ich habe den Docteur ganz klar sehen können, auch sein Gesicht. Nur trug er heute keine karierten Strümpfe. Mein Zauberer ist wirklich tot! Nachdem er die Bilder betrachtet hatte, fragte ich ihn: „Darf ich Ihnen schreiben?" „Ja", antwortete er. „Und wenn ich Sie anrufen will?" „Es wird wie hier sein: 5 Minuten vor der vollen Stunde!" „Vielen Dank! Und passen Sie gut auf sich auf! Auf Wiedersehen!" fügte ich hinzu. „Mache ich", antwortete er mir. Ich habe mich von ihm verabschiedet. Ich war ganz ruhig und verließ ihn ohne große Schmerzen. Der Docteur geht nach Hamburg und ich zu den Menschen! Habe ich es begriffen, dass er im Januar nicht mehr da ist?

Dienstag, 15. Dezember 1987
Ich werde nicht zum Stammtisch gehen; die Angstzustände in mir sind zu schlimm. Ich muss mich innerlich trennen, aber bin ich denn so weit? Meine Arme tun mir so weh; sie wachsen.

Sonntag, 20. Dezember 1987
2.00 Uhr nachts. Die Wut hat mich geweckt. Die Vergangenheit quält mich. Ich schreibe lauter Worte, um mich davon zu befreien.

Montag, 21. Dezember 1987
Ich bin so erschöpft. Der Kummer in mir ist zu groß. Ich habe den Docteur noch einmal angerufen. Ich kann morgen in der Frühe kommen, noch ein letztes Mal tanken gehen.

Dienstag, 22. Dezember 1987
Der Docteur geht weg! Bin ich schuld daran? Ich bin völlig durcheinander bei ihm angekommen, sah ihn wie im Nebel und blieb nur ein paar Minuten, dann ging ich wieder. In der Eingangshalle der Klinik fand ich einen Stuhl, auf den ich mich fallen ließ. Nach einer Weile lief der Docteur an mir vorbei; er ging mit einer Mappe und einem Schirm unter dem Arm in Richtung Ausgang und verschwand für immer. Kaum zu Hause angekommen, platzte eine Wunde in mir, so dass ich zusammengebrochen bin und mit schlimmen Schmerzen auf dem Boden lag. Es ist meine Schuld, dass er weggeht! Ich schäme mich! Früher habe ich mich immer zurückgezogen, wenn es mir schlecht ging; ich bin allein geblieben; hoffentlich falle ich nicht in dieses Verhalten zurück, wenn der Arzt weg ist.

Mittwoch, 23. Dezember 1987
Was war gestern bloß los? Es liegt doch nicht an meinem Verhalten! Heute, da ich einigermaßen normal denken kann, weiß ich es. Es ist sein Wunsch, nach Hamburg zu gehen! Ich bin nicht schuld! Morgen werden wir nach Nancy fahren, mal sehen, wie es weiter geht. Ich werde es schon meistern. Dieser Abschied hat wohl eine Neurose getroffen. Oh! Ich muss schreiben…Mogi?

Hallo! Hier ist Mogi! Wie Sie wissen bin ich ein Mensch geworden und entdecke die Welt meiner Artgenossen. Ich sehe nicht nur schöne Sachen, sondern auch solche, die mich traurig machen. Unter den Menschen herrscht das Geld. In welchem Luxus leben manche; es gibt sogar Milliardäre! Oh je! Es ist zum Weinen, wenn andere noch nicht einmal genug zum Essen haben. Welche Armut herrscht in manchen Ländern! Gewollt oder ungewollt werden viele Menschen alleingelassen oder ausgenutzt. Manche, die begabt sind, werden nie anerkannt, und andere für jede ihrer Launen bejubelt. Ich habe auch Menschen gesehen, die Freude daran hatten, Tiere zu erschiessen oder Bäume zu fällen. Warum so viel Rücksichtslosigkeit und Ungerechtigkeit? Ich werde mich an diese Welt gewöhnen müssen, denn ich kann die Menschen nicht so bekommen, wie ich sie gern haben möchte. Das werde ich akzeptieren müssen. Manches müsste sich doch ändern lassen. Aber wollen sich diese Wesen überhaupt ändern? Früher sind sie mit mir schlecht umgegangen; als Knopf war ich ihnen hilflos ausgeliefert. Heute - als Mensch - gehöre ich dazu. Also: Augen auf!

Nancy - Samstag, 26. Dezember 1987

Ich war im Stadtzentrum, denn ich wollte ein Wachstuch für unseren Küchentisch kaufen. Ich ging in ein Geschäft und kaufte die Tischdecke. Kaum wieder auf dem Trottoir waren meine Beine so sehr gelähmt, dass ich nicht mehr gehen konnte. Meine Gedanken verwirrten sich. Ich blieb auf dem Bürgersteig stehen, bis sich alles von allein entkrampfte, und ich weiter gehen konnte. Es war der Kauf dieses Wachstuches, der in meinem Gehirn eine Blockade auslöste. Als ich Kind war, lag ein Kunststofftuch in meinem Bett zum Schutz der Matratze falls ich nachts Pipi machte. Das war oft unangenehm. Wie mein Körper heute noch reagiert! Ich bin innerlich ganz wund.

Sonntag, 27. Dezember 1987

Wieder in Darmstadt, wieder habe ich die Koffer ausgepackt. Diese Tischdecke-Bettunterlage passt gut. Was steckt denn noch alles in mir? Weihnachten habe ich gut verbracht. Ich habe mich gefreut, diese Familie zu sehen, den Onkel, die Tante... und über die feinen Sachen zum Essen und Geschenke zu bekommen...

Mittwoch, 30. Dezember 1987

3.00 Uhr nachts. Ich kann vor lauter Verkrampfungen nicht mehr liegen bleiben. Ich bin eingeklemmt in meinen Schraubstock, eingemauert in meine Welt. Die Menschen unserer Welt sind wie eine große Gruppe ohne den Docteur. Ich bin allein! Oh je!

Samstag, 2. Januar 1988

Sylvester habe ich mit Thomas Geschwistern verbracht. Um Mitternacht knallen die Kracher in Deutschland und der Himmel ist beleuchtet. Ein neues Jahr wird begrüßt, und mein Abenteuer geht weiter. Die Farben von Frida Kahlo gaben mir neue Kräfte in einer Ausstellung, die zur Zeit in Frankfurt zu sehen ist. Und demnächst werde ich mit der Kunstschule und Caroline nach Stuttgart fahren zu Nolde!

Mittwoch, 6. Januar 1988

Der Stammtisch wird immer größer, 15 Personen waren gestern Abend da: Deutsche, Engländer und Franzosen, die hier arbeiten. Meine Beine waren so leicht, dass ich fast hingeflogen wäre; eine Seltenheit, die ich genossen habe. In dieser europäischen Gruppe höre ich viel mehr zu als selbst zu reden.

Donnerstag, 7. Januar 1988

Ich habe die neue Adresse des Docteurs in der Klinik abgeholt. Es war schon ein komisches Gefühl: Sein Zimmer war leer, Sein Namensschild hing nicht mehr an der Tür, nur seine Sekretärin war noch da. Mir ist schlecht geworden. Wo ist der Docteur? Ist er gestorben? Ich kann es immer noch nicht begreifen.

Samstag, 9. Januar 1988

Was für ein schöner Tag! Die wunderschönen Farbenzusammenstellungen von Nolde haben mir meine Batterie erneut aufgeladen. Ich habe einen Brief angefangen.

Darmstadt, 11. Januar 1988

Lieber Docteur,

ich hoffe, dass Sie gut in Hamburg angekommen sind. Ich wünsche Ihnen ein gutes und glückliches Neues Jahr mit viel Erfolg und wenig Ärger. Die letzte Stunde war nicht so angenehm; vielleicht musste sie so sein, denn sie hat mir viel gebracht, und ich hatte mich ja schon vorher von Ihnen verabschiedet. Als ich noch in der Halle saß, habe ich gesehen, wie Sie weggegangen sind. Dann bin ich nach Hause gefahren und dort zusammengebrochen. Ich musste fürchterlich weinen. Ich schämte mich so, weil ich nicht mehr wollte, dass Sie mich so in Tränen und Schmerzen sehen, und weil ich der festen Überzeugung war, dass Sie weggegangen sind, weil ich mich so verhalten habe, weil ich böse war. Eine Wunde platzte. Alles tat mir weh, die Beine, die Arme. Es hat mehrere Stunden gedauert, bis ich begreifen konnte, dass es nicht stimmte. Das war wieder einmal schlimm! Seit dem Beginn der Therapie sind viele tiefe Wunden so geplatzt und geheilt worden. Vielleicht war dies die letzte! Danke, dass Sie noch Zeit für mich hatten! Ich weiß, woher diese Wunden kommen; bestimmte Menschen erpressten mich mit Gott und mit dem Tod. Sie bedrohten mich, beschuldigten mich, sie ließen mich immer allein; sie hörten nie zu, nahmen mir das, was ich liebte, weg. So war ich geworden, was sie wollten: Ein Knopf, hilflos, abhängig, verwundet, zerrissen... Wie konnte es anders sein? In Deutschland entdeckte ich ein anderes Leben. Je schlechter es mir ging, um so mehr erkann-

te ich dies. Es hat Jahre gedauert, bis ich etwas sagen konnte, bis ich die richtigen Menschen traf. Im Laufe der Zeit, durch die Gruppe, durch die Frau Doktor, mit Ihnen und anderen Menschen habe ich viel probiert, viel riskiert und viel gelernt. Ich habe auch gelernt, mich zu melden, wenn es mir schlecht ging. Sie fanden es gut und schimpften nie mit mir. Das war etwas, dass ich oft nicht verstand, weil ich ein solches Verhalten nicht kannte. Irgend etwas hat mich von Anfang an an Sie gebunden. Ich weiß aber nicht, was. Es war nun einmal so. Sie haben die Mutter ersetzt, die ich nicht hatte. Ich habe mit Ihnen meine Kindheit nachholen können, nicht nur in der Phantasie, sondern auch in den Gefühlen, die ich wieder intensiv erlebte. Ich habe neue Erfahrungen, neue Entdeckungen gemacht. Ist das nicht einmalig in meinem Alter! Ich bin zweimal geboren: Körperlich in Nancy, seelisch in Darmstadt. Mein Unglück und mein Glück werden mir immer bewusster. Meine Geschichte ist traurig, aber ich finde sie auch sehr schön, und ich glaube, dass ich das Beste daraus gemacht habe. Ich bin so dankbar, dass ich Sie fast fünf Jahre lang für mich haben konnte, dass Sie das Alles mitgemacht haben, und dass ich heute so weit fähig bin, allein in einer realen Menschenwelt zu leben. Es ist zwar noch nicht einfach für mich, denn diese Welt ist mir noch fremd. Ich erkenne jetzt die Persönlichkeit der Menschen, aber ich kann nicht immer damit umgehen, und ich habe noch Angst vor der Bösartigkeit und Gleichgültigkeit mancher Menschen. Ich muss noch viel lernen; ein neues Abenteuer fängt an. Heute freue ich mich, dass ich allein vorwärts komme, und wenn ich Ihnen so schreiben kann, dann hilft es mir auch noch. Ich kann mir heute gut vorstellen, das ich schwierig für Sie war; ich war es auch für mich. Wir haben diesen schwierigen Fall gelöst!
Mit freundlichen Grüßen
Klose Monique

Mittwoch, 13. Januar 1988
Ich musste gestern Abend den Stammtisch früher verlassen: Der Kummer kam in mir hoch und erwürgte mich fast. Der Docteur und diese Menschen, die alles so gut meistern können, die gesund sind: Es war zuviel!

Freitag, 22. Januar 1988
25 Jahre deutsch-französische Freundschaft. Herr Kohl ist in Paris, um sie mit Monsieur Mitterand zu feiern. Zwei Männer, die sich gut verstehen. Ich

habe die Bilder am Fernsehen verfolgt. Es war seltsam, die Marseillaise von einer deutschen Militärkapelle im Hof des Elysée Palast gespielt zu hören. Großvater hätte es sicher nicht gefallen oder? Frankreich und Deutschland haben sich immer bekriegt. Heute tun sie es nur noch in meinem Kopf. Es waren sehr bewegende Bilder für mich.

Mittwoch, 27. Januar 1988
Ich vermisse den Docteur! Was bleibt denn hier von ihm? Für mich nichts mehr außer den karierten Strümpfen, die in den Regalen der Kaufhäuser hängen.

Donnerstag, 28. Januar 1988
In Deutschland gibt es eine Mauer, die das Land teilt; die Menschen auf der anderen Seite sind nicht so frei wie wir. Sie sind Sklaven eines politischen Systems. Sie müssen sich anpassen, sonst werden sie bestraft und ins Gefängnis oder in Psychiatrische Kliniken eingesperrt. Für mich war es oft schwer, so etwas zu begreifen, denn ich lebte in einem freien Land, war jedoch in eine Welt eingemauert. Meine Gedanken waren nicht frei. Erst in der Klinik habe ich anfangen können, die Barriere in meinem Kopf zu brechen. Mauern, die Menschen einsperren, müssen weg! Ein vereinigtes Deutschland - ob ich es erleben werde? Wird es eines Tages möglich sein, ohne dass Blut fließt? Die Freiheit hat ihren Preis!

Samstag, 30. Januar 1988
Am Samstag gehen wir oft zu Thomas‘ Mutter. Diesmal war eine meiner Schwägerinnen schon da, und sieh‘ an: Sie trug an den Füßen die gleichen karierten Strümpfe, die der Docteur getragen hatte. Das war zu viel für mich. Ich ging in den Garten und weinte. Seine Strümpfe an den Füßen einer Frau! Auch wenn sie eine andere Farbe hatten; wirklich, da passen sie nicht hin!

Freitag, 12. Februar 1988
Dieser Traum heute Nacht: Unterwegs mit meiner Mutter trafen wir Menschen aus Deutschland. Ich fing an, mit ihnen zu plaudern. Plötzlich brach Maman zusammen und war tot! Ich bin vor Schreck aufgewacht.

Sonntag, 14. Februar 1988
Lebt meine Mutter noch? Ich kann diesen Traum nicht von der Wirklichkeit unterscheiden. Bilder und Realität!
Und wo ist der Docteur?

Donnerstag, den 18. Februar 1988
Viele meiner neuen Entdeckungen sind mit Enttäuschungen verbunden; die Realität scheint hart zu sein. 13.00 Uhr. Meine Nachbarin hat mir einen Teller mit Gemüse gebracht, die sie auf ihre Art gekocht hat. Ich habe es gern gegessen, aber jetzt habe ich Schwierigkeiten mit dem Atmen, mein Herz klopft zu schnell: Ich werde doch nicht zusammenbrechen? Aber warum diese Übelkeit? Das Gehirn arbeitet! Frau plus Essen... Ich muss zu meiner Mutter! Ich muss erneut den Koffer packen.

Nancy - Samstag, 20. Februar 1988
Endlich zu Hause! Mutter lebt noch, ist aktiv; sie hat ihr antikes Buffet gewachst, und die alte Uhr erinnert uns ständig daran, dass die Zeit läuft. Geruch, Geräusche und Gewohnheiten... Ich werde nur ein paar Tage bleiben.

Eurocity - Mittwoch, 24. Februar 1988
Der Eurocity rollt, fährt mich nach Darmstadt. Ich bin durcheinander; ich denke, dass ich gerade Paris verlassen habe. Die Bilder kommen und gehen in meinem Kopf. Ich werde schon am richtigen Bahnhof aussteigen, dafür wird mein Verstand sorgen.

Dienstag, 1. März 1988
Ich habe so eine Wut in mir; ich könnte alles kaputtschlagen, meine Mutter erwürgen, diese Frau... Aber schreiben hilft mir; ich habe schon viele Blätter mit Worten gefüllt und es dämpft meine Erregung.
Schreiben ist meine Medizin!

Mittwoch, 9. März 1988
Gestern Abend habe ich es in der Gruppe nicht ausgehalten. Es war zu anstrengend unter diesen Menschen. Ich wollte zurück zu Thomas, zurück in meine Welt.

Samstag, 12. März 1988
Ich möchte den Docteur anrufen, aber noch kann ich es nicht. Seit ein paar Tagen kämpfe ich damit. Ich habe von der „Nymphea" geträumt, von Monet's Garten in Giverny, seinen Blumen... Dort war ich schon einmal mit meinem Bruder.

Montag, 14. März 1988
Ich habe es geschafft! Ich habe mich getraut, in Hamburg anzurufen. Was für eine Kraft hat mich das gekostet. Seine Stimme zu hören, tat mir gut. Anschließend bin ich in ein Blumengeschäft gegangen. Ich habe ihm einen Strauß gelber Lilien mit blauer Iris schicken lassen. Monet's Blumen und die Farben von van Gogh.

Darmstadt, 14. März 1988
Lieber Docteur,
Ich habe mich gefreut, Ihre Stimme zu hören. Diese Blumen werden Ihnen Freude machen. Es sind „Les fleurs du Jardin de Monet", Bilder aus meiner irrealen Welt. Ich trenne mich davon, und nähere mich immer mehr den Frauen. Ich werde realer, stabiler und glücklicher. Diese Abhängigkeit, mit der ich jeden Tag kämpfe, wird ein Ende haben. Bald werden Sie Chefarzt sein und ich ein freier Mensch. Das zu erreichen ist nicht einfach; es verlangt viel Kraft, viel Disziplin, viel Geduld, aber es bringt auch viele Enttäuschungen.
Ich wünsche Ihnen alles Gute!
Klose Monique

Dienstag, 15. März 1988
Ich habe seit vier Nächten kaum schlafen können. Ich hatte zu viele Schmerzen. In mir bin ich ganz wund, meine Nerven brennen. Es hängt sicherlich mit meinem neuen Bild zusammen. Ich habe Frauen gemalt, bunte Frauen von Gauguin. Bilder sterben in mir, neue kommen.

Mittwoch, 16. März 1988
Die Geschäfte in unserer Stadt bieten jetzt mitten im Winter so viele Früchte an: Trauben aus Brasilien, Pflaumen aus Chile, Birnen aus Südafrika. Sie kommen aus Ländern, wo man die Menschenrechte verletzt. Von diesen Früchten

Bunte Frauen nach Gauguin. 15. März 1988

kaufe ich keine; ich warte bis unsere reif sind. Wenn Thomas das Haus verlässt, bekomme ich Angstzustände und Übelkeit!

Montag, 21. März 1988

Ich fuhr in die Stadt, um Menschen zu sehen. Ich habe weder schöne noch hässliche Gesichter gesehen. Jedes hatte ein gewisses Etwas. Die Köpfe: Wie gern möchte ich die von der Osterinsel sehen, diese rätselhaften Giganten.

Dienstag, 22. März 1988

Ich fühle mich so leicht wie ein Luftballon; später werde ich in die Gruppe fliegen. Ich sehe ein strahlendes Gesicht vor mir mit großen, braunen Augen. Es ist das Antlitz eines Mannes, der auf dem Boden sitzt. Ich habe ihn in Sri Lanka getroffen, in Colombo. Er sah so glücklich aus in seiner Armut. Ich habe ihn bis heute nicht vergessen.

Samstag, 26. März 1988
Der Docteur hat geschrieben und sich für die Blumen bedankt. Na so etwas!

Sonntag, 27. März 1988
Degas und van Gogh sind in Paris. Da muss ich hin. Die Bilder sind wichtig für mich.

Donnerstag, 31. März 1988
Ostern werden wir in Nancy verbringen und danach werde ich nach Paris weiterfahren zu den Ausstellungen und zu Klein-Florian. Ich packe die Koffer und freue mich schon. Ich habe auch einen Brief angefangen, den ich nach Hamburg schicken möchte.

Nancy - Montag, 4. April 1988
Ostern haben wir gut verbracht. Thomas ist nach Deutschland zurückgefahren. Ich sitze in der Bahn Richtung Paris. Ich muss zu Degas, der im Grand Palais ausgestellt wird. In meinem Kopf stoßen sich die Worte für den Brief aneinander.

Paris - Mittwoch, 6. April 1988
Ich bin früh aufgestanden, um in das Grand Palais zu gehen. Ich war so durcheinander, so aufgeregt, dass ich die erste Zeichnung nicht klar sehen konnte. Ich wollte zu den Tänzerinnen, die sich fast am Ende der Ausstellung befanden. Je mehr ich mich den Bildern näherte desto schlechter ging es mir. Als ich plötzlich vor dieser Primaballerina stand, wurde mir schwindlig, ich bekam Brechreiz. Es ging mir so schlecht, dass ich hinaus in die Halle gehen musste, wo ich einen Stuhl fand. Diese Tänzerin sah aus wie das kleine Mädchen, das damals in meinem Kopf hüpfte; nur auf dem Bild hatte sie einen Kopf. Mein Gehirn hat es erkannt! Als alles sich in mir beruhigt hatte, ging ich in Richtung Ausgang. Ich war unfähig, noch einmal zu dem Bild zurückzugehen. Florian ist eingeschlafen. Ich kann meinen Brief schreiben.

Edgar Degas, L'Etoile ou Danseuse sur scène, 1877. Musée d'Orsay, Paris.

Lieber Docteur, Paris - Mittwoch, 6. April 1988

einen Gruß aus Paris, aus einer der schönsten Ausstellungen für mich, die natürlich auf mich gewirkt hat. Degas ist zur Zeit im Grand Palais zu sehen, und Tänzerinnen waren sein Lieblingsthema. Damals, vor fünf Jahren an einem Sonntag - es war der 13. März 1983 - kam in meinen Gedanken ein kleines Mädchen zur Welt. Fünf Stunden dauerte dieses einmalige Erlebnis, diese Geburt der Seele. Damals hatte das Mädchen noch keine Farbe, kein Gesicht, keine Persönlichkeit. Es tanzte und wirbelte drei Tage und drei Nächte in meinem Kopf, bis es für immer verschwand. Heute habe ich es in einem Bild von Degas wiedergefunden. Es wirkte auf mich wie ein Spiegel, denn diese Tänzerin lebt heute; sie hat Farbe, Gesicht und Persönlichkeit bekommen: Und das bin ich geworden! Je nach Kraft und Musik tanze und wirble ich zu Hause. Der Baum, der Knopf, der Zauberer - alle diese irrealen Figuren sind für immer gestorben, und ich habe sie ersetzt. Die glücklichen Menschen von Renoir die Gefühle der *Rasa*-Ausstellung, die Farben von Macke, die Köpfe von Modigliani, die bunten Frauen von Gauguin, alle sind mit mir lebendig geworden. In der Welt, in der ich groß geworden bin, gab es Grenzen, Verbote, Vorurteile, Ketten, Mauern, Macht und Augen. Aber diese Dinge hat es nie wirklich gegeben: Sie haben nur in den Vorstellungen der Leute, die mich großgezogen und sie mir vermittelt haben, existiert. Es gab zwischen Frankreich und Deutschland nie eine Mauer, zwischen meiner Mutter, Gott und meinem Mann nie eine Kette. Es gab im Himmel nie Augen, die einen ständig beobachteten. Macht, Verbote, Schuldgefühle... Ich habe so viele Jahre gebraucht, um diese innere Mauer zu zerstören. Wie ein sanfter Bulldozer habe ich eine nach der anderen zerschmettert ohne zu wissen, was dahinter kommt. Und dahinter ... stand ich mit meinen Gefühlen. Es gab noch Farben, Liebe und Freiheit. Ich habe das Gefühl, dass ich länger als fünf Jahre auf einer Intensivstation gelegen habe, und dass Sie die Infusionstropfen waren, die mich am Leben gehalten haben und die mir die Kraft gaben, alle diese Barrieren zu zerstören. Heute verlasse ich diese Station, denn ich habe jetzt genügend Kraft, um mich selbst zu ernähren, aber ich bleibe noch in Rekonvaleszenz. Danke, dass ich auf diese Weise die Therapie fortsetzen kann, dass ich Ihnen noch schreiben darf, denn das hilft mir. Danke für Ihren Brief; er war schön. Danke für die Freiheit, die ich bis jetzt schon gewonnen habe. Danke für mein Leben! Ich bin zwischen Priestern, Soldaten, Nonnen und kranken Menschen groß geworden. Heute

fühle ich mich unter den Künstlern wohl. Ich wollte Ihnen beweisen, dass ich doch etwas bin und etwas kann. Jetzt brauche ich das nicht mehr, denn ich weiß es, und ich tanze heute vor Freude, weil ich so leicht und so frei geworden bin. Bin ich jetzt ein freier Mensch?
Ich wünsche Ihnen alles Gute und viel Glück!
Klose Monique

„Postkarte - Amnesty international"

Postkarte, Amnesty International.

Die goldenen Tore der Freiheit!
Was für ein schreckliches Gefühl, das ich nur allzu gut kenne. Sich eingemauert zu fühlen, eingeklemmt zu sein wie in einem Schraubstock, weil die Muskeln sich in einem solchen Maß verkrampfen, dass man kaum gehen kann. Alles so weit von sich entfernt zu sehen. Mit Bildern und verwirrten Gedanken kämpfen zu müssen. Die Vergangenheit wie diese schwere eiserne Kugel mit sich schleppen zu müssen. Eine seelische Gefangenschaft, wo die Abhängigkeit wie eine Kette ist, wo die Freiheit als unerreichbarer Luxus erscheint.
Klose Monique

Paris - Donnerstag, 7. April 1988

Ich habe hier Verantwortung übernommen: Ich muss jeden Abend meinen Neffen aus der Krippe holen, denn seine Eltern sind beide berufstätig und kommen spät nach Hause. Es ist eine große Freude für mich. Ich fühle mich wohl in dieser großen, hellen Wohnung, in der so schöne Sachen stehen, wo es viel Platz für Menschen gibt. Morgen werde ich ins Musée d'Orsay zu van Gogh gehen. Wenn ich bloß herausfinden könnte, woher die schrecklichen Bilder in meinem Kopf kommen! In der Dunkelheit, in den Toiletten mancher Bistro's...

Paris - Freitag, 8. April 1988
Oh Vincent! Wenn Du wüsstest, wie die Menschen heute Deine Malerei lieben! Ich habe fast drei Stunden vor dem Ausstellungsgebäude gewartet. Als ich endlich zu den Bildern durfte, war ich so erschöpft, dass ich sie nicht mehr aufnehmen konnte. Ich hatte nichts zu essen dabei und war dem Zusammenbruch nahe. Essen ist eine Kraftquelle; ich muss ständig etwas zu mir nehmen wie unser Baby. Oh! Ich muss es abholen!

Eurocity Victor Hugo - Samstag, 9. April 1988
17.30 Uhr. Wir haben gerade den Bahnhof verlassen; ich habe Trennungsschmerz. Paris ist kein Luxus mehr, wie es einmal für mich war. Ich fühle mich in dieser großen Stadt, die so vieles bietet, immer wohler. Ich bin mal wieder verwöhnt worden.
Au revoir Florian!

Sonntag, 10. April 1988
Thomas hat Blumen und Essen eingekauft. Ich weiß aber noch nicht so recht, wo ich bin. Der Wechsel von Land zu Land bringt mich immer noch durcheinander. Wo bin ich denn?

Donnerstag, 14. April 1988
Seit ich zurück bin, war ich nur einmal im Supermarkt, sonst nirgendwo. Ich weiß nicht, wie es weiter gehen soll. Ich könnte in die Klinik rennen, aber da ist der Docteur nicht mehr. Ich muss ihn einmal anrufen; vielleicht hilft mir seine Stimme. Mein Körper tut mir weh!

Dienstag, 19. April 1988
10 Minuten vor der vollen Stunde habe ich in Hamburg angerufen und mit dem Docteur gesprochen; ja, ich habe ihn gefragt, wie es ihm geht, wie die Landschaft in seiner neuen Umgebung aussieht und wie lange man mit dem Auto von Darmstadt nach Hamburg braucht... Also, ich habe ganz normal mit ihm geplaudert, Mensch! Ich wachse!

Freitag, 6. Mai 1988

Ich habe einen Strauß blauer Anemonen nach Hamburg geschickt. Was für schöne Stiefmütterchen habe ich gemalt; es sind die Lieblingsblumen von Thomas' Mutter. Aber dahinter steckt noch etwas anderes!

Stiefmütterchen. 6. Mai 1988

Dienstag, 10. Mai 1988

Oh, was für Gesichter! Lauter Frauengesichter, meine Blumen haben sich verwandelt.

Frauengesichter. 10. Mai 1988

Mittwoch, 11. Mai 1988

10 Minuten vor 11.00 Uhr habe ich den Docteur erreicht. „Guten Tag". „Guten Tag. Vielen Dank für die Blumen," sagte er zu mir. „Ich möchte ein Bild malen und kann es nicht, weil es zu weh tut!" „Es ist eine schwere Geburt!" antwortete er. „Ja, ich habe das Gefühl, dass mein Kopf bald platzt. Wissen Sie, in Paris hat sich eine neue Regierung gebildet, die bürgerlichen Männer sind abgewählt worden, und in mir sterben die meiner Kindheit". Ich habe ihm das alles sagen können. Ich muss meine Männer loslassen. 14.00 Uhr. Seine Stimme hat mir geholfen. Ich habe zu zeichnen angefangen. Eine neue Art der Therapie: Gespräche am Telefon.

Freitag, 13. Mai 1988

Die Männer meiner Kindheit, meine Onkel, die Priester und Bischöfe... Jesus, Männer, die lange Kleider trugen. Die Militärs in ihren schönen Uniformen, die Soldaten der Parade, General de Gaulle... sind von dem Sockel, auf den ich sie gestellt hatte, gefallen. Sie sterben in mir, denn jetzt sind die Maler für mich wichtiger geworden. Neue Männer in Paris, neue Männer in mir.

Meine beiden Onkel. 13. Mai 1988

Samstag, 14. Mai 1988

Geburtstagsfeier bei einer meiner Schwägerinnen. Die Gespräche waren ermüdend. Ich habe nicht alles begreifen können, diese Vorgartenprobleme... Eine andere Welt!

Samstag, 21. Mai 1988

2.00 Uhr. Der Kummer hat mich geweckt. Mein Herz ist in Gefahr. Ich schreibe meine Sätze, um ihm zu helfen. Der Verlust meiner Männer schmerzt. Ich muss mich doch trennen; ich werde sie nach Hamburg schicken. Ich will doch leben!

Sonntag, 22. Mai 1988

Es ist Pfingsten. Die Glocken der Kirchen läuten. Es tut weh. Es ist, als ob sie mich noch rufen würden. Ich kehre aber nicht zurück. Ich werde mir ein realistischeres Bild über die Religion machen. Na! Ich habe den Kummer besiegt!

Dienstag, 24. Mai 1988

Ich habe es gerade noch geschafft nach Hause zu kommen, um zu brechen. Ich war beim Friseur. Als ich mein Gesicht im Spiegel sah, drehte sich alles und mir wurde übel. Ich ertrage es wohl nicht, dass man mir mein Haar schneidet. Maman muss noch ins Krankenhaus gehen. Vater braucht mich. Das heißt, die Koffer bereit halten.

Darmstadt, 2. Juni 1988

Lieber Docteur,

ich danke Ihnen, denn ich habe mein Bild zeichnen können. Es war ein schwerer Brocken, der mich viel Kraft und Schmerzen gekostet hat. Diese großen, mächtigen Männer, diese Bäume, die ich anfangs zeichnete, sind gestorben. Gott war ein Halt, ein Trost, eine Erpressung, eine Erziehung und eine Zerstörung. Die anderen Männer waren ein Vorbild. Sie gehören jetzt der Vergangenheit an, und ich konnte sie nicht bunt malen. Sie werden ohne Farbe und ohne Augen bleiben, denn sie sind tot, und mit ihnen das konservative und bürgerliche Frankreich meiner Kindheit auch. Ich musste erst nach Deutschland fliehen und zusammenbrechen, um zu entdecken, dass es ein anderes Frankreich gibt, dass das, was ich in Deutschland gefunden habe, auch in meinem Land vorhanden ist. Die neue Regierung in Paris hat viel ausgelöst, und an Pfingsten wollte

mein Inneres wieder sterben, aber dieser Kummer, den ich schon als Kind in mir spürte, hatte keine Chance mehr. Bald werde ich einen Platz in unserer Gesellschaft einnehmen. Ich werde Sie, meine Gedanken und meine Bilderwelt verlassen. Ich bin noch nicht so weit. Es ist wirklich nicht einfach, ein Mensch unter Menschen zu sein, aber immerhin besser als ein Knopf. Ich habe meine Armbanduhr wieder an. Sie lag jahrelang im Schrank, weil ich mit der Zeit nicht mehr zurechtkam, aber jetzt brauche ich sie. Ich möchte diese Geschichte schreiben. Es ist sehr viel Arbeit, und ich kann mich nicht lange darauf konzentrieren ohne Verkrampfungen und Übelkeit zu bekommen wie beim Lesen. Manche Tage geht es überhaupt nicht. Ich lasse mir Zeit, auch wenn es noch ein paar Jahre dauern sollte. Sie sind ein wertvoller Mensch, und wenn ich die Menschen unserer Gesellschaft beobachte, dann denke ich mir, dass Ihre Arbeit sehr wichtig ist, denn die meisten lügen sich selbst an, wollen nicht erwachsen werden und sind krank. Ich werde nächste Woche nach Nancy fahren, denn meine Mutter muss operiert werden. Es ist nicht bösartig. Keine Spur mehr von der Angst, sie zu verlieren, denn wenn meine Mutter sterben würde, wird sie in mir weiterleben. Ich wünsche Ihnen weiterhin alles Gute in Hamburg.
Freundliche Grüße
Klose Monique

Freitag, 3. Juni 1988
Meine Männer sind unterwegs nach Hamburg zu dem Docteur. Ich habe ein zweites Bild gemalt und es in das Kuvert getan. Auf diese Art werde ich voran kommen, auch wenn alles so schmerzhaft ist. Ich weiß, es muss aus mir heraus.

Sonntag, 5. Juni 1988
Ich freue mich für das russische Volk. Heute dürfen die Glocken im ganzen Land läuten. Es ist der Beginn einer neuen Freiheit, der Erfolg der Perestroika. Ein Land ist im Umbruch.

Eurocity Goethe - Mittwoch, 8. Juni 1988
15.30 Uhr. Ich bin im Zug der mich nach Frankreich bringt; ich habe Trennungsschmerzen. Meine Muskeln tun mir weh. Maman ist in der Klinik, und ich habe keine Angst, dass sie nicht mehr zurückkommt. Es ist toll! Ganz toll, diese neue Einstellung!

Nancy - Donnerstag, 9. Juni 1988
Maman hat die kleine Operation gut überstanden. Wir haben sie besucht, und sie hatte die Kraft, schon ein paar Schritte gehen zu können.

Nancy - Freitag, 10. Juni 1988
Mein Kopf tut mir weh. Meine Mutter hat vorhin angerufen und Vater kritisiert. Sie kann es nicht lassen! Ich kann meine Eltern nicht ändern! Vater und ich haben den Onkel im Altenheim für Priester besucht. Viele der Pater, die dort wohnen, tragen noch ihre langen Kutten.

Nancy - Samstag, 11. Juni 1988
Wir gehen jeden Tag in die Klinik. Danach bin ich heute ins Stadtzentrum gefahren, um mir karierte Strümpfe zu kaufen, wie der Docteur sie trug. Gleichberechtigung für die Füße!

Nancy - Montag, 13. Juni 1988
Ich habe die Lage im Griff: Den Haushalt, den Vater und die Katze. Am Mittwoch darf Maman nach Hause kommen. Sie ist müde und hat Schmerzen, aber kritisieren kann sie. Manchmal sage ich ein Wort auf deutsch, weil mir das französische nicht einfällt, sie kann es nicht hören und schimpft sofort mit mir. Dass ich aber trotz meiner verwirrten Gedanken zwei Sprachen meistere, kann sie nicht verstehen, mein Leid interessiert sie nicht. Sie hat ja eine Krankheit, die man sieht. Es wäre sinnlos, etwas zu sagen.

Nancy - Mittwoch, 15. Juni 1988
Wir haben meine Mutter abgeholt, und seitdem ist es aus mit der Ruhe. Vater ist wie verwandelt. Er hat wieder seine Bauchschmerzen, hört schlecht und spricht kaum, wo wir beide in den letzten Tagen doch so viel miteinander gesprochen haben. Mutter führt wieder Regie und bedroht. Man kann mit ihr nicht reden. Sie hört nichts. „Wenn Du alles aushalten müsstest, was ich schon ausgehalten habe!" Ich möchte wieder weggehen. Meine Pflicht als gute Tochter habe ich getan.

Nancy - Donnerstag, 16. Juni 1988
Die Katze verlässt meine Mutter nicht; sie liegt fast Tag und Nacht an ihrer Seite. Ich komme vom Museum, wo ein berühmtes Bild von Georges de la Tour ausgestellt ist. Er war ein lothringischer Maler um 1600. Auf dem Bild war ein alter Mann zu sehen, der heilige Thomas. Das fröhliche Gesicht dieses älteren Herrn gab mir neue Kräfte, aber die Begrüßung meiner Mutter, als ich nach Hause kam, raubte sie mir wieder. „Du denkst nur ans Ausgehen. Ich habe heute alles kehren müssen, weil es so staubig war". Schnell weg! Morgen.

Sonntag, 19. Juni 1988
Thomas hat mich gestern Abend am Bahnhof abgeholt. Er ist ohne mich zurecht gekommen. Er wird auch selbständiger und lernt mit Trennungen umzugehen. Meine Mutter ist eine frustrierte Frau, und solch eine Frau kann keine gute Mutter sein. Ich bin ja so müde!

Samstag, 25. Juni 1988
Ich bereite ein Fest vor: Thomas hat Geburtstag. Heute Abend kommt die deutsche Familie, und ich freue mich.

Sonntag, 26. Juni 1988
Das Essen war gelungen und meine Gäste zufrieden und fröhlich. Mitternacht war's, als sie gingen. Die glücklichen Menschen von Renoir: Sie leben! Manchen Gesprächen habe ich nicht folgen können, aber ich war dabei. Es war ein schöner Tag! Ich bin gegen 3.00 Uhr nachts ins Bett gegangen. Das Leben kann so schön sein!

Donnerstag, 7. Juli 1988
Unfälle in unserer Welt: Ein Flugzeug ist abgestürzt, ein Zug rammte einen anderen im Bahnhof von Lyon, in der Nordsee explodierte eine Bohrinsel. Tote, Verletzte, Tränen und immer wieder neue Kriege. Ich muss die Wirklichkeit verdauen.

Die Menschen der Vergangenheit sind tod, aber ich lebe! 26. Juni 1988

Samstag, 9. Juli 1988

Ich höre die Worte meiner Mutter: „Um Gottes Willen, tu deine Füße nicht ins kalte Wasser und trink nicht so viel. Das ist ungesund!" Maman! Ich stelle jeden Morgen meine Füße in kaltes Wasser, und ich trinke viel im Laufe des Tages. Es tut mir gut, Maman! Ich mache, was ich will! In Frankreich, in meiner Kindheit, war vieles ungesund. Als ich nach Deutschland kam, war plötzlich das Ungesunde gesund. Ich habe von den Deutschen vieles gelernt.

Dienstag, 12. Juli 1988

Ich habe keine Existenzangst mehr, keine Angst mehr vor Krankheiten. Auch schlechte Nachrichten kann ich besser verarbeiten. Im Himmel wohnt niemand mehr, der mich anschaut und bestraft. Die Toten liegen unter der Erde. Ich habe auch keine Angst mehr, dass meine Mutter stirbt. Wenn Thomas mich anschreit, schreie ich zurück. Alles ist so rosa geworden. Bin ich denn wieder normal? Ich werde morgen in die Gruppe gehen, zum Reden.

Donnerstag, 14. Juli 1988

Den Nationalfeiertag habe ich bei Michelle im Garten verbracht.
Oh! Mein Bauch tut mir weh!

Freitag, 15. Juli 1988

Ausstellung in unserer Stadt: Bilder von Gabriele Münter, Kandisky's Freundin. Die wunderschönen Farben gaben mir neue Kräfte. Mein Bauch tut immer noch weh. Ich habe eine Zeichnung angefangen.

Dienstag, 19. Juli 1988

Meine Bauchschmerzen lassen nach, seitdem ich dieses Bild gemalt habe. Es sind Menschen aus der Vergangenheit, die ich gut kannte Sie brauchen keine Farben, nur ich trage welche.

Mittwoch, 27. Juli 1988

Nachdem ich gestern Abend den Stammtisch verlasen hatte, ging ich mit Kummer nach Hause. Ich sagte nichts und wartete, bis Thomas eingeschlafen war, um mich in eine Ecke zu setzen. Ich fing an, zu weinen. Ich habe meine Mutter vor mir gesehen, dann stand sie in meinem Kopf und ging in mein Herz. Welche Erscheinungen!

Donnerstag, 28. Juli 1988

Ich schaffe es nicht mehr! Ich habe Brechreiz. 15.00 Uhr: Ich habe den Docteur erreicht: „Ich sehe alles in rosa, ist das normal?" „Es ist für Sie noch ungewohnt; man muss aufpassen, nicht zu sehr rosa zu sehen!" antwortete er mir. „Jetzt sind Sie ein Mensch wie ich!" „Oh! Das bin ich wohl!" sagte er. Nach diesen Worten geht es mir besser. Ich fange an positiv zu denken! Es ist nicht zu fassen: Es wird heller!

Freitag, 29. Juli 1988

Ich habe einen Strauß rosa Rosen nach Hamburg geschickt; die Blumen, die für die Mutter Gottes bestimmt waren. Rosen habe ich mir nicht kaufen können.

Montag, 1. August 1988
Ich tanze vor Freude! Diese neue rosa Welt ist ein neues, kleines Paradies auf Erden. Die Nonnen lehrten mich, dass es erst nach dem Tod so etwas gibt. Leiden, büßen - Schluss damit. Ich werde das Leben geniessen ohne schlechtes Gewissen und Schuldgefühle. Ich bin frecher geworden und werde eines Tages noch in der Hölle landen beim Teufel, na! Bei ihm gibt es wohl die interessanteren Seelen, aber... Es gibt keine Hölle! Kein Fegefeuer! Es ist nur eine Geschichte, damit man sich auf der Erde anständig benimmt. Religion als Erziehung.

Sonntag, 7. August 1988
Ich bin doch eine schöne Frau mit meinen Falten und Fettpölsterchen! Und ich bin nicht dumm! Dummheit ist hässlich!

Montag, 8. August 1988
Ich bin mit Übelkeit und Verkrampfungen aufgewacht. Ich habe geträumt, dass deutsche und französische Soldaten sich gegenseitig ein giftiges Mittel spritzten. Es war in Nancy. Auf dem Stanislas-Platz lagen viele Tote. In meinem Kopf war Krieg. Apropos Krieg: Einer geht zu Ende, Irak gegen Iran. Toll! Bravo den Menschen!

Dienstag, 9. August 1988
Zur Zeit weint Thomas oft, wenn er etwas Trauriges hört oder sieht, dann rollen Tränen über seine Wangen. Aber er freut sich darüber, denn da er als Mann geboren wurde, durfte er nie weinen. Er musste stark sein. Wie doch die Therapie Menschen verändert. Mein Bruder hat mich aus Paris angerufen, aber ich habe ihn zunächst nicht erkannt. Ich sehe jetzt durch meine rosa Brille die Menschen anders und erkenne sie manchmal nicht gleich! Eine neue Welt mit neuen Menschen... Ich komme mir vor wie ein Chinese in Afrika!

Freitag, 12. August 1988
Maria hat sich gemeldet. Es geht ihr gut. Sie packt ihr Leben mit dem Kind. Renata kämpft weiter. Von den anderen Gruppenmitgliedern habe ich keine Nachrichten. Wie es ihnen wohl geht? Mario, Guido, Elke...

Mittwoch, 17. August 1988

Die Franzosen am Stammtisch kommen aus verschiedenen Regionen. So lerne ich vieles über mein Land, auch wenn es sehr anstrengend ist, den Gesprächen zu folgen. Es interessiert mich. Ich bin neugierig!

Donnerstag, 25. August 1988

Meine Güte! Ich habe wieder alles erbrochen. Ich komme vom Friseur. Irgend etwas läuft in meinem Kopf ab. Ich bin noch nicht fertig!

Montag, 29. August 1988

Zum ersten Mal seit vielen Jahren habe ich Besuch aus Frankreich bekommen: Meine Cousine und ihr Mann. Ich habe alles gut gemeistert. Jetzt versuche ich, die Koffer zu packen. Wir wollen nach Österreich fahren. Gestern ereignete sich ein böser Unfall: Bei einer Flugschau in Ramstein stürzte eine Maschine in die Zuschauer. Viele starben.

Montag, 12. September 1988

Die Ferien sind zu Ende, und ich habe nicht ein einziges Wort schreiben müssen außer einer Postkarte, die ich abgeschickt habe. Jahrelang musste ich Tag und Nacht schreiben! Ich habe auch alles ganz klar sehen können: Die Landschaft, die Leute – so als ob ich ganz neu wäre auf diesem Planeten. Nur die bösen Bilder kamen noch. Ich will leben! Ich will frei sein von diesen Bildern, verwirrten Gedanken und Schmerzen. Frei von meinen Asthmaanfällen. Wenn man an sich arbeitet, wird man ein gesunder Egoist! Das musste ich erst lernen.

Donnerstag, 15. September 1988

Oh wie groß die Frau geworden ist! Fast so groß wie der Mann, und beide haben Gesichter. Ein realistischeres Bild als der Baum mit seinem Efeu.

Sonntag, 18. September 1988

In Frankfurt ist ein Fest: Der Bahnhof hat Geburtstag. Ich möchte hingehen. 18.00 Uhr. Viele Züge standen auf den Gleisen, einer sogar aus den 50er Jahren neben einem ICE. Welch' eine Entwicklung! Jeden Tag geht der Fortschritt weiter, man entwickelt immer etwas Neues. Ich denke, dass es bei mir genauso wird: Ich werde nicht mehr stehen bleiben.

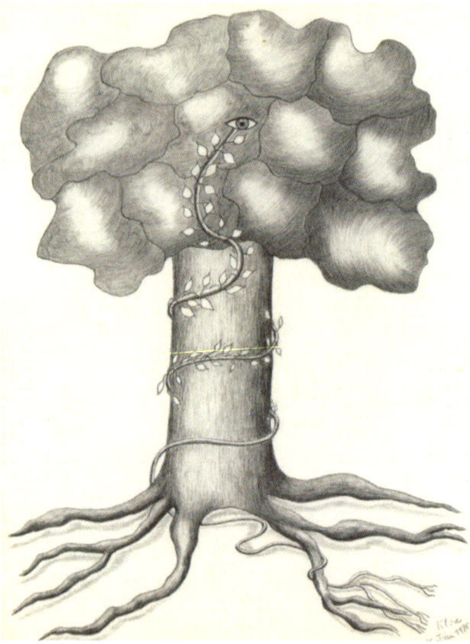

Der Docteur und ich. 14. Juni 1986

Ein Mann und eine Frau. 15. Sept. 1988

Samstag, 24. September 1988

„Die Ruderer“ sind in Frankfurt in der Schirn. Ich muss hin gehen, um diese glücklichen Menschen zu sehen, dieses Meisterwerk der Malerei, das sonst in Amerika hängt.

Montag, 26. September 1988

Es ist großartig! Danke, Monsieur Renoir! Was war das für eine Freude für mich, noch einmal vor diesem Bild stehen zu dürfen.

Dienstag, 27. September 1988

Ich wollte ein wenig schlafen und legte mich hin. Aber statt dessen kam ein Bild in meinen Kopf. Ich habe eine Tänzerin gesehen, so wie sie Degas malte: Sie tanzte und tanzte - zuerst in der Klosterschule, dann im Elternhaus, auf dem Bauernhof meines Großvaters. Sie war so lebendig, so graziös. Es war eine Primaballerina. Sie drehte sich noch einmal und verschwand. Da bin ich aufgestanden.

Freitag, 30. September 1988

Ich bin so durcheinander. Der Docteur ist nicht zu erreichen, und um 15.00 Uhr fahre ich nach Paris zu meinem Bruder. Der Druck in meinem Kopf steigt. Wie werde ich wohl ankommen? Es ist eine Reise ins Ungewisse. Was soll's! Wenn ich unterwegs zusammenbreche, wird mich schon jemand aufheben. Aber ich muss weggehen. Auf nach Paris!

Paris - Samstag, 1. Oktober 1988

Ich bin doch gut angekommen. Mein Bruder wartete auf mich. Er hat viel Verständnis für meinen Zustand. Florian ist gewachsen. Er ist ein schönes Kind, niedlich! Heute Abend kommen die Eltern meiner Schwägerin. Sie wollen mich sehen!

Paris - Montag, 3. Oktober 1988

Mein Bruder trägt karierte Strümpfe, sein Schwiegervater auch! Diese Strümpfe kennen auch keine Grenze mehr, keine Nationalität, keine gesellschaftliche Rangordnung. Sie sind demokratisch und passen an alle Füße. Sind sie zur Zeit in Mode? Ich war den ganzen Tag unterwegs, schön!

Pierre-Auguste Renoir, Le Déjeuner des canotiers, 1881. Foundation Pierre Gianadda.

Paris, 4. Oktober 1988

Lieber Docteur,

hier tragen die Menschen auch karierte Strümpfe! Die Frauen und die Männer, so wie Sie und ich. Diese Menschen, von denen ich dachte, dass sie in einer anderen Gesellschaft lebten als ich, haben jetzt alle den gleichen Wert. Bis jetzt sah ich sie wie durch ein Gitter eines irrealen Käfigs. Aber ich bin tatsächlich ein Mensch geworden! Und ich fühle mich ganz neu wie ein europäischer Ecu. War das eine lange und schwere Geburt! Ich bin eine Nachzüglerin, eine Spätlese, aber immerhin: Ich bin da! Die Straßen von Paris sind zum Theater geworden, und ich schaue gern zu, was sich abspielt, denn die Bilder der Museen sind für mich gestorben oder lebendig geworden, deshalb kann ich sie nicht mehr sehen. Und was fange ich in dieser neuen und noch so fremden Welt an ohne Ihren Halt? Denn ich bin dabei, ihn zu verlieren. Was haben die Menschen aus mir und aus ihrer Welt gemacht? Die Realität, die Dummheit, der falsche Egoismus, die Hilflosigkeit der Kinder, meine Wunden – das alles ist so hart und noch so anstrengend, aber damit werde ich jetzt leben müssen!

Vielen Dank für ihre Hilfe.

Freundliche Grüße

Klose Monique

Paris - Donnerstag, 6. Oktober 1988

Dieses Mal bin ich nicht in die Museen gegangen. Die Menschen, die hier leben, waren mir wichtiger. Und ich habe ferngesehen – die französischen Programme – wie damals an der Seite meines Onkels. Manche Darsteller, die ich von früher kannte, sind noch dabei. Ich muss noch einkaufen gehen für's Abendessen und Florian abholen.

Montag, 10. Oktober 1988

Zurück in Darmstadt muss ich unbedingt mit dem Docteur reden. Ich kann ihn nicht erreichen. Diese Abhängigkeit ist schlimm. Die Worte tanzen und stoßen sich in meinem Kopf; sie wollen heraus. Morgen werde ich es erneut versuchen. Aushalten!

Dienstag, den 11. Oktober 1988
13.00 Uhr.
Ich habe den Docteur erreicht:
„Guten Tag! Können Sie mir bitte Ihr Zimmer beschreiben?"
„Ein Schreibtisch, zwei Stühle, ein Schrank."
„Auch ein lavabo?" fragte ich.
„Ja, auch ein Waschbecken," antwortete er.
„Ein weißer Kittel?"
„Ja, der hängt im Schrank. Warum fragen Sie?"
„Ich bin dabei, zu begreifen, dass Sie ein Arzt sind."
„Sie haben immer nur auf meine Socken geschaut und nie gesehen, dass ich ein Arzt bin."
„Nein! Ich danke Ihnen. Auf Wiederhören!"
Mein Docteur ist ein Arzt! Das ist eine harte Realität. Ich habe es zwar schon immer gewusst, aber heute habe ich es begriffen. Jetzt habe ich Bauschschmerzen. Mir ist so schlecht. Ich brauche noch einmal seine Stimme.
17.00 Uhr.
„Ich habe Schmerzen. Irgendetwas will aus mir heraus, aber ich weiß nicht was."
„Wenn Sie nicht zurechtkommen, wissen Sie, wo Sie mich erreichen können," sagte der Docteur zu mir.
„Ich danke Ihnen! Es ist toll!"
Was ist denn jetzt los: Ich habe Angst vor der Nacht. Mir geht es gar nicht gut. 2.00 Uhr nachts. Ich kann nicht Schlafen. Mir geht es schlecht. Meine Gedanken sind verwirrt, aber langsam formt sich ein Bild. Oh, es ist mein Knopf. Aber ... er ist zerbrochen! Ich habe angefangen zu zeichnen.

Mittwoch, 12. Oktober 1988
Mogi ist tot. Da liegt er, zerbrochen und ohne Farbe. Ich habe mich heute Nacht von dieser irrealen Figur, die meine kranke Seele darstellte, gelöst.

Mogi ist tod! 12. Oktober 1988

Donnerstag, 13. Oktober 1988
Bauchschmerzen, Brechreiz, Muskelkrämpfe... Mein Zustand ist heute sehr schlecht, dennoch habe ich es geschafft, zur Post zu gehen. Mein Brief und das Bild vom Knopf sind unterwegs nach Hamburg. Ich bin so erschöpft! So traurig!

Darmstadt, den 13. Oktober 1988
Lieber Docteur,
der Knopf ist am Dienstag in mir gestorben, deshalb ging es mir so schlecht, und ich dachte doch, dass er schon tot wäre! In meinem Verstand waren Sie schon immer ein Arzt, aber in meinen Gefühlen noch nicht, weil ich in Sie verschiedene Personen projiziert habe. Es ging bis jetzt auch nicht anders. Ein irreales Bild stirbt in mir und ein reales ersetzt es. So werde ich wieder gesund und trenne mich von Ihnen, von der Vergangenheit, von meiner Mutter und von dieser unwirklichen Welt. Ich bin Ihnen so dankbar, dass Sie versuchten, mir zu folgen, denn ich weiß, dass es schwierig war. Ich werde es schaffen und es aufschreiben. Ich habe viel Geduld und Menschen, die mir helfen. Diese Bilder und Gefühle sind so stark, das ich mich darin verliere. Gut, dass ich meinen Verstand habe. Ich habe dieses Bild in der Nacht von Dienstag auf Mittwoch gemalt. Es war eine schwere und traurige, aber sehr wichtige Geburt. Dieser Knopf, hilflos, abhängig und stumm: Das war einmal ich. Mogi, der Irreale, ist tot. Es lebe Monique, die Realistin, der Mensch!
Vielen Dank!
Klose Monique

Samstag, 15. Oktober 1988
Ich kann die Wohnung nicht verlassen. Der Kummer in mir ist zu groß; dieser Druck auf meinen Brustkorb. Es ist, als ob ich ein Kind verloren hätte, dieses Kind, das war ich!

Montag, 17. Oktober 1988
Ich habe einen Strauß blauer Iris nach Hamburg geschickt! Mein Inneres möchte sterben. Ich muss wieder kämpfen.

Samstag, 22. Oktober 1988
Was für eine schlimme Woche! Der Kummer versucht mich noch zu erwürgen. Ich kämpfe Tag und Nacht mit ihm. Mir ist so übel, aber er kriegt mich nicht! Ich will doch leben!

Montag, 24. Oktober 1988
Florian hat Geburtstag! Ein Jahr schon! Ich habe meine schlimme Phase hinter mir. Das Leben geht weiter - ohne den Knopf. Ein Mann ist in meinen Gedanken. Ein Mann, den ich sehr mag: Molière. Die Figuren seiner Theaterstücke könnten auch heute noch leben, Monsieur Jourdain... und alle anderen Menschen können sich ihre Herkunft nicht aussuchen. Sie sind alle Opfer ihrer Erziehung, ihrer Gene.

Dienstag, 25. Oktober 1988
Wo ist der Docteur? Was macht er so weit entfernt? Ich brauche ihn doch noch! Ich müsste nach Hamburg fahren, um sein Gesicht zu sehen, doch dazu bin ich noch nicht fähig.

Freitag, 28. Oktober 1988
Renata hat sich gemeldet. Sie wollte mir von ihren Bildern erzählen. In der Klinik hat sie oft Vögel gemalt, die alle zerbrochene Flügel hatten. Sie sagt mir, dass sie heute welche mit Flügeln gemalt hat. Ich habe meinen Knopf verloren, und Renatas Vögel bekommen Flügel. Toll! Wir wachsen! Wir werden es schaffen!

Mittwoch, 2. November 1988
Ich habe Durchfall und schon zweimal erbrochen.
Ich brüte etwas aus! Ein neues Bild?

Montag, 7. November 1988
Meine Menschen haben Farbe bekommen! Sie werden lebendiger!

Mittwoch, 9. November 1988
Die Unterhaltung am gestrigen Abend war anstrengend; es ging um Arbeit. Arbeit! Das ist kein Wort für mich! Eine fremde Welt, mit der ich nichts an-

Der Baum ist ein Mann geworden – der Efeu eine Frau. 7. November 1988

fangen kann. In meiner neuen Gesellschaft habe ich rechte und Pflichten! Es gibt so vieles zu lernen, und viele Gesetze!

Mittwoch, 23. November 1988

Ich habe Schmerzen, Kummer, Schüttelfrost und nicht die Kraft, die Wohnung zu verlassen. Ich sitze stundenlang vor den Fischen im Aquarium; es ist schön und beruhigend, sie schwimmen zu sehen. Die Realität ist zu hart! Der Docteur ist ein Mann, ein Arzt, und ich bin eine Frau, eine Patientin; ich muss das verarbeiten. Einen Arzt braucht man, wenn es einem schlecht geht - oder?

Dienstag, 29. November 1988

16.00 Uhr: Ich habe den Docteur erreicht. „Darf ich Sie auch anrufen, wenn es mir gut geht?" „Natürlich dürfen Sie das!" Er ist telefonisch immer noch für mich da. Er lässt mich nicht allein! Wie toll das ist!

Donnerstag, 1. Dezember 1988

Weil der Docteur ein Arzt geworden ist, habe ich diese Verrücktheit überleben können!

Montag, 5. Dezember 1988

Wau! Ich bin so groß geworden! Ich fülle das ganze Blatt und mit was für schönen Farben! blau und gelb, die Farben liebte van Gogh. Es war einmal eine Französin, die während ihrer Krankheit einen deutschen Arzt als Mutter nahm. Die Beziehung zu mir wird immer besser!

Samstag, 10. Dezember 1988

In Paris sind hohe Gäste eingetroffen: Sacharow, Lech Walesa..., denn vor 40 Jahren wurde in den Vereinigten Staaten die Menschenrechte erklärt.

Artikel 1:

Alle Menschen sind frei und gleich an Würde und Rechten geboren. Ich habe fast vierzig Jahre gebraucht, um das fühlen zu können. In unserer Welt sieht es nämlich anders aus.

Hurra, ich bin eine Frau geworden. 5. Dezember 1988

Sonntag, 11. Dezember 1988

Wie jeden Sonntag rief Maman an, um mir von Neuigkeiten zu berichten. Ich konnte es diesmal nicht so recht aufnehmen, ich hatte so intensiv geträumt, dass ich mit Übelkeit aufgewacht war. Ich war unterwegs mit einem Soldaten. Plötzlich fiel er um und war auf der Stelle tot. Ich bückte mich, schaute in sein Gesicht und erkannte einen berühmten Schauspieler, der nur diese Rolle gespielt hatte.

Donnerstag, 15. Dezember 1988

18.00 Uhr: Ich habe in Hamburg angerufen. „Wie soll ich einen Platz in dieser Gesellschaft finden?" fragte ich den Docteur. „Ich komme doch von einem anderen Planeten." „Sie haben schon einen," antwortete er mir, „in der französischen Gruppe, in die sie jede Woche gehen." Ja, er hat recht: Ich gehöre dazu. Ich höre zu, rede mit und lerne so vieles. Am letzten Dienstag waren wir 20.

Samstag, 17. Dezember 1988

In diesem Jahr sind in Deutschland 700 Menschen durch Drogeneinwirkung gestorben. Das macht mich traurig. Es ist eine der Dunkelziffern in dieser Wohlstandsgesellschaft, die zur Zeit mit Plätzchenbacken beschäftigt ist.

Donnerstag, 22. Dezember 1988

In meinem Kopf herrscht Anarchie. Ich versuche, den Koffer zu füllen, denn Weihnachten möchte ich in Nancy verbringen. Ich habe jetzt schon Trennungsschmerzen.

Nancy - Samstag, 24. Dezember 1988

Hallo Nancy! Schöne Grüße von einem deutschen Mann, den ich getroffen habe, und der mir erzählte, dass er im Krieg als Soldat hier war und so gut behandelt geworden ist, dass er eine schöne Erinnerung an seine Gefangenschaft hat.

Nancy - Montag, 26. Dezember 1988

Früher hatte meine Mutter meinen Mann gegen mich aufgehetzt: „Du musst strenger sein mit ihr; sie ist wie ihr Vater." Wie ich als Kind in die Enge getrieben wurde, so ging es in meiner Ehe weiter. Vater war sanfter zu mir; er litt manchmal an Depressionen, hatte Angst vor Krankheiten und sprach mit niemandem. Es waren wohl die Folgen von vier Jahren Kriegsgefangenschaft, unter der er sehr gelitten hat. Morgen werden wir zurückfahren.

Mittwoch, 28. Dezember 1988
11.00 Uhr. Ich habe den Docteur angerufen. „Ich habe als Kind nichts anderes gekannt. Es war meine Welt; nur habe ich von etwas Anderem geträumt." „Es ist gewaltig, was Sie geleistet haben," sagte er zu mir. „Ich wollte nur leben, überleben!" Der Klang seiner Stimme ist Medizin für mich, immer noch.

Dienstag, 3. Januar 1989
1989 ist das Jahr der Franzosen, denn vor 200 Jahren kämpften sie um ihre Rechte in der Revolution. Es wird ein großes Fest geben. Ich habe dem Docteur einen Strauß gelber Rosen schicken lassen, einen Sonnenstrahl für das neue Jahr.

Montag, 9. Januar 1989
11.00 Uhr. Ich habe den Docteur angerufen. „Ich schäme mich heute so, weil ich so krank und hilflos geworden bin. Ich habe in dieser Familie keine Chance gehabt. Sie haben mir eine gegeben!" „Sie haben sie auch ergriffen," antwortete er mir und bedankte sich für die Blumen. Ich hätte aus meinem Leben auch etwas Anderes machen können, anstatt krank zu werden. Es war mein Schicksal, meine Bestimmung. Es musste so sein! Ob Gott das geplant hat? Er wollte mich retten und nicht bestrafen!

Mittwoch, 11. Januar 1989
Gauguin ist im Grand Palais! Ich bin ganz außer mir. Ich habe die Nachricht im französischen Sender gehört, und seitdem weine ich, weine vor Freude: 260 Bilder aus 16 Ländern wurden zusammengetragen. Die Bilder dieses bunten Mannes sind in Paris. Ich muss unbedingt hin!

Mittwoch, 18. Januar 1989
Ich bin ganz durcheinander, denn meine Gedanken sind aus der Reihe geraten. Um 15.00 Uhr habe ich in Hamburg angerufen: „Die Realität ist noch hart für mich! Und die Bilder von Gauguin sind in Paris!" „Die Realität kann

auch schön sein; so wie die Malerei von Gauguin," antwortete der Docteur. 18.00 Uhr: Mir ist so schlecht. Ich habe ein Bild angefangen, und mein Herz tut mir weh... Meine Knie...

Freitag, 20. Januar 1989

Ich habe heute Nacht nur gebrochen. Es ist wohl der Tod, der aus mir heraus muss. Salvador Dali geht es schlecht. Der Tod, der Wahnsinn, die Maler... Was für ein seltsames Bild! Ich habe noch eins für den Docteur gemacht.

Darmstadt, den 22. Januar 1989

Lieber Docteur,

dieses seltsame Bild ist das Resultat meines Durcheinanders. Ich habe es gemalt, nachdem ich Sie angerufen hatte; nur weiß ich nicht so recht, was es darstellt. Der Tod des Todes? Ich kann Sie nicht mehr sehen, aber Ihre Stimme hilft mir, solche Bilder zu Papier zu bringen, und ich staune immer wieder über die Macht, die Sie über meine Gedanken haben. Es ist ja eine positive Macht und eine tolle Zusammenarbeit, denn seit meiner Kindheit war ich abhängig von negativen Mächten, die einerseits helfen und andererseits unterdrücken und hilflos machen. Bis zur Therapie habe ich nur Schlechtes eingesammelt und bin von Anfang an einen falschen Weg gelaufen. Ich habe diese Verrücktheit gebraucht, um den richtigen zu finden. Die Realität ist hart; ich entdecke es nach und nach. Die Nachricht, dass Gauguin zur Zeit in Paris ist, kam im richtigen Moment; und ich weinte vor Freude, denn ich mag ihn. Er ist ein bunter Baum, nein, ein bunter Mann, der bunte Frauen malte. Die Ausstellung wird mich sicherlich weiter bringen. So wie Sie es mir sagten, ist diese Realität sehr schön und gibt mir Kraft für die andere, die nicht so schön ist. In der Mannheimer Kunsthalle sind bis Anfang März Werke von Renoir, van Gogh, Toulouse-Lautrec, Gauguin, Modigliani und anderen zu sehen. Das sind alles Männer, die mich in meiner irrealen Welt begleitet und mir geholfen haben. „Ils sont tous mes amis! Es sind alles meine Freunde!" Aber die Meister sind gestorben und meine Freunde sind tot! Und es bleiben nur noch ihre Bilder. In mir ist es so leer geworden. Mein Herz tut mir so weh. Ich muss mir wohl neue und lebendige Freunde suchen. Ich danke Ihnen, dass Sie mir bei meinem Abenteuer weiter helfen.

Freundliche Grüße

Klose Monique

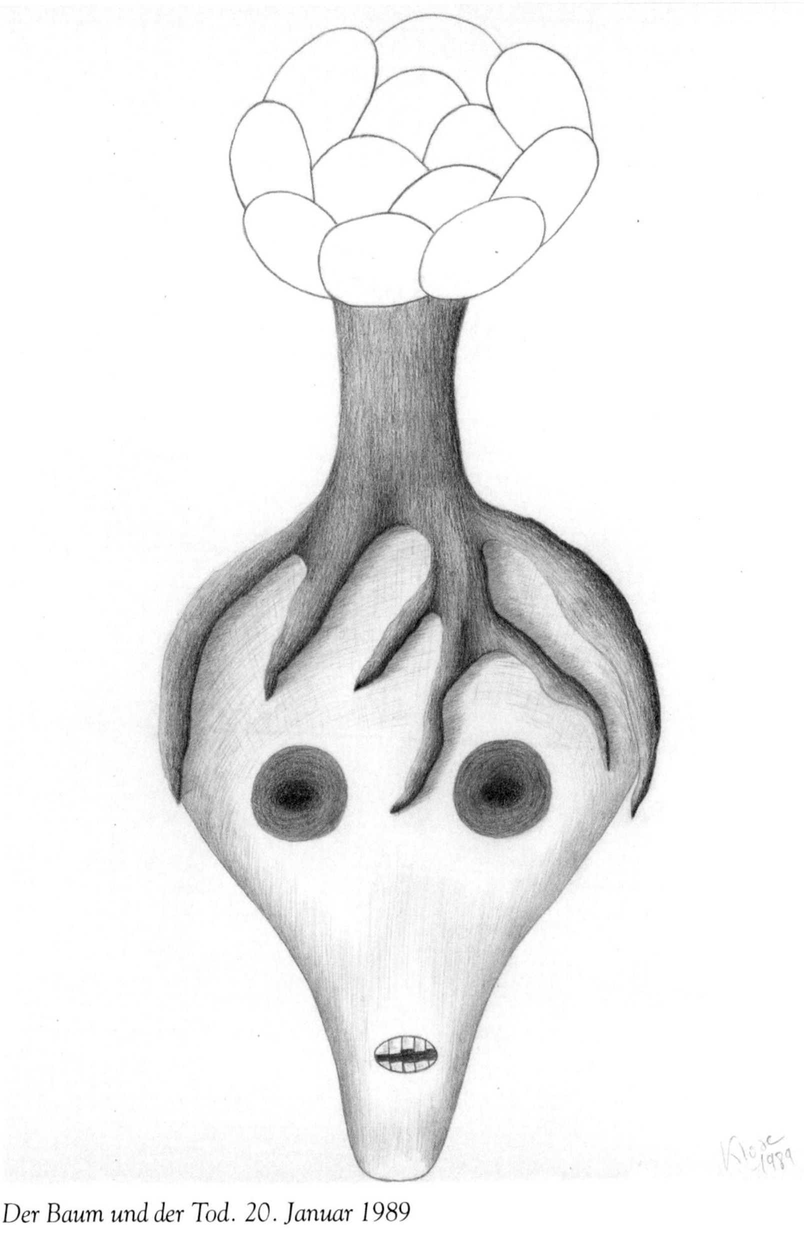

Der Baum und der Tod. 20. Januar 1989

Montag, 23. Januar 1989
Der große Meister ist gestorben. Salvatore Dali hat unsere Welt verlassen. Ich bin traurig, denn ich mochte seine Bilder. Ich habe meinen Brief und mein Bild zur Post gebracht; seitdem wiederhole ich ständig seinen Inhalt. Jedes Wort wird verarbeitet; ich bin ein Wiederkäuer.

Dienstag, 31. Januar 1989
Ich fuhr ins Zentrum, weil ich zum Friseur wollte. Vorher ging ich in einem Kaufhaus zur Toilette. In dem Klo war es dunkel und die Decke für mich zu hoch. Ich habe wieder dieses tiefes Loch gesehen. Alle Kräfte ließen mich im Stich, meine Muskeln verkrampften sich; ich rannte hinaus und die bösen Bilder verschwanden. Ich nahm den nächsten Bus und kam mit Brechreiz zu Hause an. Die Macht der Bilder! Ich werde meine Haare selbst schneiden. Jetzt sitze ich in der Küche. Ich möchte in die Gruppe gehen, aber ich kann die Wohnung nicht mehr verlassen.

Sonntag, 5. Februar 1989
3.00 Uhr nachts. Meine Mutter ist tot! Ich habe es gesehen. Sie lag vor mir. Dann fing sie an zu schweben... Ein unerträglicher Gedanke! 10.00 Uhr. Maman lebt noch. Ich habe gerade mit ihr telefoniert. Es war nur ein Traum, eine innere Lösung. Tod und Trennung!

Dienstag, 7. Februar 1989
Ich habe in Hamburg angerufen: „Ich habe meine Mutter tot gesehen!“ „Ein schrecklicher Gedanke,“ sagte der Docteur. Auch wenn es hart ist: Ich muss mich innerlich trennen.

Mittwoch, 8. Februar 1989
Draußen ist Nebel, grau in grau. Wir haben in diesem Jahr noch keinen Schnee bekommen. Es ist kalt zur Zeit. Das Wetter stört mich nicht. Wenn es mir gut geht, scheint die Sonne in mir. Ich habe gestern abend die Gesichter der Mitglieder des Stammtisches ganz klar sehen können und die Gespräche gut aufnehmen können. Ich lerne so vieles von diesen Menschen. Ich habe dem Docteur einen Brief und ein Bild geschickt.

Alte Pforte in Houtland bei Brügge, Belgien

Darmstadt, den 8. Februar 1989

Lieber Docteur,
ich habe diese Tür aufgemacht und die Blumen beschädigt, denn hinter dieser Tür stand die Realität. Aber jetzt, wo ich in dieser Realität lebe, werde ich aufpassen, bevor ich eine solche Tür wieder öffne. Ich werde versuchen, nicht zu viel zu verlangen, um nicht zu viel zu verlieren. Habe ich denn zuviel verlangt? Ich wollte nur leben, wissen, wer ich bin und wo ich hingehöre. Dafür habe ich die Blumen zerstören müssen und, wie Sie sehen, sind sie wieder gewachsen. Aber das hat Jahre gedauert.
Alles Gute für Sie!
Klose Monique

Samstag, 11. Februar 1989

Ich bin richtig krank! Eine fieberhafte Bronchitis hindert mich daran, gut zu atmen. Ich habe vorhin einen Arzt rufen lassen wegen meiner Atemnot. Ich bin froh, dass ich um Hilfe gefragt habe, denn ich hatte Todesangst. Diese Asthmaanfälle sind eine harte Realität für mich, kaum noch Luft zu bekommen... schrecklich! Das Mittel, das mir der Arzt injiziert hat, hat geholfen. Thomas arbeitet. Ich bin allein und muss ja bis Mittwoch wieder fit sein, denn wir wollen ins Konzert gehen: Angelo Branduardi kommt.

Mittwoch, 15. Februar 1989

Mein Fieber ist gesunken, ich huste nur noch. Ich werde es schon schaffen heute abend. Ich freue mich doch. Mitternacht. Bravo, Angelo! Das Konzert war klasse! Ich bin wieder voller Kraft. Diese Musik... „Cogli la Prima mela..."

Freitag, 18. Februar 1989

Warum und wozu brauchen Menschen irgendeinen Titel, eine Krone, eine Auszeichnung, Preise... Ich möchte nur wissen, wer ich bin, möchte ein Mensch sein.

Dienstag, 24. Februar 1989

Ich habe in Hamburg angerufen: „Guten Tag!" „Guten Tag! Wie geht es Ihnen?" fragte der Docteur mich. „Oh, es geht es mir gut. Ich fahre morgen nach Paris zur Gauguin-Ausstellung. Freitag werde ich um 9.00 Uhr vor dem Grand Palais stehen!" antwortete ich. Mensch! Ich habe gut gesprochen! Ich werde ihm auch schreiben, die Worte sind schon in meinem Kopf.

Mittwoch, 22. Februar 1989

16.00 Uhr Eurocity „Goethe". Wohin fahre ich denn? In eine andere Welt? Ich weiß es nicht. Wie werde ich ankommen. Was wird mir dort passieren? Welche Abenteuer werde ich erleben? Oh, ich habe meinen Koffer ganz allein auf den Gepäckträger heben können. Ich habe mehr Kraft in meinen Armen.

Paris - Donnerstag, 23. Februar 1980

Wo bin ich denn? In der französischen Gruppe? Die Dunkelheit in der Tiefgarage war erneut ein Greuel für mich. Ich weiß ja, wo sich die Lichtschalter befinden und renne von einem zum anderen. Mein Bruder nimmt mich wie ich bin, meine Schwägerin auch. Sie redet nicht viel mit mir, aber ich kann mich in ihrer Wohnung frei bewegen.

Paris - Freitag, 24. Februar 1989
Ich habe mehr als zwei Stunden auf dem Bürgersteig warten müssen; ich habe in der Schlange gestanden und mit anderen Menschen geplaudert, bis ich hinein durfte. Was ich dann gesehen habe, war großartig: Diese wunderschönen Farben habe ich aufgesaugt, bis ich davon wie betrunken wurde. Ein Bild habe ich vergeblich gesucht: „La Sieste", das ich nachgemalt habe. Es ist in New York geblieben, schade! Die Bilder aus der bretonischen Zeit haben mir gut gefallen. Ich habe mir den Katalog gekauft. Oh! Ich muss in die Krippe, Florian abholen. Danke, Monsieur Gauguin, für diese bunte Welt. Es ist ein schönes Geschenk für das Revolutionsjahr!

Paris - Samstag, 25. Februar 1989
Ich lerne hier so vieles von den Menschen, wie gut sie miteinander umgehen und das Leben genießen können. Hier werde ich akzeptiert und respektiert. Man geht mit mir aus und zeigt mir schöne Sachen. Morgen werde ich mit den Schwiegereltern meines Bruders ins Musical gehen, zu „Cats". Ich freue mich schon trotz dieser ständigen Angst in mir. Dies ist eine andere Art zu leben als im Elternhaus. Es ist das schöne Frankreich.

Paris, den 26. Februar 1989
Lieber Docteur,
einen Gruß aus Paris, aus einer einmaligen Ausstellung. Mehr als 200 Bilder sind da, gekommen aus 16 verschiedenen Ländern. Welche wunderschönen Farben! Bis vor der Therapie wollte ich wie er aus unserer Gesellschaft flüchten. Ich wollte in einer bunten Welt leben, denn meine war schwarz. Ich bin viel gereist und habe sie nirgendwo gefunden, nur meine Reise ins Unbewusste half mir, sie zu entdecken, denn die Farben waren in mir. Gauguin hat sie mir vermittelt. Auch ich bin eine bunte Frau geworden, eine bunte Frau in einer bunten Welt. Ich brauche nicht mehr zu flüchten; das Leben wird für mich immer einfacher, und ich kann jetzt viel klarer sehen und denken als früher. Heute Nachmittag habe ich „Cats" gesehen, dieses sehr schöne und so originelle Musical, das zur Zeit auch in Hamburg spielt. Wie Sie sehen, ich lebe wie Gott in Frankreich. Ich habe meine schwarze Welt begraben. Das Leben hat gewonnen! Paris ist auf Revolutionszeit eingestellt; die Geschichte hat in Frankreich einen großen Wert. Freundliche Grüße Klose, Monique

Paris - Montag, 27. Februar 1989
Heute bin ich durch die Straße gelaufen, dort wo sich das Leben abspielt. Ich habe neue Viertel entdeckt; ich komme schnell mit Leuten ins Gespräch. Morgen werde ich über Nancy zurückfahren. Ich muss ´mal gucken gehen!

Nancy - Freitag, 3. März 1989
Zuhause hat sich nichts geändert, nur ich ändere mich. Die Sätze meiner Mutter sind immer noch dieselben. Ich habe meinen Onkel im Altersheim besucht. „Warum besuchst Du den Alten? Er hat Dich nie geliebt. Dein Bruder war sein Liebling!" Ich habe mir ein Buch gekauft, in dem viele Bilder sind, und sie hat es gesehen. „Warum gibst Du Geld aus für so etwas? Wenn Du Kinder hättest, würdest Du solche Dummheiten nicht machen!" Es trifft mich nicht mehr; ich mache, was ich will! Gestern wie an jedem Donnerstag war Kaffeeklatsch mit Männern, denn mein Vater empfing ein paar Priester bei sich. Es sind ehemalige Schulprofessoren in Rente. Ich habe mich dazu gesetzt und mitgeredet. Es sind Menschen wie ich! Sie waren nicht mehr so groß, so unnahbar. Es wurde eine interessante Unterhaltung, während dessen meine Mutter in der Küche blieb.

Sonntag, 5. März 1989
Zurück in Darmstadt. Meine Reise war lehrreich. Ich habe viel gesehen und viele Bilder mitgebracht. Der Gauguinkatalog hat Thomas gut gefallen, denn auch er mag seine Malerei, seine Farben. Im Elternhaus war so vieles verboten. Ich habe in meinem Leben immer das Gefühl gehabt, dass ich störe, dass ich im Weg bin. Ich will doch das Leben genießen, Maman! Ich möchte gut leben, anders als Du mit Deinen Einstellungen.

Dienstag, 7. März 1989
Ich habe festgestellt, dass ich nicht mehr in Panik gerate, wenn der Zug in einem Bahnhof anhält. Ich breche auch nicht mehr zusammen; die Angst in mir baut sich ab; Gott ist kein Richter mehr im Himmel; die Toten sind unter der Erde. Ich gehöre langsam zu den Menschen. Ich kann gut zuhören und auch mitreden. Ich lebe in einem freien Land, wo man alles bekommt, was man braucht, wo man sagen kann, was man denkt, auch als Frau gut leben kann im Gegensatz zu anderen Kulturen, und eines Tages werde ich nicht mehr von

dem Docteur abhängig und auch frei von meinen bösen Bildern sein. Mensch! Ich sehe heute alles in Rosa!

Donnerstag, 16. März 1989

Meine Mutter hat vorhin angerufen und Vater kritisiert. Jetzt habe ich so eine Wut in mir; es hämmert so in meinem Kopf. Sie kann nichts Gutes von meinem Vater erzählen; ich hasse sie! Wenn ich ihr widerspreche, wird sie noch böser.

Montag, 20. März 1989

Wir sind zur Erstkommunion einer meiner Nichten eingeladen, und meine Wunde tut schon wieder weh, meine Beine wollen nicht gehen. Ich erinnere mich an meine eigene Erstkommunion, damals in Nancy in der Klosterschule. Ich trug eine lange weiße Kutte; mein Onkel zelebrierte die Messe, und Vater war Messdiener. Ich hatte extra für diesen Tag in Latein singen gelernt. Von der Familie bekam ich ein goldenes Kreuz, eine Uhr aus Gold und ein Messbuch. Es war ein schöner Tag. Aber heute tut mir die Religion weh!

Dienstag, 21. März 1989

Ich bin ganz durcheinander! Ich muss den Docteur anrufen. 11.00 Uhr: „Ich bin ganz daneben! Ich muss zur Erstkommunion meiner Nichte gehen!" „Es ist eine Chance, sich noch einmal mit dieser Welt auseinander zu setzen!" sagte er zu mir. „Ich will nicht mehr in diese verlogene Welt zurückgehen. Sie haben mich damals mit Gott erpresst!" „Sie schaffen es!" antwortete er. Der Docteur hat mir Mut gemacht. Jetzt habe ich ein Bild in mir. Ich sehe mich neben dem Docteur, und ich bin genauso groß wie er. Es ist ja komisch, aber sicherlich normal oder?

Montag, 3. April 1989

„Kommunion gut überstanden, vielen Dank!" Mit diesen Worten habe ich vorhin einen Strauß blauer Anemonen nach Hamburg schicken lassen. Also, gestern ging es mir nicht gut in der Kirche. Ich habe alle Phasen durchgemacht, Angstzustände, Herzschmerzen, Kummer... und wenn die Leute gesungen haben, musste ich weinen. Ich konnte den Altar nicht ansehen. Es war hart! Später wurde es doch noch ein schöner Tag mit der deutschen Familie.

Ich muss mich von dieser Religion, die nicht mehr mit der Realität unserer Gesellschaft übereinstimmt, trennen. Es ist in mir wie der Untergang der Titanic, ich werde aber nicht mit versinken!

Freitag, 7. April 1989
Habe ich geträumt? Heute Nacht habe ich Thomas und den Docteur tot gesehen. Am Straßenrand haben sie gelegen. 11.00 Uhr Anruf aus Hamburg: „Die Blumen sind wunderschön, vielen Dank! Und wie geht es Ihnen?" fragte er. Er lebt! Der Docteur lebt. Ich trenne mich innerlich von meinen Männern und sehe sie nachts tot. Thomas ist auch lebendig! Ich verwechsle es. Tod und Trennung! In Libanon hat ein Krieg angefangen.

Sonntag, 9. April 1989
3.00 Uhr nachts. Ich habe so eine Wut in mir, dass ich nicht mehr liegen bleiben kann. Sie erwürgt mich fast. Ich schreibe lauter böse Sätze. Ich habe alles so satt. Ich möchte weg. Und dieses Asthma wird schlimmer. Mein Spray hilft mir nicht mehr. Ich pfeife wie eine Dampflok.

Samstag, 15. April 1989
Ein wildes Pferd galoppiert in meinen Gedanken. Was für ein Bild! Was für eine Unordnung ist wieder in meinem Gehirn. Thomas liebt Pferde. Sie sind seine Lieblingstiere, und sie passen zu ihm.

Dienstag, 18. April 1989
Nach dem Anruf einer meiner Schwägerinnen konnte ich meine Gedanken nicht mehr lenken. 17.00 Uhr habe ich in Hamburg angerufen: „Ich bin ganz durcheinander!" Ich erzählte dem Docteur lauter wirre Sachen. Zum Stammtisch kann ich heute nicht gehen. Ich bin in einer zu schlechten Verfassung. 2.00 Uhr nachts. Ich habe Schmerzen; ich sehe Gesichter vom Menschen; alles ist verwirrt heute.

Mittwoch, 19. April 1989
3.00.Uhr nachts. Die Schmerzen lassen mich nicht schlafen. Ich habe einen solchen Druck in mir, irgendetwas will aus mir heraus. Es fehlt ein Auslöser. Ich bin so durcheinander.

Donnerstag, 20. April 1989
Ich war mit Frederik im Kino; der Film „Gefährliche Liebschaften“ mit Glenn Glose löste alle Verkrampfungen in mir. Es handelte sich um Beziehungen zwischen Männern und Frauen, um Gefühle wie Liebe, Hass, Macht, Rache und Sex. Als der Film anfing und ich die Menschen auf der Leinwand sah, bekam ich einen Schmerz im Unterbauch und ein Zwicken in der Magengegend. Alles wurde wieder Klar in meinem Kopf. Diese Männer und Frauen: Jeder hat etwas vom anderen Geschlecht in sich. Wir sind ja das Produkt zweier Körper. Manche Männer lieben andere Männer, manche Frau eine andere Frau, andere können es mit beiden. Es gibt ja keine Grenze, außer dem Moralgesetz der Gesellschaft, das hart ist und verurteilt. Der Film hat mich weiter gebracht.

Dienstag, 25. April 1989
Mein Bruder und seine Familie wollen uns besuchen. Ich freue mich, denn er war seit 10 Jahren nicht mehr hier. Dieses Mal träume ich nicht; sie kommen Donnerstag!

Freitag, 5. Mai 1989
Eine meiner Schwägerinnen hat uns alle zu ihrer Geburtstagsfeier eingeladen. Auch andere Mitglieder der Familie waren da, unter anderem eine Cousine aus Ostdeutschland, die mit einer Sondergenehmigung zum ersten Mal hier im Westen war. Die Frau erzählte, dass sie Schwierigkeiten hat, unsere Welt zu verarbeiten. Die überfüllten Kaufhäuser waren für sie kaum zu bewältigen, da es in der DDR doch fast nichts gibt, wo man 12 Jahre auf ein neues Auto warten muss. Sie sind in ein System eingemauert, und Religion ist dort ein Stück Freiheit. Ihre Erzählungen haben mich sehr beeindruckt. Ich habe alles verfolgen können; und sie sagte öfter über unser Land: Draußen in Westdeutschland. So wie ich auch sage: Draußen in unserer Gesellschaft. Es war ein schöner Tag unter Europäern.

Sonntag, 7. Mai 1989
Die Zeit ist so schnell vergangen. Mein Bruder ist heute in der Frühe abgefahren. Ich habe Trennungsschmerz. Die Muskeln meiner Arme tun mir so weh. Florian hat uns viel Heiterkeit bereitet. Ich bin froh, dass ich alles gemeistert habe und meiner französischen Schwägerin Heidelberg zeigen konnte. Sie hat

sich über das Apotheken-Museum gefreut, weil sie doch vom Fach ist. Das Leben geht weiter!

Donnerstag, 11. Mai 1989
Ich habe heute keinen guten Platz. Ich wechsle ständig, damit die inneren Verkrampfungen nicht schlimmer werden. Ich habe Augen wie ein Dackel, ich kann sie kaum offen halten. Ich kann nichts machen. Der Tag wird schon vorbeigehen, und morgen wird es besser sein. Ich muss ja zur Lungenärztin.

Freitag, 12. Mai 1989
Die Fachärztin hat mir einen elektrischen Inhalator verschrieben, und neue Medikamente sollen mir helfen, besser zu atmen. Was für ein tolles Geschenk! Ich kann es überall hin mitnehmen, auch nach Nancy, wohin wir morgen für ein paar Tage fahren wollen. Alle diese Spezialisten, die sich nur für einen Teil des Körpers interessieren ohne die ganze Person zu sehen!

Montag, 15. Mai 1989
Der Aufenthalt in Nancy war kurz. Es hat gereicht, denn der Zustand meiner Mutter macht mich traurig. Sie klagt ständig, und ich weiß nicht, woran ich bin, denn ihre Tiere haben Vorrang. Papa ist der Ruhepol.

Donnerstag, 18. Mai 1989
Ich habe Maria besucht, die jetzt in Hanau wohnt. Es freut mich, zu sehen, dass sie jetzt mit ihrem Leben zurecht kommt. Jeden Abend bekomme ich Atemnot. Wie gut, dass ich diesen Apparat habe. Er ist eine große Hilfe: Meine Bronchien entkrampfen sich, und ich kann besser einschlafen. Es ist toll!

Freitag, 19. Mai 1989
Die Studenten in China haben sich auf dem Platz des himmlischen Friedens versammelt. Sie wollen Veränderungen. Ob das gut geht?

Samstag, 20. Mai 1989
Meine Schwiegermutter ist eine wunderbare Frau, vor allem eine tolle Mutter. Es tat mir oft weh. Zu sehen, wie sie mit ihren Töchtern umgeht. Zwei davon, die Zwillinge, schliefen sogar an ihrer Seite in einem großen Bett. Sie konnten

mit ihr reden, sich Rat und Trost holen. Sie ist eine Bäuerin, die ihr Leben mit sechs Kindern meistern musste. Die Religion gab ihr die Kraft, durchzuhalten, und Tante Martha, die Witwe war, half ihr, nach dem ihr Mann sie verlassen hatte. Die Mama besitzt nicht viel, aber diese innere Zufriedenheit ist ihr größter Reichtum. Mich empfängt sie immer mit offenen armen. Sie kocht für mich Haferflocken, wenn sie sieht, dass ich neue Kräfte brauche. Sie ist eine Liebe Ausstrahlende in der Familie, und ich liebe sie sehr meine deutsche Schwiegermutter. Danke Mutti!

Montag, 22. Mai 1989

Dieses Jahr feiern die Franzosen ihre Revolution; die chinesischen Studenten versuchen, eine anzufangen. Sie sind noch immer auf dem Platz, aber sie sind allein. Die Anderen machen nicht mit; sie verstehen wohl nicht, um was es sich handelt. Ich denke jeden Tag an diese jungen Leute, ob sie es schaffen? Wie wird das Militär reagieren?

Mittwoch, 24. Mai 1989

Zwei Mitglieder der französischen Gruppe wollen zurück nach Frankreich. Sie kommen hier nicht zurecht.

Dienstag, 30. Mai 1989

Ich habe den Docteur angerufen: „Habe ich mich damals selbst zerstört, als ich nach Deutschland wollte? Ich bin von einer Abhängigkeit in die andere geflüchtet." „Nach Deutschland zu gehen war ein Schritt in die Selbständigkeit," meinte der Docteur, der mir eine Geschichte erzählte. „Sodom und Gomorrha sind zerstört worden, weil ihre Einwohner kriminell waren. Zwei Engel retteten Lot, der mit seiner Familie aus der Stadt flüchtete. „Lauf! Renne weg! Wenn du dein Leben retten willst, darfst du nicht zurückschauen!" Seine Frau machte diesen Fehler und wurde in eine Salzsäule verwandelt." Ich weiß jetzt, dass die Flucht nach Deutschland meine Rettung war. Der Docteur hat mir eine Geschichte erzählt!

Mittwoch, 31. Mai 1989

Diese Nacht habe ich im Traum den Docteur geschlagen. Ich will diese Abhängigkeit nicht mehr. Ich möchte allein das Leben meistern.

Donnerstag, 1. Juni 1989
Ich habe einen Strauß rosa Rosen nach Hamburg schicken lassen, die Blumen der Muttergottes, und es ist die Farbe der Haut der Menschen in unseren Ländern.

Sonntag, 4. Juni 1989
Ayatollah Khomeny ist gestorben. Es ist eine Befreiung, aber das Volk weint um einen Mann, den es idealisiert hat ohne zu sehen, dass er es mit der Religion unterdrückte.

Montag, 5. Juni 1989
Was haben die chinesischen Soldaten gemacht? Es ist ja schrecklich! Furchtbar! Sie haben mit ihren Panzern die jungen Leute überrollt, ihre Mitbürger und die Klügeren massakriert! Es ist eine harte Realität für mich; ich kann es nicht verarbeiten. Ich war in der Klinik. Ich habe mich einfach in die Halle gesetzt und bin eine Weile da geblieben. Wo ist der Docteur?

Mittwoch, 7. Juni 1989
Ich kann seit Montag nur Reis essen. Es ist so schlimm! Es trifft mich so, wenn es um menschliche Freiheit geht. Die Soldaten haben die Studenten getötet, 10? 1000? Niemand weiß es genau. Und wie viele sind im Gefängnis gelandet und gefoltert worden. Auch das sagt keiner. Wie mutig waren diese jungen Leute! Sie wollten etwas bewegen... Auf unserem Luisenplatz hatten sich asiatische Studenten versammelt. Ich bin auch hingegangen, eine kleine solidarische Geste für ein solches Drama. Das kommunistische Regime, oder das, was die Menschen daraus gemacht haben, ist wie die Religion: Es hat schon so viele Opfer in unserer Welt verursacht. Wie viele noch?

Mittwoch, 14. Juni 1989
Hamburg angerufen: „Ich bin ganz daneben!" „Wo sind Sie in Ihren Gedanken," fragte der Docteur, und ich erzählte ihm lauter verwirrte Sachen, Gedanken, die in meinem Kopf verwirrt waren und jetzt wieder in Ordnung gekommen sind. Ich brauche noch seine Stimme.

Donnerstag, 15. Juni 1989

Ich musste noch einmal den Docteur anrufen: „Monsieur Gorbatschow scheint mir wie ein Traum zu sein!“ „Für mich auch!“ antwortete er. „Wissen Sie... Ich brauche Sie noch!“ „Das macht nichts. Ich bin noch erreichbar!“ sagte er zu mir. Herr Gorbatschow und die Perestroika! Ein polnischer Papst, Solidarnos... Wenn das alles keine Früchte trägt! Und wenn das Regime zusammenbräche, würde zuerst wohl Chaos herrschen. Es wird dauern bis die Menschen mit der neugewonnenen Freiheit umgehen können. Ob ich es erleben werde?

Sonntag, 18. Juni 1989

Ausstellung über Salvador Dali, eine Retrospektive auf sein Lebenswerk anlässlich seines 85. Geburtstages. Thomas war mitgefahren, denn er mag seine Bilder. Es war ein schöner Tag in Stuttgart.

Mittwoch, 21. Juni 1989

Meine Gedanken sind heute klar. Ich habe es dem Docteur schreiben müssen. Dieser gute Mann lässt mich nicht allein. Er macht seine Arbeit.

Darmstadt, den 21. Juni 1989

Lieber Docteur,

Meine Gedanken sind wieder frei; an manchem Tag sind es so viele, dass ich sie nicht mehr in den Griff bekomme. Sie stoßen aneinander, schwirren und tanzen in meinem Kopf. Aber aus diesem Gedankenstoß kommen keine irrealen Bilder mehr heraus. Ich war und bin noch zerlegt wie ein Puzzlespiel. Jeden Tag kommen neue Steine hinzu, da ein Bild, eine Farbe, dort ein Gesicht, das ich sehe, ein Wort, das ich höre. Aus Kummer und aus Wut weinen, Schmerzen haben, brechen, ein Todesgefühl bekommen, manche Tage nichts essen können, an anderen fressen, nachts oft aufstehen müssen, um Sätze zu schreiben, Bilder anzuschauen, wieder träumen, um weiter zu kommen, dahin gehen müssen, dorthin nicht gehen zu können. Dieses Gehirn arbeitet Tag und Nacht; und es ist gut so, denn ich will nicht mehr in die Welt meiner Mutter zurückgehen. Nie mehr abhängig sein! Frankreich feiert 200 Jahre Revolution. Dieser Kampf kostete damals das Leben vieler Franzosen. Seit über sechs Jahren mache ich meine eigene Revolution. Es kostete mich den

Tod meiner irrealen Figuren, die Vergangenheit und den Halt der Religion. In unserer Welt werden noch Menschen, die für die äußere Freiheit kämpfen als Schwerverbrecher behandelt, und die anderen, die für ihre innere Freiheit kämpfen als Verrückte bezeichnet. Freiheiten haben ihren Preis. Es gibt wohl keine ohne Tränen und Schmerzen, ohne Blut und Tod. Die ersten 20 Jahre meines Lebens verbrachte ich in einem mir unbewussten, seelischen Gefängnis. Dann kam die Flucht, Deutschland, das Fremde, die Krankheit, die Entdeckungen, die Suche nach Hilfe. Alles wurde noch schlimmer. Die Sklaverei ging weiter; fast 20 Jahre bewusstes Leiden, von denen ich mich noch heute nicht getrennt habe. Jetzt ist das alles anders. Ich fühle mich wie auf einem anderen Planet. Alles ist so viel einfacher geworden, und an manchem Tag ist es doch noch so schwer. Das Abenteuer geht weiter, und so wie ich mit meinen Bildern gekämpft habe, so werde ich auch in dieser neuen Welt weiterkämpfen. Sie waren mein ganzer Halt, und die Gefühle, die ich für Sie empfunden habe, waren so stark, dass, wenn sie hochkamen, ich jedes Mal zusammengebrochen bin. Ich habe Ihnen vertraut; Sie waren am Anfang der Therapie ein großer, mächtiger, deutscher Arzt, vor dem ich Angst hatte und in den ich im Lauf der Behandlung verschiedene irreale Figuren projiziert habe.

Jetzt sind Sie ein Mensch wie ich, den ich noch brauche. Dieses starke, warme Gefühl kommt nicht mehr hoch. Nur der Kummer ist an manchen Tagen noch schlimm. Es ist eine Krankheit, die man nicht sehen konnte, denn ich sah normal aus, war nur müde und ein wenig blass. Ich habe damals sehr viel Glück gehabt! Diese Gefühle, die ich für Sie entwickelt habe, waren meine Rettung. Sie haben mir eine Chance gegeben, und ich habe zugegriffen. Ich danke Ihnen dafür! Ich habe aufgehört, mir eine ideale Welt zu bauen, denn es wird sie nie geben, so wenig wie vollkommene Menschen. Vielleicht wäre das auch langweilig. Der Kommunismus, Sozialismus, Kapitalismus, Idealismus... das Wichtigste ist die innere Zufriedenheit, eine Art Egoismus, das Beste aus seinem Leben zu machen, dafür zu kämpfen, sich selbst treu bleiben, Ziele und Träume zu haben. Wenn ich daran denke, dass manche Menschen zufrieden sind, in dem sie andere quälen! Diese Macht zu haben! Es hat alles zwei Seiten. Das ist eine wichtige Entdeckung für mich. In Frankreich sind meine Wurzeln. Ich werde den 14. Juli mit meinem Vater feiern. Es wird ein großes Fest geben und ein wenig meins sein. Ich danke Ihnen, dass Sie mich auf die-

sem langen Weg begleitet haben. Bald werde ich ganz allein gehen können. - Danke! Dass Sie mich immer respektiert haben und so weit gebracht haben. Ich werde mit meinen Narben leben müssen, aber welcher Mensch hat denn keine! Es war bis jetzt alles so hart, so einmalig. Es hat mir alles genommen und alles gegeben. Ich wünsche Ihnen weiter alles Gute in Hamburg!
Freundliche Grüße
Klose Monique

Dienstag, 27. Juni 1989
Ich habe wieder Reis essen müssen. Ich kann nur schwer verarbeiten, was in China passiert ist. Wie hilflos ich solchen Taten gegenüber bin. Politiker lassen die jungen und gelehrten Leute ihres Landes massakrieren. Das ist die Realität in unserer Welt.

Mittwoch, 28. Juni 1989
Was macht die chinesische Führung? Seit Jahren unterdrücken sie das tibetanische Volk. Ich mag die Tibeter, die Weisheit des Dalai Lama. Ihre Religion ist stark; sie hält sie am Leben und tröstet sie. Und was für ein schönes Land sie haben! Es ist alles so traurig! Warum hilft niemand diesen friedlichen Menschen? Warum?

Samstag, 1. Juli 1989
Die Menschen unserer Welt... manche strafen, foltern, sperren ein und töten; sie verurteilen, kritisieren und zerquetschen die Seele... Ich habe Bauchschmerzen vor so viel Macht, und ich habe ein Bild für die jungen Chinesen gemacht.

Donnerstag, 6. Juli 1989
Ich habe die halbe Nacht in einer Ecke geweint wie ein verlorenes Kind, das man allein gelassen hat. Gestern habe ich den Docteur angerufen. „Ich möchte Sie so gern sehen, und ich weiß, dass Sie manche Tage noch in Darmstadt sind!“ „Es geht leider nicht zur Zeit! Später vielleicht,“ antwortete er. Später! Das sagt Thomas auch immer.

Revolution. 1. Juli 1989

Montag, 10. Juli 1989
Mein Koffer ist gepackt. Es ist so weit. Morgen fahre ich nach Nancy, um die Revolution zu feiern.

Eurocity - Dienstag, 11. Juli 1989
Ich sitze im Zug und habe das Gefühl, dass ich mit dem Bus zum Stadtzentrum fahre. Die Entfernungen verkürzen sich in mir. In Mannheim ist eine Frau zugestiegen; sie hat sich neben mich gesetzt. Seitdem habe ich Muskelschmerzen, mir ist auch übel... In Saabrücken ist die Frau ausgestiegen, und meine Beschwerden sind weg. Das Gehirn arbeitet. Es wechselt ständig, doch zum Glück kann ich ihm folgen. Bald kommen wir in Metz an, wo ich umsteigen muss.

Nancy - Donnerstag, 13. Juli 1989
Vater freute sich, dass ich gekommen bin. Wir werden heute abend zur Parade gehen. In Paris ist auch alles bereit. Überall Flaggen und Fahnen, die Farben berühren meine Wurzeln.

Nancy - Samstag, 15. Juli 1989
„Vive la liberté!" Was für ein toller Tag gestern! Ich habe ihn mit meinen Cousins auf dem Land verbracht. Abends sind wir auf den Stanislas-Platz gegangen, wo schon Tausende von Menschen waren. Das Feuerwerk war einmalig schön. Ich habe die Marseillaise mit den Franzosen gesungen und war so glücklich! Tanzte bis Mitternacht. In Paris war es ja grandios, „Vive la Revolution!" Was für eine Geschichte. Ich denke an die Menschen damals, an das Volk, an Danton, Robespierre, Camille Desmoulins und auch an Charlotte Cordet. Welches Massaker! Köpfe sind gerollt, auch die der Königin und des Königs... eine schlimme Zeit! Ein Volk war im Aufstand, die Armut gegen den Reichtum. Ich bin heute total müde, aber glücklich!

Montag, 17. Juli 1989
Wieder in Darmstadt, wieder Koffer ausgepackt. Ich habe neue Kräfte aus Frankreich mitgebracht. War das ein schönes Fest! Andere Länder haben auch mitgefeiert, toll! Die Republik hat den Frieden unter die Völker Frankreichs gebracht. Danach gab es keine Religionskriege mehr. Also: Ohne Revolution

keine Republik. Es gibt immer ein Danach. Nach der Psychoanalyse ein neues Leben. Und nach dem Tod?

Donnerstag, 20. Juli 1989

Gestern Abend zeigte das deutsche Fernsehen den französischen Film „Danton“. In dieser Rolle gefällt mir Gérard Depardieu am besten. Ich musste an Büchner denken, als Einwohnerin Darmstadts, wie er wegen seines liberalen Denkens verfolgt wurde und sein Buch „Dantons Tod“ am offenen Fenster schrieb, immer bereit, zu fliehen. Dieser junge Mann muss ein wertvoller Mensch gewesen sein, ein toller Kerl! Ich mag ihn. Er starb im Exil in der Schweiz. Er wurde nur 24 Jahre alt.

Montag, 24. Juli 1989

Warum sah ich früher manche Leute als so groß und so mächtig? Es sind doch Menschen wie ich, nur haben sie andere Fähigkeiten. Ich kann von ihnen so vieles Lernen. Ich versuche, sie zu analysieren; analysieren heißt nicht beurteilen, sondern sie besser kennen zu lernen, Ängste (vor ihnen) abzubauen. Ich liebe die Menschen, die verschiedenen Völker. Ich bin neugierig auf ihre Lebensweise.

Dienstag, 25. Juli 1989

Ich habe den Docteur angerufen: „Ich wollte Sie fragen, ob Sie demnächst in unserer Stadt sind.“ „Ja, am Samstag um 10.15 Uhr werde ich in einer Praxis sein,“ antwortete er. Ich habe ihn schon so lange nicht gesehen. Mal sehen, wie ich reagiere. Ich muss ihm ein Bild geben, das ich gemalt habe: „La Sieste“, die bunten Frauen von Gauguin. Ich weiß, wo sich diese Praxis befindet, und werde da sein.

Donnerstag, 27. Juli 1989

Arme Camille Claudel! Frederik und ich haben uns den Film über ihr Leben angeschaut. Es ist ja schrecklich, so krank zu werden und dann 30 Jahre in der Psychiatrie zu verbringen. Kein Arzt hat ihr helfen können, zu keinem hatte sie Vertrauen, dabei hat sie so schöne Sachen gemacht. Einige habe ich in Paris im Musée Rodin gesehen. Frederik ist mein bester Freund. Ich kann mit ihm über alles reden, es ist toll! Er hilft mir auch weiter, zeigt mir seine Welt. Als Homosexueller ist er keine Gefahr für Thomas, aber trotzdem...

Revolution. 14. Juli 1989

Samstag, 29. Juli 1989
Um 10.10 Uhr klingelte ich an der Tür dieser Praxis. Ich lief die Treppe hoch, klopfte an, und der Docteur öffnete mir. Ich habe mich so gefreut, ihn zu sehen, oder eher seine karierten Strümpfe, denn sein Gesicht war wie im dichten Nebel, nur die Strümpfe waren klar. Ich gab ihm meinen nachgemalten Gauguin (siehe Seite 205). „Es ist ein sehr lebendiges Bild mit schönen Farben. Sie machten doch bisher solch´ düstere Bilder," sagte er zu mir. Ich konnte nicht ruhig sitzen, meine Muskeln taten zu weh. Ich verabschiedete mich und ging weg. Ich spürte in mir Trennungsschmerz, und jetzt, wo ich zu Hause bin, weine ich. Warum konnte ich sein Gesicht nicht klar sehen?

Sonntag, 30. Juli 1989
Wir wollen in Urlaub fahren, wieder nach Österreich, aber in ein anderes Tal. Ich versuche, Koffer zu packen. Innerlich bin ich ganz unruhig; irgendetwas quält mich.

Montag, 31. Juli 1989
Mir geht es so schlecht. Ich habe versucht, den Docteur zu erreichen, aber niemand meldete sich. Er ist wohl noch in unserer Stadt. Ich habe ein Bild angefangen. Zum ersten Mal habe ich die Konturen seines Gesichts gezeichnet, nur an der Stelle seiner Augen male ich immer wieder einen Knopf. Was soll denn das sein? Er wird lachen, wenn er sich so sieht. Ich bin völlig erschöpft. Morgen fahren wir weg.

Den Knopf in seinen Augen erkannt! 31. Juli 1989

Darmstadt, den 1. August 1989

Lieber Docteur,

ich habe mich sehr gefreut, Sie wieder zu sehen, auch wenn ich Sie an diesem Tag nicht klar sehen konnte. Ich war daneben und hatte Schmerzen. Ich musste Ihnen dieses Bild von Gauguin geben, denn in jeder dieser Frauen habe ich mich erkannt. Die Frau vorn mit dem gelben Hut hat kein Gesicht. Die kleine dahinter im Gras hat sich zurückgezogen, sie will allein sein. Die in der Mitte bügelt und vertritt die Pflicht der Hausfrau, die ich bin. Die andere an ihrer Seite ist stumm, sie kann nichts sagen. Die Frau mit dem roten Kleid, die auf dem Kissen liegt, scheint zu lesen, aber das Buch fehlt, denn ich habe seit Jahren keines lesen können, eher eins geschrieben. Montag habe ich fast den ganzen Tag geweint. Ich habe Schmerzen, Schuldgefühle, Angst und Kummer gehabt. Ich wollte Ihr Gesicht zeichnen, aber es gelingt mir nicht. Anstelle Ihrer Augen machte ich immer wieder einen Knopf. Ich bin wohl noch nicht so weit. Das Leben ist manchmal wie im Paradies und manchmal wie in der Hölle; es ist lebenswert! Und wir Menschen sind nur auf der Durchreise. Ich danke Ihnen, dass Sie gekommen sind. Passen Sie gut auf sich auf.

Freundliche Grüße

Klose Monique

Österreich - Mittwoch, 2. August 1989

Österreich! Ich bin in einer guten Verfassung hier angekommen, mit klaren Gedanken. Es ist, als ob ich Darmstadt nicht verlassen hätte. Die Bergluft wird meinen Bronchien gut tun. Wir sind in einem schönen Tal in der Nähe der italienischen Grenze, wo es wenig Touristen gibt.

Österreich - Sonntag, 6. August 1989

Wir haben einen schönen Tag in Italien verbracht. Wir sind an den drei Zinnen vorbei gefahren; diese Kolosse sind so mächtig... was für eine grandiose Landschaft. Ich kann alles so klar sehen, wie neugeboren. Ich schaue nur und genieße, was ich sehe bis ins kleinste Détail. Wir sind bis Pieve di Cadore gewesen, dem Geburtsort von Tizian. Was für ein schöner Tag unter blauem Himmel.

Österreich - Mittwoch, 9. August 1989

Vor 21 Jahren traf ich Thomas in diesem Land. Damals konnte keiner von uns beiden die Sprache des anderen. Wir heirateten in Nancy; mein Onkel zelebrierte die Messe, die zweisprachig war. Vater hatte alles organisiert, Hotelzimmer für die deutsche Familie, das Menü... Ich war damals glücklich und wollte es bleiben. Ich gab mir Mühe, die Leute zu verstehen. Ich wollte nach Deutschland in eine bessere Welt, so dachte ich, aber ich wurde krank und fing an, nachzudenken.

Österreich - Sonntag, 13. August 1989

Die Glocken läuten, und die Dorfbewohner eilen zur Kirche. Es ist Sonntag, und die Menschen haben ihre Trachten angezogen, um in die Messe zu gehen. Nach einer harten Arbeitswoche ist es ein Treffpunkt, um Neuigkeiten zu erfahren. Welcher Reichtum in den Kirchen alles für einen Gott, von dem die Menschen nicht wissen, wie er aussieht. Er ist hier verantwortlich für die gute Ernte. Wo ist dieser Gott? Herrscht er über uns oder in uns? Es ist ein Geheimnis. Gott ist die Natur, die Schöpfung ist so einmalig, dass er dafür verantwortlich sein muss. Wir haben heute Franzosen getroffen; die Sprache zu hören, gab mir neue Kräfte.

Darmstadt - Sonntag, 20. August 1989

Wir sind über die Großglocknerstraße zurückgefahren, und der Himmel war wolkenlos. Was für eine Landschaft. Ich weiß heute, wo ich bin. Meine Gedanken sind so klar! Es war seit vielen Jahren mein schönster Urlaub. Wir sind auch zusammen gut zurechtgekommen; es war schon eine schöne Zeit für meine Verfassung. Wenn ich an Madeira denke, wo ich alle drei Tage fast zusammengebrochen bin. Ich hatte damals noch nicht genügend Kräfte in mir für eine solche Reise. Ich werde leben, mit den schrecklichen Bildern weiter kämpfen.

Mittwoch, 23. August 1989

Ich hatte gestern abend so viel Schmerzen, als ich in meinem Bett lag, dass ich wieder aufstehen musste. Ich musste das Bild von Gauguin, das ich nachgemalt habe, anschauen. Alle diese Frauen vertreten die Kranke, die ich einmal war; deshalb musste ich es dem Docteur geben. Danach legte ich mich erneut hin und schlief schmerzlos ein. Das Gehirn hat es noch einmal verarbeitet, gut, dass ich seine Sprache verstehe.

Montag, 28. August 1989
Ich habe in Hamburg angerufen. „Guten Tag! Störe ich Sie?" musste ich den Docteur fragen. „Nein, Sie stören nicht. Ich habe Zeit für Sie," antwortete er mir. Diese Worte wollte mein Gehirn hören. Es hat sie registriert. Mir wurde übel, und die Arme haben mir weh getan bis in die Fingerspitzen. Ich war wohl ein lebendiges Kind, nur für meine Mutter ein nervöses Bündel. Ich durfte nicht stören, in der Schule nicht, und auch Thomas wollte immer seine Ruhe haben. Den Eltern bloß nicht im Wege stehen und Gott keinen Kummer bereiten. Ich störe nicht! Ich bin nicht zuviel!

Dienstag, 29. August 1989
Thomas hat heute frei gehabt. Wir sind in den Zoo unserer Stadt gegangen. Ich wollte die Tiere sehen. Der Anblick einer Wasserschildkröte erschreckte mich. Ihre Panzerschale war rund und ganz schwarz. Es sah aus wie das Bild, dass ich sehe, dieses tiefe dunkle Loch. Ich blieb stehen wie gelähmt, bekam Schmerzen; dann ging alles weg. Ob ich jetzt dieses schreckliche Bild los bin? Ich habe nicht mehr die Kraft, um in die Gruppe zu gehen.

Donnerstag, 31. August 1989
Um 10.30 Uhr habe ich in Hamburg angerufen. „Sagen Sie mir, habe ich Sie in den letzten Jahren gestört?" „Nein, ich habe es Ihnen doch angeboten, dass Sie mich anrufen können, auch wenn es Ihnen gut geht. Sie haben mich nicht gestört," antwortete mir der Docteur. Ich legte den Hörer ab. Eine riesige Wut packte mich. Ich lief weinend in der Wohnung hin und her. Wenn meine Mutter da gewesen wäre, ich glaube, dass ich sie erwürgt hätte. Ich habe ein Recht auf Leben, einen Platz in der Gesellschaft. Ich störe nicht!

Sonntag, 3. September 1989
Ich bleibe gern allein zu Hause zur Zeit. Ich halte es unter den Menschen nicht aus. Die Therapie bringt mich erneut in die Realität. Für meine Herkunft kann ich nichts, nur für meine Zukunft bin ich selbst verantwortlich. Menschen machen Fehler, niemand ist schuldig, und alle sind daran schuld. Menschen können ganz böse und schrecklich sein. Der TGV ist schneller gefahren als der ICE. Die Franzosen sind vorn, toll!

Dienstag, 5. September 1989

Wir haben Dienstag, den 10. September 1963, und ich sehe meinen Onkel. Gegen 20.00 Uhr stand ich vor seinem Bett , ohne ein Wort zu sagen schaute er mich an, drehte den Kopf und fiel wieder in einen schläfrigen Zustand. Mein Vater hat mich extra aus dem Urlaub geholt, damit ich ihn noch einmal sehen kann. Der Geruch von verfaultem Menschenfleisch war seit Monaten im ganzen Haus kaum zu ertragen. Nonon Roger ist tot! Als Soldat verteidigte er Frankreich im Algerienkrieg und wurde schwer verletzt. Sieben Kugeln durchbohrten seinen Helm. Acht Jahre lang blieb er ganz gelähmt im Bett, seinen Verstand und seinen Humor hat er gut behalten. Mein Platz war an seiner Seite; an jedem schulfreien Tag war ich bei ihm, gab ihm zu trinken, und wir schauten zusammen Fernsehen, bis eines Tages der Dekubitus nicht mehr zu bremsen war. Jetzt fange ich an zu zittern, mir wird übel. Ich muss diese Geschichte dem Docteur erzählen. Oh weh! Die Sekretärin sagte mir eben, dass ich vor 16.00 Uhr nicht mit ihm reden könnte. Ich habe diesen damaligen Verlust nicht verkraftet, nicht begriffen. Es war ein Schock, und heute kommt die Trauer noch einmal hoch. Ich muss weiter darüber schreiben, aber meine Kräfte lassen nach. Ich sehe diesen Onkel ganz blass, ganz abgemagert mit nur 43 kg. Ich sehe die Männer des Bestattungsinstitutes, wie sie ihn in den Sarg hineinlegten, wie sie ihm die gelähmten Beine brechen, damit er hineinpasst. Die Beerdigung war sehr feierlich. Viele Militärs waren gekommen. Ich sehe die Traurigkeit seiner Kinder, die schwarze Kleidung der Leute, meine Tante, die ihn viele Jahre hindurch so gut gepflegt hat. Er war die wichtigste Person meiner Kindheit. Ich habe ihn sehr lieb gehabt. Mein Platz war oft an seiner Seite, so wie in den Gruppensitzungen an der Seite des Docteurs. 16.30 Uhr habe ich den Docteur erreicht und ihm die Geschichte erzählt, so gut ich es konnte. Ich habe Trennungsschmerz in mir. Der Onkel und sein behinderter Sohn prägten meinen sozialen Geist.

Samstag, 9. September 1989

Monsieur Gorbatschow war in Ungarn und das Resultat ist, dass sie die Grenze aufgemacht haben. Jetzt flüchten die Menschen aus der DDR in Richtung Ungarn. Sie wollen frei sein, und es trifft mich so. Ob es gut geht? Ich verfolge die Nachrichten. Werden diese Menschen, die zu uns wollen, wirklich frei sein? Wenn die Euphorie vorbei ist und die harte Realität unserer Leistungs-

und materiellen Gesellschaft, ihnen bewusst wird, ob sie dann nicht enttäuscht sind? Sie waren fast 40 Jahre eingemauert. Manche werden es genießen, andere es bedauern.

Mittwoch, 13. September 1989
Die Franzosen sind alle vom Urlaub in Frankreich zurückgekommen. Eines Tages werde ich auch meine Ferien dort verbringen. Morgen ist ein besonderer Tag. Morgen werde ich 40. Ich freue mich schon darauf.

Donnerstag, 14. September 1989
23.00 Uhr. Die Nachbarn sind gerade gegangen. Ich bin ja verwöhnt worden mit Blumen und Geschenken. Thomas hatte mich zum Mittagessen eingeladen. Ich habe viele Telefonanrufe bekommen von der deutschen Familie, von zwei Nichten, die mir sogar ein Lied gesungen haben. 40 Jahre! Ich möchte diesen Tag festhalten. Ich bin so froh, dass ich meinen Geburtstag so feiern kann. Ich habe es von den Deutschen gelernt, denn als Kind war nur der Namenstag wichtig. Früher war es ein trostloser Tag für mich, der Tag meiner Geburt! Die französische Familie hat sich nicht gemeldet, weder die Eltern noch mein Bruder, nur meine Schulfreundin in Nancy.

Sonntag, 17. September 1989
12 Personen gestern Abend an meinem großen Tisch: Die Familie war da und wie schick alle angezogen waren! Ich hatte Essen bestellt; wir haben Champagner getrunken. Alles war so lebendig, wie in den Bildern von Renoir. Den Gesprächen habe ich folgen können. Einer meiner Schwager, der im Osten geboren ist und vor dem Mauerbau in den Westen kam, ist von den Ereignissen, die zur Zeit in Ungarn passieren, sehr betroffen. Es sind neue Menschen zu mir gekommen, oder ich habe sie anders gesehen. Ich bin erschöpft, aber glücklich. Kann die Mauer tatsächlich fallen?

Montag, 18. September 1989
Ich habe einen Strauß gelber Gerbera zum Docteur nach Hamburg geschickt. Es ist die Farbe der Sonne, die jetzt in mir scheint. Es wird in mir immer heller. Ich fange auch an, kleine Texte aus Zeitschriften zu lesen. Ich werde wieder gesund werden und zu den Menschen gehören.

Freitag, 22. September 1989
Mein Koffer ist gepackt; morgen früh fahre ich nach Nancy, um etwas abzuladen und Neues aufzunehmen. Ich bin jetzt von diesem Inhalator abhängig. Ich muss diesen Apparat überall hin mitnehmen. Er ist lebenswichtig geworden.

Nancy - Sonntag, 24. September 1989
„Maman, ich bin 40 geworden!" „Es ist nichts Besonderes. Kein Weltereignis, oder?" antwortete sie mir und fragte: „Hast du heute Nacht geschlafen?" „Kaum!" „Das ist normal," sagte sie. „Du machst nichts den ganzen Tag, da kannst du auch nicht müde sein; du bist auch so nervös und solltest keinen Kaffee trinken. Er ist auch für deinen Vater nicht gut!" Vater und ich trinken zusammen nach dem Mittagessen eine Tasse schwachen Kaffee und erzählen ein wenig. Sie kann das nicht sehen. Seit 40 Jahren bin ich für diese Frau nervös. Merde Maman! Ich bin lebendig!

Nancy - Montag, 25. September 1989
Ich war aktiv. Ich habe die Tür waschen müssen, also die Vergangenheit abgewischt. Die frischgeputzte Tür eröffnet mir einen neuen Horizont. Schritt für Schritt komme ich weiter. Vater hatte eine Flasche Champagner kaltgestellt, den haben wir zusammen getrunken.

Eurocity - Mittwoch, 27. September 1989
Ich habe die Eltern ohne Trennungsschmerz verlassen. Ich sitze in der Bahn und habe das Gefühl, dass ich im Kino war, und dass der Film so schlecht war, dass ich jetzt nach Hause fahre. Die Dialoge waren nicht gut; die Schauspieler konnten nicht viel miteinander anfangen. Die Tiere waren ständig dazwischen. Der Film ist aus. Ich habe Herzschmerzen, denn er läuft so seit 40 Jahren. Man kann nichts daran ändern. Ich brauche keine Mutter mehr. Ich kann das Leben allein meistern!

Dienstag, 3. Oktober 1989
Die Ereignisse überschlagen sich in Ostdeutschland. Die Menschen fliehen über Ungarn. Herr Gorbatschow... Herr Genscher... toll! Die DDR bricht zusammen. Die Geschichte ist zur Zeit spannend. Ich freue mich so! Wie gut

ich diesen Ruf nach Freiheit nachfühlen kann. Die Deutschen werden doch nicht eine Revolution machen, oder?

Mittwoch, 4. Oktober 1989

Renata hat gerade angerufen. Sie hat ein Bild von der Landschaft ihrer Heimat gemacht und entdeckt, das es diese heile Welt nicht mehr gibt. Sie hat das Bild zerrissen. Wir wachsen!

Donnerstag, 5. Oktober 1989

Ich habe Bauchschmerzen und Muskelschmerzen. Gott herrschte früher wie ein Diktator in meinen Gedanken; die Gebote und Verbote einer Kirche, die immer mit dem Finger auf einen zeigte. Es ist vorbei! Meine Mauer ist gefallen.

Freitag, den 6. Oktober 1989

Herr Gorbatschow ist in Ostberlin, und die Menschen jubeln, andere fliehen über Ungarn. 47000 sollen schon über diesen Umweg hier im Westen sein. Die Trabis rollen... Meine Bauchschmerzen sind schlimmer geworden. Welche Geschichte!

Montag, 9. Oktober 1989

In Leipzig gehen die Menschen auf die Straße, und das Militär hält sich zurück. Es scheint, dass das Sicherheitssystem nicht mehr auf Honecker hört. Ich muss das alles ganz klar, so gut ich es kann, verfolgen.

Mittwoch, 11. Oktober 1989

Ich komme aus Frankfurt, wo zur Zeit die Buchmesse stattfindet. Dieses Jahr ist Frankreich das Hauptthema. Bücher mit Bildern ziehen mich eher an als andere, die ich nicht lesen kann. Ich bin gut zurechtgekommen unter den vielen Menschen. Es war ganz interessant!

Mittwoch, 18. Oktober 1989

Die Geschichte läuft weiter im Osten. Honecker ist zurückgetreten. Es ist so spannend zur Zeit. Schluss mit den Lügen. Aber die DDR ist ein Land, die Heimat der Leute!

Freitag, 20. Oktober 1989
Ich bin im Zentrum gewesen. Als ich in den Bus ausstieg, sah ich auf dem Luisenplatz nur nackte Menschen. Sie waren ohne Kleidung, ohne Titel, ohne Besitz. Identität statt Nationalität. Ich sehe sie von innen. Nackte Menschen! Es war lustig, bis das Bild verschwand.

Samstag, 21. Oktober 1989
Ich muss Deutschland für eine Weile verlassen. Ich werde in Paris gebraucht. Mein Bruder geht mit ein paar Freunden auf der Insel Réunion wandern. Montag werde ich fahren. Ich fahre auch zu den Menschen, dort sind es so viele. In den Koffer habe ich meine karierten Strümpfe gepackt.

Paris - Donnerstag, 26. Oktober 1989
Sommerliche Temperaturen in Paris, ich genieße es. Mein Bruder ist auf der Insel, meine Schwägerin arbeitet, und Klein Florian ist in der Krippe. Ich freue mich jeden Abend, wenn ich ihn wieder abholen darf. Wie gut ich es nachfühlen kann, wenn er aus Hunger, aus Kummer oder weil er sich alleingelassen fühlt, weint. Er entdeckt die Welt und wächst. Das mache ich auch. Seit ich hier bin, schlafe ich mit meinen karierten Strümpfen.

Paris - Freitag, 27. Oktober 1989
Ich war im Musée Rodin, wo Skulpturen von Camille Claudel ausgestellt sind. Sie hat solch´ schöne Sachen gemacht, tolle Figuren. Welch´ trauriges Schicksal diese Bildhauerin hatte. Sie konnte nicht aus ihrer Welt heraus. Gestern abend, als ich im Bett lag, habe ich den Docteur gesehen. Er trug einen weißen Kittel. Welch´ eine Erscheinung!

Paris - Samstag, 28. Oktober 1989
Es geht mir nicht gut. Ich muss Klarheit in meinen Gedanken schaffen. Wenn man Zahnschmerzen hat, geht man zum Zahnarzt, wenn man Magenschmerzen hat, zu einem Gastroenterologen, und wenn man durcheinander ist? Ach, du Schreck! Der Docteur ist ein Psychiater. In mir tut alles weh, es ist aber Realität. Mit Florians Buntstiften habe ich dieses Bild gemalt. Oh! Ob es die Augen des Docteurs sind?

Die Augen des Docteurs? Ein Baum? 28. Oktober 1989

Paris, den 29. Oktober 1989

Lieber Docteur,

außer diesen paar Worten kann ich Ihnen nicht mehr schreiben und auch keine Bilder mehr schicken, wie ich es bis jetzt getan habe, denn ich bin ein Mensch unter vielen anderen geworden, ein Mensch, der vielleicht fähig ist, ohne seine Mutter zu leben und mit seinem Arzt zu reden, denn ich habe entdeckt, wer Sie sind. Sie sind ein Psychiater, zu dem ich damals kam, als ich so durcheinander war. Eine harte Realität, die mich einen ganzen Tag lang lähmte.

Mit freundlichen Grüßen

Klose Monique

Paris - Montag, 30. Oktober 1989

Ausstellung über die Geschichte der Medizin. Morgen werde ich hingehen trotz meiner Erschöpfung. Ich muss dahin, vielleicht bringt es mich weiter.

Paris - Dienstag, 31. Oktober 1989

Die Ausstellung war interessant. Die erste Medizinische Universität war in Italien, in Padua. Ich habe Dias darüber angeschaut und an den Docteur gedacht. Den menschlichen Körper zu studieren, Arzt zu werden, plus das Fach Psychiatrie zu studieren... Es ist eine Leistung! Und heute eine Klinik zu leiten... Er hat seine Intelligenz in dieses Studium gesteckt. Meine habe ich in die Analyse getan. Der Docteur ist Psychiater! Hurra! Ich werde wieder real. Er war mal ein Baum!

Paris - Samstag, 4. November 1989

Mein Bruder ist wieder da, und wir freuen uns alle darüber. Er hat viel gesehen, Vanille mitgebracht. Ich kann wieder packen. Thomas wird sich freuen.

Paris - Sonntag, 5. November 1989

Ich denke an die Bergarbeiter in Sibirien, die zum ersten Mal streikten, weil sie ein Stück Seife haben wollten. Freude und Traurigkeit sind in mir darüber. Morgen werde ich wieder nach Deutschland fahren. Mal hören, was dort los ist, denn außer ein paar Nachrichten im Fernsehen, hört man nichts hier. Eine neue Trennung steht mir bevor. Die Menschen hier sind mit sich und den Problemen ihres eigenen Landes beschäftigt.

Eurocity - Victor Hugo Montag, 6. November 1989
18.00 Uhr Au revoir, „tit´ Bout “, danke, dass Du mich in Deinem Haus geduldet hast. Es hat mir Freude gemacht, zwei Wochen bei Dir und Deiner Mutter zu sein. Ich habe noch so vieles gelernt, denn weißt Du, ich bin noch ein wenig wie Du. Ich entdecke unsere Welt, ja, ich weiß, es ist ein wenig spät, aber in Deinem Alter habe ich nicht das Glück gehabt wie Du es hast: Eine Mama zu haben, die Dich liebt, Dich respektiert und Dir die Freiheit gibt, Dich und die Welt zu entdecken. Es ist nicht einfach, in unserer Gesellschaft groß zu werden, Gefahr ist immer da. Ich bin jetzt in einer großen Eisenbahn, die ganz schnell fährt. Ich schreibe an Dich und denke, dass Du neben mir sitzt. Ich höre Dich, wie Du von Deinen Freunden erzählst, von Barbar, dem Elefanten, von Key-Key, der Maus, von Papa Cra Cra, dem Entenvater, von der Madame Große Hals, der Giraffe; die Feuerwehr nennst Du die „Pompom léle, ohne Zaza zu vergessen, Deine kleine Freundin aus der Krippe. Nique, wie Du mich riefst, hat Kummer, Dich zu verlassen. Vielleicht verlässt sie auch ihre Kindheit, aber ich werde wiederkommen, und bis dahin werden wir beide noch wachsen. Du wirst mir etwas Neues zeigen, was Du gelernt hast. Also, ich trockne sofort meine Tränen und freue mich im Voraus. Au revoir, Florian! Einen dicken Kuss! Auf bald!
Ich umarme Dich.
Nique

Dienstag, 7. November 1989
Schlechte Begrüßung von Thomas. Ich war zu lange weg. Ich habe keine Schuldgefühle mehr. Ich habe etwas für mich getan. Ich bin einen Schritt weiter gekommen in Paris. Sein böses Gesicht und seine Worte machen mir keine Angst mehr.

Donnerstag, 9. November 1989
Die Mauer ist zerbrochen. Die Menschen kommen. In Berlin ist die Hölle los. Ich schaue Fernsehen; es ist so aufregend, was da passiert! Wie viele haben früher zu fliehen versucht? Wie viele sind auf der Flucht erschossen worden? Jetzt sind sie frei! Es ist nicht zu fassen!

Dienstag, 14. November 1989
Ich wollte zum Stammtisch und fuhr mit dem Bus Richtung Innenstadt. Als ich aus dem Verkehrsmittel ausstieg, bekam ich solche Bauchkrämpfe, dass ich mit dem nächsten Bus zurückfuhr. Ich kann nicht unter Menschen, nicht zu Franzosen!

Samstag, 18. November 1989
Alle Bilder, die ich bis jetzt gekauft habe, habe ich in einen Karton gepackt wie damals die Puppen.

Sonntag, 19. November 1989
Die Tschechen haben es versucht und versammelten sich in Prag. Sie wurden von Polizisten mit Schlagstöcken und Tränengas auseinandergetrieben. Es ist wohl das letzte Mal gewesen, denn der Druck wächst in den osteuropäischen Ländern.

Montag, 20. November 1989
Ich habe in Hamburg angerufen. „Die Menschen sind frei! Ich freue mich so sehr darüber," sagte ich dem Docteur. „Ich auch," antwortete er mir. In Leipzig, Prag und Bukarest sind die Menschen auf der Straße. In der DDR ist die Hölle los. Die Leute freuen sich, sie lachen, weinen... Berlin wird wieder Berlin die Hauptstadt, wie es früher war. Es ist einmalig! Ich tanze heute vor Freude. Welch´ aufregende Zeit ich erlebe! Ich kann alles viel besser aufnehmen. Und es ist noch kein Blut geflossen, toll!

Mittwoch, 22. November 1989
5.00 Uhr nachts. Der Kummer hat mich geweckt. Mein Inneres will erneut nicht mehr. Ich muss leben; ich will leben; ich bin stärker als der Kummer, dieser Druck in mir...

Freitag, 24. November 1989
Ich habe in Hamburg angerufen.
„Guten Tag. Sagen Sie mir: Sie sind ein Psychiater und mit Psychiatern redet man normalerweise. Warum konnte ich es nicht? Ich habe Ihnen immer Bilder gebracht und Geschichten. Ist es ein Schaden in meinem Kopf? „Nein.

Die Verletzungen sind bei Ihnen auf die frühe Kindheit zurückzuführen, und weil Sie sehr kreativ sind, haben Sie sich auf diese Art ausgedrückt. Es war intensiver als reden," antwortete der Docteur. Störungen in der frühen Kindheit - als ich noch ein Baby war? Was hat meine Mutter denn mit mir gemacht?

Samstag, 25. November 1989

Das tschechische Volk ist auch auf der Chaussee. Ich kann mich gut an den „Prager Frühling" erinnern, damals 1968, als russische Panzer rollten. Dieses Mal werden sie nicht kommen. Ich denke an Jan Palach, der sich selbst auf dem Wenzelplatz verbrannte. Ich freue mich für diese Leute. Es lebe die Freiheit! Die äußerliche und die innerliche! Hurra! Die Kommunisten haben die Macht verloren!

Sonntag, 26. November 1989

Ich weine vor Freude. Ich habe Menschen gezeichnet, nackte Menschen, und die Frau ist genauso groß wie der Mann, auf der gleichen Ebene, und sie haben ein Gesicht! Es ist toll dieses Bild, es ist real! Ich muss noch eines für den Docteur machen.

Freitag, 1. Dezember 1989

Ich habe Schmerzen, denn dieses Bild hat mich viel Kraft gekostet. Michelle hat gerade angerufen. Jetzt ist alles noch schlimmer. Meine Nerven brennen. Es hängt mit der Zeichnung zusammen. Die Menschen! So sehen sie aus; der Körper ist ein Wunderwerk; diese Schöpfung ist einmalig schön, und jeder ist ein Prototyp.

Sonntag, 10. Dezember 1989

Der Dalai Lama hat in Oslo den Friedensnobelpreis bekommen. „Ich bin nichts Besonderes, nur ein einfacher Mönch!" sagte er. Ich finde ihn großartig. Er musste zusehen, wie die Chinesen sein Land besetzten, seine Klöster zerstörten ohne dass jemand auf unserer Welt etwas dagegen unternommen hat.

Mittwoch, 13. Dezember 1989

Ich habe meine Menschen zur Post gebracht. Sie sind unterwegs nach Hamburg.

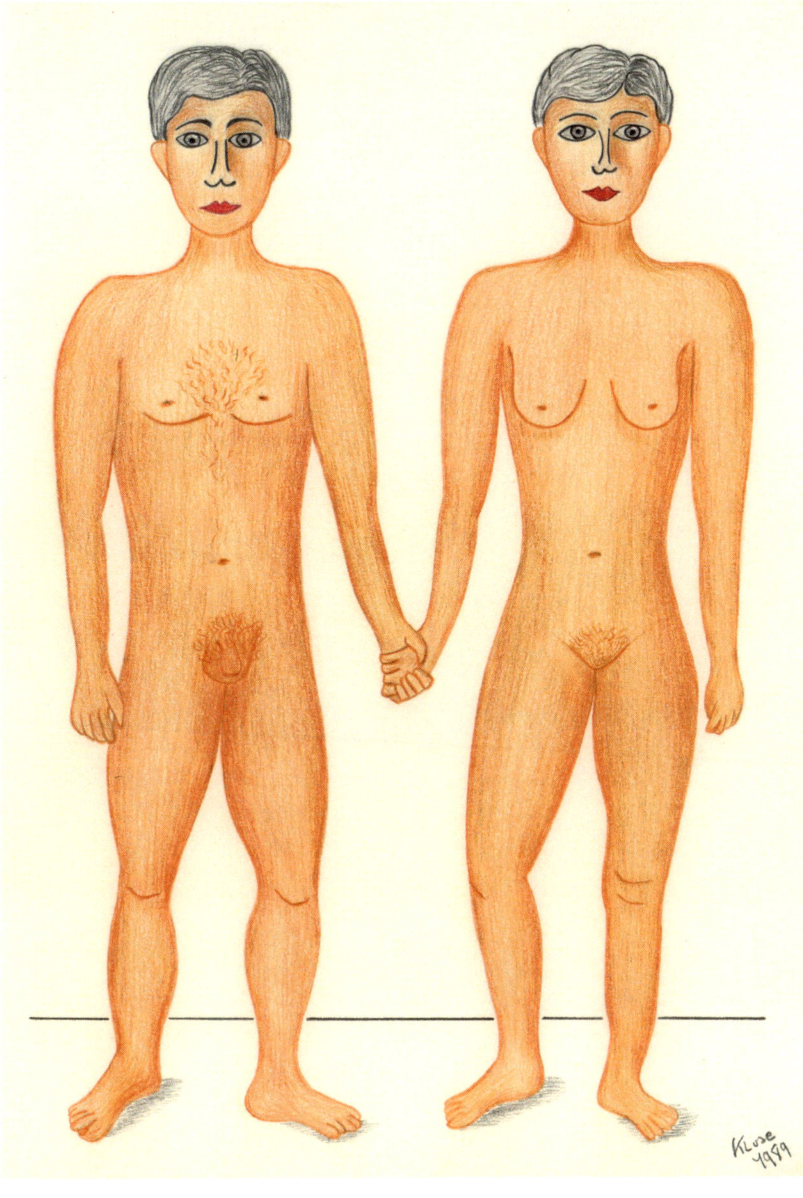

Mann und Frau sind gleichwertig. 1. Dezember 1989

Darmstadt, Mittwoch, den 13. Dezember 1989

Lieber Docteur,
nach den Puppen und den Bildern kommen jetzt die Menschen, Mann und Frau sind gleichwertig geworden. Ich danke Ihnen für dieses reale Bild, und ich wünsche Ihnen ein frohes Weihnachten und alles Gute für 1990. Es wird alles wieder gut werden für Sie, für mich und für unsere Welt auch.
Viel Glück!
Klose Monique

Freitag, 15. Dezember 1989

Herr Sacharow ist gestorben. Er hat den Fall des Kommunismus doch noch erleben können. Ich bin ja so erschöpft! Ich habe die halbe Nacht mit dem Kummer gekämpft. Gut, dass Thomas nichts davon mitkriegt.

Mittwoch, 20. Dezember 1989

In Rumänien haben die Panzer Menschen überrollt. Das Volk kämpft. Ich bin sicher, dass sie es auch schaffen werden. Dieser Diktator hat sein Land in einem mittelalterlichen Zustand gelassen, und er wohnte im Luxus. Die Macht und der Wahnsinn! 15.00 Uhr Ich komme vom Supermarkt, wo ich Hans getroffen habe. Er studiert immer noch Psychologie. Seine Augen lösten in mir etwas wie einen elektrischen Kurzschluss aus, es wurde mir für kurze Zeit übel. Ich verabschiedete mich von ihm und ging in eine Ecke. Ich sah alles wie im Nebel und hatte einen brennenden Schmerz im Kopf. Nach einer Weile verschwanden alle Beschwerden, und als ich nach Hause kam, machte ich eine Skizze.

Donnerstag, 21. Dezember 1989

Oh! Ich habe das Gesicht des Docteurs gezeichnet, mit Augen! Die Augen von Hans haben etwas in mir ausgelöst. Ja! So ungefähr sieht der Docteur aus.

Freitag, 22. Dezember 1989

Das Volk in Rumänien hat den Diktator in seinen Händen. Hurra! Sie schaffen es!

Die Augen des Docteurs. 21. Dezember 1989

Samstag, 23. Dezember 1989
Weihnachten muss ich in Nancy verbringen, und dieses Jahr werden viele Familienmitglieder aus den Ostländern zusammen sein. Ich freue mich darüber. Mein Onkel wird nicht kommen können, denn er fühlt sich nicht wohl.

Mittwoch, 27. Dezember 1989
Weihnachten habe ich gut verbracht. Mein Leben? Es war bis jetzt wie in einem Theaterstück, in dem die Akteure ihre Rolle schlecht gespielt haben, weil sie sich in ihrer Haut nicht wohlgefühlt und sich versprochen haben. Anstatt eine Komödie zu werden, ist es eine Tragödie geworden. Aber demnächst wird sich alles ändern, die Schauspieler werden ausgetauscht, und das Stück, das das Leben darstellen soll, wird wieder eine Komödie werden. Sie haben es doch gut gemeint und das Beste getan!

Donnerstag, 28. Dezember 1989
Ceaucescu ist tot! Das Volk hat Selbstjustiz gemacht und den Diktator und seine Frau erschossen. Es bleibt die Securita, die noch auf Menschen schießt. Die Leute machen sich jetzt Illusionen. Ich hoffe, dass sie nicht noch ärmer werden. Die Diktatoren und der Weihnachtsmann sind gestorben. Es leben die freien Menschen!

Montag, 1. Januar 1990
In Berlin waren die Menschen die ganze Nacht auf der Straße. Manche standen auf den Mauerresten. Welche Freude! Das erste gemeinsame Silvester für das deutsche Volk. Ich wäre gern dabei gewesen!

Mittwoch, 3. Januar 1990
Ich bin eingeklemmt, wie eingemauert. Ich kann nicht unter Menschen.

Donnerstag, 4. Januar 1990
17.00 Uhr in Hamburg angerufen. „Darf ich mein Leben selbst meistern?" „Das dürfen Sie und das müssen Sie sogar, das machen, was Sie befriedigt!" antwortete der Docteur. „Ich fühle mich manchmal verloren in dieser neugewonnenen Freiheit, wie manche Menschen in Ostdeutschland. Jetzt bin ich allein; ich verliere Ihren Halt!" Nach dem Telephongespräch habe ich angefangen zu zeichnen.

Hier ruht die Vergangenheit. 5. Januar 1990

Freitag, 5. Januar 1990

Unter diesem Grabstein liegt die schwere und schlimme Zeit der letzten 40 Jahre. Erst, wenn ich mich von dieser Vergangenheit getrennt habe, wird die Zukunft eine Chance haben. Ich fühle mich heute wie neugeboren. Ist die Therapie zu Ende? Bin ich ein befreiter Mensch? Abwarten! Ich habe einen Strauß mit roten Blumen nach Hamburg schicken lassen. Es ist die Farbe des Blutes.

Dienstag, 9. Januar 1990

Ich bin entsetzt! Was macht die deutsche Kirche? Heute haben die Glocken im ganzen Land für die abgetriebenen Kinder geläutet. Ich denke, dass jede Frau das Recht hat, selbst zu entscheiden, ob sie ein Kind haben will oder nicht, ob sie es ernähren und lieben kann. Diese Moralprediger! Es ist oft so, dass, wenn man Hilfe braucht, sie einen allein lassen. Es sind keine Engel, aber manche dieser Priester haben den Teufel in sich, den sie anderen austreiben. Mit den strengen Regeln des Vatikan wäre Jesus sicherlich nicht einverstanden. Die katholische Kirche ist eine Institution für sich und für manche Heuchler eine Zuflucht. Luther war ein mutiger Mönch! Abbé Pierre, ein großartiger Arbeiterpriester!

Montag, 15. Januar 1990

Maman! Bald werde ich mein Leben ganz allein meistern ohne Docteur, und ich habe Freunde und wunderschöne Farben. Es ist eine neue Lebensversicherung für mich. Maman! Es ist alles anders geworden, weißt du!

Mittwoch, 17. Januar 1990

Heute vor sieben Jahren hatte ich das erste Gespräch mit dem Docteur, es war eher ein Kurzbesuch. Ich konnte ihm damals nichts sagen. Was für ein Kampf! Was für ein Abenteuer, und was für eine Chance! Und es geht weiter... Vorhin bin ich auf unseren Wohnzimmertisch gestiegen um die Welt, in der ich lebe, von oben zu sehen. Ich habe mich ganz groß gefühlt; ich herrschte über die Dinge, es war toll! Sieben Jahre sind vergangen. Frankreich und Deutschland führen keine Kämpfe mehr in meinem Kopf. Stillstand der Gedanken! Jedes von diesen Ländern bekommt eine neue Identität, neue Strukturen.

Dienstag, 24. Januar 1990
Eine Bronchitis hindert mich, zum Stammtisch zu gehen. Es fällt mir schwer, zu atmen. Ich pfeife wie eine alte Dampflok. Vielleicht freuen sich die Fische, dass ich zur Zeit öfter vor dem Aquarium sitze.

Freitag, 2. Februar 1990
Ich habe in Hamburg angerufen. „Heute vor sieben Jahren kam ich auf die Station 33", sagte ich dem Docteur. „Diese kranke Frau von damals, war ich das? Ich kann es mir heute nicht mehr vorstellen. Es war eine andere, oder?" „Sie haben so vieles erreicht," antwortete er. Jetzt, nach dem kurzen Gespräch, habe ich Muskelschmerzen in meinen Oberarmen. Trennungsschmerz!

Mittwoch, 7. Februar 1990
Schlechte Nachrichten aus Nancy. Der Onkel ist gestorben. Sein verbrauchtes Herz hat einfach aufgehört zu schlagen. Es tut mir weh. Aber ich werde Abschied nehmen und diese Trennung verarbeiten müssen.

Samstag, 10. Februar 1990
Ich ertrage das Tageslicht nicht. Es schmerzt. In mir stirbt ein Mensch, den ich lieb hatte. Morgen möchte ich mit Thomas nach Mainz fahren und in den Dom, der Welt meines Onkels, gehen.

Montag, 12. Februar 1990
Als wir gestern von Mainz zurückkamen, habe ich angefangen zu zeichnen. Das Bild ist fertig. Der Tod, den ich als Kind durch die Religion kennen gelernt habe, ist nicht mehr. Ich sehe ihn anders. Der Tod ist tot!

Freitag, 16. Februar 1990
Ich habe noch ein zweites Bild gemacht. Es ist unterwegs nach Hamburg mit diesem Brief.

Darmstadt, de. 16. Februar 1990
Lieber Docteur,
vorletzten Mittwoch, den 7. Februar, ist mein Onkel im Alter von 86 Jahren für immer eingeschlafen. Für mich brach wieder eine Welt zusammen, denn

Onkel ist tod – der Tod in mir auch. 12. *Februar* 1990

seit meiner Kindheit war er da. Er hat mich getauft, von ihm wurde ich gefirmt und verheiratet. Wir haben ihn Weihnachten zum letzten Mal gesehen und noch bis zur Kirchentüre begleitet. Er war Domherr an der Kathedrale von Nancy und der Bruder meines Vaters. In seinem Glauben war er sehr konservativ, aber er war lustig und überall bekannt. Auf dem Markt bekam er immer die besten Stücke, und er hatte einen guten Weinkeller. Als Kind hatte er nicht viel für mich übrig, denn er bevorzugte meinen Bruder, der sein Patenkind war und den Namen der Familie weiter trug. Erst durch meinen Mann wurde ich interessant, denn er mochte ihn sehr. Nun ist er gestorben. Seit meiner Kindheit hat unsere Familie viele liebe Menschen begraben müssen, und ich kam damit nie zurecht. Immer allein gelassen mit meinem Kummer, verstand ich den Tod nicht, auch nicht im Altersheim und musste doch mit ihm leben. Durch die Analyse habe ich wieder gelernt, zu leben und wie man mit Trennungen umgeht. So wie ich mich von meinem Knopf und anderen Bildern getrennt habe, trenne ich mich von meinem Onkel mit

Schmerzen und Kummer, denn ich hatte ihn sehr lieb. Es tut mir weh, aber ich habe vielleicht zum ersten Mal den Tod eines Menschen begriffen. Den ersten sah ich, als ich sieben Jahre alt war, und sehe ihn heute noch. Aber diesmal werde ich nicht mitsterben, es nicht verdrängen. Ich weiß, dass er mich nicht allein gelassen hat, und ich werde ihn nicht suchen, mich fragen, wo er jetzt ist, denn ich weiß es: Sein Körper liegt auf dem Friedhof unter der Erde, und so bald es möglich ist, werde ich nach Nancy fahren, um sein Grab zu sehen. Ich werde nie mehr hängen bleiben! Und ich bin froh, dass er so eingeschlafen ist, ohne groß zu leiden. „Parrain", wie ich ihn nannte, ist gestorben und mit ihm starb ein Stück Vergangenheit und der Tod, denn ich lebe jetzt. Ich habe auch diese kranke Frau mit ihren irrealen Bildern begraben, und ich schäme mich heute ihrer nicht mehr, denn das war ich nicht; es war eine andere, deren Geschichte ich schreibe. Ich wollte leben, aber die Verrücktheit und der Tod waren auf meinem Weg. Ich habe sie besiegt und sieben Jahre dafür gebraucht. Es ist, als ob ich die Wüste Gobi durchquert hätte ohne einen Tropfen Wasser zum Trinken. Jetzt habe ich Durst, Durst nach Freiheit, Durst nach Menschen! Aber in mir ist es so leer wie in einer Höhle!
Freundliche Grüße
Klose Monique

Montag, 19. Februar 1990
Parrain ist tot, und ich begreife es. Er liegt jetzt unter der Erde in einem Sarg und atmet nicht mehr. Sein Körper wird mit der Zeit zerfallen, schrumpfen wie ein Apfel, den man liegen gelassen hat, verfaulen wie die Blätter der Bäume im Winter. Das Leben und der Tod, ein ewiger Rhythmus auf unserem Planeten.

Donnerstag, 22. Februar 1990
Ich habe den Docteur angerufen: „Ich bin ganz daneben, ganz durcheinander." „Wo sind Sie mit Ihren Gedanken?" fragte er mich, und ich fing an, zu reden, unordentlich, so wie die Gedanken und Worte kamen. Absurd, total absurd, aber wirksam. Nach dem Anruf war alles wieder klar. Ich habe ein großes Land gesehen, das von Griechenland bis Dänemark reicht. Es ist Europa! Ich bin Europäerin geworden. In mir sind die Grenzen gefallen. Oh, ich habe Magenschmerzen bekommen, wie das?

Rosenmontag, 26. Februar 1990
Karneval in Mainz. Trotz meiner Trauer sind wir hingefahren. Dort angekommen, kaufte ich mir etwas zu essen, um neue Kräfte zu bekommen. Plötzlich ein Kurzschluss in mir, als ich anfing, zu kauen, und eine Vision: Ich habe das Gesicht des Docteurs gesehen. Alle meine Schmerzen lösten sich, auch die im Magen. Ich sehe Bilder; es sind gesunde Erscheinungen, die mich weiter bringen.

Montag, 5. März 1990
Ich komme von der Innenstadt, wo ich mir neue Schuhe gekauft habe, um allein und fest im Leben gehen zu können. Ein Paar brachte mich aus der Fassung: Venusschuhe! Diese Art Orchidee habe ich nach Hamburg schicken lassen. Kaum hatte ich den Blumenladen verlassen, verkrampften sich meine Beine. Sie wollten einfach nicht mehr gehen. Blöde Lage mitten auf dem Bürgersteig so zu stehen. Es dauerte eine ganze Weile, bis sich irgendwann alles von alleine löste. Dieses Gehirn!

Donnerstag, 8. März 1990
Der Kummer hat mich geweckt, dieses Gewicht auf meinem Brustkorb. Ich sehe meinen Vater, wie er den Bauch meiner Hasen aufschlitzte, und wie ich in den Keller renne, um in einer Ecke zu weinen. Dieses Ritual wiederholte sich oft zu Hause. Meine Kaninchen! Ich sehe sie alle vor mir: Micky, Tintin, Noirot... Ihre Felle gaben mir viel Wärme. Es war jedes Mal wie ein Mord, den ich nicht begreifen konnte.

Montag, 12. März 1990
Reinhold Messner und ein anderer Mann haben es geschafft. Sie waren drei Monate unterwegs und überquerten die Antarktis zu Fuß. Was für ein Abenteuer! Sich mit dem Rad der Gesellschaft drehen oder den Mut zu haben, auszusteigen und verrückte Sachen zu machen. Die Ameise und die Grille! Wie viel Intelligenz und Phantasie schlafen in den Köpfen der Menschen, begraben unter den Mauern der Erziehung, der Religion, der Angst!

Mittwoch, 21. März 1990
Von meinem französischen Sender, den ich jeden Tag höre, kommt heute keine Stimme. Es gibt nur Musik, weil die Angestellten und Journalisten streiken.

Diese Streiks in Frankreich! Sie gehören auch zu meinen Kindheitserinnerungen. Einmal bin ich im Militärwagen zur Schule gefahren worden, weil es keinen Bus gab. Wie oft saßen wir bei Kerzenlicht, weil es keinen Strom gab, dann wurde die Post nicht zugestellt... Die Zeitungen... Diese Franzosen!

Mittwoch, 28. März 1990
Trotz meiner Dackelaugen war ich gestern in der französischen Gruppe. Ich komme von der Post; ich habe dem Docteur einen Brief geschickt.

Darmstadt, den 28. März 1990
Lieber Docteur,
ich hatte eine tolle Mutter, eine Mutter, die immer für mich da war, die mich in der Not nie allein gelassen hat. Sie fand immer die passenden Worte, um mir weiter zu helfen. Sie hat - ohne es zu verurteilen - mich und meine Bilder akzeptiert, denn reden konnte ich kaum mit ihr. Sie hat mich nicht geschont, war manchmal hart zu mir, denn sie wollte, dass ich selbständig werde, dass ich mich kennen lerne, mich mag, das Gute und das Böse in mir entdecke, die Freude, den Ärger, die Schmerzen in mir spüre, meine Sensibilität gut einsetze und um meine Grenzen weiß, dass ich mache, was mich befriedigt, ohne dass sie es kritisiert. Ich habe diese Mutter geliebt. Sie war eine Deutsche, und ich habe ihre Sprache angenommen. Meine Seele ist mit ihr gewachsen, frei geworden. Sie war ein Vorbild für mich, und es war sicherlich nicht einfach für sie, mich so weit zu bringen, denn es war schwierig, mir in meinen Gedanken zu folgen. Im Laufe der vielen Jahre habe ich mich Schritt für Schritt von ihr und von meiner Vergangenheit getrennt. Sie wird sicherlich traurig sein, wenn ich sie verlassen werde, aber sie wird sich auch freuen, dass ich meinen Weg gefunden habe und ohne sie zurecht komme. Sie wird stolz auf mich sein, denn als sie mich aufgenommen hat, war ich in einer schlimmen Verfassung: Wie ein hilfloser Vogel, der aus seinem Nest gefallen ist und mit gebrochenen Flügeln daliegt. Jetzt habe ich ein Zuhause in mir gefunden, kann positiv denken und habe die Menschen noch nie so klar sehen können. Ein Arzt war diese Mutter, ein Psychiater, der für mich diese Rolle gespielt und auf diese Art meine kranke Seele geheilt hat. Ich verdanke ihm mein Leben, und dass ich mit ihm noch einmal ein kleines Mädchen sein durfte! Danke!
Klose Monique

Karfreitag, 13. April 1990
Ich packe erneut die Koffer. Morgen werden wir nach Nancy zu den Eltern fahren. Jesus ist für uns gestorben! Die Nonnen hatten es mir so eingeprägt. Er ist nicht für mich gestorben. Ich bin nicht schuld an seinem Tod. Es waren die Römer! Jesus trug ein langes Gewand, die Priester in meiner Kindheit auch. Sie trugen lange, schwarze Kleider, so wie die Nonnen. Ach, du Schreck! Ich habe sie als Kind wohl verwechselt. Ich habe nie erkennen können, ob es ein Mann oder eine Frau ist. Es war alles so unklar!

Nancy - Ostermontag, 16. April 1990
Der Onkel fehlt! Wir waren auf dem Friedhof, wo er bei den Priestern liegt und noch keinen Stein hat, ein Haufen Erde ohne Namen, aber ich weiß, dass er darunter ruht. Wir werden heute noch zurückfahren.

Samstag, 21. April 1990
3.00 Uhr nachts. Ich sitze in der Küche und kämpfe mit dem Kummer. Meine Arme tun mir so weh, dass ich kaum schreiben kann, aber ich bin stärker, auch wenn ich vom Kämpfen müde geworden bin. Ich habe auch Bauchschmerzen...

Sonntag, 22. April 1990
Mein Vater! Er ist ein realer Mensch mit guten und schlechten Eigenschaften geworden, so realistisch kann ich ihn sehen. Dieser mächtige Baum, de er einmal war. Oh, ich möchte einen sehen, vielleicht lösen sich dann meine Bauchschmerzen. 18.00 Uhr. Thomas begleitete mich in einen Park, wo es große Bäume gab. Ich schaute mir diese Prachtstücke an und spürte, wie meine Schmerzen verschwanden. Ich habe dieses Bild noch gebraucht. Also, ab jetzt keine Bäume mehr! Ich stehe auch nicht mehr im Schatten meiner Männer, Schluss mit diesen irrealen Bildern!

Donnerstag, 3. Mai 1990
Es ist nicht zu fassen: Die Deutsche Post streikt; sie machen sich! Es ist ja ungewohnt hier.

Darmstadt, den 5. Mai 1990

Lieber Docteur,

ich muss als kleines Kind Frauen und Männer verwechselt haben, denn die Priester meiner Kindheit trugen lange Kleider, so wie die Nonnen, daher hatte auch das erste menschliche Wesen, das ich gezeichnet habe, ein langes Gewand an. Es war der Zauberer. Meine Mutter erzählte oft, dass ich von den Kleidern des Bischofs so begeistert war, dass ich es in der Kathedrale ganz laut sagte. Es waren lauter Menschen ohne Geschlechtsmerkmal. Ich habe wohl die Menschen auf der Erde mit denen, die im Himmel sind, verwechselt, also die Lebenden mit den Toten, weggehen und sterben; manche kamen zurück, andere nicht mehr. Wärme bekam ich vom Fell meiner Tiere. Ich habe wohl auch Nationalität mit Identität verwechselt und erst in Deutschland entdeckt, dass es ein anderes Frankreich gibt als das meiner Kindheit. Ich habe so vieles verwechselt, so vieles nicht begriffen, nicht verstanden, nicht verkraften können. Ich bin so oft erpresst und beschuldigt worden. Ich habe so viel geweint, so vieles nicht sagen können. Die damalige Trennung von Frankreich war so ein Schock, dass ich aufgewacht bin und alles wurde noch schlimmer. Ich hatte als Kind keine Chance, auch nicht als Frau in dieser Familie. Das Gehirn ist mit falschen Bildern aufgewachsen. Es konnte sich nicht richtig entwickeln und steuerte falsch. Dank der Analyse ist mir jetzt alles bewusster und klarer geworden. Es ist kein Wunder, dass ich krank geworden bin. Was für eine schmerzhafte und anstrengende Entwicklung! Eine Krankheit, für die unsere Gesellschaft noch nicht viel Verständnis hat, denn seelisch kranke Menschen werden noch oft für schwach, faul oder sogar für verrückt gehalten. Sie machen den Menschen Angst. Es ist eine Welt für sich, die viele nicht verstehen können oder wollen, sogar manche Ärzte nicht. Wenn sie wüssten, was sich alles hinter psychosomatischen Krankheiten verbirgt... Für mich ist es ein einmaliges Abenteuer! Jetzt mache ich aus meinem Leben das Beste.

Klose Monique

Sonntag, 6. Mai 1990
Bei einer Geburtstagsfeier in der Familie bekam ich gestern plötzlich einen Asthmaanfall. Atemnot, Todesangst... Der Spray, den ich bei mir hatte, half nicht. Minuten, die zu Stunden wurden. Ich blieb ruhig bis irgend jemand mir Theophyllintropfen gab. Meine Bronchien erweiterten sich. Ich hatte wieder Luft. Es war wie Weihnachten und der 14. Juli zusammen. Das Asthma und der Kummer, zwei lebensbedrohliche Dinge für mich. Aber ich werde sie besiegen!

Montag, 7. Mai 1990
Ob der Hund der Sklave des Menschen ist, oder der Mensch der Sklave des Hundes? Was soll´s, wenn der Hund sein Herrchen mag und das Herrchen seinen Hund. Denn die Hunde und die Menschen müssen es selbst wissen, ob sie weiter so behandelt werden wollen. Aber eines dürfen sie nicht, auf den Bürgersteig kacken, die Hunde natürlich, denn das stört mich! Die Dinge gelassen und weise sehen, aber nicht alles akzeptieren.

Dienstag, 15. Mai 1990
9.00 Uhr. Ich habe Brechreiz und Muskelschmerzen. Ich möchte dem Docteur etwas sagen und kann es nicht. Ich schaffe es noch nicht. 10.00 Uhr. Ich habe die Kraft gefunden, in Hamburg anzurufen. „Guten Tag! Wissen Sie, was meine Mutter gemacht hat? Ich hatte als Kind oft Weinkrämpfe, und um mich zu beruhigen, schüttete sie mir eine Schüssel Wasser ins Gesicht. Wenn ich heute ein Glas Wasser trinke, habe ich das Gefühl, dass ein Wasserfall über mein Gesicht strömt, und mir bleibt die Luft weg." „Es ist gut, dass Sie damals nach Deutschland kamen. Es war ein Prozess der Befreiung," antwortete der Docteur. Ich bin froh, dass ich es sagen konnte. Ich habe mein Gesicht nie unter die Dusche halten können. Meine Mutter konnte mit meiner Sensibilität nicht umgehen!

Donnerstag, den 17. Mai 1990
Mein Weg führte mich heute nach Ludwigshafen zur Marc Chagall-Ausstellung, wo ich Bilder sah, die mich getroffen haben. Bilder die meine irreale Welt und die Welt meiner Mutter spiegelten. Ich sehe Menschen, die schwebten, Tiere, die aussehen wie Menschen und umgekehrt, Perspektiven, die keine waren, religiöse Bilder,,, Eine faszinierende Welt, die viele Jahre meine war, denn ihre

Irrealität war meine Realität. Diese Phantasiewelt, in der ich vor der Analyse lebte, hat mich krank gemacht und bis zur Verrücktheit gebracht. Und Marc Chagall ist damit alt und berühmt geworden! Das ist für mich schwer zu verstehen. Warum bin ich daran verrückt geworden und er nicht? Vielleicht wäre er es auch geworden, wenn er nicht frühzeitig mit seiner inneren Welt so gut umgegangen wäre. Er hat sie immer wieder in Bildern verarbeiten können, und vielleicht hätte eine Analyse diese Welt und sein Talent zerstört, und die Menschheit hätte Marc Chagall nie gekannt! Ein trauriger Gedanke. Durch die Analyse habe ich angefangen zu zeichnen. Wie gut ich diesen Mann und seine Bilder jetzt verstehen kann, und ihn verstehen, heißt auch mich verstehen. Ich vergleiche mich mit ihm, und für eine Weile war dieser mächtige Mann mir gleich. Ein tolles Gefühl!Aber diese Bilder, die ohne ein Wort mir so vieles erzählt haben, habe ich verlassen müssen. Ich musste die Welt meiner Mutter, meine Verrücktheit und auch meine Kindheit verlassen. Ich kaufte ein Poster, und als ich durch die Tür des Ausstellungsgebäude ging, wusste ich plötzlich nicht mehr, wo ich war. Diese Tür war wie eine Grenze zwischen Realität und Irrealität. Ich verstand nichts mehr, und die Menschen auf der Straße schienen mir nur Fassade zu sein, so wie ich fast 30 Jahre lang eine war, ein Clown, der eine Maske trägt, um seine tote Seele zu verstecken, ein Produkt meiner Erziehung, eingepresst in das Schema unserer Gesellschaft, ein Mensch ohne wahre Identität, eine Fälschung. Aus diesem Grund werden wie ich viele Menschen krank, und manche wollen sich nicht helfen lassen. Sie haben Angst, normaler oder verrückter zu werden. Sie wollen in ihrer Welt bleiben oder können sie tatsächlich nicht verlassen. Falscher Stolz! Sie laden ihre Gefühle oft an der falschen Stelle ab. Sie zerstören dadurch sich selbst oder andere. Es ist eine kalte Rache. Oder sie flüchten, sie schützen und trösten sich mit materiellen Sachen. Was für eine armselige Gesellschaft! Ich wusste nicht mehr, wo die Realität war: In den Bildern von Chagall oder in diesen Menschen, die nur ihre Schatten sind? Die nicht sie selbst sind. Wer ist normal? Wer ist verrückt? Vielleicht war ich in meiner Verrücktheit normal und bin jetzt in meiner Normalität verrückt! Aber dank der Analyse kann ich jetzt damit umgehen. Also, ich bin wieder normal oder wieder in Ordnung! Was für ein Glück, dass ich auf diese Art, die Grenzen, die in mir sind, abbauen kann. Welch´ einen faszinierenden Beruf der Docteur hat! Merci, Monsieur Chagall, denn durch ihre Malerei haben sie mich einen Schritt weiter gebracht.

Freitag, 25. Mai 1990
3.00 Uhr nachts. Der Kummer lässt mich nicht schlafen. Die menschliche Realität ist wirklich hart. Alle diese Leute, die nicht in ihren Körpern sind, die an der falschen Stelle funktionieren, die die Kinder nicht respektieren, die an die Macht wollen. Ob ich mich eines Tages daran gewöhnen werde? 13.00 Uhr. Es geht mir so miserabel. Mein Kreislauf baut ständig ab. Ich muss dauernd etwas essen und Kaffee trinken. Ich habe das Gefühl, dass ich in ein tiefes Loch hineinfalle. Meine Seele will sterben. Ich spüre es in mir. Oh Gott!

Samstag, 26. Mai 1990
Ich habe es gepackt. Ich habe gestern so viele Sätze schreiben müssen, damit das Leben in mir weiter geht. Ich bin total erschöpft, aber ich lebe!

Mittwoch, 30. Mai 1990
Ich war gestern Abend in der Gruppe. Es hat mir gut getan. Ich habe neue Kräfte getankt. Heute räume ich die Schränke auf, und erinnere mich daran, dass als ich ein Kind war, einmal im Monat ein Lieferwagen zu unserem Haus kam und zwei große Kartons mit Lebensmitteln brachte, die ich mit Freude in die Regale räumen durfte.

Mittwoch, 13. Juni 1990
Ich war nicht zum Stammtisch. Ich bin unfähig zu den Franzosen zu gehen, weil ich heute morgen mit einem Bild aufgewacht bin: Das Elternhaus war nicht mehr da, nur ein leerer Acker. Mir ist schlecht geworden!

Freitag, 15. Juni 1990
Ich habe einen Strauß rosa Rosen nach Hamburg geschickt mit einem Zettel daran. „Vielen Dank, Herr Doktor!“ Meine Bouquets sind zweisprachig: Die Blumen der Mutter Gottes und eine Freude für den Docteur.

Sonntag, 17. Juni 1990
Feiertag in Deutschland. Tag der Revolte der Arbeiter in Ostberlin 1953. Wie mutig diese Leute damals waren. Leider hat es nichts gebracht, und 140 Menschen wurden getötet. In welcher Dauerangst die Menschen im Osten leben mussten. Dieser Tag wird sicherlich jetzt abgeschafft, da die Mauer ge-

fallen ist. Maman hat gerade angerufen und Neuigkeiten aus ihrem Viertel erzählt, wo sie seit dem Kriege wohnt.

Freitag, 22. Juni 1990
Es ist seltsam, wenn man seine Gedanken nicht mehr ordnen kann, wenn sie verrückt spielen, wenn man mit Bildern kämpft. Der Alltag verläuft sich in eine andere Dimension, in eine andere Welt, die sich nur in einem Kopf abspielt. Als Kind bin ich in eine Phantasiewelt geflüchtet, um die Realität besser ertragen zu können. Diese Welt, die ich in den Bildern von Chagall erkannt habe, verlasse ich.

Donnerstag, 28. Juni 1990
Ich habe in Hamburg angerufen. „Guten Tag! Mir geht es gut," sagte ich zu dem Docteur. „Ich schaue Fußball, die Weltmeisterschaft. Es macht mir Freude, die Männer spielen zu sehen; mal sehen, wer gewinnt!" Er hat sich so über die Blumen gefreut.

Sonntag, 8. Juli 1990
Deutschland ist Weltmeister geworden, bravo! Die Leute jubeln überall im Land. Was für eine gemeinsame Freude: Ost und West feiert.

Donnerstag, 12. Juli 1990
Ich musste dem Docteur etwas schreiben.

Darmstadt, den 12. Juli 1990
Lieber Docteur,
nach meiner Hochzeit hat alles angefangen. An dem Tag, an dem ich meine Mutter und mein Land verlassen habe, bin ich krank geworden. Ich war aus einer Welt geflüchtet, und es gab kein Zurück mehr. Es ist schon fast fünf Monate her, seit mein Onkel gestorben ist. Ich habe diesen Verlust im Gegensatz zu früher gut verarbeiten können, und ich fühle, dass er in mir und meinen Gedanken geblieben ist. So weiß ich jetzt, wohin ich nach meinem Tod gehen werde: Nicht etwa in den Himmel oder die Hölle, die gibt es nicht mehr für mich. Nein, mein Körper und meine Seele werden sterben. Es wird nur ein Skelett von mir bleiben und ein Name eingarviert auf einem Stein,

aber ich werde in den Herzen und den Gedanken der Menschen, die mich geliebt haben, weiterleben, und so habe ich heute das Gefühl, dass ich nie sterben werde. Ich habe mich wohl von der schlechten Seite der Vergangenheit getrennt. Diese Vergangenheit noch einmal zu erleben, hat mich befreit. Mein Körper hat sich auf diese Art selbst regeneriert. Dieser Körper, der einmal so schwer, so gelähmt und mir so fremd geworden war, ist mein eigener Reichtum. Ich könnte ihn nach meinem Tod der Medizin geben und damit andere Leben retten, so könnten meine Organe weiterleben. Aber heute ganz bewusst zu erleben, wie mein Mann mich liebt, in meinem ganzen Körper zu fühlen, dass ich eine Frau geworden bin, ist für mich ein Glück. Wenn ich in Deutschland manche Friedhöfe sehe, frage ich mich, ob der Tod so viele Blumen verdient, ob diese Skelette, als sie noch lebendig waren, auch so viel bekommen haben? Mag sein, dass es für manche Menschen ein Trost oder eine Pflicht ist, das Grab so zu schmücken; das Leben verdient doch Blumen, nicht der Tod! Ich habe einen harten Kampf hinter mir, der sehr viel Kraft verlangt hat, denn fast fünf Jahre lang habe ich nicht gewusst, ob ich ihn überlebe, ob ich diesen Kummer, den ich in mir hatte, doch nicht gewinne, aber Ihr Halt, mein Wille zu leben, das Ziel, eines Tages diese Geschichte zu schreiben, haben mich am Leben gehalten. Ich habe die letzten Jahre innerlich sehr intensiv gelebt. Mir geht es so weit gut. Ich bin froh, dass ich am Leben geblieben bin, so vieles erreicht habe, alles klar sehen kann, die Realität und die Menschen entdeckt habe. Das Gehirn arbeitet noch; ich lasse es arbeiten, diesen Computer in meinem Kopf, dieses Wunderwerk, das mir gehört. Die Analyse hat mich stark und reich gemacht, denn ich habe heute keine Angst mehr vor diesem Tod. Das Leben ist etwas Einmaliges, es steht mir noch bevor. Ich will es eines Tages allein meistern können. Wir Menschen sind von unseren Schicksalen geprägt, die einen mehr als die anderen. Ich werde lernen, mit meinem zu leben. Ich wünsche mir, dass meine Mutter mit ihrer Welt stirbt, dass sie in ihrem Alter nicht aufwacht. Ich hoffe, dass ich mich nie wieder verstecken werde, ich bin ja kein Knopf mehr! Ich danke Ihnen dafür.

Mit freundlichen Grüßen

Klose Monique

Samstag, 14. Juli 1990

Nationalfeiertag. Ich wollte dieses Jahr allein bleiben. Aber ich sehe die Soldaten; sie marschieren in meinem Kopf. Oh je! Es tut noch weh. Sie gehören ja zu meiner Wurzel. Heute Nacht habe ich geträumt, dass man mir einen verschlossenen Kasten geschenkt hätte, und als ich ihn öffnete, kamen lauter Buchstaben heraus. Das gesamte Alphabet tanzte vor meinen Augen. Buchstaben braucht man, um Wörter zu bilden, die man lesen kann, mit denen man sich beim Reden und Schreiben ausdrücken kann.

Mittwoch, 1. August 1990

Ich bin ganz durcheinander. Meine Gedanken machen einfach, was sie wollen. Ich versuche seit Stunden schon, sie in den Griff zu bekommen und Klarheit zu schaffen. Ich schaffe es allein nicht mehr. 14.00 Uhr in Hamburg angerufen: „Ich bin ganz daneben! Ich denke auch an diesen Sklavenring, den ich Ihnen damals geschenkt habe," sagte ich dem Docteur und erzählte ihm noch, was ich in meinem Kopf hatte. Seine Stimme zu hören, löste alle Knoten. „Sie haben mir das Leben gerettet, denn wenn Sie mich damals nicht so zufälligerweise in die Klinik aufgenommen hätten, wäre ich heute nicht mehr da. Ich hätte die Kräfte nicht mehr gehabt, um mit der Eisenbahn zu kämpfen," fügte ich noch hinzu. Nach diesem Gespräch, habe ich meinen Zeichenblock geholt...

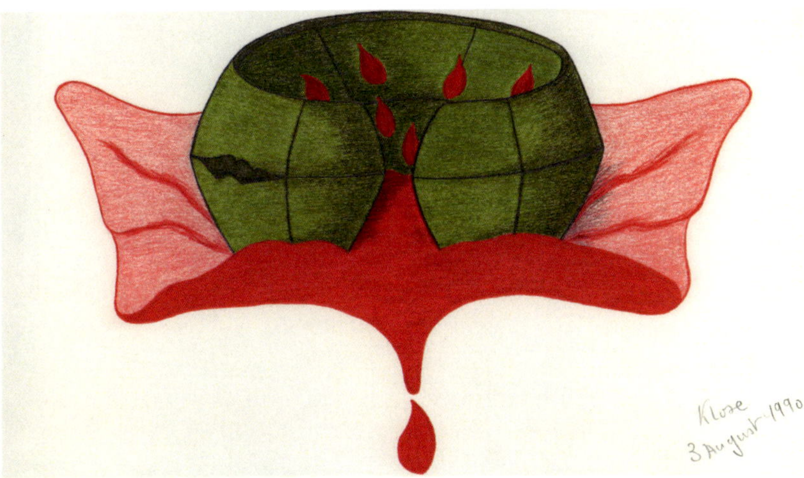

Der Sklavenring im tiefsten Inneren. 3. August 1990

Freitag, 3. August 1990
Der Sklavenring, da liegt er. Eine schwere Geburt!

Sonntag, 5. August 1990
Die neuen Bilder schmerzen, sie kommen aus meinem tiefsten Inneren. Es blutet in meiner Seele. Die irakischen Soldaten von Saddam Hussein sind in Kuwait einmarschiert, einfach so. Keine gute Idee!

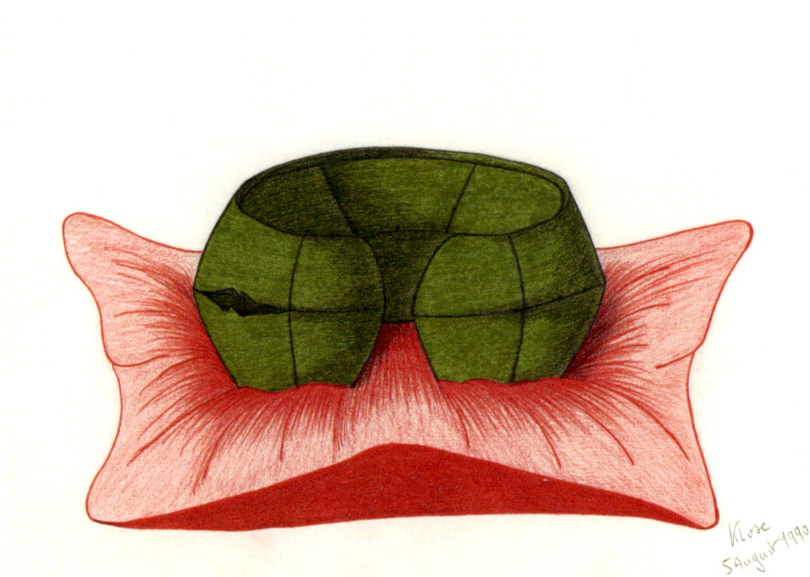

Der Sklavenring liegt auf einem blutigen Kissen. 5. August 1990

Montag, 6. August 1990
Ich bin ausgelaugt. Diese Bilder haben mich viel Kraft gekostet. In meinem Kopf ist es ganz wund. Es ist, als ob man mir ein Stück von meinem Hirn herausgerissen hätte. Ich höre noch die Worte des Docteurs, der damals zu mir sagte: „Man kann niemanden festhalten, auch wenn man ihm einen Sklavenring schenkt.“ Ich war innerlich angekettet.

Dienstag, 7. August 1990
Ich hoffe, dass dieses das letzte ist, denn mein Herz tut mir weh. Diese Zeichnungen waren anstrengend. Ich habe sie doppelt hergestellt, und gerade zur Post gebracht. Sie sind unterwegs nach Hamburg. 40 Jahre seelische Sklaverei gehen zu Ende. Vielen Dank, Herr Doktor!

Darmstadt, den 7. August 1990
Lieber Docteur,
es ist das Resultat dieser verwirrten Gedanken. Der Sklavenring: Damals schenkte ich ihn ihnen mit meinem Verstand und heute mit meinem Herz. Er kommt von tiefem Inneren und liegt auf einem blutigen Kissen, und weil ich ihn Ihnen nicht so schenken wollte, habe ich gewartet, bis die Wunde verheilt war. Es war eine schwere Geburt, und ohne Ihre Hilfe hätte ich diese Bilder nicht machen können. Ich hatte mich an Ihnen festgehalten wie eine Schiffbrüchige an ihrem Rettungsring, denn ich war zu tief unten. Durch die Behandlung habe ich entdeckt, dass Sie und die Männer meiner Kindheit, die Sie vertreten haben (Vater, Gott, Onkel, Priester, Soldaten), die ich zu sehr bewundert hatte, doch nicht so mächtig und so perfekt waren, sondern Menschen mit guten und schlechten Eigenschaften, Männer mit Sexualität. Ich bin ja unter der Regierung von General de Gaulle groß geworden, der Vater Frankreichs. Bei uns sind die eigene Geschichte und die Männer, die sie gemacht haben, noch wichtige Persönlichkeiten. Ich war von dieser französischen Erziehung geprägt. Heute weiß ich, wie gefährlich Idealismus sein kann, aber wenn man einen Menschen liebt, idealisiert man ihn dann nicht ein wenig? Ich weiß, dass es schwierig war, meinen Gedanken zu folgen, und dass Sie mich nicht immer verstanden haben. Das war nicht so wichtig für mich; das wichtigste war für mich, dass Sie mich nie allein gelassen haben, denn sonst hätte ich es in meiner Verfassung nicht verkraften können. Sie haben mich von dieser irrealen Welt befreit, weil auch ich es wollte. Daher schenke ich Ihnen heute diesen Sklavenring.
Mit freundlichen Grüßen
Klose Monique

Ich bin keine seelische Sklavin mehr. 7. August 1990

Donnerstag, 9. August 1990
Ich bin noch so erschöpft, aber erleichtert. Es tut noch weh in meinem Hirn. Loslassen!

Dienstag, 14. August 1990
In Hamburg angerufen: „Guten Tag!“ „Guten Tag! Vielen Dank für Ihre Bilder,“ sagte mir der Docteur. Ich wollte heute wissen, wie groß die Klinik ist, in der er arbeitet, wie viele Stationen sie hat und wie viele Betten. Jetzt kann ich mir ein Bild von seiner Arbeitsstelle machen. Vielleicht werde ich bald nach Hamburg fahren können, um sie zu sehen.

Mittwoch, 15. August 1990
Ich kann mal wieder kein Wasser aus einem Glas trinken, ohne dass das Gefühl zu bekommen, dass ein Wasserfall über mein Gesicht fällt; ich schnappe nach Luft.

Samstag, 18. August 1990
Ich bin heute Nacht mehrfach aufgestanden, weil ich Schmerzen hatte. Ich lief hin und her in der Wohnung, bis sie irgendwie weggingen, dann legte ich mich wieder hin. Ich fühlte mich wohl im Bett, bis Thomas heraus musste, da kamen meine Schmerzen wieder. Als er sich erneut hinlegte, wurde in mir alles noch schlimmer. Ich stand auf und lief herum, bis ich schmerzfrei wurde und mich wieder ins Bett legte. Das verrückte Spiel des Gehirns mitten in der Nacht; gut, dass Thomas nicht alles mitbekommt von meinen tausend Gedanken und Bildern. Ich belaste ihn nicht damit. Er sieht es ja.

Montag, 3. September 1990
Ich schaffe es nicht mehr allein, meine Gedanken in den Griff zu bekommen. Die Realität ist zu hart. So viele Dinge scheinen mir so oberflächlich zu sein in unserer Wohlstandsgesellschaft, und alle diese Menschen!

Dienstag, 4. September 1990
11.30.Uhr in Hamburg angerufen. Die Stimme des Docteurs brachte erneut Klarheit in meinen Kopf. Ich muss die Realität verarbeiten. Wenn man Jahre lang in einer gesellschaftlichen Schublade gesteckt hat, ist es nicht ganz ein-

fach. Also, es gibt keine Wahrheit, keine Norm, jeder muss es für sich selbst entdecken. Meine Nachbarin sagt öfter: „Jeder lebt wie er denkt, und jeder denkt, dass es so wie er lebt, richtig ist!"

Mittwoch, 5. September 1990

Warum steckt man Menschen in Schubladen? Sie werden sortiert wie die Wäsche im Schrank nach verschiedenen Farben, Religion, Beruf, Klasse... Meine neue Realität! Auf unserer Erde leben Menschen, die verschiedene Hautfarben haben, verschiedene Gesichter, die in verschiedenen Situationen verschieden reagieren. Voilà!

Donnerstag, 6. September 1990

Ich habe heute Nacht keinen guten Platz gehabt, weder im Bett noch auf der Couch. Diese Nervenschmerzen wurden überall noch schlimmer. Ich wusste nicht mehr wohin. Ich legte mich auf den Teppich im Wohnzimmer und schlief irgendwann ein. Ich fühle mich wie durch den Wolf gedreht. Ich sehe unsere Welt: Ein großes Land, wo es keine Grenze mehr gibt für mich, sondern nur Menschen.

Sonntag, 9. September 1990

Die Ferrari von Prost und die Mac Laren d'Ayrton Senna. Die beiden Rivalen der Rennbahn. Heute hat Senna gewonnen in Monza. Ich interessiere mich immer mehr für das, was sich draußen in der Welt abspielt; ich bin ja neugierig! Ich schaue gern Talkshow im Fernsehen, sehe wie die Menschen miteinander reden, wie sie mit manchen Themen umgehen. Ich kann die Gespräche verfolgen und mir eine Meinung bilden.

Donnerstag, 13. September 1990

Van Gogh ist in Essen! Sonntag werden wir zur Ausstellung fahren, und danach möchte ich nach Paris. Ich muss weggehen. Im Irak herrscht ein gefährlicher Mann, den niemand bremsen kann.

Montag, 17. September 1990

Die Bilder von van Gogh tanzen in meinem Kopf, was für schöne Farben! Was für ein Leben! Malen, um die Verrücktheit in den Griff zu bekommen.

Es war ein schöner Tag. Ein Schwager, der auch malt, war mitgefahren. Die Stadt Essen befindet sich im Ruhrgebiet. Die Luft dort erinnerte mich an mein Lothringen, dieser Geruch nach Eisen und Kohle.

Mittwoch, 19. September 1990
Der Eurocity rollt Richtung Paris. Wir sind über die Grenze gefahren, und ich habe nichts mehr gespürt. Ich habe nur die Beamten gesehen, die durch den Zug marschiert sind. Langsam werde ich wieder normal. 1993 sollen in Europa die Grenzen abgeschafft werden.

Paris - Freitag, 21. September 1990
Ich versuche, das Leben hier zu genießen. Mein Bruder und ich sind gestern abends ins Kino gegangen. „Cyrano de Bergerac". Diesen Klassiker habe ich in der Schule lernen müssen. Der Kampf der Schönheit gegen den Geist, quel beau français! Welch' schöne Sprache! Und was für schöne Kostüme! Ich habe alles bis ins kleinste Detail gesehen. Klein-Florian ist in der Krippe; ich werde ihn bald abholen müssen und wir werden spielen. Aber etwas ist anders; es ist nicht wie sonst hier. Mir ist noch nicht bewusst, was sich verändert hat.

Paris - Montag, 24. September 1990
17.00 Uhr. Mein kurzer Aufenthalt ist zu Ende. Ich sitze erneut in der Bahn; mein Bruder ist gerade gegangen, gleich werden wir losfahren. Ich habe keine Ausstellung besucht, dem Docteur auch keine Bilder geschickt... Oh! Übrigens, ich weiß jetzt, was anders als sonst war: Es sind meine schrecklichen Bilder, die ich immer in der Tiefgarage oder in der Dunkelheit sah. Sie sind diesmal nicht gekommen. Ich habe sie nicht gesehen. Es ist unglaublich! Mir laufen die Tränen übers Gesicht. Ich muss zur Toilette gehen, um richtig weinen zu können. Der Eurocity rollt, und ich weine vor Freude. Sind die Bilder für immer gestorben?

Donnerstag, 27. September 1990
In Hamburg angerufen: „Ich sehe die schrecklichen Bilder nicht mehr!" Der Docteur wusste nichts davon und meinte, dass es ein Erfolg wäre. Es stimmt, ich habe ihm nie etwas davon erzählt.

Sonntag, 30. September 1990

„Es lebe das souveräne Deutschland!" Mit diesen Worten habe ich einen Strauß weißer Lilien nach Hamburg geschickt. Der dritte Oktober wird ein Feiertag bleiben. Die Soldaten, die hier stationiert sind, werden wieder in ihre Länder zurückkehren müssen. Engländer, Franzosen... und die Amerikaner?

Mittwoch, 3. Oktober 1990

Vor einem Jahr stürzte die Mauer, und die Meinungen der Leute dazu sind verschieden. Manche können sich nicht darüber freuen; sie fürchten um die wirtschaftliche Lage, denn es ist viel zu machen, zu restaurieren. Im Fernsehen schaue ich die Berichte über diese neuen Länder. Ich sehe graue Häuser, aber auch die schönen Landschaften. Wird die alte DDR Deutschlands neue Kolonie? Manche befürchten es. Sie werden sich an unser System anpassen müssen; dabei gab es im Osten auch gute Einrichtungen. Es müsste wie in der Therapie sein: Hilfe zur Selbsthilfe. Welche Umstellung für die Menschen, für die Frauen! Heute knallen die Kracher; die Leute sind auf der Straße; es ist wie am 14. Juli. Der Tag der Einheit, der Freiheit, das Volk ist wieder zusammen, die Mauer ist weg. Nur Nationalisten behalten die Grenze in ihren Köpfen.

Samstag, 6. Oktober 1990

Eine neue Trennung steht mir bevor. Montag wollen wir nach Österreich fahren. Koffer packen ist noch eine anstrengende Sache. Ich muss dauernd etwas essen. Ich habe auch einen Brief angefangen, und die Wörter tanzen in meinem Kopf.

Innervillgraten, den 12. Oktober 1990

Lieber Docteur,

Einen Gruß aus Österreich, wo ich mit meinem Mann in Urlaub bin. Aber ich muss Ihnen schreiben... Welchen historischen Tag ich am 3. Oktober erlebt habe. In Darmstadt herrschte eine Stimmung, wie ich sie von Frankreich am 14. Juli kenne. Es war ein schönes Fest. Dadurch ist Deutschland wieder souverän geworden. Das Land war ein Opfer der Geschichte, ist zerstört worden. Es war durch die Nazis in Verruf geraten. Eine Mauer teilte es, und heute ist das Volk wieder zusammen. Ich freue mich, auch wenn die Meinungen darüber verschieden sind. Für mich ist Europa größer geworden und die Kommunisten sterben aus. Ein Blatt hat sich gedreht. Was manche Menschen zerstören, bauen andere wieder auf. Deutschland, das Land, in dem ich eine Identität gefunden habe. Nun bin ich in Österreich in einem wunderschönen, wildromantischen Tal, hinter dem Tauerngebirge, da, wo das Wetter beständig ist, und der Himmel ist bis jetzt jeden Tag ganz blau, alles ist so klar, so schön, es sind fast keine Touristen mehr hier. Abends leuchten Tausende von Sternen am Himmel, und mir geht es gut. Diese Halluzinationen, von denen ich Ihnen erzählte, kommen hier auch nicht mehr. Diese Bilder waren die Hölle für mich, und außer meinem Mann und meinem Buch habe ich es niemandem erzählt. Seit Jahren kämpfte ich damit, eigentlich seit meiner Kindheit, und durch die Therapie sind sie noch schlimmer, noch intensiver und noch schrecklicher hochgekommen. In der Dunkelheit sah ich oft einen bösen Mann oder einen tiefen Abgrund mit Wasser, und ich hatte Angst, hineinzufallen. Wenn ich zur Toilette wollte, und diese befanden sich im Kellerraum, wenn sie zu dunkel waren, oder die Decke zu hoch war, befand ich mich in diesem tiefen Abgrund, und ich kämpfte mit allen meinen Kräften dagegen. Aber diese Bilder waren oft stärker als ich; entweder sie lähmten mich vor Angst, oder ich musste hinausgehen ans Tageslicht, damit sie weggingen. In der letzten Zeit hatte ich bemerkt, dass sie nicht mehr so schlimm waren, dass ich sie im Griff hatte, dass nur innere Verkrampfungen sie ersetzten. In Paris war es erstmals deutlich geworden, denn die Tiefgarage der Residenz, in der mein Bruder wohnt, war eine dieser Höllen, und die Bilder sind nicht gekommen, auch die Angst nicht, selbst als das Licht für eine Weile ausblieb, und ich mich in der Dunkelheit befand. Ich habe es nicht gleich begreifen können, dass sie in mir gestorben sind, denn sie haben mich so viele Jahre begleitet. Es ist mir erst auf dem Rückweg nach Darmstadt bewusst geworden, und ich habe im Eurocity vor Freude geweint. Als ich Kind war, hatten wir in unserem Garten eine Quelle und einen sehr tiefen Brunnen. Man hob mich oft darüber, um mir zu zeigen, wie gefährlich es ist, wenn man hineinfällt. Wir hatten auch einen tiefen, unterirdischen Keller, und an der Seite meines Onkels sah ich oft alles Mögliche im Fernsehen, auch böse Bilder, die ich nicht verarbeiten konnte. Es könnte die Ursache sein für diese Halluzinationen, und ich hoffe, dass sie nie mehr wieder kommen werden. Ich habe diese irreale Welt doch gut meistern können, mein Kampf hat sich schon gelohnt, und heute bin ich stolz auf mich. Es ist auch schön, so zu leben, ohne die Vergangenheit, ohne

verwirrte Gedanken, ohne diese Bilder und ohne Grenze. Es ist für mich noch ungewohnt, aber ich genieße es, wenn in mir Ruhe herrscht. Napoleon träumte von einem vereinten Europa. Er wollte durch Krieg Freiheit und Frieden schaffen. Sein Traum ist dabei, sich zu realisieren, aber auf eine friedliche Weise. Ich habe zum ersten Mal auf der Autobahn und in den benachbarten Dolomiten tschechische Autobusse gesehen, und ich freute mich, dass diese Menschen zu uns kommen können. Ich habe Abhängigkeit und Sklaverei auf eine andere Art kennen gelernt, aber es muss dasselbe sein. Ich kann jetzt auch Freiheit fühlen! Es müssten die Grenzen und Mauern, die die Menschen in ihren Köpfen haben, auch fallen. Ein unrealistischer Traum!
Mit freundlichen Grüßen
Klose Monique

Österreich - Samstag, 13. Oktober 1990
Ich habe meinen Brief zur Post gebracht, und der Beamte, der dort saß, hatte viel Ähnlichkeit mit dem Docteur. Ich konnte nicht sehen, ob er auch karierte Strümpfe trug. Das wäre ja perfekt gewesen. Als ich diesen Mann sah, traf es mich wie ein Blitz. Ich bekam Sehstörungen, sah alles wie verschwommen! Ohne es zu wissen, hat dieser Angestellte mich weiter gebracht.

Österreich - Sonntag, 14. Oktober 1990
Bilder und Eindrücke vom Tag bleiben noch abends in mir. Die Natur ist so schön. Die Luft tut meinen Bronchien gut. Ich muss nicht jeden Abend inhalieren, nur jeden zweiten Tag. Wir machen lange Spaziergänge auch in das Nachbarland Italien. Ich kann auch alles essen; ist das großartig! Und keine schlimmen Bilder mehr!

Sonntag, 21. Oktober 1990
Wieder in Darmstadt und ich weiß nicht so recht, wo ich bin, der Wechsel... Senna ist Weltmeister geworden! Diese verrückte Rennerei!

Freitag, 26. Oktober 1990
Aus der Fabel von Lafontaine habe ich als Kind vieles gelernt: Wie ich leben soll. Soll die Ameise mein Vorbild sein oder die Grille? Werde ich wieder arbeiten müssen? Wie denn? 17.00 Uhr in Hamburg angerufen: „Ich bin ganz

daneben. Muss ich wieder arbeiten gehen?" „Wenn es vom Kopf her nicht geht, dann nicht überanstrengen," sagte der Docteur. Er zwingt mich zu nichts. Ich darf auch nicht Dinge tun, die vom Körper her nicht gehen. Abwarten!

Sonntag, 4. November 1990

Ich bin ja so erschöpft, aber glücklich. Ich habe vorhin vier Stunden im Garten geschafft, Herbstarbeiten erledigt. Manchmal bin ich die Ameise, manchmal die Grille; ich habe von beiden etwas.

Freitag, 9. November 1990

Monsieur Gorbatschow und Herr Kohl haben einen Friedensvertrag unterzeichnet. Es ist einmalig. Aber im Osten sind die Menschen unzufrieden, viele sind arbeitslos geworden. Die Illusionen zerfallen, eine Welt ist zerbrochen. Manche dieser Leute sind auch undankbar. Es ist doch alles anders geworden. Alle diese Denunzianten, die andere verraten haben; diese Funktionäre, die es so gut hatten. Was ist aus ihnen geworden? Wird man sie verfolgen? Bestrafen? Es wird wie nach dem letzten Krieg sein, sie werden sich unter das Volk mischen. Heute vor 20 Jahren starb General de Gaulle.

Freitag, 16. November 1990

Ich komme vom Kardiologen. Ich wollte wissen, ob mein Herz Schaden genommen hat in diesem Kampf. Zwei Stunden haben die Untersuchungen gedauert. „Wenn Sie jetzt anfangen würden zu trainieren, würden Sie zur Olympiade noch eine Goldmedaille bekommen," sagte der Arzt zu mir. Trainieren! Ich bin so erschöpft, meine Muskeln sind so verkrampft. Später vielleicht. Morgen wollen wir zu den Eltern fahren. Wieder Kofferpacken!
Ich habe ein gutes Herz!

Nancy - Dienstag, 20. November 1990

Ich war auf den Friedhöfen. Das Grab meines Priesteronkels ist immer noch nicht gemacht, noch kein Name da, nur ein Haufen Erde. Ich war auch bei dem anderen Onkel, dem Soldaten. Seinen Namen auf dem Grabstein zu lesen schmerzte. Habe ich ihn noch nicht begraben? So lange dauert meine Trauer. Meine Knie tun mir so weh zur Zeit. Thomas ist nach Hause gefahren. Ich bleibe noch ein paar Tage hier, bis Freitag.

Freitag, 23. November 1990
Zurück in Darmstadt. Ich bin diesmal eine andere Strecke gefahren, über Straßburg, um eine andere Landschaft zu sehen. Die Bahn fuhr durch die Vogesen, wo wir als Kinder öfter zum Picknick gingen mit der Tante, der Cousine und den Cousins... Thomas hat mir Essen gekauft, und ein wunderschöner Tukan aus Holz stand auf dem Tisch; eine schöne Begrüßung!

Sonntag, 25. November 1990
Es ist nicht zu fassen. Als ich im Fernsehen Monsieur Mitterand kurz in den Nachrichten sah, meinte ich, meinen Onkel zu erkennen. Sein Gesicht hatte Ähnlichkeit mit ihm. Heißt das jetzt, dass ich ihn endlich in mir begraben habe nach 27 Jahren? Immer wieder dasselbe wiederholen...

Dienstag, 27. November 1990
Ich wollte die Stimme des Docteurs hören, aber die Sekretärin sagte zu mir, dass er zur Zeit krank wäre. Der Docteur ist krank! Ich muss es verarbeiten.

Der Docteur ist krank – ich darf ihn nicht stören. 27. November 1990

Freitag, 30. November 1990
Ich werde aus dieser Phase allein herauskommen. Ich habe noch diese Knieschmerzen, und der Docteur braucht seine Ruhe.

Dienstag, 4. Dezember 1990
Ich habe die halbe Nacht in einer Ecke geweint. Ich brauche seine Stimme, sie ist meine Medizin. Ich schaffe es doch nicht allein.

Mittwoch, 5. Dezember 1990
Ich habe versucht, in Hamburg anzurufen, und der Docteur war am Apparat, eine Befreiung für mich. Oh! Ich muss ein Bild machen!

Sonntag, 9. Dezember 1990
Ich bin vielleicht groß geworden! Ich fülle das ganze Blatt aus! Ich stehe auch ganz allein da, toll! Rot steht mir gut!

Darmstadt, den 16. Dezember 1990
Lieber Docteur,
ich habe es geschafft, meinen Militäronkel zu begraben, und ich löse mich innerlich auch von Ihnen. Dieser Mann war eine der wichtigsten Personen in meiner Kindheit. Ich kenne heute den Grund des Verhaltens meiner Mutter zu mir. Ich kann sie heute akzeptieren so wie sie ist. Wir haben nicht zusammengepasst, aber ich liebe sie. Was für eine Entwicklung! Ich danke Ihnen für dieses neue Leben in mir, und ich wünsche Ihnen ein frohes weihnachten und ein glückliches Neues Jahr. Passen Sie gut auf sich auf, denn Sie sind ein toller Mensch!
Mit freundlichen Grüßen
Klose Monique

Dienstag, 18. Dezember 1990
Unsere Welt ist eine große Theaterbühne, auf der jeder eine Rolle zu spielen hat. Ich war mit Frederik auf dem Frankfurter Weihnachtsmarkt. Die verschiedenen Düfte, die Lichter, der Glühwein, die Kartoffelpuffer, die wir beide gern essen... Es ist Advent in Deutschland.

Ich lebe ohne Halt und kann dabei stehen – ganz ohne diese Männer in mir.
9. *Dezember 1990*

Darmstadt - Freitag, 28. Dezember 1990
Weihnachten in Nancy gut verbracht. Maman hatte am Abend ein gutes Essen vorbereitet, und jeder hatte ein Geschenk für den anderen, nur Vater nicht wie üblich. Geschenke kaufen ist nicht seine Sache. Er hat meine Mutter nie verwöhnt weder mit Schmuck noch mit Blumen. Sie hat es nicht einfach gehabt in ihrem Leben. Ich fange an, warme Gefühle für sie zu entwickeln. Wie ist das möglich, wo sie mir so vielen Schaden zugefügt hat? Ich liebe sie ganz einfach.

Sonntag, 30. Dezember 1990
Thomas hat mir einen Walkman geschenkt, damit ich in der Bahn Musik hören kann. Ich betrinke mich jeden Tag damit. Ich esse mit Vivaldi, gehe mit Mozart und Beethoven spazieren, tanze mit Phils Collins, wau! Ich sehe auch Bilder: Ich stehe auf einer Bühne und wirbele wir die Ballerina von Degas... Dieser Apparat macht mich glücklich. Glück! Ein neues Gefühl in mir; es ist wunderbar!

Mittwoch, 2. Januar 1991
Ein neuer Krieg ist bestellt, denn der Konflikt zwischen Irak und Kuwait eskaliert. Die Alliierten wollen am 15. Januar angreifen. Oh je!

Donnerstag, 10. Januar 1991
17.00 Uhr in Hamburg angerufen. „Ich bin ganz daneben! Ich fange an, ganz warme Gefühle für meine Mutter zu empfinden. Ist das normal?“ „Es ist normal. Man muss für beide Geschlechter empfinden können!“ antwortete mir der Docteur. Maman und ihre Denkweise: „Frauen sind die Putzfrauen der Männer!“ sagte sie öfter. Der Poet Aragon hat ein anderes Bild: „Frauen sind die Zukunft der Männer!“ Es gibt ja großartige Frauen auf unserer Welt, bedeutende Frauen, die unsere Zeit prägen.

Freitag, 11. Januar 1991
Gute Nachricht aus Paris: Meine Schwägerin erwartet ein zweites Kind. Im Juni soll es auf die Welt kommen. Ich werde wieder Tante! Ich bin glücklich, ich darf es sein ohne mich dafür zu bestrafen. Dieses Gefühl von Glück ist einmalig und unbeschreiblich; es ist auch stark, so stark, dass ich es kaum ertrage; es ist noch ungewohnt. Ein neues Baby!

Montag, 14. Januar 1991
Die Männer bereiten einen Krieg vor, denn die USA und der Irak können sich nicht einigen. Es ist eine schlimme Nachricht für mich, die gerade auf dem Planet der Realität gelandet ist. Wenn Worte nichts mehr ausrichten, dann Bomben, Landminen und Giftgas… Arme Bevölkerung!

Donnerstag, 17. Januar 1991
Der Krieg im Golf hat angefangen. Alle Gespräche und Verhandlungen sind gescheitert. Ich muss es verarbeiten. Es gibt einen Diktator, ein Volk, das ihn - verblendet durch die Propaganda – idealisiert. Es gibt Fanatiker, die für eine Idee sterben können, und ein Land, das man plötzlich überfallen hat. Es geht um Geld. Viel Geld wird so ein Eingriff kosten, Menschen werden sterben, Häuser zertrümmert werden, aber die Alliierten müssen diesen Mann bremsen! Es ist alles so entsetzlich! Man hätte es vielleicht doch anders regeln können, oder?

Freitag, 25. Januar 1991
Die Soldaten verteidigen Kuwait. Der Präsident macht Krieg, und das Volk leidet. Die Menschen haben Angst. Kriege, Krebs, das sind Worte, die Panik auslösen. Ich schreibe viel, um es zu verarbeiten. Ich höre die Nachrichten, verfolge die Fernsehsendungen. Wie die Menschen reagieren! Manche sammeln Lebensmittel, sie fürchten einen Weltkrieg. Ich habe keine schwarzen Gedanken. Frankreich kämpft mit; Deutschland hält sich bereit; die Welt schaut immer auf dieses Land. Letztes Jahr hatte sie Angst, dass es nach dem Mauerfall zu mächtig wird. Heute, wo es sich in dem Konflikt zurückhält, wirft man ihm das vor. Deutschland immer noch schuldig; die Wunden des letzten Krieges sind nicht geheilt, und manche bohren gern darin.

Mittwoch, 30. Januar 1991
Anna will mich nicht mehr sehen. Sie hält mich für dumm, weil ich den Angriff am Golf berechtigt fand. Sie ist Pazifistin und redet lieber mit intelligenteren Menschen darüber. Sie kann meine Einstellung überhaupt nicht akzeptieren und geht lieber für den Frieden demonstrieren. Das hat mir so weh getan, dass ich zusammengebrochen bin. So fangen doch Kriege an, oder? Wenn ein Mensch die Meinung anderer nicht tolerieren kann. Der

Krieg ist eine sehr harte Realität, die ich ansehen kann. Es ist ein Wahnsinn, der manchmal notwendig ist, um schlimmeren Schaden zu vermeiden. Es hat alles zwei Seiten!

Donnerstag, 31. Januar 1991

Die Menschen demonstrieren, analysieren, denken nach. Die Älteren erinnern sich; die Jüngeren gehen auf die Straße und verstehen das Verhalten der Erwachsenen nicht. Intellektuelle wollen mit ihrem Verstand solche Konflikte lösen. Pazifisten sehen alles durch eine rosa Brille, Idealisten! Ich wollte auch in einer idealen Welt leben, aber diese Welt wird es nie geben, solange es Menschen gibt. Es ist nun mal so! Manchmal schäme ich mich, zu einer solchen Welt zu gehören, wo man Menschenrechte nicht respektiert, die Religion falsch interpretiert, für Gott tötet und bereit ist, für eine Idee zu sterben.

Freitag, 1. Februar 1991

Soldat! Was für ein Beruf! Auf Befehl auf Menschen zu schießen, für manche ist es eine Herausforderung, ein Nervenkitzel, eine Ehre. Sie kämpfen fürs Vaterland, bekommen eine Medaille und sterben als Held. Für viele ist es eine gesicherte Zukunft. Wie gut ich diese Welt kenne. Die Therapie hat mich verändert, aber ich weiß... Eine Welt ohne Militär! Die wird es nie geben. Wir brauchen diese Strategieentwickler, diese Angreifer und Verteidiger. Früher mochte ich die Samurai, diese schönen, harten Kämpfer, und unsere Legionäre... Ich kenne noch einen guten Soldaten, den Gruppenführer Barth, der, als er 1942 den Befehl erhielt, die Einwohner von Oradour zu erschießen, aus seiner Sicht gerecht handelt. Er erzählt später, dass er als Kind mit dem Stock zum Gehorsam geschlagen worden ist. Ihm war Gehorsam eingeprügelt worden. Soldaten!

Samstag, 2. Februar 1991

Ich habe noch einmal versucht, mit Anna zu reden, aber es hat sie nicht interessiert. Mein Versöhnungsgespräch ist gescheitert. Es tut mir so leid; mein Kreislauf baut ständig ab. Ich kann Anna und ihre Ängste verstehen. Deutschland war einmal ein Trümmerhaufen. Damals hat man Gewalt gebraucht, um die Nazidiktatur zu vernichten. Gewalt als Lösung für einen

Konflikt, das ist eine harte Realität. Im ganzen Land sind die Karnevalsfeiern abgesagt worden, weil am Ende der Welt die Alliierten kämpfen. Es ist alles so traurig!

Montag, 4. Februar 1991

In manchen deutschen Krankenhäuser haben Ärzte erklärt, die verwundeten Soldaten der Alliierten nicht zu behandeln. Die Wunden dieses Landes öffnen sich erneut. Es gibt hier auch eine Gruppe von Rechtsextremisten, die bereit wären für den Diktator zu kämpfen, sogar zu sterben, weil sie in diesem Mann ihren Held erkennen, Hitler. Ich muss diese Menschen als Demokrat tolerieren, aber nicht akzeptieren. Ich denke heute an den Handwerker Georg Elser, der damals seinen Coup verpasst hat, als 1939 seine selbstgebastelte Bombe zu spät explodierte. Sie sollte Hitler töten, Mensch! Die Geschichte wäre anders verlaufen; es hätte keinen Zweiten Weltkrieg gegeben, keine solchen Vernichtungen! Das Schicksal hat es anders gewollt, und der arme Elser starb im KZ. „Wenn das Gute aufhört zu kämpfen, siegt das Böse!“ sagte Platon.

Dienstag, 5. Februar 1991

Was für ein schmerzhafter Prozess in mir. Ich habe den Docteur angerufen, um Klarheit zu schaffen. „Es ist gut, dass Sie die zweite Seite dieses Krieges sehen können. Raffen Sie all' Ihre Kräfte zusammen, um weiter zu kämpfen. Auf dem Weg der Analyse verändert man sich und verliert manche Freundschaft“, sagte er zu mir. Das Gespräch gab mir neue Kräfte. Ich werde nachher noch mit den Franzosen darüber reden.

Freitag, 8. Februar 1991

Ich habe einen Strauß gelber Lilien nach Hamburg schicken lassen, einen Sonnenstrahl! Ich gehöre zu einer Generation, die noch keinen Krieg erlebt hat. 46 Jahre Frieden in Europa. Mensch sein ist nicht einfach: Tolerieren müssen, dass manche töten, manche sterben müssen für die Freiheit anderer, dann wiederum nicht akzeptieren können, dass man in manchen Ländern, in denen ein strenges Regime herrscht, mordet. Das Leben und der Tod, das Geschäft mit den Waffen, mit der Religion, mit der Angst. Die Ungerechtigkeit, die Macht und das Geld. Ausbeutung, Kolonisierung, Unterdrückung... Der maßlose Hass und die Wut, die die Menschen in sich tragen. Das ist die Realität unserer Welt, und ich lebe heute damit. Anna, die ich seit acht Jahren kenne, wird sich nicht mehr melden.

Montag, 11. Februar 1991
Rosenmontag in Deutschland, Trostlosigkeit im ganzen Land. Wir sind doch nach Mainz gefahren, um am Rheinufer spazieren zu gehen. Im Schnee lief nur ein Clown durch die Strassen.

Sonntag, 24. Februar 1991
Die Welt meiner Mutter war begrenzt, sie spielte sich zu Hause ab. Während wir spazieren gingen, habe ich ihr Gesicht ganz klar vor mir sehen können. In ihren Händen hielt sie einen Kochtopf. In dieser Rolle war sie nicht glücklich.

Donnerstag, 28. Februar 1991
Der Krieg ist zu Ende! Kuwait ist befreit, und die Ölquellen brennen. Die Soldaten gehen wieder nach Hause. Die Frauen weinen um ihre gefallenen Männer. Der Diktator lebt noch, und sein Volk wird mit einem Embargo bestraft. Was für ein Greuel! Die Amerikaner haben ihren Vorteil gerettet, wie immer. Das Rad der Geschichte dreht sich weiter und neue Regelungen werden besprochen...

Sonntag, 3. März 1991
Oh nein! Frankreich hat heute ein Original verloren. Serge Gainsbourg ist gestorben. Ein Schmetterling ist weggeflogen. Ich bin traurig!

Mittwoch, 6. März 1991
Ich habe jeden Tag diese brennenden Schmerzen in mir, hauptsächlich in meinem Armen. Ich wachse...

Donnerstag, 7. März 1991
Es geht mir immer schlechter. Ich schaffe es nicht, nach draußen zu gehen. Ich muss allein sein, auch nachts. Ich schlafe auf der Couch. Etwas will aus mir heraus.

Dienstag, 12. März 1991
Das ist das Resultat meiner Schmerzen: Der französische Hahn mit deutschen Farben. Ich habe zwei Länder in mir. Mein Körper ist in Frankreich geboren, meine Seele in Deutschland. Diese beiden Länder mit ihren verschiedenen Kulturen können sich gut ergänzen. Was die einen zu ernst nehmen, nehmen die anderen zu gelassen.

Mittwoch, 13. März 1991
Am 13. März 1983 tanzte das kleine Mädchen in meinem Kopf. Es sind schon acht Jahre vergangen!

Freitag, 15. März 1991
Ich bin glücklich zur Zeit, erschöpft aber glücklich! Alle Gefühle in mir werden sich wohl eines Tages stabilisieren.

Freitag, 22. März 1991
Ganz andere Stimmung: Mein Inneres ist schwer wie Blei, meine Beine fast gelähmt, meine Augen kann ich kaum öffnen. Ich habe gerade mein Mittagessen erbrochen. Der Kummer meldet sich wieder. Mein Inneres will sterben. Ich schreibe erneut Sätze, fülle Blätter mit Wörtern, damit dieses Gewicht auf meinem Brustkorb mein Herz nicht zerdrückt. Ich will nicht an Kummer sterben, ich will leben! Maman, ich will leben!

Montag, 25. März 1991
Ich schleppe mich durch die Wohnung. Ich kämpfe weiter in meinem Kopf, denn ich habe keine Kraft mehr, um die Sätze aufzuschreiben. Abends habe ich Angst, einzuschlafen, Angst, nicht mehr aufzuwachen. Diesmal ist es zu schwer; dieser Schmerz und dieser Druck sind unerträglich. Es brennt in meinem Magen, in meinem Herz. Ich werde doch nicht sterben?

Mittwoch, 27. März 1991
Mir geht es ganz schlecht. Ich schaffe es nicht mehr 15.00 Uhr Erleichterung! Der Kummer ist aus mir heraus. Ich habe es doch noch geschafft!

Wie ein deutsch-französischer Hahn – ich habe keine Grenze mehr in mir.
12. März 1991

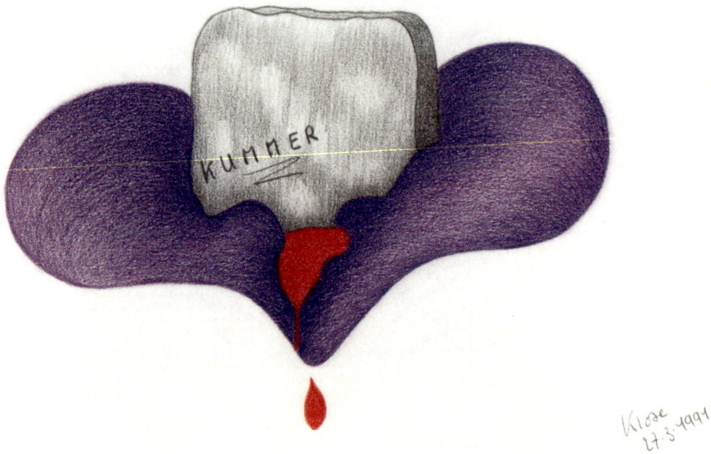

Ein gebrochenes Herz. 27. März 1991

Donnerstag, 28. März 1991

Ich habe die letzten Tage mal wieder in Todesangst gelebt, aber das Leben geht weiter. Ich bin total erschöpft. Ich fühle mich so schwach.

Karfreitag, 29. März 1991

Jesus! Da hängt er am Kreuz, nackt, einsam und gedemütigt. Dieses leidende Gesicht... Und mir wird als Sünderin die Schuld daran gegeben. Nein! Ich bin nicht schuld an seinem Tod. Aber wer war der Mann, der sich für Gottes Sohn hielt? Ein besonderer Mensch, der wohl intelligenter war als andere damals, ein Weiser wie es vor ihm schon welche gab. Morgen werden wir nach Frankreich fahren.

Darmstadt, den 2. April 1991

Lieber Docteur,

seit acht Jahren ist der Kummer mein größter Feind. Mein Inneres wollte wieder sterben, und ich bin eine ganze Woche lang wie ein Dackel durch die

Gegend gelaufen mit diesem Gewicht auf meinem Brustkorb, bis ich es aufs Papier brachte. Mit dem Kummer zu kämpfen ist wie russisches Roulette zu spielen. Man hat Todesangst, und es ist so schlimm, dass man nicht darüber reden kann. Man kämpft. Ich habe ein gebrochenes Herz, aber ich lebe, und ich bin ein Glücksfall. An Ostern habe ich mich gefreut, meinen Vater, die Familie und meine Heimatstadt wiederzusehen. Jetzt, erneut in Darmstadt, musste ich Ihnen diese Brocken schicken. Vielleicht sind das die letzten.
Mit freundlichen Grüßen
Klose Monique

Freitag, 5. April 1991
Ich habe noch eine Einladung zur Erstkommunion bekommen. Ich bin schon ganz aufgeregt. Diesmal werde ich es am Sonntag alleine schaffen, ohne die Hilfe des Docteurs.

Montag, 8. April 1991
Die Erstkommunion habe ich besser überstanden. Ich habe mehr Abstand gehabt; meine Wunden heilen. Religionen mit ihren Ge- und Verboten, für manchen haben sie heilende Kraft. Es ist das „Opium des Volkes", wie Lenin sagte. Über uns herrscht ein Rätsel!

Dienstag, 9. April 1991
17.00 Uhr in Hamburg angerufen. „Sagen Sie Mir: Haben Sie schon Patienten gehabt, die an Kummer gestorben sind?" fragte ich den Docteur. „Ja, Patienten, die mit der Situation nicht fertig werden, sie können sterben. Nicht jeder hat diese Fähigkeit wie Sie, es zu zeichnen!" antwortete er mir.

Dienstag, 16. April 1991
Frei sein wie der Wind, wie die Touaregs, die schönen Massai und andere. Die Völker der Wüste haben sich nicht kolonisieren und missionieren lassen. Ein Reichtum!

Mittwoch, 24. April 1991
Ausstellung über Johann Heinrich Merck, dem Sohn einer Apothekerfamilie aus Darmstadt. Er setzte sich damals für Freiheit und Toleranz ein. Er war

ein Anhänger der französischen Revolution, aber sein Kampf endete mit Resignation. Er beging 1791 mit 50 Jahren Selbstmord. Diese Geschichte hat mich so verwirrt, dass ich sie vorhin dem Docteur erzählte. Jetzt spüre ich lauter Messerstiche in meinem Magen. Auf der Suche nach der Demokratie fand er den Tod, wie später Büchner, der sehr krank wurde.

Montag, 29. April 1991
Auch Polen hat sich von den Kommunisten befreit. Eine gute Nachricht!

Dienstag, 30. April 1991
Ich kann nicht in die Gruppe gehen. Seit dieser Ausstellung habe ich solche Bauchkrämpfe bekommen. Ich werde nicht resignieren. Den Gefallen werde ich ihnen nicht tun. Aus trotz und Rache überleben!

Freitag, 17. Mai 1991
Radi Gandhi ist ermordet worden. Warum wieder?

Samstag, 18. Mai 1991
Ich habe den Koffer in einer Stunde fertig gepackt. Wir fahren für ein paar Tage zu den Eltern. Ich muss dahin!

Darmstadt - Dienstag, 21. Mai 1991
Oh mein Nancy! Wie schön du geworden bist! Neuer Glanz, neue Farben. Als Kind deprimierte mich die graue Fassade deiner Häuser, so wie die der Dörfer in der Umgebung. Deine Altstadt, von den Herzögen von Lothringen erbaut, hat ein südliches Flair, und Stanislas hat einen der schönsten Plätze von Frankreichs errichten lassen. Du bist die Stadt mit den goldenen Toren. Die Jugendstilkünstler Gallé, Majorelle und Wallin waren hier zu Hause... Die Glasbläser von Daum zaubern noch heute wunderschöne Sachen. Die Klosterschule gibt es noch, allerdings ohne Nonnen, denn sie ist privatisiert worden. Buben und Mädchen dürfen zusammen lernen. Wie sich alles geändert hat, ich mich auch; ich sehe alles viel klarer. Nancy! Ich mag dich so sehr, deine Häuser, deine Kirche, deine Parks, dein Flair... Sie werden nie fremd für mich sein.

Mittwoch, 22. Mai 1991
Sonntag ist in Frankreich Muttertag. Wer ist zur Zeit meine Mutter? Ich habe einen Strauß rosa Rosen nach Hamburg geschickt.

Sonntag, 26. Mai 1991
Ein Tag für die Mütter. Er ist vielleicht wichtig für Leute, die vergessen haben, das sie eine haben. Meine hat sich über meinen Anruf gefreut, eine kleine Geste, die viel für sie bedeutet.

Montag, 27. Mai 1991
In Hamburg angerufen: Der Docteur hat sich über die Blumen gefreut und bedankte sich. Ich soll weiter kämpfen! Das mache ich, Herr Docteur! Ich gebe nicht auf, auch wenn es sehr hart ist.

Montag, 10. Juni 1991
Das Leben wird immer durchsichtiger für mich. Ich schaue und sehe menschliche Körper, Gesichtszüge, Farben, Architektur und die Natur, dieses Grün überall, diese Blumen, das Verhalten der Menschen und Tiere. Es ist einmalig! Ich sehe alles bis ins kleinste Detail. Ich habe meinen Koffer vorbereitet, denn unser Baby wird sich bald melden in Paris.

Mittwoch, 12. Juni 1991
Übelkeit, Durchfall... Ich zittere am ganzen Körper. Ich habe zu viel gemacht, zu viel gelesen. Die Buchstaben sind noch zu anstrengend, und gestern abend war ich in der Gruppe. Es war alles zu viel. Ich muss aufhören, mich erholen. Mein Körper streikt!

Sonntag, 15. Juni 1991
Paris hat sich gemeldet, morgen fahre ich. Walkman und Inhalator sind eingepackt. Es wird schon gut gehen!

Montag, 16. Juni 1991
16.00 Uhr. Eurocity, ist das toll! Der Zug rollt, ich schaue in die Landschaft und höre Musik. Ich bin glücklich und genieße es, in der Eisenbahn zu sitzen. Mir geht es gut. Unser Baby kommt, und Seurat ist im Grand Palais. Ich freue

mich schon auf „Ein Sonntagnachmittag auf der île de la Grande Jatte". Ich mag dieses Bild. Ich muss es sehen!

Paris - Dienstag, 18. Dienstag 1991

Ich bin in guter Verfassung angekommen. Es ist, als ob ich Darmstadt nicht verlassen hätte. In der Tiefgarage kommen die bösen Bilder tatsächlich nicht mehr. Wir warten auf das Baby.

Paris - Mittwoch, 19. Juni 1991

„Du hast dir alles gefallen lassen als Kind!" „Du bist immer noch bei deinem Docteur! Du solltest einmal in der Woche zu einer Frau gehen!" Es sind Sätze, die meine Schwägerin zu mir sagt, und die ich verdauen muss. Ich hatte doch keine andere Wahl, und zu einer Therapeutin kann ich noch nicht gehen.

Paris - Freitag, 21. Juni 1991

13.30 Uhr. Wir haben meine Schwägerin in die Klinik gebracht, die sich am Ende der Strasse befindet. Mein Bruder ist bei ihr. Ich warte ganz aufgeregt. Florian ist im Kindergarten. 16.00 Uhr. Ich habe einen zweiten Neffen! Welche Freude in mir. Ich habe gerade den Docteur angerufen, um ihm die gute Nachricht mitzuteilen. Noch ein Junge! Alles ist gut verlaufen, toll! Ausgerechnet heute am Tag des Musikfestes.

Paris - Sonntag, 23. Juni 1991

So ein niedlicher, winziger Mensch mit ganz vielen schwarzen Haaren. Ich war in der Klinik und durfte den Kleinen halten, der neben seiner Mutter in einem Bettchen lag. Florian hat vielleicht Augen gemacht. Gestern abend sind wir mir den glücklichen Großeltern fein essen gegangen, um das Ereignis zu feiern. Das Leben kann so schön sein! Diese Gelassenheit hier! Diese Lebensfreude!

Paris - Montag, 24. Juni 1991

Ich musste ja ins Grand Palais zu den Bildern von Seurat. Ich habe „Ein Sonntagnachmittag auf der île de la Grande Jatte" vergeblich gesucht. Die Amerikaner haben es nicht ausleihen wollen, und sie ist in Chicago geblieben. Ich mag dieses große Bild! Es vertritt Frankreich an einem Sonntagnachmittag.

Sogar zwei Soldaten sind darauf zu sehen, zwei aus der Militärschule „Saint Cyr". Es ist schade! Das Geräusch der Metro brachte mich erneut in diese schlimme Zeit, wo ich völlig durcheinander den ganzen Tag unterwegs war. Es ist vorbei!

Georges Seurat, Un Dimanche à la Grande Jatte. Art Institute of Chicago. 1886

Paris - Mittwoch, 26. Juni 1991

Ich komme zurecht trotz meiner Erschöpfung. Ich führe den Haushalt, kaufe ein, hole Florian aus dem Kindergarten, ich gehe auch jeden Tag in die Klinik. Ich antworte auf Telefonanrufe, ich regle alles, und abends sitzen mein Bruder und ich gemütlich auf den Balkon.

Paris, den 27. Juni 1991

Lieber Docteur,

ein Gruß aus Paris. Ich wollte so gern die „Grande Jatte" von Seurat sehen, aber leider war es nicht in der Ausstellung, denn die Amerikaner haben es aus Sicherheitsgründen nicht ausleihen wollen. Ich gewöhne mich langsam an unsere Gesellschaft und ihre verschiedenen Menschen. Sie machen mir keine

Angst mehr. Ich gehöre immer mehr dazu. In meinem Kopf wird es immer klarer und trotz noch vorhandener Schwierigkeiten komme ich zurecht. Ich sehe und lerne hier so vieles. Ich verwechsle Franc und D-Mark nicht mehr, und diese Halluzinationen kommen auch nicht mehr. Ich bin nur sehr müde. Diese Erschöpfung ist wohl normal nach einer so langen und anstrengenden Reise. Unser Baby ist so niedlich; es hat ganz viele schwarze Haare, und sein älterer Bruder ist wie ich von ihm ganz begeistert. Heute streikt das Personal der Metro, eine Katastrophe für Paris. Mein Bruder ist zu Fuß zur Arbeit gegangen, er wird eine ganze Stunde unterwegs sein. Frankreich hat sich von dieser Seite her nicht geändert.
Mit freundlichen Grüssen
Klose Monique

Paris - Donnerstag, 27. Juni 1991
Meine Schwägerin ist mit dem Baby zu Hause. Sein Name ist übrigens Romain. Sie ist noch sehr müde, und ich werde ein paar Tage länger bleiben. Ich ertrage zur Zeit die Glocken der Kirche nicht; wenn ich sie läuten höre, dann kann ich meine Tränen nicht zurückhalten. Es tut alles noch so weh innerlich.

Paris - Samstag, 29. Juni 1991
Neue Touristen sind hier, Menschen aus den Ostländern, aus Ungarn, Tschechoslowakei, Rumänien... Sie fallen auf in ihren veralteten Bussen, worin sie auch schlafen. Sie haben sicherlich Jahre davon geträumt, einmal Paris zu sehen; man muss sich darüber freuen. Man sieht in dieser Stadt so viele verschiedene Menschen. Die Ärmeren leben auf der Straße, die Reichen in ihrem Viertel, diese Millionäre! Wie lächerlich manche sind! Die kleinen Leute sind oft interessanter und von den Naturvölkern kann man viel lernen. Ich habe mir ein Poster gekauft, „Die Iris" von van Gogh. Sie sind alle in blau auf diesem Bild, nur eine an der linken Seite ist weiß. Sie passt nicht zu den anderen. Sie verrät Vincent, den Außenseiter.

Eurocity - Montag, 1. Juli 1991
14.00 Uhr Wir verlassen Paris, hinter mir die Stadt, die Familie und die Kinder. Ich habe in diesen zwei Wochen so vieles gesehen, erlebt und gelernt, und dieser Zug fährt jetzt bis Leipzig. 16.00 Uhr. In dem Abteil ist es so le-

bendig. Ich sitze mitten in einer Gruppe argentinischer Studenten. Sie singen und plaudern miteinander. Meine Englischkenntnisse reichen nicht aus, um mit ihnen zu reden. Ich habe nur verstanden, dass sie nach Heidelberg wollen. Argentinien... Patagonien, Evita Peron.. Ich fange an zu träumen. Oh, die Grenzbeamten kommen, sie haben einen Schäferhund bei sich.

Dienstag, 2. Juli 1991
Wo sind die vielen Menschen? Die Bürgersteige in unserem Viertel sind so leer! Thomas konnte sich nicht über meine Rückkehr freuen; ich war zu lange weggewesen. Ich werde nicht in die Vergangenheit zurückrutschen.

Mittwoch, 3. Juli 1991
Schlechte Nachrichten: In Jugoslawien rollen die Panzer; ein Bürgerkrieg fängt an, so nahe bei uns in Europa! Oh nein!

Donnerstag, 11. Juli 1991
Seit ich von Paris zurück bin, bleibe ich gern allein zu Hause. Ich habe vorhin den Docteur angerufen. Seine Stimme klang ganz weit von mir entfernt. Ich löse mich von dieser Abhängigkeit. Ich kann nicht unter Menschen!

Dienstag, 23. Juli 1991
Ich habe es geschafft, in die Innenstadt zu gehen. Auf dem Luisenplatz wirbelte es von Leuten. Diese Wesen sind wie Eisberge, man sieht nur die Oberfläche. Diese Menschen bilden eine Gesellschaft, wo es Regeln gibt. Sie brauchen Orientierungspunkte, Vorbilder, Schutz und Liebe... Einen Strauß Sonnenblumen habe ich nach Hamburg geschickt.

Freitag, 26. Juli 1991
Juli und August sind Ferienmonate in Frankreich. Als Kind verbrachte ich die meiste Zeit auf dem Bauernhof eines Onkels. Mein Bruder ging jedes Jahr in ein Ferienlager seiner Schule. Unsere Eltern sind nie in Urlaub gefahren. Auch heute nicht. Auf der Farm war ich ja gut. Jeden Tag holte ich mit einer älteren Cousine die Kühe aus dem Park. Ich putzte den Stall, fütterte die Schweine und die Hasen, ging mit auf die Felder, um Weizen zu ernten und Reste von deutschen Bomben einzusammeln. Den Bauernhof gibt es noch

in Lothringen. Ein Cousin hat ihn übernommen, und ich freue mich immer, wenn wir dort hinfahren. Der Hof des Großvaters ist verkauft worden. Ich habe die große Stadt und das Land erlebt. Es waren schöne Zeiten damals für mich. Einmal sollte ich mit den Nonnen und anderen Mitschülern in ein Ferienlager, das sich in den Alpen befand, gehen. Sie haben mich nicht mitnehmen wollen, weil ich doch nachts ins Bett machte.

Montag, 29. Juli 1991

Chagall-Ausstellung in der Frankfurter Kunsthalle. Die Bilder haben mich nicht durcheinandergebracht wie in Ludwigshafen. Ich habe sie mit Freude betrachtet. Frankfurt war einmal nur ein Trümmerhaufen, total zerstört. Heute glänzt diese Stadt mit ihrer Puzzle-Architektur.

Donnerstag, 1. August 1991

Ich kann meine Gedanken nicht mehr alleine ordnen. 16.00 Uhr in Hamburg angerufen.„Ich bin ganz daneben!“„Was bedrückt Sie?“ fragte der Docteur. „Sagen Sie mir: Ist Hamburg auch im Krieg zerstört worden?“ „Ja, wie die meisten Metropolen Deutschlands,“ antwortete er. „Vielen Dank für den Strauß; ich habe mich sehr darüber gefreut!“ fügte er noch hinzu. Jetzt ist wieder Ordnung in meinem Kopf. Wenn alles zerstört ist, hat man die Chance, ganz neu aufzubauen, gleich ob es eine Stadt ist oder eine Persönlichkeit.

Sonntag, 4. August 1991

Berlin bekommt ein neues Glanzlicht: Die Quadriga des Brandenburger Tors wird restauriert. Napoleon hatte sie ja mitgenommen. Die Franzosen haben auch hier vieles zerstört, damals im Jahr so und so. Ich bin müde; ich komme mir vor wie ein alter Reifen, dem die Luft ausgeht und den man immer wieder aufpumpen muss, damit er weiter rollen kann.

Montag, 19. August 1991

Was für ein Schock heute schon am Morgen! Putsch in Russland. Herr Gorbatschow gestürzt! Die Soldaten und die Panzer marschieren auf, Scheiße ist das! Die Demokratie muss gewinnen. Ich habe die Hoffnung, dass das russische Volk sich wehren wird. Bloß nicht zurück in die Sklaverei! Bloß kein Blutbad!

Der Knopf bleibt – ich werde mit meiner Vergangenheit leben müssen.
20. August 1991

Dienstag, 20. August 1991

Die Soldaten sind auf der Seite des Volkes. Hurra! Sie müssen es schaffen! Habe ich jetzt meinen Knopf verdaut?

Donnerstag, 22. August 1991

Die Demokratie hat in Moskau gewonnen. Das Militär ist mit dem Volk. Leider sind drei junge Leute von Panzern erfasst worden. Die Zeit der alten Knacker ist vorbei! Die Perestroika hat gesiegt, toll! Es kommen härtere Zeiten für dieses Land, große Umstellungen... Wie ich den Nachrichten folgen kann! Ich verstehe sie, analysiere sie besser als früher. Wie unsere Welt sich zur Zeit verändert, es ist aufregend! Schade, dass ich nicht lesen kann.

Donnerstag, 29. August 1991

Ich packe oder versuche es wenigstens. Sonntag wollen wir nach Österreich fahren. Meine Muskeln sind ganz verkrampft. Jede Reise ist eine neue Trennung, ein Schritt nach vorn.

Österreich - Freitag, 6. September 1991

Seit ich hier bin, habe ich schwere Kreislaufstörungen, die ich mit viel Kaffee ein wenig lindern kann. Mein Gehirn arbeitet auf Hochtouren. Wir machen kleine Spaziergänge. Ich möchte so gern eine große Wanderung in die Dolomiten, die nicht weit von hier entfernt sind, unternehmen.

Österreich - Dienstag, 10. September 1991

Ich habe es geschafft! Ich war am Fuß der drei Zinnen. Was für ein wunderschöner Tag! Wir sind schon früh losgefahren in Richtung Italien. Der Himmel war ganz blau, die Berge ganz klar. Es war grandios da oben. Maman! Ich sehe die Welt, und da hoch zu laufen hat mich viel Kraft gekostet mit meinem Asthma und meinen verkrampften Beinen. Wir sind langsam gegangen. Schade, dass du uns nicht sehen konntest. Jede Freude, jeder Erfolg erscheint mir wie ein Luxus zu sein, ein hart erarbeitetes Glücksgefühl. Maman, ich lebe!

Österreich - Dienstag, 10. September 1991

Ich habe es geschafft! Ich war am Fuß der drei Zinnen. Was für ein wunderschöner Tag! Wir sind schon früh losgefahren in Richtung Italien. Der Himmel war ganz blau, die Berge ganz klar. Es war grandios da oben. Maman! Ich sehe die Welt, und da hoch zu laufen hat mich viel Kraft gekostet mit meinem Asthma und meinen verkrampften Beinen. Wir sind langsam gegangen. Schade, dass du uns nicht sehen konntest. Jede Freude, jeder Erfolg erscheint mir wie ein Luxus zu sein, ein hart erarbeitetes Glücksgefühl. Maman, ich lebe!

Montag, 16. September 1991
Zurück in Darmstadt. Die Koffer sind ausgepackt und neue werden gefüllt. Wir fahren nach Nancy und von dort aus mit den Eltern nach Paris, um das Baby zu sehen. Meine Gedanken sind ganz klar! Ich bin eine Europäerin geworden und spüre die Grenzen nicht mehr! Ich muss noch lernen, mit der Zeit umzugehen.

Nancy - Mittwoch, 18. September 1991
Was für ein schöner Tag! Ich habe ihn genossen. Wir sind am frühen Morgen in die Eisenbahn Richtung Paris gestiegen. Drei Stunden dauerte die Reise! Mein Bruder stand am Ende des Gleises und strahlte, als er uns sah. Er war glücklich, uns bei sich zu haben. Meine Schwägerin hatte fein gekocht; meine Mutter schaute ständig auf die Uhr. Sie dachte an ihre Katze. Thomas hatte seine Freude an den Kindern. Die beiden sind auch zu niedlich. Zwei Stammhalter für Vater. Als wir zurückgehen wollten, sind wir alle in dem kleinen Lift der Residenz stecken geblieben. Wir standen plötzlich in der Dunkelheit, aber die bösen Bilder sind nicht gekommen; ist das toll! Welches Abenteuer wieder! Nach einer Weile kam der Pförtner und befreite uns aus dieser unangenehmen Lage. So kamen wir noch rechtzeitig zum Bahnhof. Für meine Mutter war alles zu viel. Sie schlief im Zug ein. Vater war zufrieden.

Sonntag, 22. September 1991
Ich bin froh, wider zu Hause zu sein hier in Darmstadt. Der Urlaub ist zu Ende, und es regnet heute nach mehreren sonnigen Wochen... Thomas schaute aus dem Fenster und sagte zu mir: „Purzelchen, es regnet, und die Bäume freuen sich!"

Mittwoch, 25. September 1991
Seit ein paar Tagen fällt es mir schwer, zu laufen. Meine Muskeln sind so verkrampft, dass ich gestern abends unfähig war, in die französische Gruppe zu gehen.

Donnerstag, 26. September 1991
17.00 Uhr. Ich habe in Hamburg angerufen. Die Stimme des Docteurs gab mir neue Kräfte; ich suche sein Gesicht...

Samstag, 28. September 1991
Es hat mir gut getan, heute in die Klinik zu gehen und in der Halle zu sitzen wie früher, als der Docteur noch da war. Ich habe vergeblich gewartet.

Donnerstag, 3. Oktober 1991
Tag der deutschen Einheit! Es ist anders geworden, die Freude der letzten Jahre ist vergangen. Im Osten herrschen Arbeitslosigkeit, Unzufriedenheit und Undankbarkeit. So eine Wende bringt viel Neues mit sich. Ich habe einen meiner Schwäger und seinen Cousin, die in Wittenberg wohnen, eingeladen. Mit einem Glas Champagner haben wir dieses einmalige Ereignis gefeiert, diese neue Freiheit. Es war ein schöner Tag!

Sonntag, 13. Oktober 1991
Ich wollte heute zu meinen Malern ins Städelmuseum, dort wo ihre Bilder hängen. So fuhren wir nach Frankfurt. Welche Freude, vor diesen Werken zu stehen; dies baute mich wieder auf.

Montag, 28. Oktober 1991
In Hamburg angerufen. „Guten Tag! Ich bin zur Zeit ganz daneben; ich suche Ihr Gesicht," sagte ich zu dem Docteur. „Sie können gern hierher kommen," antwortete er. Seine Stimme konnte mir diesmal nicht helfen. Oh je, was mache ich jetzt? Es ist alles noch so verwirrt in meinem Kopf. Darmstadt – Hamburg, die Reise mit dem Schnellzug würde 3 ½ Stunden dauern. Es wäre alles an einem Tag machbar.
Ich muss sein Gesicht sehen!

Dienstag, 29. Oktober 1991
Wie eingeklemmt in einen Schraubstock musste ich zum Supermarkt, um mir etwas zu essen zu holen. Ich sah alles wie im Nebel, bis ich an der Käsetheke ein Gesicht sah, das in mir alle Verkrampfungen löste. Es war mal wieder wie ein Kurzschluss. Alles wurde erneut klar und hell. Was für eine Erleichterung!

Dieser Mann im Geschäft hatte Ähnlichkeit mit dem Docteur, und schon hat mein Gehirn reagiert, toll! Ich werde zum Stammtisch gehen können.

Mittwoch, 30. Oktober 1991
Der Krieg in Jugoslawien geht weiter. Die Serben töten, bomben, vertreiben und vergewaltigen, es ist schrecklich! Noch ein Diktator ist an der Macht. Ich bin entsetzt! Sie sind dabei, Dubrovnik zu zerstören, diese schöne mittelalterliche Stadt. Warum verschwenden die Menschen so viel Geld für Waffen, für Minen, statt es für mehr Kultur und Bildung auszugeben? Es würde sicherlich mehr Frieden bringen. Warum? Renata bangt um ihre Familie, die noch dort lebt. Alte Rechnungen werden auf diese Art ausgeglichen.

Freitag, 1. November 1991
Ich bin heute Nacht aufgestanden, um ein Bild zu machen, eher noch eine Skizze. Ich habe eine Frau gezeichnet, aber diese Frau steht ganz allein auf diesem Blatt Papier, so allein, dass es mir weh tat. Ich versuchte, einen Mann an ihre Seite zu stellen, radierte ihn aber immer wieder aus. 14.00 Uhr in Hamburg angerufen: „Ich habe eine Frau gezeichnet; sie ist aber so allein auf dem Papier! Ich will mich nicht mehr an einen Mann binden, so wie ich mich an Sie gebunden habe. Es ist zu schmerzhaft!" „Sie wollen Ihr Leben selbst meistern. Es ist menschliches Schicksal, allein dazustehen," sagte der Docteur. Dieses Bild hat viel Kummer und viele Ängste in mir ausgelöst.

Montag, 4. November 1991
Beinahe wäre das Blatt Papier zu klein, so groß bin ich geworden, so erwachsen, selbstbewusster. Ich wollte ja das Leben selbst meistern, ob ich es kann? Die Stimme des Docteurs half mir, dieses Bild zu malen.

Sonntag, 10. November 1991
Ach du Schreck! Yves Montand ist gestorben. Welcher Verlust für Frankreich. Was für ein Mann! Ich hatte ihn damals auf der Bühne der Frankfurter Oper gesehen.

Eine Frau von Heute: Ich! 4 November 1991

Darmstadt, den 12. November 1991

Lieber Docteur,

ich danke Ihnen für Ihre Hilfe, denn dieses Bild war eine schwere Geburt. Ich bin mitten in der Nacht mit Schmerzen aufgewacht. Ich bin aufgestanden, um eine Skizze anzufertigen. Es war 4.00 Uhr, als ich wieder schlafen ging. Am nächsten Tag zeichnete ich diese Frau. Sie stand so allein auf dem Papier, dass es mich schmerzte. Ich versuchte, einen Mann an ihrer Seite zu zeichnen, aber es gelang mir nicht. Ich wusste auch nicht, welchen ich dahin stellen sollte: Meinen eigenen? Vater? Sie? Meine Onkel? Oder meinen Bruder? Keiner von ihnen passte. Die Frau wollte sich nicht mehr an einen Mann binden. Sie wollte nicht mehr abhängig sein. Sie wird ihr Leben selbst meistern müssen. Sie sieht auch ganz stabil aus in der Mitte des Blattes, finden Sie nicht? Wie lange es doch dauert, ein zerstörtes Gefühl, Gehirn, wieder in Ordnung zu bringen. Am 22. November werde ich für 10 Tage nach Paris fahren. Ich freue mich schon auf meine Neffen. Alles ist für mich ein Abenteuer geworden, das Angenehme wie das Unangenehme. Die jugoslawische Armee ist nicht zu bremsen. Es ist traurig, wie sie die älteren Leute von ihren Gütern wegjagen. Sie zerstören alles; welchen Hass die Menschen in sich haben. Sie sind verrückt! Schade um dieses schöne Land! Für mich gibt es keine Ausländer mehr. Es gibt nur Menschen mit verschiedenen Kulturen, verschiedenen Religionen und anderer Hautfarbe. Wir alle leben auf diesem Planeten, und andersartige Menschen sind eine Bereicherung!

Vielen herzlichen Dank!

Klose Monique

Mittwoch, 13. November 1991

Ich bin gestern abend früher gegangen. Ich konnte den Gesprächen der Franzosen nicht mehr folgen. Ich hatte zu viel Muskelschmerzen. Die große Frau ist unterwegs nach Hamburg. Ich habe sie vorhin mit einem Brief zur Post gebracht.

Donnerstag, 14. November 1991

Ich träume jede Nacht ganz fest und nur von Menschen. Ich sehe die deutsche Familie in Frankreich, die französische in Deutschland. Ich habe ja jetzt zwei Länder, ein neuer Reichtum.

Donnerstag, 21. November 1991
Ich bin es müde, so müde, diesen Koffer immer wieder ein- und auszupacken, immer wieder wegfahren zu müssen, auf der Flucht zu sein vor der Vergangenheit, die mich doch immer wieder einholt. Ich muss weg nach Paris!

Paris - Montag, 25. November 1991
Jacques Dutronc in der Rolle von van Gogh. Der Film hat mir gut gefallen. Ja, heute war ich im Kino, und bald werde ich meine Neffen abholen müssen, zuerst den kleinen aus der Krippe, dann den großen aus der Vorschule, und danach werden wir in die Bäckerei gehen, kleine Kuchen kaufen. Es ist so eine Freude für mich. Wir vespern dann zusammen, und wenn ich da bin, hat das Kindermädchen frei.

Paris - Mittwoch, 27. November 1991
Ich laufe gern durch die Straßen und Boulevards von Paris. Diesmal mochte ich nicht mit der Metro fahren, auch wenn die Luft unter der Erde besser ist für meine Bronchien. Ich war auf dem Friedhof „Père Lachaise", mich besinnen am Grab von Yves Montand, der neben Simone Signoret liegt. Stundenlang kann ich durch diese Anlage flanieren, berühmte Namen auf den Steinen lesen und mich erinnern. Danach bin ich in ein Bildergeschäft gegangen. Ich habe zwischen Postkarten und Postern gewühlt und gewühlt, bis mir irgendwann ganz übel davon wurde. Oh! Ich muss die Kinder abholen.

Darmstadt - Samstag, 30. November 1991
Ich habe so viel Neues entdeckt. Paris ist mein kleiner Luxus, zu dem ich immer wieder hinfahren kann. Jetzt bin ich erneut in meinem organisierten Land. Ich muss mich orientieren.

Donnerstag, 5. Dezember 1991
Vor 200 Jahren starb ein Genie: Mozart. Auch eine Grille, ein Taugenichts, der nur Musik im Kopf hatte. Ab mit ihm in ein Massengrab.

Freitag, 6. Dezember 1991
Ich habe solch ein Kribbeln im Bauch, und mit meinen Ohren stimmt auch etwas nicht. Etwas Neues will sicherlich heraus, aber was?

Montag, 9. Dezember 1991
Ich schaffe es nicht, nach draußen zu gehen. Dieser Druck in mir, dieses Kribbeln, sie werden immer stärker. Ich warte auf den Docteur, der zur Zeit im Urlaub ist. Heute treffen sich die Politiker der Europäischen Gemeinschaft in Maastricht. Neue Abkommen werden besprochen, manchen zum Vorteil, anderen zum Nachteil. Abwarten...

Mittwoch, 11. Dezember 1991
Ich war beim Dermatologen, weil ich eine Infektion am Ohr habe. Ich musste im Behandlungsraum warten. Neben mir saß eine Frau, der man gerade einen Blutstau am Bein aufgeschnitten hatte. Ein paar Tropfen Blut fielen auf den Boden, und mir wurde schlecht. Ich fand das seltsam, denn Blut zu sehen hat mir noch nie etwas ausgemacht. Jetzt wo ich zu Hause bin, weiß ich nicht, was los ist. Ich sehe dieses Blut, und ich sehe meine Hasen mit aufgeschlitztem Bauch, denn Vater hat sie gerade getötet. Die Vergangenheit ist schrecklich! Und ich dachte, sie für immer begraben zu haben. Morgen werde ich den Docteur anrufen. Ich schaffe es heute nicht mehr.

Donnerstag, 12. Dezember 1991
10.00 Uhr. Gestern abend, als ich im Bett lag, habe ich meine Hasen gesehen. Jeder von ihnen hatte einen Namen, und jeder wurde geschlachtet. Diese Qual wiederholt sich ständig, oh! Jetzt wird es mir ganz schlecht. Ich habe das Gefühl, dass man mir meinen Bauch aufschlitzt. 14.30 Uhr. Übelkeit, Durchfall... Ich versuche, mich abzulenken, aber es geht nicht. Ich zittere innerlich so. Ich habe Angstzustände und immer wieder dieses Bild vor Augen: Meine toten, nackten Hasen. Es tut mir so weh. Sie waren meine Freunde, ihr Fell gab mir die Wärme, die ich von den Menschen nicht bekommen konnte. 15.00 Uhr. Ich habe Hamburg erreicht. Ich erzählte dem Docteur von meinen Tieren. Jetzt tut mir mein Kopf so weh. Das Liebste wurde mir immer wieder genommen. Das ist eine tiefe Wunde in mir. 20.00 Uhr. Es ist aus mir heraus, denn ich habe ein Bild gemacht. Da hängt mein Kaninchen. Damals war es ein Schock, der einen Riss in meinem Fundament hinterließ. Vater hat nicht gewusst, was er mir damit angetan hat.

Mein Vater hat das Häschen geschlachtet. 12. Dezember 1991

Donnerstag, 19. Dezember 1991

Kaum habe ich ein Bild verarbeitet, kommt das nächste. Mein Kopf tut mir noch so weh. Ich habe ein realistisches Bild gemacht. Ohne den Docteur zu sehen, habe ich ihn gezeichnet; so ungefähr sieht er aus. Der Baum und der Efeu. Der Zauberer und sein Knopf. Der Mann und die Frau. Der Psychiater und die Patientin. Was für ein Weg! Zurück in die Realität! Der Wahnsinn lässt nach!

Le Docteur. 19. Dezember 1991

Nancy - Dienstag, 24. Dezember 1991
Weihnachten! Der Onkel fehlt noch. Mein Bruder verbringt das Fest dieses Jahr mit seiner Familie am Mont Blanc. Maman hat trotzdem den großen Tisch im Wohnzimmer gedeckt und ein paar Leckereien vorbereitet. Thomas plaudert mit meinem Vater. Ein kleines Familienfest. Verzeihen, vergessen, den Augenblick genießen... das Leben geht immer weiter, und alles geht vorbei.

Nancy - Donnerstag, 26. Dezember 1991
Ich war in einer Buchhandlung. Ich musste mir ein Buch kaufen, wobei ich doch weiß, dass ich es nicht lesen werde. Es war aber wichtig: „Der Idiot" von Dostojewski. Ich kenne die Geschichte des sensiblen Prinzen vom Theater her.

Donnerstag, 2. Januar 1992
Dieses Jahr wird gut sein für mich. Ich möchte auch nach Hamburg fahren, um den Docteur zu sehen, und ich hoffe, dass der Konflikt in Jugoslawien sich löst, denn die Menschen dort wissen nicht, wie es weitergehen wird. Sie stehen vor den Trümmern ihrer Häuser, wie viele andere auf unserer Welt.

Montag, 13. Januar 1992
In Hamburg angerufen: „Guten Tag. Ich wollte Sie doch besuchen. Zur Zeit geht es leider nicht. Ich muss nach Paris; mein Bruder braucht mich, denn meine Schwägerin soll erneut für ein paar Tage in die Klinik." „Verschoben ist nicht aufgehoben", antwortete der Docteur.

Samstag, 18. Januar 1992
Ich schaffe es kaum, meinen Koffer zu packen. Ich bin davon müde geworden, aber man braucht mich! Auf, nach Paris!

Paris - Freitag, 24. Januar 1992
Ich komme vom Markt, wo ich eingekauft habe. Hier gibt es nur gute und frische Sachen. Maria, die Reinemachefrau, kommt zweimal die Woche, und tagsüber sind die Kinder nicht zu Hause. Ich packe es mit dem Haushalt.

Paris - Montag, 27. Januar 1992
Das Krippenpersonal streikt heute. Ich habe den Kleinen den ganzen Tag über bei mir. Er ist so niedlich. Welches Glück ist dieses Kind! Vielleicht gehört es zu einer neuen Generation, die alles besser machen wird.

Paris - Mittwoch, 29. Januar 1992
„Du gehörst nicht zu meiner Familie!" Schreckliche Worte, die mir heute noch wehtun. Meine Schwägerin ist gestern nach Hause zurückgekommen, und ich sagte zu ihr: „Ich fahre morgen wieder nach Deutschland. Rufe mich doch manchmal an und sage mir, wie es dir und den Kindern geht." Die Antwort war so hart für mich, dass ich keine Worte mehr fand.„Du gehörst nicht zu meiner Familie!" Toleranz und Gleichgültigkeit! Die allgemeine Mentalität in Paris.

Freitag, 31. Januar 1992
Kaum angekommen, habe ich gleich den Docteur angerufen.„Ich möchte Sie gern besuchen! Ich werde den Schnellzug nehmen, so kann ich abends wieder zu Hause sein. Können Sie mir einen Termin geben?" „Dienstag, den 11. Februar um 14.30 Uhr, würde das passen?" fragte er. „Ich komme," antwortete ich. Ich werde die Klinik schon finden.

Samstag, 8. Februar 1992
Eröffnung der Olympischen Spiele in Albertville. Der Sport führt die Menschen unserer Welt friedlich zusammen. Teamgeist, Medaillen, Wirtschaft, Nationalstolz, Doping... Mein Sport war, ab und zu ins Eisstadion zu gehen, und selbst da prophezeite mir meine Mutter jedes Mal, dass ich mir ein Bein brechen werde. Etwas anderes zu machen kam nie infrage. Ich hätte mir ja weh tun können. Sportler, Menschen, die sich mit anderen messen.

Montag, 10. Februar 1992
Ich bin innerlich ja so verkrampft1 Morgen steige ich in den ICE, wau! Ich habe ein paar Bilder eingepackt, die ich dem Docteur zeigen muss.

Mittwoch, 12. Februar 1992

Habe ich geträumt? Nein! Ich war gestern tatsächlich in Hamburg. „Guten Tag, Herr Docteur!“ „Guten Tag, Frau Klose!“ Ich war pünktlich angekommen. Ich fuhr mit dem Schnellzug, nahm danach eine S-Bahn und anschließend einen Autobus. Ich habe sein Gesicht ganz klar sehen können, und er trägt immer noch karierte Strümpfe! Ich konnte ihm nicht so viel erzählen in der ganzen Stunde, in der ich bei ihm war. Ich wollte ihn nur sehen, sehen, dass wir gleich sind. „Sie sind eine Individualistin,“ sagte er zu mir. Es war ein schöner Tag. Überhaupt, die Reise mit dem ICE, Norddeutschland, Hamburg... Eine Fahrt ohne Grenze und ein Abschied ohne Trennungsschmerz. 17.00 Uhr Ich habe den Docteur angerufen. „Ich bin gut nach Hause zurückgekommen.“ „Das ist schön, zu hören,“ sagte er. So, so, ich bin ein Individualist! Ein Mensch, der seinen eigenen Weg gefunden hat, der eigenständig handelt.

Donnerstag, 13. Februar 1992

Ich habe eine Azalee nach Hamburg schicken lassen, ein Bäumchen mit Wurzeln und Blüten. Seit ich zurück bin, erzähle ich dem Docteur ständig etwas in meinem Kopf. Mein Gehirn arbeitet auf Hochtouren.

Samstag, 15. Februar 1992

Ich zittere am ganzen Körper. Der Kummer ist erneut da, mein größter Feind. Ich muss kämpfen.

Sonntag, 16. Februar 1992

Picard ist im großen Slalom von Val d'Isere gestürzt; das darf nicht wahr sein. Er war unser bester Skiläufer, merde!

Dienstag, 18. Februar 1992

Trotz der Olympiade ist der Kummer stärker geworden. Gestern war er so schlimm, dass ich zusammengebrochen bin. Ich habe die Häuser meiner Kindheit gesehen: Das Elternhaus, die Bauernhöfe, die Kartause, wo wir öfter waren. Alle diese Häuser waren leer. Die Menschen waren gestorben, und ich war ganz allein. Welch' schlimme Phase! Trotz meiner Dackelaugen werde ich nachher zu den Franzosen gehen. Dem Kummer keine Chance geben!

Darmstadt, den 27. Januar 1992

Lieber Docteur,

die Reise nach Hamburg war ein Erlebnis für mich. Ich weiß jetzt, in welcher Umwelt Sie leben, und ich habe an diesem Tag alles wahrnehmen können, auch Sie als Mensch. Ich bin eine ganze Stunde bei Ihnen geblieben, und habe die Zeit nicht gehen sehen. Die Reise war nicht so lang, denn der ICE fährt so schnell, dass ich in 3 ½ Stunden in der Hansestadt war. Eine Fahrt ohne Grenzen. Ich bin es so gewöhnt, Eisenbahn zu fahren, hin und her zwischen Frankreich und Deutschland zu pendeln. In meiner Verfassung weiß ich nie, wie ich ankomme. Ich programmiere nichts, denn es kommt immer anders, als ich es erwartet habe. Ich habe nur viel Nahrung und Bilder dabei, falls mein Nervensystem unterwegs abbaut. Als ich damals nach Deutschland kam, wusste ich nicht, was auf mich zukommt; als ich in die Klinik kam, habe ich es auch nicht ahnen können. Mein Inneres war so verletzt, dass es sterben wollte. Ich konnte auch nichts sagen weder in französisch noch in deutsch, aber auf der Station gab es Papier und Buntstifte, so habe ich angefangen, zu zeichnen, zu schreiben und jetzt zu reden.

Mein Leben ist ein reines Abenteuer! Ich habe mein Schicksal akzeptiert; es ist nicht einfach, aber es ist meines. Ich lebe dadurch sicherlich intensiver als andere Menschen. Ich habe viel Lebenskraft, und ich bin manchmal so glücklich, einfach so, weil ich am Leben bin. Ich habe von den Männern meiner Kindheit doch viel Gutes bekommen, auch von Ihnen vieles gelernt und angenommen. Für mich gab es eine Chance. Für die jungen Leute, die AIDS haben, gibt es keine! Sie müssen sterben, schrecklich! Mein Vater bekommt eine hohe Rente und schickt mir jeden Monat etwas davon. Ich nehme es als Schadensersatz an, so kann ich meine Reise selbst finanzieren. Seit ich aus Hamburg zurück bin, läuft mein Gehirn auf Hochtouren. In meinem Kopf erzähle ich Ihnen ständig etwas. Ich habe im letzten Jahr eine ganze Menge Werke produziert, so viele Bilder gezeichnet. Mein Talent ist nicht sehr groß. Es hat gerade gereicht, um wieder gesund zu werden. Die Vergangenheit bewältigt, keine Zukunftsangst mehr, im Heute leben mit anderen Menschen, Männern und Frauen, in einer bunten Welt: Ich habe es bald erreicht. Ich bin froh, dass Sie sich im Norden eingelebt haben. Es ist sicherlich nicht einfach gewesen, das alles zu gestalten, zu organisieren. Das Leben geht für Sie da oben weiter. Ich wollte Sie für mich haben. Ich habe Sie so gebraucht. Es waren Sie und kein anderer.

Jetzt löse ich mich von Ihnen. Ich gehe unter Menschen!
Vielen herzlichen Dank
Klose Monique

Freitag, 28. Februar 1992
Wenn man so wie ich mit nackter Seele vor einem Arzt sitzt, ist man ja manipulierbar. Das ist ein gefährliches Spiel, das manche Therapeuten ausnützen und den Menschen noch mehr Schaden zufügen. Scharlatane sind das, die dem Ansehen des Berufsstandes und den Patienten schaden. Meine Chance wird mir immer bewusster.

Samstag, 29. Februar 1992
Ich bin doch ein toller Mensch. Ich habe viel Lebenskraft und Fähigkeiten. Ich bin doch nicht dumm! Und schön bin ich auch. Warum habe ich mich früher so versteckt? Ich habe jetzt an Wert gewonnen, und eines Tages werde ich nach Hamburg fahren und dem Docteur sagen, dass ich allein weiter machen kann. Am Leben zu sein, existieren, ist etwas Einmaliges. Es war den Kampf wert! Wie viele Menschen werden vom Kleinkind an dumm gemacht? Eine Menge schätze ich. Sie bleiben ungebildet.

Montag, 2. März 1992
Rosenmontag in Mainz. Schon die Fahrt mit der Eisenbahn war ein Erlebnis, lauter fröhliche und verkleidete Menschen saßen in dem Abteil. In der Stadt herrschte an diesem Tag ein kunterbuntes Chaos. Die Musikgruppen aus der Schweiz faszinierten mich mit ihren phantasievollen Kostümen und ihrer Gugger Musik. Einer gefiel mir besonders, und als sie auf ein antikes Karussellpferdchen stiegen, war das Bild perfekt. War das schön! Wie in einem Film von Fellini.

Dienstag, 3. März 1992
Ich denke oft an die Nonnen meiner Schule. Ihr Leben war Arbeit, Gebet und Verzicht. Und an die Schwestern, die damals noch in den Krankenhäusern arbeiteten. Von wegen Nächstenliebe: Mit ihrer großen, weißen Haube waren sie noch strenger. Es gibt ja verschiedene Orden. In manchen haben die Klosterfrauen eine liebe Ausstrahlung, sind glücklich in ihrem Glauben,

so wie die Missionarinnen unseres Institutes. Einmal im Jahr kamen sie zu uns, um über ihre Arbeit in Afrika zu berichten. Aber eines Tages kam die schreckliche Nachricht, dass sieben Schwestern bestialisch umgebracht worden waren im damaligen Belgisch-Kongo, wo Bürgerkrieg herrschte. Welcher Schock in unserer Schule! Es herrschte eine tiefe Traurigkeit. Wir beteten jeden Tag für sie. Diese Frauen haben sicherlich viel geleistet, viel Gutes getan. Warum zwingen Menschen ihren Glauben anderen auf. Jeder müsste entdecken, was für ihn gut ist, oder?

Dienstag, 10. März 1992
14.00 Uhr: Mir ist schlecht, übel. Ich kann nichts tun heute außer vor dem Aquarium sitzen. Wie lang solche Tage sind; bis Thomas nach Hause kommt, wird es Abend sein. Ich kann nicht in die Gruppe gehen; es ist unmöglich.

Donnerstag, 12. März 1992
Ein schrecklicher Traum heute Nacht: Der Docteur war gestorben, und ich stand vor seinem Grab. Diese Bilder! Er stirbt nur in mir. Tod = Trennung. Wenn ich morgens aufwache, ist als erstes die deutsche Sprache in meinem Kopf. Nachts haben die Bilder keine Buchstaben.

Montag, 16. März 1992
15.00 Uhr: in Hamburg angerufen. „Ich bin ganz daneben," sagte ich zu dem Docteur und erzählte ihm meine Gedanken, so wie sie als Worte aus mir herauskamen. Nach dem Anruf hatte sich der Knoten in meinem Kopf gelöst. Ich nahm alle Bilder, die ich bis dahin gezeichnet hatte, und räumte sie in eine Mappe.

Freitag, 3. April 1992
Na so etwas! In Hamburg ist eine Frau zur Bischöfin der protestantischen Kirche ernannt worden. A propos Bischof: Ich erinnere mich an ihn in seinem schönen Gewand und an Vaters Cousine Marguerite, die fast jeden Sonntag mit einem Hefekuchen zu uns kam. Sie war die Concierge des Bischofs und wohnte im Bischofspalast, dort wo man Männer in langen Kleidern traf.

Montag, 13. April 1992
Es war ein Erdbeben! Sie haben es gerade gemeldet. Ich bin um 3.00 Uhr in der Nacht von Schwankungen aufgewacht, und alles hat gewackelt. In unserem Planeten kocht es. Die Erde lebt!

Mittwoch, 15. April 1992
In Hamburg angerufen. „Ich bin ganz daneben!" „Wo sind Sie in Ihren Gedanken?" fragte der Docteur. „Es sind so viele, dass ich sie nicht mehr in den Griff bekomme." Ich habe ihm lauter Worte gesagt, so wie sie kamen, alle durcheinander. Der Docteur hört immer zu.

Karfreitag, 17. April 1992
Die Bäume blühen! Sie sind erneut aufgewacht, im Winter schienen sie wie tot zu sein. Kann ein Mensch auch immer wieder neu anfangen? Im Leben schon, aber wenn der Winter für uns kommt, ist es das Ende, oder? Ich habe von Elementen, von Atomen sprechen gehört, von diesem Licht... Ist der Tod denn nicht das Ende? Die Seele trennt sich vom Körper, um in eine andere Dimension zu gehen, also zwischen Himmel und Erde muss es eine andere Welt geben, eine Welt, in der man schwebt, wo man nichts mehr spürt, wo es keine Richter gibt. Das Leben geht nach dem Tod auf eine andere Art weiter; er ist nicht das Ende, sondern nur eine Grenze. Ich habe keine Angst mehr davor, und ich freue mich auf Ostern. Es gibt ein Familientreffen in Nancy.

Nancy - Montag, 20. April 1992
Ich schaue durch das Fenster und bewundere den Garten. Es ist nicht Monet's Garten. Es ist Maman's Garten, eine Blumenpracht zu dieser Jahreszeit. Ich muss dem Docteur schreiben!

Nancy, den 20. April 1992
Lieber Docteur,
Es ist Ostern. Und die Familie ist zusammen. Es gefällt mir, wenn wir alle am Tisch sitzen und feine Sachen essen. Vater hat guten Wein und Champagner aus seinem Keller geholt. Er freut sich auch, wenn wir alle da sind. Gestern war ein schöner Tag, und wenn meine Gedanken klar sind, ist es doppelt so schön. Ich habe neue Kräfte getankt. Mein Mann spielt mit den Kindern, und

heute abend werden wir wieder nach Darmstadt zurückfahren. Ich habe eine schlimme Phase hinter mir; ich war ganz daneben, aber ich bin dadurch einen Schritt weiter gekommen. In Frankreich gibt es keinen Osterhasen. Es sind die Glocken, die am Gründonnerstag nach Rom fliegen, dort bleiben, und wenn sie am Ostersonntag in ihre Kirchtürme zurückkehren, lassen sie Eier und Geschenke in den Garten fallen. Und von Donnerstag bis Sonntag ist es in Nancy ganz still, man hört keine Glocken, erst am Ostersonntag wieder, wo sie vor Freude alle zusammen laut läuten. Das Leben geht weiter!
Mit freundlichen Grüssen
Klose Monique

Mittwoch, 22. April 1992
Die Koffer sind wieder ausgepackt und alles eingeräumt, für wie lange? Maman ist so widersprüchlich, das habe ich als Kind nicht bemerkt, dass die Welt, in der ich groß geworden bin, so unklar war, so deprimierend. Ich kannte ja keine andere.

Freitag, 24. April 1992
Vorsicht, Menschen! Psychopathen, Paranoide, Kinderschänder, Amokläufer, Mörder, Verbrecher, Terroristen... In manchen Ländern werden sie noch zum Tode verurteilt, werden hingerichtet, enthauptet, erschossen, vergast, gespritzt, amputiert. Auch wenn manche unheilbar krank sind, denke ich, dass man sie nicht töten soll. Achtung, Richter!

Mittwoch, 6. Mai 1992
Die Deutschen streiken. Die Mülltonnen sind nicht geleert worden, die Post nicht verteilt. Es sieht aus wie in Frankreich. Sie werden schon gute Gründe dafür haben. Oh! Marlene Dietrich ist gestorben. Sie will als Tote in ihr Berlin zurückkehren.

Montag, 11. Mai 1992
15.00 Uhr in Hamburg angerufen: „Der Docteur hat heute frei," antwortete mir die Sekretärin. Oh je! Ich brauche ihn, denn ich bekomme meine Gedanken nicht mehr in den Griff. Aushalten! Auf morgen warten.

Dienstag, 12. Mai 1992

16.00 Uhr den Docteur erreicht: „Ich bin ganz daneben," sagte ich zu ihm. Jetzt, wo das Gespräch vorbei ist, stelle ich fest, dass nach diesem Gedankenstoß kein Bild herausgekommen ist. Es ist alles wieder klar geworden. Dann kann ich ja zum Stammtisch gehen, zuhören, mitreden, auch wenn ich dort Menschen treffe, die studiert haben. Ich bin eine Hausfrau, na und? Ich verblöde nicht daheim, wie manche denken. Ich habe die Möglichkeit, nach meinem Rhythmus zu leben.

Mittwoch, 13. Mai 1992

Was für ein toller Film „Der König der Fischer". Diesen Mann, der nach einem Schock in eine Bilderwelt flüchtete, habe ich so gut verstehen können. Und Robin Williams war wunderbar! Ich bin mit Frederik in der Stadt geblieben und habe einen Strauß gelber Lilien nach Hamburg schicken lassen. Danach bin ich ganz allein zu dem Konzert von Hermann van Veen gegangen. Ein langer, schöner Tag!

Freitag, 15. Mai 1992

Maman muss für ein paar Tage ins Krankenhaus. Das heißt: Koffer packen, Vater und zwei Katzen versorgen. Morgen werde ich fahren.

Nancy - Mittwoch, 20. Mai 1992

Maman geht es soweit gut. Es war ein kleiner Eingriff. Vater und ich trinken nach dem Mittagessen zusammen eine Tasse Kaffee und reden. Wir versuchen, unsere Welt durch Gespräche zu verbessern, aber mit unserem ausgeprägten Sinn für Gerechtigkeit schaffen wir es nicht. Die Katzen sind auch so weit zufrieden. Mutter braucht wenig Schlaf und steht morgens schon gegen drei Uhr auf. So früh kann ich ihnen das Frühstück nicht servieren, sie müssen warten. Hätte Vater doch so mit mir redetet, als ich klein war.

Nancy - Freitag, 22. Mai 1992

Es tut mir ja so weh! Ich muss es aufschreiben, was Vater mir vorhin aus der Zeit seiner Kriegsgefangenschaft erzählte. Es waren vier schlimme Jahre, die er dort verbrachte, weit weg von zu Hause. Vater hat die Bombardierung von Dünkirchen, wo er stationiert war, überlebt. Mit einem Motorrad versuchte er zu fliehen. Vergeblich, die Deutschen fingen ihn. Dann kam sein Todesmarsch, täglich 30 km mit dem schweren Rucksack und Hunger im Bauch. Einmal war er unterwegs aus Schwäche zusammengebrochen. Ein deutscher Soldat richtete seine Pistole auf Papas Schläfe; Vater stand wieder auf und taumelte wieder bis ein Lastwagen kam und man ihm hinaufhalf. Im polnischen Lager angekommen, kämpfte er mit der Kälte, dem Durchfall. Eines Tages beschwerte er sich bei dem Hauptmann über die für ihn zu schwere Arbeit im Steinbruch. Dieser Schritt hätte ihn das Leben kosten können, aber der Deutsche zeigte Verständnis und schickte ihn in den Stall, die Pferde zu pflegen, eine Arbeit, die er als Soldat gut kannte. Danach kam er ausgehungert nach Österreich zu diesem gütigen Bauern. Im Juli 1944 fuhr er in einem überfüllten Zug als gebrochener Mann nach Hause. Er hatte die Gefangenschaft, den Typhus und die Tuberkulose überlebt. Vater hat immer gewusst, wie es weiter geht. Er hat sich an neue Tätigkeiten gewöhnen müssen. Mit seinen 82 Jahren restauriert er antike Stühle und organisiert seine Reisen für die älteren Bürger der Gemeinde. Der Krieg hat ihn nie verlassen, aber Papa sagt immer: Es gab das deutsche Volk, das auch viel Leid ertragen musste, und es gab die Nazis, die bösen Deutschen.

Nancy - Samstag, 23. Mai 1992
Richter Falcone ist tot! Er war unterwegs nach Palermo und wurde von der Maffia ermordet. Mörder! Mörder!

Nancy - Montag, 25. Mai 1992
Wir haben vorhin meine Mutter abgeholt, und schon schimpft sie mit Vater. „Maman! Warum sagst du so etwas zu ihm?“ „Ja, kritisiert mich nur; du hast deine Mutter nie geliebt. Wäre ich doch bloß aus der Narkose nicht mehr aufgewacht!“ Immer wieder diese Sätze, diese Drohungen. Welche Sprache! Arme Maman! Es ist sinnlos, etwas zu sagen. Sie fühlt sich angegriffen und beendet das Gespräch. Mittwoch werde ich zurück fahren. Ich habe meine Pflicht getan.

Donnerstag, 28. Mai 1992
Die Koffer sind ausgepackt. Ich habe die Eltern ohne Trennungsschmerz verlassen. Sie und der Docteur sind wie ein kleiner Punkt, ganz weit von mir entfernt; meine Wunden heilen. Maman! Warum hast du dich nicht weiter entwickeln

können? Du bist das kleine Mädchen und die Ehefrau geblieben, die zu kurz gekommen sind, Maman! Du bist so eine feine Frau, immer gut angezogen, und dein Garten ist eine Pracht. Der Goldlack, deine Lieblingsblumen, duften so... Ich weiß, dass du nicht anders konntest.

Samstag, 30. Mai 1992
Ist Vater gestorben? Ich habe ihn heute Nacht tot gesehen. Er lag so friedlich auf seinem Bett. Es war furchtbar! Zum Glück war es nur einer von meinen Trennungsträumen.

Sonntag, 31. Mai 1992
Senna ist erneut der schnellste in Monaco gewesen! Der Tod fährt auch immer mit.

Donnerstag, 4. Juni 1992
Ich bin in letzter Zeit so müde, dass ich es morgens kaum schaffe, mich zu waschen und anzuziehen. Dieser Kampf, den ich hinter mir habe, war sehr anstrengend. Jetzt kommt wohl die Erschöpfung hinterher. Im Haushalt tue ich nur das Nötigste. Thomas hat viel Verständnis dafür.

Dienstag, 9. Juni 1992
Die Realität ist noch hart für mich, und anstatt unter Menschen zu gehen, sperre ich mich ein. 15.00 Uhr in Hamburg angerufen: „Der Docteur ist nicht zu erreichen! Er ist im Urlaub." Die Worte der Sekretärin trafen mich mitten ins Herz. Und was mache ich jetzt?

Sonntag, 14. Juni 1992
Ich habe die Trauben nicht vertragen! Gestern abend war Thomas' Familie zu Gast. Um meine Käseplatte zu verschönen, hatte ich Trauben aus Südafrika gekauft, ein Land, wo man immer noch die Schwarzen unterdrückt. Ist das schlimm auf diesem Planeten, dass man Menschen, die anders aussehen oder denken, nicht respektiert. Stämme, die sich bekriegen. Afrika - viele Jahre die Kolonie der Weißen. Auch wenn ich diese Trauben nicht gekauft hätte, hätte ich die Lage der Leute dort nicht verändert. Es war doch ein schöner Abend, ich habe allen Gesprächen folgen können. Übrigens, was die Menschen alles

transportieren heutzutage von Westen nach Osten, alles ist unterwegs per Flugzeug, Lastwagen...

Donnerstag, 18. Juni 1992

Ich warte auf den Docteur und schaue die Europameisterschaft für Fußball im Fernsehen. Frankreich hat heute verloren und muss nach Hause gehen.

Samstag, 20. Juni 1992

Es ist sehr warm zur Zeit. Es tut mir gut, die Sonne jeden Tag zu sehen. Ich habe ein tolles Gefühl in mir. Ich bin glücklich, glücklich, diesen Kampf überlebt zu haben. Und wenn ich in meinem Bett liege, spüre ich keine Schmerzen mehr; es ist so kuschelig...

Montag, 22. Juni 1992

Dänemark ist im Finale und wird gegen Deutschland spielen, wau! Dabei hatten sie sich gar nicht qualifiziert. Sie spielten nur anstatt der Jugoslawen, die wegen des Krieges nicht dabei sein durften. Die Tour de France läuft, ein wichtiges Ereignis meiner Kindheit, so wichtig wie die 24 Stunden von Le Mans, die ich an der Seite meines gelähmten Onkels am Bildschirm verfolgte.

Mittwoch, 24. Juni 1992

Der Docteur ist zurück, und seine Stimme gab mir neue Kräfte. Ich habe ihm vorhin einen Strauß rosa Rosen schicken lassen. Deutschland ist im Finale!

Donnerstag, 25. Juni 1992

Ich bin so glücklich! Mir ist so warm! Das Glücksgefühl in mir ist neu und so stark, dass ich es kaum ertrage. Am Montag hatte ich eine halbe Flasche Kräuterlikör getrunken, und ich war so blau, dass drei Tage lang alles sich gedreht hat, heute geht es einigermaßen. Thomas hat sich lustig über mich gemacht, denn er hat mich noch nie so gesehen. Ich trinke doch sonst nie, nur ein Glas Bordeaux am Abend. Mensch! Ich muss diesen Zustand ertragen!

Samstag, 27. Juni 1992

Deutschland hat verloren; der Europameister ist Dänemark mit 2 : 0. Große Freude in Kopenhagen. Meine Verfassung hat sich stabilisiert.

Montag, 29. Juni 1992

16.00 Uhr in Hamburg angerufen: „Vielen Dank für die Blumen. Es war eine schöne Überraschung. Sie haben mir viel Freude gemacht," sagte der Docteur. Wir sprachen noch über Sarajewo. Die olympische Stadt ist nur noch ein Trümmerhaufen. Hilflosigkeit vor einem solchen Konflikt, der die Menschen zu Bestien macht. Nationalität, Religion, Besitz, Rivalität...

Mittwoch, 8. Juli 1992

Zwei Afrikaner waren gestern abend in der französischen Gruppe, eingeladen von einer Deutschen Firma hatten sie von unserem Treffen gehört. Damals, als ich 13 bis 14 Jahre alt war, hat mir ein schwarzer Mann das Tanzen beigebracht. Es war auf einem Dorffest, wo ich bei einem Onkel in Urlaub war. Eine schöne Erinnerung! Er war groß und schlank.

Dienstag, 14. Juli 1992

Nationalfeiertag und französischer Stammtisch, das passt ja gut. Die Soldaten sind wie jedes Jahr die Champs Elysée herunter marschiert.
Ich habe kein Heimweh mehr. Es ist eher Sehnsucht nach den Menschen, die ich liebe.

Mittwoch, 15. Juli 1992

War das schön! Gestern abend herrschte eine tolle Stimmung in der Gruppe und in mir. Die Afrikaner erzählten interessante Geschichten. Michelle war auch da. Caroline hat gefehlt. Ich konnte sie auch nicht in der letzten Zeit erreichen. Heute habe ich erfahren, dass sie Darmstadt verlassen hat. Sie ist nach Paris gezogen ohne sich zu verabschieden. Es ist traurig! Wie seltsam Menschen sind, warum?

Donnerstag, 16. Juli 1992

Oh je! In Frankreich gab es Denunzianten, die Juden an die Deutschen verraten haben. Es gab französische Nazis! Franzosen haben sich auch nicht immer gut benommen, damals im Zweiten Weltkrieg, in Algerien, in Indochina... eine Realität, die der Nationalstolz verdeckte.

Dienstag, 21. Juli 1992
Ich kann nicht unter Menschen! Auch nicht zu den Franzosen. Ich habe heute starke Angstzustände; etwas quält mich.

Donnerstag, 23. Juli 1992
Seltsam1 Ich habe geträumt, das ich einen Termin beim Docteur hatte, und dass das Gespräch in Paris stattfand. Wir saßen beide auf dem Bürgersteig und redeten miteinander, während Thomas auf mich wartete.

Freitag, 24. Juli 1992
Ich ertrage die Glocken nicht. Wenn ich unterwegs bin und sie läuten höre, muss ich mich an einer Wand festhalten, um nicht zusammenzubrechen, so wie vorhin im Stadtzentrum. Sie tun mir weh. Sie rufen mich noch, aber ich werde nicht zurückkehren. Diese Art von Religion lehne ich ab! Und Jesus ist tot! Die Republik hat in Frankreich die Kirche vom Staat getrennt. Ich muss in meinem Kopf diese Religion von Gott noch trennen.

Montag, 27. Juli 1992
Welches Drama in Europa! Die Menschen fliehen aus Bosnien. Alle diese Flüchtlinge... In Somalia ist es noch schlimmer. Es herrscht eine Hungersnot. Eine Dürre und ein Bürgerkrieg haben das Land in einen chaotischen Zustand verwandelt. Gesetze verhindern, dass die gelagerte Nahrung ausgeteilt wird. Was tun Menschen anderen an! Welche Ungerechtigkeit, welche Hilflosigkeit! Die Macht der Bilder im Fernsehen, emotionaler Druck. Ich muss diese harte Realität verarbeiten. Was machen die Politiker?

Samstag, 1. August 1992
Ich habe starke Angstzustände. Ich denke an die Heiligen, an ihr Martyrium, ihre Erscheinungen, mystischen Erlebnisse und ihre Reliquien, an alle diese Schutzpatrone, die man anfleht in der Not. Welche Kraft sie doch durch ihren Glauben hatten. Johanna von Lothringen, meine Heldin, die Frankreich retten wollte unterstützt von ihren „Stimmen". Manche Menschen sterben für Gott, andere töten für ihn, Religion als Anlass von Krieg: Will Gott das alles? Und was ist mit Lourdes? Wie entstand das Christentum? Es gibt wohl eine reale Erklärung dafür.

Sonntag, 2. August 1992
In Mainz gewesen. Als wir durch die Altstadt spazieren gingen, kam uns eine Nonne entgegen. Es wurde mir so schlecht, dass ich unfähig war, weiter zu gehen. Thomas stützte mich. Ich schaffe es nicht mehr! Ich brauche den Docteur.

Montag, 3. August 1992
Hamburg erreicht: „Waren die Heiligen kranke Menschen? Hatten sie auch Neurosen, denn sie haben Bilder gesehen, Stimmen gehört, eine Welt gesehen, die nur sie im Kopf hatten," sagte ich zu dem Docteur. „Das ist eine schwierige Frage," antwortete er. Das denke ich auch. Es gibt vielleicht eine Erklärung, darüber muss ich selbst nachdenken. Vielleicht waren diese Menschen hochsensibel. Menschen, die fähig waren, etwas zu empfangen, dass andere gar nicht sehen konnten. Und in Lourdes? Es liegt nicht an dem Wasser. Es hat sicherlich mehr Schwingungen, denn es ist ein Quellwasser, aber die seelischen Kräfte der Kranken spielen eine große Rolle. Sie spüren an diesem besonderen Ort so etwas wie einen Kurzschluss in sich, und man spricht von einem Wunder. Das könnte realer klingen, real ist auch, dass die Heiligen tot sind, tot und begraben. Was wäre aus dieser katholischen Religion geworden, wenn damals die Katharer die Männer in Rom überlebt hätten, diese Mönche waren realistischer. Verfolgt und massakriert wurden die Katharer, so wie alle, die sich damals gegen die Kirche stellten. Es ist einmalig, was Luther sich getraut hat! Hallelujah! Es war schmerzhaft, aber notwendig!

Darmstadt, den 9. August 1992
Lieber Docteur,
ich bin ein Opfer der katholischen Religion oder von dem, was die Menschen meiner Kindheit daraus gemacht haben, Erziehung, Erpressung..., so wie die Politiker mancher arabischer Länder den Koran ausnützen, um das Volk im Griff zu behalten. Ich war eine Sünderin, eine Schuldige, die auf unserer Welt war, um zu büßen und zu leiden. Ich bin so froh heute, dass ich zu dieser irrealen, widersprüchlichen und verlogenen Welt nicht mehr gehöre, dass sie meine Gedanken nicht mehr dirigiert. Sie sind so frei geworden und sind manchmal noch so verrückt, dass ich sie nicht mehr lenken kann. Ich glaube an mich, dass ich das Leben meistern kann und die Kräfte dazu in mir habe.

Ich habe durch die Analyse vieles entdeckt, aber Gott habe ich nicht gefunden. Es ist eine Macht über uns, die wir Menschen nicht begreifen können, die uns aber lenkt. Jesus ist tot und bleibt als Vorbild von Menschlichkeit. Er hat meine Seele nicht retten können, die Heiligen auch nicht, das haben Sie getan. Manchmal muss man Krieg führen, um Frieden zu finden. Seit Dezember 1991 habe ich keine Bilder mehr geschaffen. Ich schreibe und lese ein wenig, gehe jeden Dienstagabend zu den Franzosen und helfe meiner Nachbarin, ihre bettlägerige Mutter zu pflegen. Im September werden wir zwei Wochen auf der Insel Föhr verbringen, vom 7. bis zum 21. So werde ich Sie kurz besuchen können. Der Sommer ist herrlich dieses Jahr. Jeden Tag scheint die Sonne. Zur Zeit ist es sehr warm in Darmstadt, 38° bis 40°, und mir geht es gut.
Vielen Dank und auf ein baldiges Wiedersehen!
Klose Monique

Mittwoch, 12. August 1992
In Bosnien muss ein Volk vernichtet werden, die Moslems. Die Serben nennen das „ethnische Säuberung". Schrecklich ist das! Die Menschen werden verfolgt, gefoltert, ins KZ gesteckt. Die Geschichte wiederholt sich. Und die Welt ist sprachlos und hilflos. Die Männer machen wieder Stress! Aber einer macht den Leuten viel Freude zur Zeit, Michael Jackson. Er singt und tanzt auf der europäischen Bühne. Tanz, Michael, tanz!

Montag, 17. August 1992
Ein Unfall in unserem Viertel. Eine Gasexplosion zerstört zwei Wohnhäuser, die wie Kartenhäuser in sich zusammenfielen, nur 200 m von uns entfernt. Die Detonation war so laut, dass ich sie noch stundenlang im Ohr hatte. Thomas und ich waren bei Bekannten in der Nähe und sind zu der Unfallstelle gegangen. Viele Helfer waren schon da. Vier Schwerverletzte wurden geborgen. Schreckliche Bilder habe ich bis jetzt nur in meinem Kopf oder im Fernsehen gesehen, aber diese waren echt. Die Folgerung daraus: Ich musste es sehen, um es zu begreifen.

Montag, 24. August 1992
Der Kummer drückt auf mein Herz, aber er hat keine Chance mehr: Ich bin stärker. Ich habe noch viel zu sehen, viel zu lernen auf meinem Planeten, der

Realität heißt. Bald werden wir in Urlaub fahren und diesmal nicht nach Österreich, sondern nach Norddeutschland auf die Insel Föhr. Eine Frau will in Italien gegen die Mafia kämpfen, Liliana Ferraro, die Nachfolgerin von Richter Falcone. Was für eine mutige Frau!

Montag, 31. August 1992

In Hamburg angerufen. „Ich möchte gern einen Termin für den 21. September."

„Um 14.00 Uhr?" fragte der Docteur. „Ja, das passt gut. Danke und auf bald."

Sonntag, 6. September 1992

Die Koffer sind fertig, Walkman und Inhalator sind eingepackt. Wir werden mit dem ICE bis Hamburg fahren, dann in eine Regionalbahn umsteigen bis zum Hafen, wo wir eine Fähre nehmen. Es ist eine neue Trennung für mich. Die Vergangenheit ist da, verlangt, dass ich sie verarbeite. Sie gibt keine Ruhe.

Insel Föhr - Mittwoch, 9. September 1992

Wir haben eine schöne, kleine Wohnung nicht weit vom Meer entfernt. Die Häuser sind so malerisch mit ihren Reetdächern. Die Luft wird meinen Bronchien gut tun, denn sie ist so rein. Hier dürfen keine Autos fahren. Wie flach die Landschaft ist!

Insel Föhr, den 10. September 1992

Lieber Docteur,

Nieblum ist ein hübsches Dorf. Die Häuser, die urigen Bäume, es ist so märchenhaft. Wir unternehmen große Wanderungen am Meer entlang. Die Luft ist herrlich hier, und ich bin immer hungrig. So eine kleine Insel weit vom Festland entfernt, die sich selbst ernähren kann, ist vor vielen Angriffen geschützt, nur das Meer ist eine Gefahr. Es gefällt mir gut hier. Es gibt viele Kinder, viele Tiere, frische Fische, und in meinem Kopf arbeitet das Gehirn weiter! Bis Montag, den 21. September.

Viele Grüße

Klose Monique

Insel Föhr - Freitag, 11. September 1992
Ich sitze am Strand. Thomas ist im Dorf geblieben. Ich bin aber nicht allein. Ich habe mich dabei! Ich kann stundenlang in die Landschaft schauen. Der Himmel ist so blau und scheint unendlich groß hier zu sein. Man kann ganz weit gucken. Manche Menschen laufen barfuss im Wattenmeer. Es soll gesund sein, ich müsste es auch probieren. Seitlich von mir stehen die Strandkörbe, die die Leute vor dem Wind schützen sollen. Das wäre ein Motiv zum Malen. Wie glücklich die Kinder sind: Sie buddeln im Sand, graben Löcher, bauen Schlösser... Die Möwen schreien und sind ständig auf der Suche nach Futter. Oh, da vorn im offenen Meer sehe ich die Fähre nach Amrum, der Nachbarinsel. Thomas kommt! Ich muss aufhören.

Insel Föhr - Dienstag, 15. September 1992
Wir sind jeden Tag zusammen, verstehen uns gut, wollen dasselbe sehen. Es gibt hier Busse, die mit Rapsöl fahren, so können wir die anderen Dörfer besichtigen. In den alten Häusern sind die Wände mit holländischen Kacheln, die die Seefahrer mitbrachten, tapeziert. Ich habe auch eine Mühle gesehen. Ich liebe Mühlen, in einem solchen Bau hat Alphonse Daudet seine Briefe geschrieben. Sie haben hier einen berühmten Mann, „Thomas den Glücklichen". Um 1700 soll er an die 700 Wale getötet haben, Wahnsinn! Ich habe heute so vieles gesehen. Meine Augen glänzen vor Freude; sie waren doch einmal stumpf. Deutschland hat schöne Landschaften. Wie gepflegt hier alles ist.

Insel Föhr - Sonntag, 20. September 1992
Atemnot, Husten, Fieber. Ein Infekt hat mich mehrere Tage ans Bett gefesselt. Die Nordseeluft hat meine Bronchien zu sehr gereizt. Morgen fahren wir wieder nach Hause. Ich freue mich so, den Docteur wieder zu sehen.

Darmstadt - Dienstag, 22. September 1992
Wir sind gut angekommen. Was für ein langer Tag das gestern für mich war. Von 5.00 Uhr morgens, wo ich aufstand, bis 21.00 Uhr, als wir in Darmstadt ankamen. Wir hatten uns im Hamburger Bahnhof getrennt: Thomas ging zum Hafen und ich in die Klinik. Welche Freude in mir, als ich den Docteur sah. Ganz klar stand er vor mir. Ich hatte ihm Bilder und Photos von Lourdes

mitgebracht, wollte noch ein Stück von der Religion abladen. „Sie sind süchtig nach Bildern, aber für Sie ist es eine gesunde Sucht," sagte er zu mir. Wie recht er doch hat. Ich liebe Bilder, kaufe ständig irgendeine Postkarte, schneide die Bilder, die mir gefallen aus Zeitungen aus, und gehe gern ins Kino. „Ich bin so müde geworden," sagte ich ihm noch. „Das ist normal nach solch einem Kampf," antwortete mir der Docteur. Ich bin eine ganze Stunde bei ihm geblieben. Dann verabschiedete ich mich und fuhr mit der S-Bahn Richtung Hauptbahnhof, wo Thomas auf mich wartete. Wir holten die Koffer aus dem Schließfach und stiegen in den ICE.

Mittwoch, 23. September 1992
Ich habe die halbe Nacht in einer Ecke geweint. Ich wusste nicht mehr, wo ich war. Ich konnte auch kein Glas Wasser trinken ohne diesen Wasserfall auf dem Gesicht zu spüren. Er schnappt mir die Luft weg! Maman! Ich liebe dich! Es tut mir so leid, dass du nicht mehr aus dir gemacht hast. Wir wären heute in einer anderen Verfassung du und ich.

Freitag, 25. September 1992
Ich sehe Marrakesch, diese orientalische Stadt, ihre Souks, ihren Djemaa Elfna-Platz, wo es abends von Menschen wimmelt, wo Akrobaten zeigen, was sie können. Es gibt Schlangenbeschwörer und Wasserverkäufer in ihrer schönen Kleidung. Durch die Geschichtenerzähler wird die Berberkultur auf diese Art weitergegeben. Es duftet so gut... all' diese Gewürze... und wenn die Sonne untergeht, bekommt die Stadt eine rötliche Farbe. Ich sitze auf der Terrasse des „Café de France", trinke einen Pfefferminztee und schaue, was sich alles auf diesem Platz abspielt... Hoppla, meine Pflaumenmarmelade kocht über!

Samstag, 26. September 1992
Seit ich vom Urlaub zurück bin, kann ich kein Glas Wasser trinken ohne das Gefühl zu haben, zu ersticken. Das Gehirn verarbeitet den damaligen Schock. In Jugoslawien geht der Krieg weiter. Alle Friedenslösungen sind gescheitert. Die Politiker reden und reden, und das Volk leidet. Es ist unerträglich! Politik ist eine unklare Welt. Ich muss aufpassen.

Freitag, 2. Oktober 1992
Meine Güte, ich schaffe es kaum noch, den Koffer zu packen. Ich muss aber wieder weg. Mein Inneres gibt keine Ruhe. Ich muss nach Nancy bei den Eltern etwas Emotionales abladen und Neues aufnehmen.

Nancy - Samstag, 3. Oktober 1992
Hier in Frankreich denke ich an Deutschland. Es ist der Tag der Einheit, ein Grund zu feiern, aber aus Freude ist Bitterkeit geworden. Es gibt Schwierigkeiten, Unkosten, Arbeitslosigkeit. Es gibt jetzt die Ossis und die Wessis. Deutschland hat einen Nationalfeiertag, das Volk ist wieder vereint, und die Menschen können es nicht feiern! Vor drei Jahren schenkte ich meinem Schwager einen Baum. Mein Schwager ist in Wittenberg groß geworden und flüchtete vor dem Mauerbau mit seinen Eltern in den Westen. Die anderen Mitglieder der Familie wurden drüben gelassen. Ja, ich habe ihm einen Baum geschenkt, der in seinem Garten wächst und gedeiht. Es ist der Baum der Wiedervereinigung! Vorhin zeigte das französische Fernsehen eine Neonaziversammlung in Dresden. Mehr als 500 Leute, die nichts aus ihrer Geschichte gelernt haben, die diesen Rassenhass pflegen. Was für Schwachköpfe! Nur in der Gruppe fühlen sie sich stark. Vorurteile herrschen in Deutschland! Dabei ist alles so friedlich verlaufen vor drei Jahren. Heh, Leute geht auf die Strasse tanzen!

Nancy - Sonntag, 4. Oktober 1992
Seit ich da bin, hat Vater kaum gesprochen. Er hat Bauchschmerzen, ist deprimiert, hat Ängste. Es ist traurig zu Hause. Morgen werde ich zurückfahren. Meine Mutter schimpft ständig...

Montag, 5. Oktober 1992
Wieder in Darmstadt, Koffer ausgepackt und neue Sichtweise.

Freitag, 9. Oktober 1992
Deutschland trauert um einen großartigen Menschen: Willy Brandt ist gestorben. Das Volk muss viel verarbeiten zur Zeit. Helmut Kohl sagte vorhin im Fernsehen: „Er war ein Patriot, ein Europäer und ein Weltbewohner." So fühle ich mich jetzt auch. Es ist ein gutes Gefühl!

Montag, 12. Oktober 1992

Also, heute ist es besonders schlimm in meinem Kopf. Ich wollte vor diesem Gedankenkampf davonlaufen. Ich bin bis zur Innenstadt gegangen, konnte aber nichts aufnehmen und lief wieder nach Hause. Ich muss es aushalten bis es von selbst aufhört. Ich schaffe es allein!

Mittwoch, 14. Oktober 1992

„Thomas! Ich möchte nach Paris fahren zu Florians Geburtstag." „Ja, fahre nur." So einfach geht es jetzt, kein Geschrei mehr. Das innere Wachstum ist ein schmerzhafter Prozess, der sich lohnt. Leben heißt wachsen! Sich wohlfühlen! Toll! Thomas und ich, zwei verlorene Seelen, die sich damals getroffen haben. Wir haben uns verändert, helfen uns gegenseitig, und neue Gegenstände verschönern unsere Wohnung, neue Farben...

Samstag, 17. Oktober 1992

Die heutigen Nachrichten: Friedensnobelpreis. Dieses Jahr ist er an eine Frau verliehen worden: Madame Rigoberta Menchu, eine Indianerin, die für die Rechte ihres Volkes kämpft. Begräbnis von Willy Brandt. Ein Flugzeug ist bei Amsterdam abgestürzt. In Kairo gab es ein Erdbeben. Opel baut eine Filiale in Eisenach, Quelle in Leipzig. Serben haben auf Arbeiter, die die Stromleitung in Sarajewo reparieren wollten, geschossen. Die Nachrichten, gute und schlechte, mehr schlechte als gute, denn sie verkaufen sich besser. Die Macht der Journalisten, emotionale Bilder am Fernsehen. Ich muss aufpassen, sortieren. Es gibt sicherlich noch mehr, das wir nicht erfahren dürfen.

Montag, 19. Oktober 1992

„Ich hätte gern ein Brot mit Schrott, und wie viel kostet es?" Schrot und Schrott, kosten und kotzen... Es klingt so ähnlich wie Eis und heiß. Ich habe diese Worte früher oft verwechselt. Die deutsche Sprache ist nicht einfach.

Mittwoch, 21. Oktober 1992

Ich versuche meinen roten Koffer zu packen. Ich bin so müde davon, dass ich am liebsten nur mit meiner Handtasche wegfahren möchte.

Paris - Samstag, 24. Oktober 1992

Ich bin in einer sehr guten Verfassung angekommen. Es ist, als ob ich Darmstadt nie verlassen hätte, keine Schmerzen, keine Angstzustände, keine Bilder mehr, die in der Dunkelheit auftauchen. Welcher Genuss! Ich muss mich noch daran gewöhnen, dass es jetzt für immer so ist. Die Kinder sind so lebendig. Ich freue mich, dass ich hier sein kann.

Paris - Sonntag, 25. Oktober 1992

Was für ein schöner Tag. Wir haben Florians Geburtstag gefeiert. Alle Mitglieder der Familie, die hier leben, waren gekommen. Es gab Geschenke, Kuchen, Champagner... Wie glücklich meine Neffen doch sind.

Paris - Montag, 26. Oktober 1992

Ich wollte mir einen neuen Mantel kaufen, aber ich habe das Geld rumänischen Flüchtlingen gegeben, die sich in Frankreich eine neue Existenz aufbauen wollen. Dieses Volk hat so gelitten, und ich weiß, das die Ärmsten in ihrem Land geblieben sind, auch die Kinder in den Heimen. Welche Armut in den Dörfern! Ich werde immer an der Seite der Unterdrückten, an der Seite des Toro in der Arena, sein. Ich bin noch in den Grand Palais gegangen. Zur Zeit sind die Etrusker und ihre Lebensart zu sehen. Man kann so vieles lernen von dieser vergangenen Zivilisation, von diesen alten Europäern.

Paris - Dienstag, 27. Oktober 1992

Ich bin jeden Tag unterwegs. Paris ist eine faszinierende Stadt. Ich fühle mich ganz nah an der französischen Geschichte, an der Republik.
Oh! Es ist schon halb fünf, ich muss Florian und Romain abholen.

Paris, den 28. Oktober 1992

Lieber Docteur,
viele Grüße aus Paris, vom Musée Marmottan, wo sehr schöne „Monets" hängen, Blumen aus seinem Garten. Ich bin in einer guten Verfassung angekommen. Der Wechsel von Land zu Land bringt mich nicht mehr durcheinander. Ich freue mich, mal wieder unter diesen Menschen zu sein, die nur das Beste vom Leben nehmen. Wir haben Florians Geburtstag gefeiert. Fünf Jahre ist er geworden und so selbständig schon. „Petit Romain" ist niedlich; er fängt

an zu laufen. Ich bin wie der kleine Prinz von Saint Exupéry. Ich komme von einem anderen Planeten. Ich muss mich noch an die Normalität, den Alltag und die Realität gewöhnen. In Frankreich wird ein großer Kinosaal gebaut mit einer riesigen Leinwand. Es gefällt mir gut, denn die Bilder, die ich sehe, helfen mir weiter. So wie der Film „Kolumbus", den ich heute nachmittag gesehen habe. Kolumbus, dieser Träumer, der über die Angst und über die Grenzen eine neue Welt entdecken wollte, sie aufbauen wollte, aber die Realität war stärker als der Traum. Sie hat ihn zerstört. Welche Abenteuer er doch erlebt hat! Wer könnte es besser verstehen als ich? Ich hatte einmal einen Zauberer, und Gauguin war ein bunter Baum, und wo ist das kleine Mädchen, das einmal ohne Gesicht in meinem Kopf tanzte? Die Realität hat sie mir zerstört; sie ist hart! Ich liebe Paris. Was so eine Stadt alles bietet. Hier leben Menschen aus allen Ländern, aus allen gesellschaftlichen Klassen friedlich zusammen. Könnte es bloß überall auf unserer Erde so sein! Danke, dass Sie mich nie allein gelassen haben. Vielen herzlichen Dank!
Klose Monique

Samstag, 31. Oktober 1992
Zurück in Darmstadt, Koffer ausgepackt. Diese Ruhe in meinem Kopf... Es ist alles so normal geworden, dass es fast eintönig ist. Ich werde mich daran gewöhnen müssen, mich neu orientieren in dieser Gesellschaft mit ihren Gesetzen und Paragraphen!

Sonntag, 8. November 1992
Große Demonstration in Frankfurt gegen den Rassismus. Wir sind mitmarschiert. Es war nur eine kleine Geste gegen den Ausländerhass und die Welle der Gewalt, die zur Zeit in Deutschland herrschen.

Mittwoch, 18. November 1992
Das Grollen in Jugoslawien geht weiter. Frauen werden vergewaltigt. Was wird aus den Kindern, die sie bekommen? Ob sie sie lieben können? Frauen als Opfer der Männer, diese Seelenmörder! In Indien werden die Mädchen verkauft oder verbrannt, wenn sie nicht genug Mitgift in die Ehe mitbringen. Die moslemischen Fundamentalisten haben die Regeln der Religion geändert auf Kosten der Frauen, lauter Sklavinnen, die die Ehre der Familie nicht

verletzen dürfen. Es ist das Resultat der jämmerlichen Männlichkeit mancher Männer. Es ist schrecklich! Statt den Frauen zu helfen, sie zu schützen, unterdrücken sie sie, zerstören sie, alles im Namen Gottes.

Samstag, 21. November 1992
3.00 Uhr nachts. Ich bin so erschöpft und kann doch nicht schlafen. Diese Leere in mir, diese Ruhe in meinen Gedanken. Es ist so ungewohnt. Es ist aber auch ein Zeichen von Heilung. Es ist wohl die Normalität, die zurückkehrt.

Montag, 23. November 1992
Ich habe in Hamburg angerufen, aber die Stimme des Docteurs konnte diese Leere in mir nicht füllen. Das Gespräch hat mir diesmal nichts gebracht. Ich muss allein weiter leben, allein unter diesen so verschiedenen Menschen, die auch allein mit sich sind.

Sonntag, 29. November 1992
Eine Malerin unter Männern, Gabriele Münter: Was für schöne Farben! Die Ausstellung, die in Frankfurt zu sehen ist, hat mir neue Kräfte gegeben. Auch ich könnte mit Ölfarben malen.

Sonntag, 6. Dezember 1992
Wie einsam und allein sehen die Menschen auf den Bildern von Edward Hooper aus, die auch zur Zeit in Frankfurt ausgestellt sind. Ich habe zum ersten Mal Perspektive erkennen können, gerade Linien, toll! Es war großartig! Heute ist ja Nikolaustag! Ein großes Fest in Nancy.

Dienstag, 8. Dezember 1992
Die Welle der Gewalt hört nicht auf. Unbekannte haben ein Haus in Brand gesteckt, drei Türkinnen sind in den Flammen umgekommen. In München standen fast 300.000 Menschen am Straßenrand mit einer Kerze in der Hand, um gegen eine solche Tat zu demonstrieren. Gewalt ist überall, in der Welt, in der Familie, auf dem Bildschirm. Aufgestauter Frust, Hass, Rassismus... Ich muss damit leben.

Darmstadt, den 15. Dezember 1992

Lieber Docteur,

ich kann heute meine Mutter verstehen, den Grund, warum sie so mit mir umgegangen ist. Nationalisten und Fanatiker bringen unsere Welt in Gefahr, und es tut mir leid, dass Deutschland wieder in Verrufenheit gerät. Seine Vergangenheit lässt es auch nicht in Ruhe, aber das deutsche Volk reagiert gut. Es ist nicht einfach, vorauszusehen, wie manche Situation sich entwickelt. Gut, dass ich meine Bilder und Farben habe. Ich habe schon die Ausstellungen, die zur Zeit in Frankfurt zu sehen sind, besucht. Gabriele Münter und ihre wunderschönen Farben, Edward Hopper und seine einsamen Menschen... Ich versuche jeden Tag manche Artikel in der Zeitung zu lesen, aber Buchstaben sind noch zu anstrengend für mich. Bald werden die Grenzen in Europa aufgemacht, neue Produkte werden kommen, es wird mehr Freiheit geben. Ich bin mal gespannt.Ungerechtigkeit ist für mich schwer zu akzeptieren. Ich wünsche Ihnen ein frohes Weihnachten und alles Gute im Neuen Jahr!

Freundliche Grüße

Klose Monique

Montag, 21. Dezember 1992

An Weihnachten muss ich zu Hause in Nancy sein. Dieses Jahr sind wir mit den Eltern bei meiner Cousine eingeladen. Es wird eine große Tischrunde sein. Ich freue mich schon. Ich habe für jeden das passende Geschenk gefunden.

Montag, 28. Dezember 1992

Zurück in Darmstadt, und die Koffer sind ausgepackt. Ich habe mich wie ein Gast bei meinen Eltern gefühlt. Sie waren ganz weit und doch sehr nah, seltsam! Das Essen bei der Cousine war wunderbar. Ich habe es genossen, stundenlang am Tisch zu sitzen. Für Thomas war es zu lang, er musste zwischen zwei Platten aufstehen. Im Stadtzentrum war es sehr lebendig. Kleine Orchester zogen durch die Straßen und machten tolle rhythmische Musik. Man findet jetzt in den Kaufhäusern Sachen, die es auch in Deutschland gibt. Europa baut sich auf. Vater hat dieses Jahr als Vorsitzender seines Vereins 60 Geschenkpakete mit lauter Leckereien vorbereitet und selbst zu den Kranken und älteren Leuten der Gemeinde gebracht. In Sarajewo sterben die Menschen weiter. In dieser Zeit bei minus 13° gibt es dort kaum Nahrung. Gott hat Bestien auf diesem Planeten geschaffen. Vielleicht kann er nichts dafür, und die Menschen sind selbst schuld. Der Kampf um eine bessere Welt fängt zuerst bei sich selbst an. Vater hat diesen Satz geschrieben: „*Nous, les anciens prisonniers, ayant manqué de tout, nous avons appris l'importance de la solidarité, nous savons aussi que la richesse matérielle ne fait pas la valeur de l'homme mais plutôt son courage, sa générosité et son dévouement. Une main est faite pour serrer une autre main et non pour se fermer en poing vengeur.*" „Wir, die ehemaligen Gefangenen, denen es an allem gefehlt hat, wir haben die Bedeutung der Solidarität gelernt. Wir wissen auch, dass materieller Reichtum nicht den Wert eines Menschen ausmacht, eher schon sein Mut, seine Großzügigkeit und seine Opferbereitschaft. Eine Hand ist dazu gemacht, eine andere zu drücken und nicht dazu, sie zur Rachefaust zu schließen."

Mittwoch, 30. Dezember 1992

Ich lebe! Es ist vorbei! Ich habe es überlebt! Meine Beine und meine Arme sind so leicht, dass ich fliegen könnte. Ich fühle mich heute so frei! Das Leben rollt weiter, und ich bin nicht mehr zu bremsen. Alles verändert sich, entwickelt sich, nichts bleibt, wie es ist. Ich habe die Zeit und die Freiheit, mit mir zu leben, nachzudenken in einem demokratischen Land, das ist Luxus! Angesichts des Todes entwickelt man eine unvorstellbare Kraft zum Überleben. Ich habe diese Kraft in mir.

Montag, 4. Januar 1993

Hurra! Es gibt keine Grenze mehr zwischen Frankreich und Deutschland. Ist das toll! Ich freue mich so und denke an meinen Großvater. Ihm hätte das sicherlich auch gefallen. Frieden auf Dauer?

Donnerstag, 7. Januar 1993

Nurejew ist gestorben. Ich hätte ihn gern in Paris tanzen gesehen, zu spät! Ich habe einen Strauß gelber Lilien nach Hamburg schicken lassen.

Sonntag, 10. Januar 1993

Ich fühle mich jetzt wohler, da ich zu Hause bin. Heute Nachmittag, als ich in Frankfurt unterwegs war, bin ich wie unter einer Käseglocke gelaufen. Ich konnte die Umwelt nicht wahrnehmen. Wir waren im Städel, aber die Bilder von Renoir, Macke, Brueghel ... haben mir auch nicht helfen können, oder doch? Dann, als wir wieder auf der Straße waren, wurde mein Körper schwer wie Blei. Ich stopfte mich mit Essen voll, um neue Kräfte zu bekommen, dann lösten sich alle Verkrampfungen. Warum schon wieder? Ich dachte, dass ich eine solche Phase nie mehr durchleben müsste. Sie werden wohl noch kommen, aber immer seltener. Ich bin also doch noch nicht ganz fertig! Ich werde es auch nie sein oder?

Mittwoch, 13. Januar 1993

Gestern abend habe ich mich wie eine Außerirdische in der französischen Gruppe gefühlt. Mein Alltag verläuft ganz anders, als die der anderen Mitglieder. Jeder kämpft auf seine Art!

Mittwoch, 20. Januar 1993

Die Amerikaner haben einen neuen Präsidenten, Bill Clinton. Es scheint ein feiner Mann zu sein, und er ist Demokrat. Abwarten! Wie es meine russische Freundin ausdrückt: „Jeder Besen kehrt anders!“ In der Demokratie können Menschen sich besser entwickeln als in anderen Regimen.

Donnerstag, 21. Januar 1993

Vor 30 Jahren trafen sich General De Gaulle und Adenauer. Heute sind es Monsieur Mitterand und Herr Kohl. Die Oberhäupter der Länder waren zu einer Fernsehsendung eingeladen worden. Ich habe allen Gesprächen folgen können. Es ist großartig, dass diese beiden Länder sich jetzt besser akzeptieren, dass die Grenzen gefallen sind. Manche Politiker schaffen Frieden!

Samstag, 23. Januar 1993

Ich habe eine Reportage im Fernsehen gesehen über die katastrophalen Zustände in den Psychiatrischen Kliniken der neuen, befreiten Länder im Osten. Dort werden die Menschen ruhig gestellt oder angekettet, schrecklich! Doktor Pinel war damals in Paris der erste, der geistig verwirrte Menschen als Kranke angesehen hat, und nicht als vom Teufel besessen, wie man damals dachte. Es war Anfang 1800, als er sie von ihren Ketten befreite. Wie sich das alles bis in die heutige Zeit entwickelt hat! Die gute, neue Zeit!

Dienstag, 2. Februar 1993
Nun sind schon zehn Jahre vergangen! Damals kam ich auf die Station 33. Was für eine Reise! Ich bin ein Mensch mit Erfahrungen geworden. Ich muss nicht mehr Tag und Nacht schreiben. Nur noch ab und zu. Ich kann mich in der Realität besser orientieren.

Dienstag, 16. Februar 1993
Ich bin eingemauert, stecke in einem Tunnel, aber ich möchte den Docteur nicht anrufen. Ich werde allein heraus kommen.

Mittwoch, 17. Februar 1993
Ich war gestern nicht in der Gruppe. Ich ertrage kaum das Tageslicht. Heute ist für mich Nacht. Ich bin im Altersheim, dort, wo der Tod lauert. Muss ich wieder ins Heim?

Donnerstag, 18. Februar 1993
Es ist noch dunkel. Ich musste mir etwas zum Essen holen. Unter den Menschen im Supermarkt habe ich es kaum ausgehalten. Ich sitze stundenlang vor dem Aquarium; warte auf die Lösung.

Sonntag, 21. Februar 1993
Ich habe es allein geschafft. Ich bin aus dem Tunnel heraus. Alles ist wieder hell. Die Geschwister Scholl... Heute vor 50 Jahren wurden sie von den Nazis erschossen. Sie waren noch so jung, so tapfer! Sie galten damals als Terroristen und Verräter, weil sie den Gräuel durchschaut hatten. Kämpfen und bereit sein, zu sterben? Aus Angst sich anpassen? Oder einfach auswandern und auf bessere Zeiten warten?

Donnerstag, 25. Februar 1993
Jean Noël ist krank! Man hat ihm die Speiseröhre entfernt. Das sind keine guten Nachrichten aus Nancy. Oh je! Wie er leiden muss.

Dienstag, 2. März 1993
Ich habe den Garten aufgegeben, denn die Analyse hat mich so viel Kraft gekostet, dass ich keine mehr habe, um ihn zu pflegen. Ich möchte nach Paris.

Matisse ist im Centre Pompidou. Wieder fällt es mir schwer, den Koffer zu packen. Bis nächsten Montag habe ich Zeit, jeden Tag ein wenig hinein zu tun. Renata hat sich gemeldet. Sie hat angefangen, einen neuen Beruf zu lernen. Sie kann sich ja gut konzentrieren.

Sonntag, 7. März 1993

Wau! Der Koffer ist fertig! Ich habe auch einen Kuchen für die Kinder gebacken. Morgen werde ich fahren. Es tut uns mal gut, wenn jeder für sich allein ist, auch wenn die Trennung schwer fällt. Thomas wird mit seiner Firma für ein paar Tage nach Barcelona fahren.

Paris - Dienstag, 9. März 1993

Paris, ich bin wieder da! Und ich war schon in einer Ausstellung, denn die Expressionisten sind hier: August Macke und Franz Marc mit seinen gelben Pferdchen. Vor dem Fuchs habe ich lange gestanden. Er sah so müde aus wie ich. Er stellte meinen Zustand gut dar. Es war schön und interessant, die Meinung der Franzosen vor diesen deutschen Bildern zu hören.

Franz Marc, Blauschwarzer Fuchs, 1911. Von-derHeydt-Museum, Wuppertal.

Paris - Mittwoch, 10. März 1993

Die Matisse-Ausstellung hat mir neue Kräfte gegeben und zum ersten Mal habe ich das Gefühl gehabt, dass ich vor einer Malerei stehe und fast jeden Pinselstrich sehen kann! Toll! Nur ein Bild hat mich so getroffen, dass ich zur Toilette gegangen bin, weil ich weinen musste. Diese tanzenden Gestalten... für mich tanzten sie nicht. Sie quälten sich vor lauter Schmerzen und Leid. Es war schrecklich. Es hat mich so erschüttert. Ich dachte an alle Menschen, die man in unserer Welt quält, an die Leute in den ehemaligen KZ. Dieses Leid! Warum?

Henri Matisse, La Danse II, 1910. Musée de L'Ermitage, St. Petersburg.

Paris - Donnerstag, 11. März 1993

Ich genieße das Leben. Es ist ja auch besser geworden für mich ohne diesen Kampf und diese Bilder in meinem Kopf. Ich habe vorhin eine Bootsfahrt auf der Seine mitgemacht unter einem strahlend blauen Himmel. Es hat mir so gut gefallen. Ich finde auch immer irgend jemand, mit dem ich ein paar Worte tauschen kann. Dann bin ich durch die Straßen flaniert und lasse meine Gedanken mitbummeln. Jetzt bin ich total erschöpft; ich muss mich hinlegen.

Paris, den 11. März 1993

Lieber Docteur,

einen Gruß aus Paris, wo zur Zeit viele schöne Bilder zu sehen sind. Zum ersten Mal können Franzosen deutsche Malerei bewundern, denn die Expressionisten sind hier mit 450 Bildern vertreten. Ich habe meine Freunde wieder getroffen: Macke, Marc, Nolde... und Matisse. Matisse ist mit 150 Bildern im Centre Pompidou. Welche Farben! Das ist eine schöne Realität, denn die andere ist so hart! Meiner Familie geht es gut. „Petit Romain" ist ein Sonnenstrahl. Im Paris wird es viel später dunkel als in Darmstadt. Es ist schon Frühling, und die Sonne scheint jeden Tag. Wenn andere Menschen arbeiten gehen, gehe ich spazieren. Ist das nicht toll? Ich wollte wieder ins Altersheim gehen, aber da gehöre ich nicht mehr hin. Das ist Vergangenheit. Ich habe auch meinen großen Garten wieder verkauft. Ich habe in der letzten Zeit eine schwere Phase durchgemacht und sie ganz allein gemeistert. Mal sehen, wie es weiter geht! Ich bin nur sehr müde geworden. Ich hoffe, dass es Ihnen gut geht und bald möchte ich sie gern besuchen.

Freundliche Grüße

Klose Monique

Paris - Samstag, 13. März 1993

Die Kinder sind so fröhlich, eine Sonne für mich. Mein Bruder verwöhnt mich. Wir gehen ins Theater, ins Restaurant fein essen, und wir können über die Kinderzeit reden, die auch bei ihm Spuren hinterlassen hat. Er hat mir eine große Freude gemacht, denn er hat in einem Antiquariat mein Kinderbuch gefunden „Hublot, der Matrosenhund". Als ich die Seiten umblätterte, schienen mir die Bilder ganz groß zu sein, als ob ich sie durch ein Vergrößerungsglas sehen würde. Sie waren wohl so in meinem Gehirn geblieben, wie ich sie als Kind gesehen habe. Heute abend kommen die Eltern meiner Schwägerin zum Essen. Ich freue mich schon. Es sind sehr feine Menschen. Thomas hat aus Barcelona angerufen. Er war ganz begeistert von Gaudis Häusern und von der Stadt. Uns geht es also gut!

Freitag, 19. März 1993

Wieder in Darmstadt. Ich war von meiner Reise so müde, dass ich fast zwei Tage lang geschlafen habe. Thomas ist auch zurück; er hat eine schöne Zeit in Spanien gehabt. Die Analyse, dieses Abenteuer, wird weiter gehen. Diese Entwicklung in mir wird wohl nie aufhören. Ich denke an meine Bäume, die ich im Garten hatte, meinen Pflaumenbaum, meine Apfelbäumchen... Sie haben mir so viel gegeben, so viel von ihren guten Früchten. Jetzt müsste man sie schneiden! Der neue Pächter wird sie sicherlich weiter pflegen. Ich bin jetzt zu sehr erschöpft dafür.

Samstag, 20. März 1993

Das Bild von Matisse, das ich in Paris gesehen habe, diese roten Wesen... Das Leiden der Menschheit ist eine Realität, mit der ich leben muss: Das Leid der Kinder, die man allein gelassen hat, die in manchen Ländern sehr hart arbeiten müssen, die Mädchen in Afrika, die beschnitten, also genital verstümmelt werden, die Menschen, die unter Hungersnot, Armut, kriegen oder schweren Krankheiten leiden, das Los der Frauen in manchen Gegenden... Die Realität! Jeder trägt sein Kreuz!

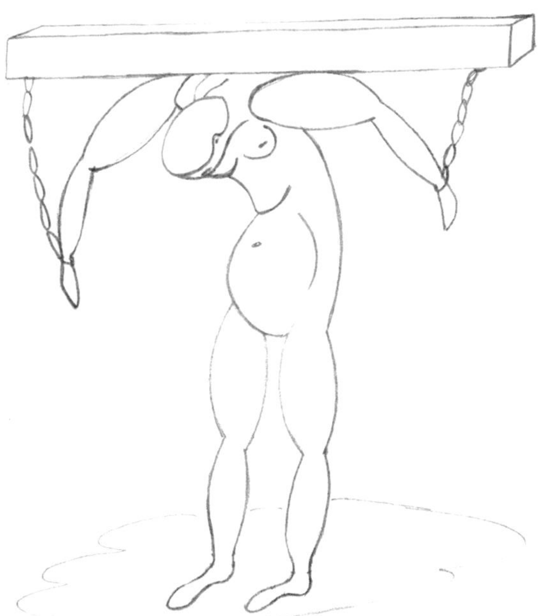

Jeder trägt sein Kreuz. 20. März 1993

Mittwoch, 24. März 1993
Die Sozialisten haben die Wahl in Frankreich verloren, die Bürgerlichen sind wieder dran. Politiker mit ihren leeren Versprechungen können auch das Volk manipulieren. Aufpassen! Sensible Menschen haben es nicht einfach in dieser Welt.

Samstag, 3. April 1993
Welche Überraschung: Heute morgen hörte ich im französischen Radio die Stimme von Ute Lemper. Sie sang in deutscher Sprache, eine Seltenheit, denn deutsche Lieder sind in Frankreich noch tabu. Ich erinnere mich an die sechziger Jahre, als ein Lied ein riesiger Erfolg war. „Sag warum" gesungen von Camillo. Mein Bruder hat sich damals die Platte gekauft. In Straßburg ist ein neuer Fernsehkanal eingeweiht worden, ARTE. Er wird in deutsch und in französisch senden. Man kann ihn in beiden Ländern empfangen. Toll! Eine neue Völkerverständigung.

Mittwoch, 7. April 1993
Wieder habe ich die Koffer gepackt. Es gibt an Ostern ein Familientreffen in Nancy. Mein Bruder und seine Familie kommen auch.

Nancy - Ostern 1993
Ein Haus, eine Familie mit Eltern und Kindern, ein Hund aus der Nachbarschaft, zwei Katzen, ein großer Tisch mit lauter guten Sachen darauf wie Schokoladeneier, Champagner... Jean Noël und seine Mutter, bei der er jetzt wohnt, kamen noch dazu. Es war ein schöner Tag. Ich habe mich wohlgefühlt, so stundenlang am Tisch zu sitzen. Nur Jean Noël so zu sehen tat mir weh. Er konnte kaum kauen, nur Brei schlucken. Die Krankheit ist wohl schlimmer als angenommen. Seine Frau hat ihn verlassen. Er hat auch seine Arbeit verloren. Das war vielleicht zu viel auf einmal.Vater war munter und erzählte uns von der Weltausstellung in Paris; damals 1937 war er bei der republikanischen Garde. Thomas hatte seine Freude an den Kindern. Oh! Ich muss inhalieren; ich fange an zu pfeifen. Das Asthma!

Freitag, 23. April 1993
Ich bin so müde! Ich komme mir vor, wie ein gebrauchter Wagen: Die Karosserie geht noch, sie ist ansehnlich, aber der Motor ist angegriffen. Ray Charles singt ein neues Lied „A song for you“. Dieser blinde Mann war als Kind mein Idol. Ich mochte seine Musik und mag sie heute noch.

Montag, 3. Mai 1993
3.00 Uhr nachts. Der Kummer meldet sich wieder und lässt mich nicht schlafen. Er drückt auf meinen Brustkorb, aber er hat keine Chance mehr. Ich laufe in der Wohnung hin und her und kämpfe mit ihm. Die Eltern und ihre Welt zu verlassen, hat mir das Herz gebrochen, auch das Leid, das man mir angetan hat. Es gab so viel Traurigkeit in mir!

Donnerstag, 6. Mai 1993
Draußen ist es 30° warm. Seit ein paar Tagen herrschen sommerliche Temperaturen. Statt in den Garten zu gehen, gehe ich jetzt spazieren, wenn ich die Kraft dazu habe. Ich schaue, sehe die Umwelt, die Menschen, die Natur... Die Bäume sind aufgewacht, die Kastanien mit ihrer Blütenpracht haben in den Wintermonaten neue Kräfte getankt. 16.00 Uhr Ich habe in Hamburg angerufen. „Guten Tag! Ich möchte sie gern besuchen, und ich brauche einen neuen Termin.“ „Montag, den 17. Mai um 14.30 Uhr, passt es?“ „Es passt! Danke!“ „Alles Gute bis dahin,“ sagte der Docteur.

Sonntag, 9. Mai 1993
Es gibt keine Menschen mehr aus der Vergangenheit. Es gibt meine Familie und die Menschen, die mich nicht allein gelassen haben, als es mir schlecht ging. Menschen, die ich liebe und die mich lieben. Kommunalwahl in Darmstadt. Wie gern hätte ich den Bürgermeister mitgewählt, denn ich lebe schon seit 19 Jahren in dieser Stadt. Ich möchte gern ganz dazu gehören, aber als Französin darf ich es noch nicht. Eines Tages vielleicht!

Donnerstag, 13. Mai 1993
Ich habe mein Billet für Hamburg abgeholt. Montag werde ich in den Superzug einsteigen.

ICE - Montag, 17. Mai 1993
Diese flache Landschaft... Der Zug rollt und bringt mich wieder nach Darmstadt. Ich habe keine Trennungsschmerzen in mir. Ich habe eine ganze Stunde mit dem Docteur reden können. Er meinte, dass meine Kraftlosigkeit berechtigt wäre nach einem solchen Kampf. Eine schlimme Zeit geht zu Ende, die Zeit der Bilder, des Schreibens, denn jetzt kann ich mit dem Docteur reden. „Auf Wiedersehen, Frau Klose. Alles Gute für Sie und melden Sie sich, wenn etwas ist!" sagte er zu mir. Er ist ein toller Mensch! Aber ich will doch allein weitermachen; ich muss ihn verlassen!

Sonntag, 27. Juni 1993
Jean Noël hat Krebs. Meine Eltern, die uns jeden Sonntag anrufen, sagten, dass es hoffnungslos wäre. Er kann kaum noch essen und hat 20 Kilo an Gewicht verloren. Ich kann es nicht fassen. Wieder lauert der Tod. Ich habe Schmerzen in meinem Brustkorb. Mein Cousin geht den selben Leidensweg wie sein Vater, der mein geliebter Onkel war.

Donnerstag, 1. Juli 1993
Jean Noël wird mit 43 Jahren sterben. Es ist sein Schicksal. Ich kann es aber noch nicht akzeptieren. Wenn das Leben zur Qual geworden ist, dann ist der Tod eine Erlösung. Der Tod, diese unbekannte Welt! Wer das Leben schenkt, schenkt auch den Tod!

Donnerstag, 12. August 1993
Ich halte es nicht mehr aus. Ich muss zu meinem Cousin. Morgen werde ich fahren. Wir sind zusammen groß geworden, der selbe Jahrgang, und jetzt diese Krankheit...

Nancy - Mittwoch, 18. August 1993
Er wiegt nur noch 40 Kilo und hat noch die Kraft, zu laufen, zu reden. Ich besuche Jean Noël jeden Nachmittag. Er wohnte bei seiner Mutter nur ein paar Straßen von uns entfernt. Was für ein Leiden! Er soll noch einmal operiert werden. Die Ärzte wollen ihm eine Magensonde einpflanzen. Warum? Wozu? Freitag soll er ins Uni-Klinikum gehen. Ich muss morgen nach Darmstadt, denn wir wollen nach Österreich fahren. Die Trennung fällt mir schwer.

Darmstadt - Montag, 23. August 1993
Das kann nicht sein! Jean Noël ist gestern gestorben. Er war zu schwach und hat die Operation nicht überstanden. Ich bin wie betäubt vor Kummer. Ich suche nach schwarzer Kleidung, denn ich ertrage keine Farben mehr. Ich muss erneut meinen Koffer packen für die Beerdigung. Thomas kann leider nicht mit.

Eurocity - Dienstag, 24. August 1993
Die Eisenbahn rollt. Die Sonne strahlt durch die Scheiben des Abteils. Ihre Wärme tut mir so gut, denn ich friere tief innerlich. Ich kann meine Tränen nicht aufhalten. Ich sehe auch Bilder, nicht die der Landschaft, sondern die der Vergangenheit, wo wir als Kinder zusammen spielten, beim Großvater schaukelten. Später liefen wir fast jede Woche Schlittschuh im Eisstadion von Nancy, und Scott MacKenzy sang „San Francisco“. Er war wie ein Bruder für mich. Und morgen muss ich Abschied nehmen?

Darmstadt - Freitag, 27. August 1993
Ich habe es geschafft! Ich weiß zwar nicht, woher ich die Kräfte für diese Reise genommen habe. Ich habe mich ganz bewusst von Jean Noël verabschiedet. Ich war wie betäubt, als ich ihn tot im Sarg liegen sah, weiß wie Kreide. Sein Körper lebt nicht mehr, aber seine Seele, die so viel Kraft hatte, ist wohl in eine andere Dimension gegangen. Es war alles zu viel für ihn geworden. Er hatte nicht die Chance gehabt, aufzuwachen. Mit einer solchen Krankheit kann man sich zerstören... So viele Menschen waren zur Beerdigung gekommen. Seine beiden Kinder zu sehen, war herzzerreißend, seine Mutter... Oh je, es war so hart! Ich muss jetzt umpacken; wir werden doch nach Österreich fahren.

Österreich - September 1993
Ich versuche, zur Ruhe zu kommen. In dieser schönen Landschaft nehme ich das, was ich sehe, alles doppelt auf auch für Jean Noël, der nicht mehr bei uns ist. Ich trage ständig diesen kleinen, schwarzen Schal. Ich kann diesen Tod verarbeiten. Aber mein Herz leidet erneut.

Darmstadt - Dienstag, 12. Oktober 1993
Das Rote Kreuz hat die Gefangenen aus dem serbischen Lager „Omaska“ befreit, ausgehungerte Menschen auf dem Bildschirm. Ich denke an das Bild von

Matisse. Das Leben ist so kurz; man könnte es so schön gestalten ohne diesen Hass überall. Ich kann um meinen Cousin trauern, mit Freunden darüber reden, es verarbeiten. Ein Erfolg der Therapie.

Sonntag, 31. Oktober 1993
Ach du Schreck! Fellini ist gestorben. Unsere Welt ist ärmer geworden. Ein Mann und seine Bilder sind gegangen. Jean Noël ruht, er ist in einer anderen Welt, und ich bin noch gebrochen vor Kummer. Die Zeit heilt alle Wunden, sagt das Volk.

Dienstag, 23. November 1993
Vor 30 Jahren wurde Kennedy ermordet. Wir gut ich mich an diesen Tag erinnern kann. Die ganze Welt trauerte um diesen Mann, auch wir in der Klosterschule, denn wir waren alle mehr oder weniger in ihn verliebt. Es geschah ein paar Monate nach dem Tod meines Onkels. Kennedy, Martin Luther King, Ray Charles, James Dean, Bob Dylan, Gerard Philippe, Paul Newman, die Beatles... Mein Bruder hatte ein Poster von Che Guevara in seinem Zimmer. Damals jobbte ich in einem Schuhgeschäft. Jeden Samstagnachmittag packte ich Schuhe ein und bekam am Ende des Monats ein Paar gratis zum Lohn. Dann kam 1968 die Studentenrevolution, an der ich vorbeigegangen bin. Armstrong läuft auf dem Mond, der Vietnamkrieg, die Hippies, Solidarnoc und... Der Wahnsinn... Alles ist vergangen! Oh! Heute ist Stammtisch!

Sonntag, 16. Januar 1994
Wir kommen von Frankfurt. Die Stadt war im Jahr 1600 ein botanisches Zentrum. Schiffe brachten damals exotische Pflanzen, und es gab schon Verleger. Was für Bilder! Die Ausstellung in der Schirn über George Flegel war lehrreich. Seine Stilleben, seine Blumen, seine Gemeinschaftsarbeiten mit Lucas van Valckenborch verraten viel über diese vergangene Zeit. Frankfurt im 17. Jahrhundert war schon eine interessante Stadt, in der es lauter Fachwerkhäuser gab, in denen die Patrizier Feinschmecker waren. Ich habe mir den Katalog gekauft. In Frankfurt lebte auch Max Beckmann, der die Unfreiheit des einzelnen Menschen in seinen Bildern verarbeitete. Ich entdecke immer neue Maler, immer neue Menschen. Es macht mir Freude!

Karfreitag 1994
Jesus ist gestorben! Und wo ist sein Grab? Meine Version der Geschichte hört an Himmelfahrt auf, denn für die katholische Kirche ist Jesus mit Leib und Seele in den Himmel aufgefahren. Man hat ihn nach der Kreuzigung in eine Gruft gelegt, und Menschen haben wohl seinen Leichnam gestohlen, um ihn irgendwo zu begraben. Was ist Realität? Was ist Geschichte? Es war so verwirrend, so unklar! Religion ist das, was die Menschen daraus machen. Gott ist persönlich!

Dienstag, 26. April 1994
Mit dem Frühling kommen gute Nachrichten. Der Krieg in Jugoslawien hat aufgehört. Der Gräuel scheint vorbei zu sein. Dieser Konflikt hat mich sehr beschäftigt, so nahe in Europa. Und in Südafrika gibt es Hoffnung. Zum ersten Mal dürfen die Menschen mit schwarzer Haut wählen. Ich freue mich! Aber... ein Krieg ist zu Ende und ein anderer fängt an: In Ruanda massakrieren sich die Menschen gegenseitig. Eine schreckliche Sache, und die Welt sieht zu. Es wird immer Menschen geben, die intelligenter sind, und die Schwäche der anderen ausnützen. Ich habe vorhin den Docteur angerufen, denn ich wollte einen Termin. Ich möchte ihn sehen. - Mittwoch, den 31. Mai um 14.30 Uhr.

Sonntag, 1. Mai 1994
Senna ist verunglückt! Große Trauer in Brasilien. Der Tod fuhr mit und gewann.

Mittwoch, 31. Mai 1994
Der Zug kam pünktlich in Hamburg an. „Ich habe mich jetzt an die Realität und die Normalität des Alltags gewöhnt. Dafür habe ich fast zwei Jahre gebraucht, nun bin ich sehr müde geworden,“ sagte ich heute zum Docteur. „Welche Entwicklung! Sie haben so Vieles erreicht,“ antwortete er mir. Jetzt, wo ich wieder zu Hause bin, stelle ich fest, dass ich seine Worte nicht mehr in meinem Kopf wiederhole, wie es in den letzten elf Jahren der Fall war, und ich erzähle ihm auch nichts mehr. Welche Ruhe in meinen Gedanken! Ich habe diese Abhängigkeit verloren, ich kaue die Worte nicht mehr! Ich fühle mich ja ganz neu! Ich existiere! Ich wohne in einem gemütlichen Städtchen, das mit Nancy den Jugendstil gemeinsam hat. Hier ist die letzte Zarin groß gewor-

den, hier sind meine Freunde. Ein kleiner Bach gab der Stadt ihren Namen: Der Darmbach, daher Darmstadt.

D-Day - Montag, 6. Juni 1994 (6. Juni 1944)
Ich denke an all' die jungen Amerikaner, die für die Befreiung Europas gestorben sind, Tausende sind für unsere Freiheit gefallen. Es hat mich schon immer interessiert, wie die Menschen diese schlimme Zeit erlebt haben. Entweder haben sie sich total unmenschlich oder übermenschlich benommen. Eine grausame Zeit.

Samstag, 18. Juni 1994
Abschiedsfeier der Alliierten in Berlin. Sie müssen gehen, die Engländer, die Franzosen, die Amerikaner... Deutschland ist frei! Ist es wirklich frei? Manche Amerikaner werden es weiter besetzen.

Paris - Freitag, 11. Oktober 1994
Caillebotte ist im Grand Palais. Ich mag diesen Maler, Gärtner, Sammler und Seefahrer. Er war der Mäzen der Impressionisten. Die Ausstellung war so schön! Ich hatte schon gestern schöne Sachen gesehen im Musée Rodin. Die Sinnlichkeit seiner Statuen hat es mir angetan. Ich genieße diese Zeit hier!

Mittwoch, 4. Dezember 1994
Wau! Ich fange jetzt an, mit Ölfarben zu malen. Caillebotte hat mich inspiriert. Er ist jung gestorben, mit 46 Jahren. Morgen werde ich mit Frederik nach Frankfurt fahren auf den Weihnachtsmarkt; wir werden unsere Kartoffelpuffer essen, und währenddessen arbeitet die Unterweltorganisation... Wie ein Spinnennetz verbreiten sie sich, um zu zerstören. Die Realität im Dunkeln!

Mittwoch, 12. April 1995
„Esel unserer Welt!“ Ich denke an euch heute wie ihr eure schwere Last tagein, tagaus tragen müsst und anstatt Streicheleinheiten zu bekommen, gibt es Tritte in den Bauch und Schläge. Ich habe euch in Marokko gesehen und nicht vergessen. War das ein schönes Bild! Hunderte von Tieren, die friedlich nebeneinander auf ihre Besitzer warteten, die auf dem Berbermarkt Einkäufe machten. Ein Esel-Parkplatz! Bilder, die ewig in meinem Kopf bleiben werden.

Montag, 8. Mai 1995 (8. Mai 1945)
Es ist Feiertag in Frankreich. Man feiert den Sieg der Alliierten über die Nazi-Diktatur. Es ist der Tag der Befreiung, den man in ganz Europa feiern müsste, auch wenn Deutschland in Trümmern lag.

Mittwoch, 16. August 1995
Österreich, Ade! Dieses Jahr möchte ich im Urlaub nach Frankreich, ins Mont blanc-Gebiet. Mein Bruder stellt uns seine Wohnung, die er in einem kleinen Ort hat, zur Verfügung.

La Rosière - Freitag, 29. August 1995
Ich habe den Mont blanc gesehen! Eine grandiose Landschaft! Wir sind durch den langen Tunnel gefahren, und es hat mir nichts ausgemacht. Unsere Station befindet sich hinter dem weißen Berg auf fast 2000 Meter Höhe, ein gemütliches Gebiet ohne hässliche Wohnblöcke. Der Blick ist einmalig. Die ersten Tage waren etwas anstrengend für meinen Kreislauf, aber jetzt habe ich mich akklimatisiert. Wir unternehmen kleine Wanderungen, suchen Pilze und fahren auf den Markt, wo es gute Produkte aus der Region gibt. Auf dem kleinen St. Bernhard-Pass, der in der Nähe liegt, weiden die „Tarine". Das sind Kühe, aus deren Milch der Reblochon und der Beaufort, hergestellt werden. Murmeltiere habe ich auch gesehen... Hannibal ist damals mit seinen Elefanten durch diese Gegend marschiert; die meisten sind unterwegs von Karthago bis Rom erfroren. Diese hohen Berge anzuschauen, bereitet mir solche Glücksgefühle. Ich schaue nur um mich herum. Stundenlang könnte ich diese Kolosse ansehen. Ich würde nie einen Haken in ihre Wände einschlagen, um sie zu erobern. Ich habe zu viel Respekt vor diesen Bergen. Vielleicht haben sie auch eine Seele! Ich bin so froh in Frankreich zu sein, diese Sprache zu hören. Es ist das Land meiner Eltern und Großeltern, das Land von Voltaire und auch meines. Hier sind meine Wurzeln.

Nancy - September 1995
Heute konnte man in Frankreich Gebäude besichtigen, die sonst das ganze Jahr über nicht für die Öffentlichkeit zugänglich sind. Es ist der „Tag der offenen Tür", der es mir ermöglichte, in die Karthause meiner Kindheit zu gehen. Damals war sie unbewohnt und drohte zu verfallen. Eine Tante und ein

Onkel bewohnten ein kleines Haus am Eingang. Sie waren die Pförtner. Mein Bruder und ich gingen gern in dieses riesige Ensemble. Wir rannten durch die Klostergänge, versteckten uns in den kleinen Häusern der Karthäuser. Diese Mönche , die nie miteinander redeten, lebten ein einsames Leben. In der Revolutionszeit wurden sie verjagt und mussten ihre Wohnstätte verlassen. Dann kam Napoleon vorbei mit seinen verwundeten Soldaten. Mehrere Tausend sind an Typhus und der Pest gestorben und ruhen im Wald hinter der Karthause. Während des II. Weltkrieges wurde sie zum Lazarett. Vieles ist zerstört worden. Die alten Mauern haben keine romantische Geschichte zu erzählen. Aber jetzt ist alles anders geworden, denn das Haus beherbergt seit ein paar Jahren die Lehrlingsschule der Gegend. So haben diese alten Gemäuer eine Verjüngungskur bekommen. Unsere Verwandten leben auch nicht mehr, aber die Erinnerung an schöne Tage bleiben, denn oft war ich mit meinem Vater allein dort, und Onkel machte jedes Mal eine köstliche Apfeltarte, die wir im Sommer draußen unter den hundertjährigen Kastanienbäumen aßen. Diese Karthause hat eine solche Geschichte. Sie war meine Burg, und es geht mir heute ans Herz! Ich bin auf der Suche nach der verlorenen Zeit!

Donnerstag, 26. Oktober 1995

Ich sehe Großvater! Er läuft durch die Gänge seines Hauses, das sich neben der Kirche eines lothringischen Dorfes befand. Wie krumm er geworden ist durch die schwere Feldarbeit! Er ist jetzt fast 93 und lebt allein mit seinen Tieren. Rief er seine Hühner „Puti! Puti!“ und seine Katze „pff! Pff! Moumousse...“ rannten die Tiere zu ihm. Am Sonntag machte er sich schön für den Gang in die Messe. Er rasierte sich und schäumte sich vor dem Spiegel, der am Fensterhaken hing, ein. Wie oft haben mein Bruder und Jean Noël an der Glockenschnur gezogen, um zu läuten; und wie oft schaukelten wir gern im Stall! Wir holten mit dem alten Holzkarren Gras für die Hasen. Großvater war ein wenig taub, was für uns Kinder lustig war, wenn er ein Wort falsch verstand. „Wir müssen Milch holen.“ „Ihr wollt Licht anmachen?“ Wir gingen auch auf den Friedhof, Blumen auf Großmutters Grab zu stellen. Übrigens quietscht die schwere Eisentür am Eingang immer noch; sie ruft nach Öl. Großmutter habe ich nicht gekannt. Sie starb kurz vor meiner Geburt. Ich weiß nur, dass sie eine mutige Frau war. Sie schlich sich während des Krieges nachts aus dem Haus, um die Reifen der Fahrräder der deutschen Soldaten, die das Dorf und ihr Haus belagerten, zu durchstechen. Am nächsten Tag mussten alle Bewohner des Ortes sich auf dem Platz versammeln. Es hätte Großmutter das Leben kosten können, aber sie ist nie erwischt und nie verraten worden. Es war schön beim Großvater. Wir fuhren oft am Wochenende zu ihm, erst mit der Eisenbahn, dann mit dem Bus weiter. Manchmal traf sich die ganze Familie bei ihm, die Tanten, Cousins und Cousinen. Wir saßen alle am großen Tisch in der Küche, wo es noch einen Kamin gab, wo die Geranien im Sommer wie im Winter am Fenster blühten. Ich sehe noch die Fliege, die an diesem klebrigen Zeug zappelte. Für sie gab es kein Entkommen. Wir schliefen oben in einem Zimmer, in dem zwei große Betten standen, die Eltern in dem einen und mein Bruder und ich in dem anderen. Um in diesen Raum zu gelangen, mussten wir durch einen Speicher, in dem Körner und Lindenblüten lagerten. Das war ein Duft! Ich rieche ihn noch. Ich liebte diesen alten Herrn. Er war streng mit uns, aber gerecht. Er überlebte den I. Weltkrieg, wo er an der Front in Italien kämpfte. Er schickte Postkarten von dort, die meine Mutter in einem Album aufgehoben hat. Er mochte die Deutschen nicht, die im II. Weltkrieg sein Haus beschlagnahmten. Eines Tages, mitten im Winter, wollte Großvater die Zeitung holen und rutschte auf Glatteis aus. Er brach sich den Oberschenkel und kam ins Krankenhaus. Die Ärzte machten uns wenig Hoffnung, dass er in seinem Alter je wieder laufen werde, aber Pépères Wille war stärker, und er lief wieder. Nur konnte er nicht mehr in sein Haus zurück. Eine seiner Töchter nahm ihn zu sich; die Tiere wurden woanders untergebracht, und das Haus für immer geschlossen. Zwei Jahre später starb Großvater. Er war 95 Jahre alt. Das Haus wurde verkauft. Das war das Ende! Noch ein Verlust für mich, drei Jahre nach dem Tod meines Onkels. Es war die Zeit, in der ich eine Tonsur hatte, denn ich drehte so fest an meinem Haar, bis ich es ausgerissen hatte.

Mittwoch, 22. November 1995

Ich gehöre wieder zu unserer Konsumgesellschaft. Ich gehe gern auf Flohmärkte und habe angefangen, Delfter Kacheln zu sammeln. Ein paar schmücken schon die Wände in meiner Küche. Dieses tiefe Blau tut mir gut, wenn ich es anschaue, auch die holländischen Landschaften, die Mühlen... Manche Menschen sind wie Mühlen; sie erzählen ständig dasselbe oder ändern ihre Meinung je nach Windrichtung. Delft, die Stadt von Vermeer. Ich möchte sie eines Tages besichtigen. Ich möchte noch so vieles sehen... Neues entdecken! Na ja, ich hatte auch jahrelang eine Mühle in meinem Kopf; ich musste mich ständig wiederholen, um es zu verarbeiten. Jetzt ist es vorbei!

Mittwoch, 10. Januar 1996

Die Impressionisten sind im Musée d'Orsay! Ich muss hinfahren! Und so wird es weitergehen, dank meines Bruders werde ich die schönsten Ausstellungen sehen können. Künstler... Menschen, die Dinge schaffen, die über das Gewöhnliche hinausgehen. Schriftstellern gelingt das auch, indem sie die richtigen Buchstaben nebeneinander setzen, so wie die Komponisten ihre Noten und Maler ihre Farben... Lauter Leute, die unsere Welt schöner und erträglicher machen. Sie sind wichtig. Ich bin froh, auf meine Art diese Künstler kennen gelernt zu haben. Ihre Werke beruhigen die Seelen der Menschen oder motivieren sie. Danke an Alle!

Freitag, 2. Februar 1996

Ich denke an die Gruppe. Was ist aus allen geworden? Maria meistert ihr Leben mit ihren beiden Kindern. Es geht ihr gut. Renata geht es auch gut. Sie ist Heilpraktikerin geworden. Sie hat ihren Mann verlassen und ein neues Haus gekauft, in dem sie jetzt ihre Praxis hat. Guido bewirtschaftet eine Kneipe in unserer Stadt. Von den anderen habe ich keine Nachrichten. Jeder von uns hat sich entwickelt! Menschen verändern sich! Alles verändert sich!

Freitag, 9. Februar 1996

Vorhin im Supermarkt, in dem ich einkaufe, hatte sich ein Kind verlaufen. Es weinte und rief: „Mama, wo bist du?" Diese Worte taten mir so weh, dass ich auch anfing zu weinen. Der Docteur kann mir nicht mehr helfen. Ich komme ja alleine weiter!

Nancy - Mittwoch, 15. Mai 1996

Europa baut sich; die Grenzen öffnen sich. Eine neue Gesellschaft wächst heran, Schönheit und Reichtum sind ihre Ziele. Die Werte von früher brechen zusammen, und die Menschen ziehen sich immer mehr in sich zurück; sie sind verwundbarer trotz des Wohlstand, viele sind überfordert. Aber meine

Mutter bringt den Leuten, die in der Nachbarschaft wohnen, Blumen aus ihrem Garten. Maman, ich liebe Dich!

Pfingsten in Nancy - 26. Mai 1996
Familientreffen im Elternhaus. Jean Noël fehlt uns noch. Es war trotzdem ein schöner Tag in Lothringen. Mein Lothringen. Ich erinnere mich, wie - als ich Kind war - das Feuer aus den Fabriken spuckte. Das Werk in der Nähe von Nancy, in dem der Eifelturm hergestellt worden ist, haben sie niedergerissen. 5000 Arbeiter waren dort beschäftigt. Jetzt existiert es nicht mehr. Das Eisen wird wo anders gefördert, wo es besser und billiger ist. Die schönen Schmiedearbeiten an den Häusern unserer Stadt erinnern an diese glanzvolle Zeit. Wie lebendig diese Werke waren und wie hart die Arbeit an dem Hochofen war. Wenn ich Alteisen sehe, dann denke ich an alle Männer, die es gehämmert und gern verarbeitet haben.

Samstag, 1. Juni 1996
Ich habe das Unbekannte hinter meinen Bildern entdeckt und gemeistert, so werde ich auch meinen Tod meistern können. Dieser Moment wird irgendwann kommen. Er ist wohl auch vorprogrammiert, so wie mein Weg. Ich muss weiter leben - auch mit diesem Körper, der mich noch schmerzt.

Darmstadt, 19. Juni 1996
Morgen werde ich nach Hamburg fahren, vielleicht zum letzten Mal.
Ich habe meine neuen Ölbilder schon eingepackt.

Freitag, 21. Juni 1996
Eh voilà! Ich habe mich gestern vom Docteur verabschiedet. Ich habe ihn seit zwei Jahren nicht gesehen, aber ich habe dass Gefühl gehabt, als wäre es erst gestern gewesen. „Guten Tag, Frau Klose! Oh, Sie sehen gut aus!“ sagte er zu mir. „Ja, es geht mir schon besser; kein großer Kampf mehr in meinem Kopf. Ich bin nur noch erschöpft!“ antwortete ich. Ich zeigte dem Docteur meine neuen Werke. „Sie haben einen eigenen Stil, und die Bilder sind sehr farbenfroh, wenn ich da an die düsteren Bilder denke, die Sie früher gemalt haben!“ fügte er hinzu. Ich blieb eine ganze Stunde bei ihm. Dann schaute ich mich noch in Hamburg um und nahm den ICE um 17.00 Uhr.

In dem Zug betrachtete ich durch das Fenster noch einmal die flache Landschaft des Nordens, und in mir war solch eine Ruhe... solch eine Freude... Ich fühlte mich wie ein Neugeborenes, das sein Leben noch vor sich hat. Und ich freute mich auf zu Hause, auf Thomas, der auf mich wartete. Das Abenteuer wird auf eine andere Art weitergehen. „Auf Wiedersehen, Herr Docteur! Und vielen Dank! Ich glaube nicht, dass ich wieder kommen werde!" sagte ich zu ihm. „Das müssen Sie wissen!" antwortete er. Ich weiß es heute: Ich werde mich nicht mehr melden. Ich will allein weitermachen mit Thomas an meiner Seite. Wir haben bis jetzt so vieles gemeinsam durchgestanden. Ich weiß nicht, was die Zukunft bringen wird, aber ich fühle mich stark für sie. Was für ein Erfolg! Ich habe es überlebt. Ich lebe in der Gegenwart. Ich kann selbst denken. Es ist wunderbar! Klarheit ist Freiheit! Hurra, ich lebe!

Anmerkungen

Im Dezember 1998 erkrankte ich an Brustkrebs. Ich wurde erfolgreich operiert und erhielt Chemo- und Strahlentherapie. Noch einmal war ich am Ende all' meiner Kräfte. Die Ärztin und Psychotherapeutin, Frau Dr. med. Carola Franke-Lompa, Psychoonkologin am Klinikum Darmstadt, half mir bei der Auseinandersetzung und Verarbeitung meiner Krebserkrankung. Mit ihr konnte ich reden! Ich konnte die Psychoanalyse, die ich 15 Jahre zuvor begonnen hatte und die zehn Jahre währte, reflektieren. Meine Aufzeichnungen aus dieser Zeit schrieb ich noch einmal und konnte mich dabei mit den Schmerzen und Belastungen auseinandersetzen.

Thomas, die Familie und meine Freunde halfen mir, durchzuhalten. Fast ein ganzes Jahr lang konnte ich nicht nach Nancy zu meinen Eltern fahren, die sich große Sorgen um mich machten und mich jeden Abend anriefen. Jetzt hatte ich eine Krankheit, die von der Gesellschaft anerkannt wurde, anders als meine seelischen Schmerzen. Diese lebensbedrohliche Situation habe ich erneut meistern können.

An einem Donnerstag im August 2002 rief mich mein Vater an. Er fragte mich, ob ich nicht kommen könne, meiner Mutter ginge es nicht gut. Ich packte meine Koffer und fuhr am Samstag nach Nancy. Ich fand meine Mutter schwach und zitterig vor. Sie wollte nicht, dass wir den Notarzt rufen, denn am Montag würde ihr Hausarzt kommen. Aber am Montagmorgen fanden mein Vater und ich meine Mutter tot auf der Couch. Sie war für immer eingeschlafen. Das war ein großer Schock für uns.

Heute denke ich: Sie hat auf mich gewartet, um in Ruhe sterben zu können. Ich habe viel Zeit gebraucht, um diesen Schock zu verarbeiten. Jetzt geht es mir gut, und ich fahre regelmäßig nach Nancy, um meinen Vater zu besuchen.

Mein Leben geht weiter!

Danksagung

Mein Dank gilt all denen, die mir geholfen haben. Vor allem meinem Mann und den Ärzten und Psychotherapeuten Herrn Dr. Piegler und Frau Dr. Franke-Lompa, sowie Herrn Dr. Haas, Herrn Dr. Wolpert und Frau Dr. Löb. Ohne Frau Dr. Franke-Lompa wäre dieses Buch nie veröffentlicht worden. Sie ermutigte mich und unterstütze meinen Wunsch, anderen Menschen meine Geschichte zu erzählen. Sie digitalisierte meine handschriftlichen Tagebuchaufzeichnungen und fand nach jahrelanger Suche einen Darmstädter Verlag. Ich danke auch den Malern, besonders August Macke und Franz Marc, die im ersten Weltkrieg in Frankreich gefallen sind. Danke Deutschland!

Monique Klose
April 2005

Franz Marc, Kleine gelbe Pferde, 1912. Staatsgalerie Stuttgart.

Nachwort

Dr. Theo Piegler
Leitender Chefarzt (a.D.) der Psychiatrischen Klinik Bethesda, Hamburg

Nach der Lektüre des Buchmanuskriptes kam mir der biblische Satz in den Sinn: „Wes das Herz voll ist, des geht der Mund über", was in diesem Kontext meint, dass sich die Autorin mit ungeheurer Intensität höchst authentisch mit ihren Worten und in ihren Bildern ausdrückt. Sie lässt uns Leser hautnah an ihrer Genesung teilnehmen, zeigt uns, wie sie es geschafft hat Boden unter die Füße zu bekommen und vermittelt dadurch Hoffnung und Zuversicht! So entpuppt sich das Buch als Geschenk für Menschen, die sich in ihrem Leid gefangen fühlen. Gleichermaßen ist es aber auch eine sehr interessante und anregende Lektüre für Menschen, die sich für psychodynamische Psychotherapie interessieren. Dabei geht es hier nicht um graue Theorie, sondern um von Leben erfüllte Praxis. Es wird deutlich, welch enorme Kreativität psychotherapeutische Prozesse freisetzen können! Auch andere Publikationen über erfolgreiche Psychotherapien belegen das. Gleichwohl ist jede dieser Geschichten eine ganz persönliche, so wie auch jede Psychotherapie ganz individuum-zentriert gestaltet ist oder es zumindest sein sollte. Der Psychotherapieforscher Wampold weist auf diesen Punkt ebenso hin wie der schriftstellerisch hoch begabte Psychoanalytiker Irvin Yalom. Persönlichen Tagebuchaufzeichnungen von Patienten über das Erleben gelingender psychotherapeutischer Prozesse, die nie den Weg in die Öffentlichkeit finden, ebenso wie Publikationen hierüber, wie die vorliegende, haben alle eines gemeinsam: sie alle künden von Befreiung von Leid und Zugewinn an Freiheit. Der Weg dorthin ist sehr unterschiedlich. Je nach eigener Begabung und persönlicher Interessenslage kann die gewonnene Freiheit dazu verhelfen, die Tür zu sehr unterschiedlichen Lebensräumen aufzustoßen und diese kreativ zu nutzen. Das als Psychotherapeut miterleben zu dürfen ist immer (wieder) ein großes Geschenk! Es erinnert an das, was Eltern erleben dürfen, deren Kinder heranwachsen und sich, flügge geworden, die Welt erobern. Es ist etwas einzigartiges und einmaliges!

Als Frau Klose mich, der ich vor Jahrzehnten ihr „Docteur" wurde, jetzt ansprach, ob ich bereit wäre ein Nachwort zu ihrem Buch zu schreiben, löste das in mir erst einmal große Freude aus. Dann aber auch Bedenken, ob ich damit nicht die Grenzen therapeutischer Abstinenz verletzen würde. Ich antizipierte Kollegenschelte und auch Vorhaltungen, ich hätte den Rahmen rigider abstecken müssen und es sei mir ja doch ganz offensichtlich nicht ausreichend gelungen die Übertragung so zu bearbeiten, dass am Ende des therapeutischen Gruppenprozesses deren gänzliche Auflösung gestanden hätte.

Dazu Folgendes: Schon S. Freud hat daraufhingewiesen, dass „Psychotherapeut" eigentlich ein unmöglicher Beruf sei. Der psychodynamisch arbeitende Psychotherapeut ist jemand, der sich gegen Bezahlung dem früh gestörten Patienten als Objekt zur Verfügung stellt, um ihm korrigierende emotionale Neuerfahrungen zu ermöglichen, er ist der mit der Realität Konfrontierende, er ist jemand, der immer wieder auf die Auseinandersetzung mit ihr pocht, zu Reflexion und Selbstreflexion anregt, Abwehr - und sei sie noch so befriedigend - hinterfragt, Träume, Denken und Handeln seines Patienten mit diesem analysiert und es auch nicht auf sich beruhen lässt, wenn der Patient einmal zu spät kommt oder über Kopfschmerzen klagt. Er wird sich die Sorgen seines Patienten anhören und an seinem Kummer Anteil nehmen. Vieles, das er tut, hat, wenn es sich um früh gestörte Patienten handelt, mit Nachbeelterung zu tun. Allerdings mit dem großen Unterschied, dass sich sein Handeln auf den Austausch im Gespräch beschränkt und der Rahmen der Beziehung von Anfang an klar abgesteckt ist. Der Therapeut übernimmt Holding- und Containig-Funktionen, er fühlt empathisch ein und spiegelt markiert. Hilfreiche therapeutische Interventionen gibt es nur dann, wenn eine tragfähige therapeutische Beziehung besteht, eine Beziehung, die echt ist, aber eben auch professionell. Der Therapeut ist Übertragungsobjekt, aber auch konkreter Gesprächspartner. Das ist ein enormes Spannungsfeld! In ihm arbeiten Therapeuten und je nach Situation und Störung wird das „behandlungstechnische Vorgehen" modifiziert werden müssen. In dem gesteckten Rahmen gibt es, wie man sich vorstellen kann, therapeutisch gesehen, weit reichende Polarisierungen. Ich kann sie in diesem Rahmen nur mit Schlagworten skizzieren: Ferenczi versus Freud, Kernberg versus Kohut, Melanie Klein versus Mitchell, Fonagy versus Rosenfeld etc.. Das wirft natürlich im wissenschaftlichen Kontext die Frage auf, was wirkt in der Psychotherapie. Spätestens seit Wampolds Studie aus dem Jahr 2001 wissen wir, dass der Beziehung zwischen

Therapeut und Patient und der Passung der beiden sowie der Einigkeit über die Sinnhaftigkeit des gewählten psychotherapeutischen Vorgehens größte Bedeutung zukommen. Das gewählte Verfahren hat am Therapieerfolg den geringsten Anteil. Würde man weiter ins Detail gehen, würden natürlich Unterschiede zu Tage treten. Eines ist ganz klar und ich schreibe das, um Missverständnissen vorzubeugen: Eine gute Beziehung allein genügt aber nicht! Ein wissenschaftlich anerkanntes psychotherapeutisches Verfahren ist unumgänglich. Die Tücke liegt im Detail. Ein Beispiel: Ist es hilfreich für den Patienten, wenn ich den Blumenstrauß, den er mir schickt, annehme oder muss ich ihm die Kränkung, dass ich ihn nicht annehme, zumuten, damit er besser vorankommt? Fragen, die sich mir als Therapeut im Umgang mit Frau Klose natürlich immer wieder stellten und deren Beantwortung mich immer wieder sehr beschäftigt hat.

Trotz solcher Überlegungen, die unter fachlichen Aspekten alle äußerst diskussionswürdig sind, schreibe ich hier und ich tue es gerne, da ich denke, dass es dem Anliegen dieses Buches und der Sache der Psychotherapie dient!

Als sich Frau Klose 1983 in stationäre Behandlung auf die Psychotherapiestation der Psychiatrischen Klinik des Elisabethenstifts in Darmstadt begab, bestand die Klinik genau 4 Jahre. Die Stadt Darmstadt hatte Ende der 1970-er Jahre den Zuschlag als Modellregion zur Erprobung der Empfehlungen der Psychiatrie-Enquête (1975) erhalten und im Gefolge dessen war die Klinik am 01. Januar 1979 an der Landgraf-Georg-Straße in Betrieb gegangen. Man muß sich die damalige Situation vergegenwärtigen: Die meisten Psychiater, auch in den benachbarten Krankenhäusern, wollten damals von Psychotherapie nicht viel wissen. Trumpf war „Sozialpsychiatrie“. Die Integration von Psychotherapie in die Psychiatrie fand erst 1992 durch Schaffung des Fachgebietes „Psychiatrie und Psychotherapie“ statt!

Der erste Chefarzt der Darmstädter Klinik, Dr. Eugen Wolpert, war weitsichtig, als er sich für die Aufbauarbeit Oberärzte mit unterschiedlichen Schwerpunkten an das Haus holte. Einer von ihnen war der Psychiater und Psychoanalytiker Dr. Eberhard Haas, der - seiner Zeit vorauseilend - die Psychotherapiestation konzeptualisierte, aufbaute und leitete. Sein Konzept bestand in einer 3-monatigen stationären Gruppenpsychotherapie in einer geschlossenen Gruppe, die von einem multiprofessionellen Team getragen wurde und einer daran unmittelbar anschließenden etwa einjährigen ambulanten Gruppenpsychotherapie in unveränderter Gruppenzusammensetzung. Die therapeutische Arbeit wurde regelmäßig intern und extern supervidiert. Die Supervisorin des „Docteur" war eine niedergelassene Psychoanalytikerin, deren Praxis nur einen Steinwurf von der Klinik entfernt lag. Die ganze Klinik war damals vom Pioniergeist der im Aufbruch begriffenen deutschen Psychiatrie durchdrungen. Viele heute in der Region tätige Psychotherapeuten und Psychoanalytiker haben ihre berufliche „Kinderstube" in dieser von psychoanalytischem Geist durchdrungenen Klinik gehabt; auch die im Text auftauchende „Frau Doktor", bei der Frau Klose nach Abschluß der Gruppenpsychotherapie - auf meine Empfehlung - in Einzelpsychotherapie ging.

Psychotherapie sah damals noch etwas anders aus als sie heute praktiziert wird. Ergebnisse der Säuglingsforschung gab es erst in Ansätzen (M. Mahler), die operationalisierte psychodynamische Diagnostik war noch nicht erfunden, es wurde noch nicht zwischen strukturellen und konflikthaften Anteilen so klar differenziert wie das heute der Fall ist und mentalisierungsfördernde Arbeit war - zumindest unter dieser Bezeichnung - noch ein Fremdwort. Und von relationaler Psychotherapie sprach noch niemand. Aber Freuds Konzepte, Ich- und Objektpsychologie waren uns allen vertraut. Der 1933 nach England emigrierte Psychoanalytiker S. H. Foulkes war unser Leitbild in der Gruppenpsychotherapie. Der Nestor der Psychosenpsychotherapie in Deutschland, Prof. S. Mentzos, der damals in Frankfurt lehrte, begeisterte uns.

Unter einem wissenschaftlichen Blickwinkel wäre es interessant dem Erleben von Frau Klose die Aufzeichnungen des Therapeuten über den Verlauf der Behandlung gegenüber zu stellen, Unterschiede und Gemeinsamkeiten herauszuarbeiten und diese unter psychoanalytischen Aspekten zu untersuchen. Aber wir haben es hier mit keiner wissenschaftlichen Abhandlung zu tun, sondern mit der anschaulichen Schilderung eines Heilungsprozesses, wie er subjektiv erlebt wurde. Der Inhalt des Buches spricht für sich selbst, er bedarf nicht (mehr) meiner Interpretation. Stärken und Schwächen aller am Prozess Beteiligten werden offenkundig. Die Beschreibung des Heilungsprozesses, durch viele Bilder veranschaulicht - und ohne Bilderwelt und Kunst bei Frau Klose für mich kaum denkbar -, wächst oft über das subjektive Erleben hinaus in eine künstlerische Sphäre. Frau Kloses Bildsprache erinnert an Frida Kahlos pseudo-naive Malerei, angesiedelt an der Nahtstelle zwischen kindlichem Konkretismus und erwachsenem Symbolismus. Malen ist für sie eine Art der Be- und Verarbeitung der Traumatisierungen ihrer Seele. Ihr künstlerischer Ausdruck und ihre Maltechnik verändern sich mit ihrer Entwicklung. Bei Ausstellungsbesuchen tankt sie ebenso auf wie bei Kontakten mit dem Docteur. Die künstlerische Betätigung hilft ihr ihr „wahres Selbst" zu finden und innerseelische Abhängigkeit, auch von ihrem Therapeuten, zu überwinden und so frei zu werden für ihr eigenes Leben. Über Jahre war der Docteur als Selbstobjekt psychisch überlebensnotwendig, solange nämlich, bis sie sich soweit entwickelt hatte, dass sie den Blick auf ihn wagen konnte und zulassen/erkennen konnte, dass er (nur) ihr Arzt ist. Dies alles sind bewegende Passagen in Frau Kloses Buch. Den Laien mag es verwundern, nicht aber den Psycho-Fachmann, dass seelische Nachreifungsprozesse bei schweren frühkindlich entstandenen seelischen Störungen nicht Wochen oder Monate zu ihrer Bewältigung benötigen, sondern oft sehr viele Jahre. Wenn dies mit Erstaunen zur Kenntnis genommen wird, verweise ich immer darauf, dass Gras auch nicht schneller wächst, wenn man daran zieht. Jeder Entwicklungsprozess braucht seine Zeit. Frau Klose weiß ebenso wie ich, wie mühsam und steinig der Weg von Analyse und Selbstanalyse war, wie engagiert und oft auch verzweifelt sie in all den Jahren um ihre Entwicklung gerungen hat! Und ich habe in der mir eigenen therapeutischen Haltung und als Mensch mitfühlend Anteil genommen (Intersubjektivität). Auch wenn es noch so schwer war: Frau Klose hat nie aufgegeben und genießt jetzt den Lohn ihrer Selbst-/Analyse: Sie hat es geschafft! Aus einer Frau, die zwischen zwei Welten stand und sich heimatlos fühlte, ja fast daran fast zerbrochen wäre, ist eine Frau geworden, die in sich zuhause ist, ihr Leben selbst in die Hand nimmt und gute und tragfähige soziale Kontakte zu Freunden und Verwandten pflegt. Sie weiß heute und musste das leider schmerzlich erfahren, dass auch Psychotherapie ihre Grenzen hat und nicht vor Krankheit und Schicksalsschlägen schützen kann. C'est la vie ...